统计学及其应用

主　编　赵高长
副主编　马继丰　杨　慧

西北工业大学出版社

间序列分析;第 8 章着重介绍了 Matlab 及 R 统计软件在统计学中的使用技巧.

本书主编为赵高长,副主编为马继丰、杨慧.具体编写分工如下:第 1～3 章及附录部分由赵高长执笔,第 4,5,7 章由杨慧执笔,第 6,8 章由马继丰执笔.最后由赵高长统稿定稿.在本书编写过程中,得到了西安科技大学褚维盘教授、丁正生教授、乔宝明教授的鼓励与支持,以及中国人民大学赵君等硕士的帮助,在此表示感谢!在本书编写过程中参考了大量的统计学书籍和资料,在此一并向有关作者表示感谢!

本书列为 2011 年度西安科技大学研究生教材建设项目.

因水平有限,书中一定存在缺点和疏漏之处,恳请广大读者批评、指正!

编　者

2012 年 10 月

目　　录

第 1 章　概率论基础知识

统计学是阐述统计工作基本理论和基本方法的科学，是对统计工作实践的理论概括和经验总结. 它以现象总体的数量方面为研究对象，阐明统计设计、统计调查、统计整理和统计分析的理论与方法，是一门方法论科学.

《大英百科全书》对统计的定义是：统计学是收集、分析、表述和解释数据的科学.

统计工作、统计资料和统计学相互依存、相互联系，共同构成了完整的一个整体，这就是我们所说的统计.

由于统计推断是建立在概率论基础上的统计方法，因此本章对这方面的知识作基本介绍，浓缩通常概率论教材的主要内容，重点是基本概念与主要结论，部分证明从略. 本章为以后各章介绍一些近代方法提供必备的基础. 已学过一般概率论的读者可略过.

概率史界认为，帕斯卡与费马的通信标志着概率论的诞生，然而他们的通信直至 1679 年才完全公布于世，故惠更斯的《论赌博中的计算》标志着概率论的诞生. 因此，不少学者宣称惠更斯为概率论的正式创始人. 惠更斯的《论赌博中的计算》不仅是第一部概率论著作，而且是第一个把该学科建立在公理、命题和问题上而构成一个较完整的理论体系，第一次对以前概率论知识系统化、公式化和一般化的著作.

从 17 世纪中叶概率沦诞生至 1812 年，概率计算主要以代数组合方法为主，这一时期称为古典概率论——组合概率论——时期. 从 1812 年至 20 世纪初，概率论的研究主要采用分析方法，如特征函数、微分方程、差分方程等，这一时期称为分析概率论时期，开创了近代概率论时代，拉普拉斯总结了古典概率论，并使它发展到新的历史阶段，他的著作《分析概率论》就是承上启下的代表作. 1933 年以后，概率论的研究主要采用测度论方法，这一时期称为测度概率论时期，这时概率论公理化，开创了现代概率论的新时期.

概率论的发展史说明了理论与实际之间的密切关系. 许多研究方向的提出，归根到底是有其实际背景的. 反过来，在这些方向被深入研究后，又可指导实践，进一步扩大和深化应用范围. 正如拉普拉斯所说："生活中最重要的问题，其中绝大多数在实质上只是概率的问题”.

1.1 随机事件

1.1.1 基本概念

在自然界和现实生活中，根据一些事物是否有必然的因果联系，可以分成截然不同的两大类：一类是确定性现象，这类现象是在一定条件下，必定会导致某种确定的结果；另一类是不确定性现象，此类现象是在一定条件下，它的结果是不确定的. 正因为这样，我们在不确定现象中，就无法用必然性的因果关系，对个别现象的结果事先做出确定的答案. 事物间的这种关系是属于偶然性的，这种现象叫做**偶然现象**(accidental phenomenon)，或者叫做**随机现象**(random phenomenon).

随机现象从表面上看，似乎是杂乱无章的，没有什么规律的现象. 但实践证明，如果同类的随机现象大量重复出现，它的总体就呈现出一定的规律性. 大量同类随机现象所呈现的这种规律性随着观察的次数的增多而更加明显. 对随机现象，在基本相同的条件下，重复进行试验或观察可能出现各种不同的结果，试验共有哪些结果事前是知道的，但每次试验出现哪一种结果却是无法预见的，这种试验称为**随机试验**(random experiment). 随机试验的所有可能结果组成的集合称为**样本空间**(sample space)，随机试验的每一种可能结果称为**样本点**(sample point)，样本空间的子集称为**随机事件**(random event)，简称**事件**. 样本空间 Ω 是**必然事件**(certain event)，空集$\varnothing$是**不可能事件**(impossible event). 一次试验中，某事件 A 可能发生，也可能不发生，发生的可能性有大有小，这一可能性大小的数量指标就是所要研究事件的**概率**(probability).

1.1.2 随机事件的关系和运算

1. 事件的包含关系

定义 1.1 设 A,B 是随机试验 E 的事件，若事件 A 发生必然导致事件 B 的发生，则称事件 A 包含于事件 B 或事件 B 包含事件 A，记作 $A \subset B$. 即集合 A 是集合 B 的**子集**(subset).

2. 事件的相等

定义 1.2 设 A,B 是随机试验 E 的事件，若 $A \subset B$ 且 $B \subset A$，则称事件 A 与事件 B **相等**(equality)，记作 $A = B$.

3. 事件的和

定义 1.3 事件 $A \cup B = \{x \mid x \in A 或 x \in B\}$ 称为事件 A 与事件 B 的**和事**

件(sum event). 当且仅当 A,B 中至少有一个发生时，事件 $A\cup B$ 发生. $A\cup B$ 有时也记为 $A+B$. 类似地，称 $\bigcup_{i=1}^{m} A_i$ 为 m 个事件 $A_1,A_2,\cdots,A_m$ 的和事件，称 $\bigcup_{i=1}^{\infty} A_i$ 为可列事件 $A_1,A_2,\cdots$ 的和事件.

4. 事件的差

定义 1.4　设 A,B 是随机试验 E 的两个事件，称"事件 A 发生，而事件 B 不发生"这一事件为事件 A 与事件 B 的**差事件** (difference of events)，记作 $A-B$. 即集合 $A-B$ 为集合 A 与集合 B 的差集. 也就是，从集合 A 中去除集合 B 与集合 A 公共元素后，剩下元素的全体构成的集合.

5. 事件的积

定义 1.5　设 A,B 是随机试验 E 的两个事件，称"事件 A 与事件 B 同时发生"这一事件为事件 A 与事件 B 的**积事件**(product of events)，记作 AB 或 $A\cap B$. 即集合 $A\cap B$ 为集合 A 与集合 B 的交集. $\bigcap_{i=1}^{m} A_i$ 称为 m 个事件 $A_1,A_2,\cdots,A_m$ 的积事件，$\bigcap_{i=1}^{\infty} A_i$ 称为可列事件 $A_1,A_2,\cdots$ 的积事件. 假定积运算优先级高于和运算.

6. 事件的互斥(互不相容)

定义 1.6　设 A,B 为随机试验 E 的事件，若在同一次试验中，事件 A 与事件 B 不能同时发生，则称事件 A 与事件 B **互斥**(mutual exclusion)或互不相容. 显然，若事件 A 与事件 B 互斥，一定有 $AB=\varnothing$，即事件 A,B 的积事件为不可能事件.

7. 事件的对立

定义 1.7　设 A,B 为随机试验 E 的事件，若在同一次试验中，事件 A 与事件 B 互斥，同时事件 A 与事件 B 的和事件为必然事件，则称事件 A 与事件 B **对立**(oppose).

8. 事件运算所满足的运算律

定理 1.1　(1) 交换律 $A+B=B+A, AB=BA$.

(2) 结合律 $(A+B)+C=A+(B+C), (AB)C=A(BC)$.

(3) 分配律 $A(B+C)=AB+AC, A+BC=(A+B)(A+C)$.

(4) 对偶律 $\overline{A+B}=\overline{A}\,\overline{B}, \overline{AB}=\overline{A}+\overline{B}$.

(5) 差律 $A\overline{B}=A-B=A-AB$.

例 1.1　一批产品中有合格品也有废品，从中有放回地抽取(将产品取出一件观察后放回)3 件产品，以 $A_i(i=1,2,3)$ 表示第 i 次抽到废品，试以事件的集合表示下列情况：

(1) 第 1 次和第 2 次抽取中，至少抽到 1 件废品；

(2) 只有第 1 次抽到废品；

(3)3 次都抽到废品.

解 (1)A_1+A_2 (2)$A_1\overline{A_2}\overline{A_3}$ (3)$A_1A_2A_3$.

1.2 概率的定义及性质

1.2.1 概率的公理化定义

1. 频率

定义 1.8 在相同的条件下进行了 m 次试验,若事件 A 发生了 n 次,则 n 称为 m 次试验中 A 发生的频数. $f_m(A)=\dfrac{n}{m}$ 称为事件 A 发生的**频率**(frequency). 频率具有以下性质。

定理 1.2 (1) 对任何事件 A,有 $0\leqslant f_m(A)\leqslant 1$.

(2) 对必然事件 Ω,有 $f_m(\Omega)=1$.

(3) 对 k 个两两互不相容事件 $A_1,A_2,\cdots,A_k$:

$$f_m(A_1)+f_m(A_2)+\cdots+f_m(A_k)=f_m(\bigcup_{i=1}^{k}A_i)=\sum_{i=1}^{k}f_m(A_i) \qquad (1-1)$$

2. 概率的公理化定义

定义 1.9 设 Ω 是随机试验 E 的样本空间,如果对于 E 中的任一事件 A,都对应一个实数 $P(A)$,且 $P(A)$ 满足:

(1)(非负性) 对于随机试验 E 的任一事件 A,有 $0\leqslant P(A)\leqslant 1$.

(2)(规范性) 对于随机试验 E 的必然事件 Ω, $P(\Omega)=1$.

(3)(可列可加性) 对于随机试验 E 的两两互不相容事件 $A_1,A_2,\cdots$:

$$P(\bigcup_{i=1}^{\infty}A_i)=\sum_{i=1}^{\infty}P(A_i) \qquad (1-2)$$

该实数 $P(A)$ 称为事件 A 的**概率**(probability).

3. 概率的其他几种典型公理化定义

(1) 概率的统计定义.

定义 1.10 当 $m\to\infty$ 时, m 次独立重复试验的频率 $f_m(A)=\dfrac{n}{m}$ 趋于稳定值 $P(A)$,称 $P(A)$ 为事件 A 的概率.

(2) 概率的古典定义.

定义 1.11 若全体试验结果是 m 个,且是等可能的,而会使事件 A 的试验结果有 n 个,则规定 $\dfrac{n}{m}$ 为事件 A 的概率,记作 $P(A)$.

(3) 概率的几何定义.

定义 1.12　若随机试验 E 的可能结果有无限(不可列)个,每个基本事件发生的可能性相等,则当样本空间 Ω 与所求事件 A 都可以用几何量(长度 L、面积 S 或体积 V) 来测度时,A 发生的概率称为**几何概率**(geometric probability)$P(A)$. $P(A)=\dfrac{S(A)}{S(\Omega)}$,其中 $S(A)$,$S(\Omega)$ 分别为 A,Ω 的几何测度.

1.2.2　概率的性质

定理 1.3　(1)$P(\varnothing)=0$.

(2) 若 $A_1,A_2,\cdots,A_k$ 是随机试验 E 的两两互不相容的事件,则有

$$P(\bigcup_{i=1}^{k} A_i)=\sum_{i=1}^{k} P(A_i)$$

此性质也称为概率的有限可加性.

(3) 若 A,B 是随机试验 E 的两个事件,且 $A\subset B$,则有

$$P(B-A)=P(B)-P(A),P(B)\geqslant P(A)$$

(4) 若 A 为随机试验 E 的任一事件,$\overline{A}$ 是 A 的对立事件,则有 $P(\overline{A})=1-P(A)$.

(5) 若 A,B 是随机试验 E 的任意两个事件,则

$$P(A+B)=P(A)+P(B)-P(AB) \tag{1-3}$$

此性质也称为**概率的加法公式**(plus formula of probability). 特别地,如果事件 A,B 互不相容,即 $AB=\varnothing$,则加法公式可表示 $P(A+B)=P(A)+P(B)$

概率加法公式可以推广到多个事件的情形,一般地,对任意 n 个事件 A_1,A_2,$\cdots$,A_n,有

$$\begin{aligned}P(A_1+A_2+\cdots+A_n)=&\sum_{i=1}^{n}P(A_i)-\sum_{1\leqslant i<j\leqslant n}P(A_iA_j)+\\&\sum_{1\leqslant i<j<k\leqslant n}P(A_iA_jA_k)-\cdots+(-1)^{n-1}P(A_1A_2\cdots A_n)\end{aligned} \tag{1-4}$$

例 1.2　袋中有 5 个白球和 3 个黑球,从袋中任取 2 个球,求:

(1) 取得同色 2 个球的概率;

(2) 取得的 2 个球至少有 1 个是白球的概率.

解　(1) 从 8 个球中任取 2 个的取法总数为 $C_8^2=28$ 种. 取得 2 个同色球,可分为两种情况:2 个球皆为白色或 2 个球皆为黑色. 这两种情况分别有 C_5^2,C_3^2 种取法,故取得 2 个同色球的取法为 $C_5^2+C_3^2=13$ 种,故所求概率为 $\dfrac{13}{18}\approx 0.464\ 3$.

此题也可以这样解，令 $A_1=\{$取得的 2 个球皆为白色$\}$，$A_2=\{$取得的 2 个球皆为黑色$\}$，$A_3=\{$取得的 2 个球同色$\}$. A_1,A_2 互不相容，$A_3=A_1+A_2$，而

$$P(A_1)=\frac{C_5^2}{C_8^2}=\frac{10}{28},\quad P(A_2)=\frac{C_3^2}{C_8^2}=\frac{3}{28}$$

故
$$P(A_3)=\frac{10}{28}+\frac{3}{28}=\frac{13}{28}\approx 0.4643$$

(2) 令 $A=\{$取得的 2 个球中至少有 1 个白球$\}$，则 $\overline{A}=\{$取得的 2 个球皆为黑球$\}$，故

$$P(A)=1-P(\overline{A})=1-\frac{C_3^2}{C_8^2}=1-\frac{3}{28}=\frac{25}{28}\approx 0.8929$$

在 Excel 中，

permut(number,number_chosen)函数用于计算排列 $P_{\text{number}}^{\text{number\_chosen}}$；

combin(number,number_chosen)函数用于计算组合 $C_{\text{number}}^{\text{number\_chosen}}$.

1.2.3 条件概率、全概率公式及事件间的独立性

定义 1.13 设 A,B 是试验 E 的两个事件，且 $P(B)\neq 0$，则在事件 B 发生的条件下 A 发生的概率，称为事件 A 在条件 B 下的条件概率(conditional probability)，$P(A\mid B)=\dfrac{P(AB)}{P(B)}$.

定理 1.4 设 $A_1,A_2,\cdots,A_n$ 是随机试验 E 的一组事件，$A_iA_j=\varnothing$，$P(A_i)\neq 0$，$i,j=1,2,\cdots,n$，$\bigcup_{i=1}^{n}A_i=\Omega$，则对 E 的任一事件 B 有

$$P(B)=\sum_{i=1}^{n}P(B\mid A_i)P(A_i) \tag{1-5}$$

此公式称为**全概率公式**(total probability formula).

定理 1.5 设 $A_1,A_2,\cdots,A_n$ 随机试验 E 的一组事件，$A_iA_j=\varnothing$，$P(A_i)\neq 0$，$i,j=1,2,\cdots,n$，$\bigcup_{i=1}^{n}A_i=\Omega$，$B$ 是 E 的任一事件且 $P(B)\neq 0$，则

$$P(A_i\mid B)=\frac{P(A_iB)}{P(B)}=\frac{P(B\mid A_i)P(A_i)}{\sum_{j=1}^{n}P(B\mid A_j)P(A_j)} \tag{1-6}$$

此公式称为逆概率公式(**贝叶斯公式**).

定义 1.14 设 A,B 是任意两个事件，如果 $P(AB)=P(A)P(B)$，则称事件 A 与事件 B 相互独立，简称独立.

定义 1.15 设 A,B,C 是任 3 个随机事件，如果

$$P(AB)=P(A)P(B),\quad P(BC)=P(B)P(C),\quad P(AC)=P(A)P(C)$$

则称事件 A,B,C 两两独立.

定义 1.16　设 A,B,C 是任三个随机事件,如果事件 A,B,C 两两独立且

$$P(ABC)=P(A)P(B)P(C)$$

则称事件 A,B,C 相互独立.

例 1.3　袋中有同型号产品 10 件,其中 3 件是次品,7 件是正品. 作不放回抽取,每次取一件,取两次. 令 $B=\{$第一次取到次品$\}$,$A=\{$第二次取到次品$\}$,求 $P(A\mid B)$.

解法一　取样本空间 $\Omega=\{\omega_1,\omega_2,\cdots,\omega_{10}\}$,$\omega_1,\omega_2,\omega_3$ 是次品,$\omega_4,\omega_5,\cdots,\omega_{10}$ 是正品. 令 $\Omega^*=\{\omega_i,\omega_j,\omega_4,\cdots,\omega_{10}\}$,其中,$i,j$ 是 1,2,3 中两个不同的数. Ω^* 可看成在 B 出现条件下的样本空间,它含 2 件次品,7 件正品,所以 $P(A\mid B)=\dfrac{2}{9}$.

解法二　取样本空间 $\Omega=\{(x_1,x_2)\}$,x_1 表示第一次抽得的产品,x_2 表示第二次抽得的产品. 第一次有 10 件产品供抽取. 第二次有 9 件产品供抽取. 所以,Ω 含 10×9 个基本点. 第一次有 3 件次品供抽取,而在第一次取得次品后,第二次有 2 件次品供抽取,所以,AB 含 3×2 个基本点,B 表示第一次抽到次品时,对第二次抽到次品或正品没限制. 所以,B 含 3×9 个基本点,由定义得

$$P(A\mid B)=\frac{P(AB)}{P(B)}=\left(\frac{3\times2}{10\times9}\right)\Big/\left(\frac{3\times9}{10\times9}\right)=\frac{2}{9}$$

在 Excel 中,

product(number1,number2,…)函数用于计算连乘 number1×number2×….

例 1.4　某人有 n 个朋友,其地址各不相同. 他给每个朋友各写一封信,然后任意放入 n 个写好地址的信封中,每个信封内放一封信.

(1) 求没有一封信放对的概率;

(2) 求恰有 r 封信放对的概率($r\leqslant n$).

解　用 A_i 表示第 i 封信放对,$i=1,\cdots,n$,则 $\bigcap\limits_{i=1}^{n}\overline{A}_i$ 表示没有一封信放对,得

(1) 没有一封信放对的概率 $P(\bigcap\limits_{i=1}^{n}\overline{A}_i)=P(\overline{\bigcup\limits_{i=1}^{n}A_i})=1-P(\bigcup\limits_{i=1}^{n}A_i)$.

由上述定理 1.3 加法公式,有

$$P(\bigcup_{i=1}^{n}A_i)=\sum_{i=1}^{n}P(A_i)-\sum_{1\leqslant i<j\leqslant n}P(A_iA_j)+\sum_{1\leqslant i<j<k\leqslant n}P(A_iA_jA_k)+\cdots+(-1)^{n-1}P(A_1A_2\cdots A_n)$$

注意到

$$P(A_i)=\frac{1}{n},\quad P(A_iA_j)=P(A_i)P(A_j\mid A_i)=\frac{1}{n}\,\frac{1}{n-1}=\frac{(n-2)!}{n!}$$

$$P(A_iA_jA_k)=P(A_i)P(A_i \mid A_j)P(A_k \mid A_iA_j)=\frac{1}{n}\frac{1}{n-1}\frac{1}{n-2}=\frac{(n-3)!}{n!}$$

…………

$$P(A_1A_2\cdots A_n)=\frac{1}{n!}$$

代入得

$$P(\bigcup_{i=1}^{n}A_i)=C_n^1\frac{1}{n}-C_n^2\frac{(n-2)!}{n!}+C_n^3\frac{(n-3)!}{n!}-\cdots+(-1)^{n-1}\frac{1}{n!}=$$

$$\frac{1}{1!}-\frac{1}{2!}+\frac{1}{3!}-\cdots+(-1)^{n-1}\frac{1}{n!}$$

$$P(\bigcap_{i=1}^{n}\bar{A}_i)=\frac{1}{0!}-\frac{1}{1!}+\frac{1}{2!}-\frac{1}{3!}+\cdots+(-1)^n\frac{1}{n!}=\sum_{k=0}^{n}\frac{(-1)^k}{k!}$$

当 n 充分大时，近似为 $e^{-1}\approx 0.37$.

(2) 由以上讨论知，某指定的 r 封信放对的概率为 $\frac{(n-r)!}{n!}$，其余 $n-r$ 封信都未放对的概率为 $\sum_{k=0}^{n-r}\frac{(-1)^k}{k!}$，而从 n 封信中指定 r 封信有 C_n^r 种方式，所以，恰有 r 封信放对的概率为 $C_n^r\frac{(n-r)!}{n!}\sum_{k=0}^{n-r}\frac{(-1)^k}{k!}=\frac{1}{r!}\sum_{k=0}^{n-r}\frac{(-1)^k}{k!}$，当 n 充分大时，近似为 $\frac{1}{r!}e^{-1}$.

在 Excel 中，

fact(number)函数用于计算阶乘 number!.

例 1.5 设某群体中有 37.5%的人的血型为 A 型，20.9%的人的血型为 B 型，33.7%的人的血型为 O 型，7.9%的人的血型为 AB 型. 允许输血的血型配对见表 1.1(√表示允许输血，×表示不允许). 现从该群体中任取一人为输血者，再任取一人为受血者，求允许输血的概率.

表 1.1 允许输血的血型配对表

受血＼输血	A	B	AB	O
A	√	×	√	√
B	×	√	√	√
AB	√	√	√	√
O	×	×	×	√

解　在受血者为 A 型的条件下，允许输血的概率为 1－20.9%；在受血者为 B 型的条件下，允许输血的概率为 1－37.5%；在受血者为 AB 型的条件下，允许输血的概率为 1；在受血者为 O 型的条件下，允许输血的概率为 33.7%. 又知受血者为 A 型的概率为 37.5%，为 B 型的概率为 20.9%，为 AB 型的概率为 7.9%，为 O 型的概率为 33.7%，所以，由全概率公式得

$$P(\text{允许输血})=\frac{37.5}{100}\times\left(1-\frac{20.9}{100}\right)+\frac{20.9}{100}\times\left(1-\frac{37.5}{100}\right)+\frac{7.9}{100}\times 1+\frac{33.7}{100}\times\frac{33.7}{100}\approx 0.6198$$

例 1.6　根据临床记录，某种诊断癌症的试验效果如下：

令 $A=\{\text{被诊者有癌症}\}$，$B=\{\text{被诊者对试验呈阳性反应}\}$，则 $P(B\mid A)=P(\overline{B}\mid\overline{A})=0.95$，又知 $P(A)=0.005$，求 $P(A\mid B)$.

解　取样本空间 $\Omega=\{\text{被诊者}\}$，$P(B\mid\overline{A})=1-P(\overline{B}\mid\overline{A})=0.05$，由贝叶斯公式得

$$P(A\mid B)=\frac{P(A)P(B\mid A)}{P(A)P(B\mid A)+P(\overline{A})P(B\mid\overline{A})}=0.087$$

1.3　一维随机变量及其概率分布

1.3.1　随机变量的定义

定义 1.17　设 Ω 是随机试验 E 的样本空间，若对每一个样本点 $\omega\in\Omega$，有一个实数 $X(\omega)$ 与之对应，这样得到的一个定义在样本空间上的实单值函数 $X=X(\omega)$，称为一个**随机变量**(random variable) X.

一、离散型随机变量及其分布

定义 1.18　离散型随机变量(discrete variable) $X(\omega)$ 只可能取有限个或可列个值，一般地，记这些值为

$$x_1, x_2, \cdots, x_n, \cdots$$

离散型随机变量取各个值的概率，也就是 $P(X=x_i)=p_i$，$i=1,2,\cdots$，称为随机变量 X 的分布律.

常见离散型随机变量的分布律：

1. 两点分布(0－1 分布)

最简单的随机试验是只有两种可能结果的试验，称之为贝努利试验. 一般的，把两个试验结果分别看做是“成功”与“失败”，用数值“1”和“0”表示，用随机变量

X 表示一次贝努利试验成功的次数，则其分布如下：

定义 1.19 如果随机变量 X 的分布为 $P(X=1)=p, P(X=0)=1-p$，其中 $0<p<1$，则称 X 服从参数为 p 的**两点分布**(two point distribution)，也叫**贝努利分布**(Bernoulli distribution).

2. 二项分布

若将贝努利试验独立重复 n 次，n 为一个固定的数值，则该试验称为 n 重贝努利试验，设一次试验中成功的概率为 p，则 n 次试验中成功的次数为一个离散型随机变量，设为 X，则 X 服从二项分布，其定义如下：

定义 1.20 如果随机变量 X 的分布为 $P(X=k)=C_n^k p^k (1-p)^{n-k}, k=0, 1, \cdots, n$，其中 $0<p<1$，则称 X 服从参数为 (n,p) 的**二项分布**(binomial distribution)，记作 $X \sim B(n,p)$.

有时候，可将二项分布随机变量 X 看做 n 次相互独立两点分布出现 1 的总次数，所以二项分布也叫 n 重贝努利分布.

在 Excel 中，

binomdist(number_s, trials, probability_s, cumulative) 函数用于计算二项分布的概率值 $P(X=\text{number\_s})$ 或 $P(X\leqslant\text{number\_s})$.

其中，number_s 是试验中成功的次数；trials 是独立试验的次数；probability_s 是每次试验中成功的概率；cumulative 是一逻辑值，用于确定函数的形式. 如果 cumulative 为 1，则函数 binomdist 返回累积分布函数，即最多存在 number_s 次成功的概率；如果为 0，则返回概率密度函数，即正好存在 number_s 次成功的概率.

3. 泊松分布

定义 1.21 如果随机变量 X 的分布为 $P(X=k)=\dfrac{\lambda^k}{k!}e^{-\lambda}(\lambda>0), k=0,1,\cdots$，则称 X 服从参数为 λ 的**泊松分布**(Poisson distribution)，记作 $X \sim \pi(\lambda)$.

泊松分布是二项分布当 $np \to \lambda (n \to \infty)$ 情况下的极限分布.

例 1.7 在 63 年中，某地的夏季(5 ~ 9 月)有 180 天下暴雨，求一个夏季中下暴雨不超过 4 天的概率.

解 把观察夏季的一天是否下暴雨看做一次试验，它有两个结果，$A=\{$下暴雨$\}$，$\overline{A}=\{$未下暴雨$\}$. 一个夏季有 $31+30+31+31+30=153$ 天，观察 153 天是否下暴雨相当于 153 次贝努利试验，$P(A)\approx\dfrac{180}{63\times153}$，以 X 表示一个夏季中下暴雨的天数，则 X 服从二项分布 $B\left(153, \dfrac{180}{63\times153}\right)$，由泊松近似公式，有 $\left(\lambda\approx nP(A)=153\times\dfrac{180}{63\times153}=2.857\right)$：

$$P(X \leqslant 4) \approx \sum_{k=0}^{4} \frac{(2.857)^k}{k!} e^{-2.857} = 1 - \sum_{k=5}^{\infty} \frac{(2.857)^k}{k!} e^{-2.857} \approx 0.8387$$

在 Excel 中，

poisson(x,mean,cumulative) 函数用于计算泊松分布的概率值 $P(X=x)$ 或 $P(X \leqslant x)$.

本例中，可在某个单元格输入“=poisson(4,2.857,1)”，回车实现.

4. 几何分布

定义 1.22　设单次试验中事件 A 发生的概率为 p，在多次独立重复试验中记 X 为 A 首次发生时的试验次数，则 $P(X=k)=(1-p)^{k-1}p, k=1,2\cdots$，这个概率分布称为几何分布(geometric distribution).

假定前 m 次试验 A 一直没有发生，为了等到 A 发生所再需要的等待时间 T 还是服从参数为 p 的几何分布，这种特性叫**无记忆性**(lack of memory property). 可以证明在离散型分布中也只有几何分布才具有无记忆性.

5. 超几何分布

设 N, M, n 是自然数，$M<N, n \leqslant N-M, l=\min(M,n)$，若离散型随机变量 X 有分布列 $P(X=k)=\frac{C_M^k C_{N-M}^{n-k}}{C_N^n}, k=0,1,\cdots,l$，则称 X 服从超几何分布.

二项分布是超几何分布当 $\frac{M}{N} \to p(N \to \infty)$ 情况下的极限分布.

在 Excel 中，

hypgeomdist(sample_s,number_sample,population_s,number_population)函数用于计算超几何分布的样本取得给定成功次数的概率.

其中：sample_s 为样本中成功的次数(k)；number_sample 为样本容量(n). population_s 为样本总体中成功的次数(M)；number_population 为样本总体的容量(N).

例 1.8　设 N 件产品中有 M 件废品，$N-M$ 件正品，$M<N$. 从 N 件产品中任意抽取 n 件，$n \leqslant N-M$，不放回抽取，$A=\{n$ 件中恰有 k 件废品$\}$，$k=0,1,2,\cdots,l, l=\min(M,n)$，求事件 A 的概率.

解　对 N 件产品做不放回抽取，每次取一件，取 n 次，得到 N 件产品中 n 件不同的产品. 其效果同从 N 件产品中一次取出 n 件不同的产品一样有 C_N^n 种取法，每种取法是等可能的，每种取法看做一个基本点，总数为 C_N^n. k 件废品从 M 件废品中取，有 C_M^k 种取法，其余 $n-k$ 件正品从 $N-M$ 件正品中取，有 C_{N-M}^{n-k} 种取法，所以事件 A 的概率 $P(A)=\frac{C_M^k C_{N-M}^{n-k}}{C_N^n}$，用 X 表示从 N 件产品中任意抽取 n 件其中含有的废品数，则 X 服从超几何分布.

二、连续型随机变量及其分布

定义 1.23 对于随机变量 X，如果存在非负可积函数 $f(x), x \in (-\infty, +\infty)$，使得任意实数 $a, b (a < b)$，都有 $P(a < X \leqslant b) = \int_a^b f(x)\mathrm{d}x$，则称 X 为**连续型随机变量**(a continuous type of random variable)，并称 $f(x)$ 为 X 的**概率密度函数**(probability density function)（简称概率密度或密度）.

常见连续型随机变量的密度：

1. 均匀分布

定义 1.24 如果随机变量 X 的概率密度函数为

$$f(x) = \begin{cases} \dfrac{1}{b-a}, & x \in [a, b] \\ 0, & \text{其他} \end{cases}$$

则称 X 服从$[a, b]$上的**均匀分布**(uniform distribution)，记作 $X \sim U(a, b)$.

2. 指数分布

定义 1.25 如果随机变量 X 的概率密度函数为

$$f(x) = \begin{cases} \lambda \mathrm{e}^{-\lambda x}, & x \geqslant 0 \\ 0, & x < 0 \end{cases}$$

则称 X 服从参数为 λ 的**指数分布**(exponential distribution)，记作 $X \sim e(\lambda)$. 如图 1.1 所示.

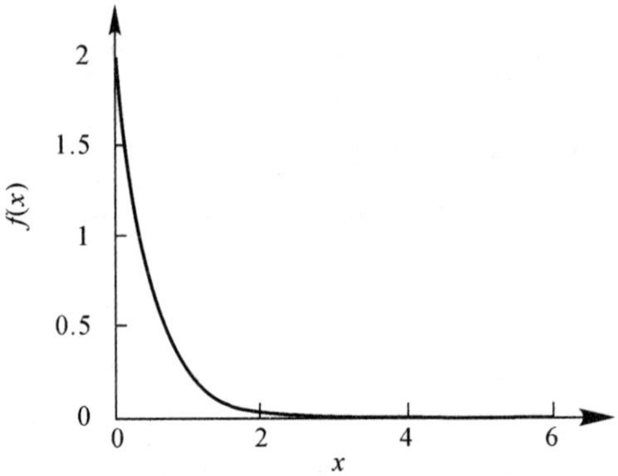

图 1.1 指数分布密度函数图形($e(2)$)

我们称一个非负随机变量 X 为无记忆的，如果对一切 $s, t \geqslant 0$ 有

$$P\{X > s + t \mid X > t\} = P\{X > s\} \tag{1-7}$$

如果认为 X 是某仪器的寿命，那么上式说明：已知此仪器已使用 t 小时，它总共能工作至少 $s + t$ 小时的概率，等于从开始使用时算起它至少能工作 s 小时的概

率. 换句话说，如果仪器在时刻 t 仍"活"着，那么它的剩余寿命的分布与它原来的寿命的分布相同(这就是说，仪器对它已使用过的 t 小时没有记忆).

式(1－7) 也等价于

$$\frac{P\{X>s+t,X>t\}}{P\{X>t\}}=P\{X>s\}$$

或

$$P\{X>s+t,X>t\}=P\{X>s\}P\{X>t\}$$

由于 $e^{-\lambda(s+t)}=e^{-\lambda s}e^{-\lambda t}$，所以指数分布随机变量是无记忆的.

例 1.9　某邮局由两名职员值班. 假定小武走进邮局时发现一名职员正在为小张服务，另一名职员在接待小王. 再设小武已被告知，只要小张或小王一离开就接待他. 如果一名职员用于接待一位顾客所需的时间是参数为 λ 的指数分布，试问这 3 位顾客中，小武最后一个离开邮局的概率是多少？

解　将求得答案的理由陈述如下：考虑小武发现一名职员闲着的那个时刻，此时，小张或小王中有一个刚离开而另一个人的事还没办完，但由于指数分布无记忆，因而继续接待还没有走的这个人(小张或小王) 所需的剩余服务时间仍服从参数为 λ 的指数分布. 就是说，情况与此人在此刻刚被接待一样. 因此，由对称性知，他在小武之前离开邮局的概率是 $\frac{1}{2}$.

3. 正态分布

定义 1.26　如果随机变量 X 的概率密度函数为

$$f(x)=\frac{1}{\sqrt{2\pi}\sigma}e^{-\frac{(x-\mu)^2}{2\sigma^2}},-\infty<x<+\infty$$

则称 X 服从参数为 μ,σ^2 的**正态分布**(normal distribution)，记作 $X\sim N(\mu,\sigma^2)$. 如图 1.2 所示.

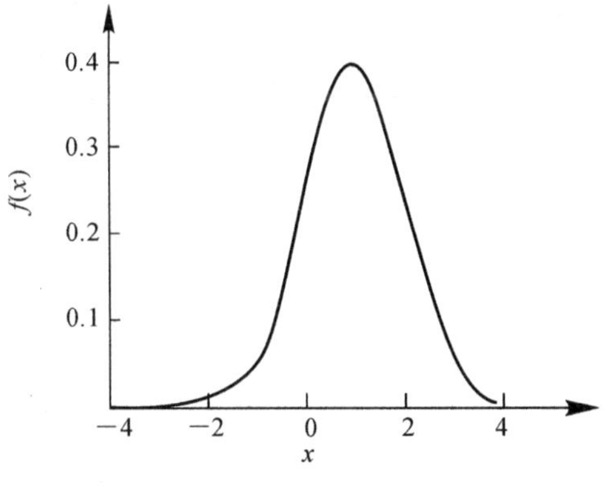

图 1.2　正态分布密度函数图形($N(1,1)$)

在 Excel 中,

normdist(x,μ,σ,cumulative) 函数用于计算正态分布 $N(\mu,\sigma^2)$ 的概率.

其中,如果 cumulative 为 1,则 normdist 函数返回累积分布函数 $P(X\leqslant x)$;如果为 0,则返回概率密度函数 $f(x)$.

normsdist(x) 函数用于计算标准正态分布 $N(0,1)$ 的概率 $P(X\leqslant x)$.

normsinv(p) 函数用于计算标准正态分布 $N(0,1)$ 分布函数的反函数值,比如 normsinv(0.5) 返回 0.

4. Γ 分布

定义 1.27 如果随机变量 X 的概率密度函数为

$$f(x)=\begin{cases}\dfrac{1}{\beta^{\alpha}\Gamma(\alpha)}x^{\alpha-1}\mathrm{e}^{-\frac{x}{\beta}}, & x>0\\ 0, & x\leqslant 0\end{cases}\quad(\alpha,\beta>0)$$

则称 X 服从参数为 α,β 的**伽玛分布**(gamma distribution),记作 $X\sim\Gamma(\alpha,\beta)$. 如图 1.3 所示.

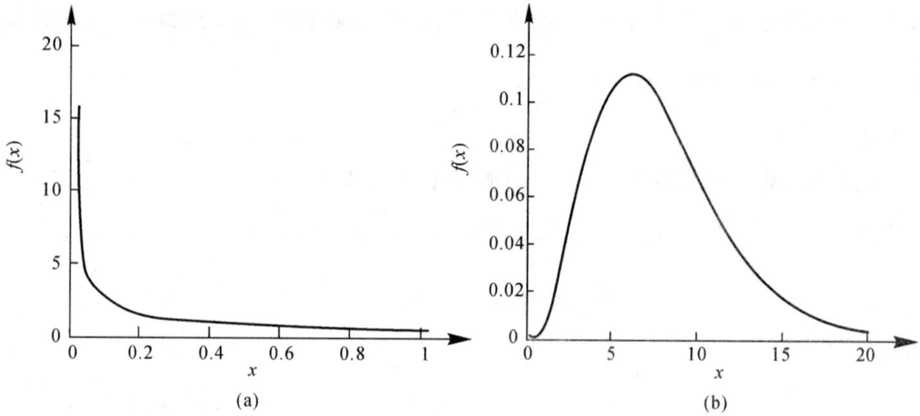

图 1.3 Γ 分布密度函数曲线($\Gamma(\alpha,1)$)

(a)$\alpha=0.6$, $\beta=1$; (b)$\alpha=4$,$\beta=2$

伽玛函数

$$\Gamma(\alpha)=\int_0^{\infty}u^{\alpha-1}\mathrm{e}^{-u}\mathrm{d}u$$

伽玛函数具有性质:

(1)$\Gamma(\alpha+1)=\alpha\Gamma(\alpha)$; (1-8)

(2)$\Gamma\left(\dfrac{1}{2}\right)=\sqrt{\pi}$.

伽玛分布是统计学的一种连续概率函数. Gamma 分布中的参数 α 称为形状参

数(shape parameter),β 称为尺度参数(scale parameter).

伽玛分布要比指数分布和正态分布更具有普遍性,适用于各种形式的分布.它能用来表示早期失效、偶发失效和耗损失效等不同的失效分布.指数分布是 $\alpha=1$ 时的伽玛分布,后文所讲的 χ^2 分布是 $\alpha=\frac{n}{2},\beta=2$ 时的伽玛分布,也是著名的皮尔逊概率分布函数簇中的重要一员,称为皮尔逊 Ⅲ 型分布.公式中有两个参数 α,β,由于这种分布对自变量要求有一个大于等于零下限,拟合资料时又比正态分布的弹性大,在我国的**水文界广泛用皮尔逊 Ⅲ 型分布来模拟水文数据系列**.

在 Excel 中,

(1)gammadist(x, alpha, beta, cumulative) 返回伽玛分布.

其中,x 为用来计算伽玛分布的数值;alpha 是分布参数;

beta 是分布参数,如果 beta = 1,函数 gammadist 返回标准伽玛分布;cumulative 为一逻辑值,决定函数的形式,如果 cumulative 为 1,函数 gammadist 返回累积分布函数值 $P\{X\leqslant x\}$;如果为 0,则返回概率密度函数值 $f(x)$.

(2)gammainv(probability, alpha, beta) 返回伽玛累积分布函数的反函数.

其中,probability 为伽玛分布的概率值;alpha 为分布参数;beta 为分布参数,如果 beta=1,函数 gammainv 返回标准伽玛分布.

5.β 分布

定义 1.28　如果随机变量 X 的概率密度函数为

$$f(x)=\begin{cases}\dfrac{1}{B(p,q)}x^{p-1}(1-x)^{q-1}, & 1>x>0\\ 0, & \text{其他}\end{cases}\quad (p,q>0)$$

则称 X 服从参数为 p,q 的**贝塔分布**(beta distribution),记作 $X\sim\beta(p,q)$.如图1.4 所示.

其中,$B(p,q)=\int_0^1 x^{p-1}(1-x)^{q-1}\mathrm{d}x$,它与 Γ 函数,有如下关系

$$B(p,q)=\frac{\Gamma(p)\Gamma(q)}{\Gamma(p+q)} \tag{1-9}$$

空气中含有气体状态的水分,表示这种水分的一种办法就是相对湿度,即现在的含水量与空气的最大含水量(饱和含水量)的比值.我们听到的天气预报用语中就经常使用相对湿度这个名词.相对湿度的值显然仅能出现于 0 ~ 1 之间(经常用百分比表示).而空气为什么出现某个相对湿度显然具有随机性,**空气的相对湿度一般符合贝塔分布**.

在 Excel 中,

betadist(x, alpha, beta, A, B) 返回贝塔分布 $P(X\leqslant x)$.

其中，x 为用来计算贝塔分布的数值；alpha($=p$) 为分布参数；beta($=q$) 为分布参数；A 数值 x 所属区间的可选下界；B 数值 x 所属区间的可选上界；

如果省略 A 或 B 值，函数 betadist 使用标准 beta 分布的累积函数，即 A＝0，B＝1.

betainv(probability, alpha, beta, A, B) 返回贝塔累积分布函数的反函数.

其中，probability 为 beta 分布的概率值；alpha 为分布参数；beta 为分布参数；A 数值 x 所属区间的可选下界；B 数值 x 所属区间的可选上界.

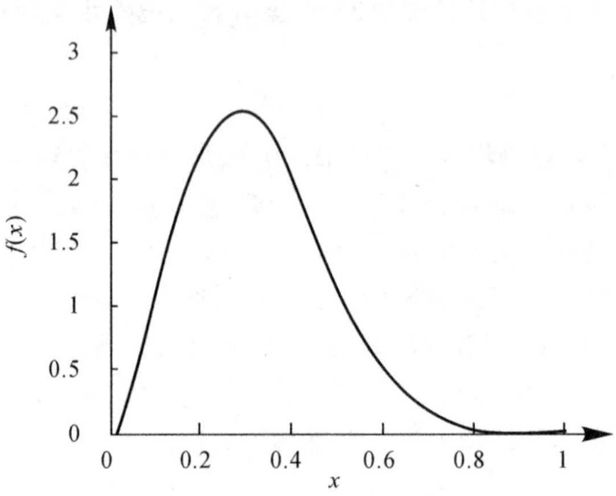

图 1.4　贝塔分布的曲线形状($\beta(3,6)$)

1.3.2　随机变量的分布函数

定义 1.29　设 X 是随机变量，x 为任意实数，称 $F(x)=P(X\leqslant x)$ 为随机变量 X 的**分布函数**(distribution function).

定理 1.6　分布函数具有以下基本性质：

(1)$0\leqslant F(x)\leqslant 1$，对于任意 $x\in\mathbf{R}$，$F(-\infty)=\lim\limits_{x\to-\infty}F(x)=0$，$F(+\infty)=\lim\limits_{x\to+\infty}F(x)=1$；

(2)$F(x)$ 是非减函数；

(3)$F(x)$ 在任一点右连续.

根据分布函数的定义和性质、容易得出如下重要公式：

定理 1.7　(1)$P(X<x)=F(x-0)$.

(2)$P(a<X\leqslant b)=F(b)-F(a)$.

(3)$P(X>x)=1-F(x)$.

对于离散型随机变量 X 来说，由于它所取的可能值至多有无穷可列个，因而

它在某一范围内取值的概率等于它取这个范围内的各可能值的概率之和，于是

$$F(x)=\sum_{x_k\leqslant x}P(X=x_k)$$

对于连续型随机变量 X 来说，$F(x)=\int_{-\infty}^{x}f(t)\mathrm{d}t$，其中 $f(x)$ 为 X 的密度函数.

1.4 多维随机变量及其概率分布

1.4.1 多维随机变量的定义及其分布函数

定义 1.30 设 $X_1,X_2,\cdots,X_n$ 是同一样本空间 Ω 上的随机变量，则向量 $(X_1,X_2,\cdots,X_n)$ 称为 n 维随机变量. 特别当 $n=2$ 时，称为二维随机变量，常记为 (X,Y). 对于任意实数 x,y，二元函数 $F(x,y)=P\{X\leqslant x,Y\leqslant y\}$ 称为二维随机变量 (X,Y) 的**联合分布函数**(joint distribution function).

定理 1.8 多维随机变量分布函数具有以下的性质：

(1) 对任一变量 x 或 y，$F(x,y)$ 是非降的；

(2) 对 x 或 y，$F(x,y)$ 是右连续的；

(3) $F(-\infty,y)=F(x,-\infty)=F(-\infty,-\infty)=0$，$F(+\infty,+\infty)=1$；

(4) 对任意 $a<b,c<d$，均有：

$$P\{a<X\leqslant b,c<Y\leqslant d\}=F(b,d)-F(a,d)-F(b,c)+F(a,c)\geqslant 0.$$

定义 1.31 称 $F_X(x)=F(x,+\infty)$ 为随机变量 X 的**边缘分布函数**(marginal distribution function)，称 $F_Y(y)=F(+\infty,y)$ 为随机变量 Y 的边缘分布函数.

定义 1.32 对任意的 x,y，如果 $F(x,y)=F_X(x)\cdot F_Y(y)$，则称随机变量 X,Y **相互独立**(mutual independence).

1.4.2 离散型随机变量的概率分布

定义 1.33 设二维离散型随机变量 (X,Y) 的所有可能取值为 (x_i,y_j)，$i,j=1,2,\cdots$，$P(X=x_i,Y=y_j)=p_{ij}$，$i,j=1,2,\cdots$ 称为随机变量 (X,Y) 的**联合分布律**(joint distribution law)；$p_{i\cdot}=P\{X=x_i\}=\sum\limits_{j=1}^{\infty}p_{ij}$，$i=1,2,\cdots$ 称为随机变量 (X,Y) 关于 X 的**边缘分布律**(marginal distribution law)；$p_{\cdot j}=P\{Y=y_j\}=\sum\limits_{i=1}^{\infty}p_{ij}$，$j=1,2,\cdots$ 称为随机变量 (X,Y) 关于 Y 的**边缘分布律**.

1.4.3 连续型随机变量的概率分布

定义 1.34 对于二维随机变量 (X,Y) 的分布函数 $F(x,y)$，如果存在非负的

函数 $f(x,y)$,使得对任意的 x,y 有

$$F(x,y)=\int_{-\infty}^{y}\int_{-\infty}^{x}f(u,v)\mathrm{d}u\mathrm{d}v$$

则称(X,Y) 是**连续的二维随机变量**,$f(x,y)$ 称为(X,Y) 的概率密度.

定理 1.9 $f(x,y)$ 具有以下性质:

(1) $f(x,y)\geqslant 0$;

(2) $\int_{-\infty}^{+\infty}\int_{-\infty}^{+\infty}f(x,y)\mathrm{d}x\mathrm{d}y=F(+\infty,+\infty)=1$;

(3) 设 G 是 xOy 平面上的区域,点(X,Y) 落在 G 内的概率为

$$P\{(X,Y)\in G\}=\iint_{G}f(x,y)\mathrm{d}x\mathrm{d}y \tag{1-10}$$

定义 1.35 称 $f_X(x)=\int_{-\infty}^{+\infty}f(x,y)\mathrm{d}y$ 为(X,Y) 关于 X 的**边缘概率密度**(marginal probability density);称 $f_Y(y)=\int_{-\infty}^{+\infty}f(x,y)\mathrm{d}x$ 为(X,Y) 关于 Y 的边缘概率密度.

定义 1.36 (1) 设(X,Y) 的分布函数为 $F(x,y)$,概率密度为 $f(x,y)$,若在点(x,y) 处 $f(x,y)$ 连续,边缘概率密度 $f_Y(y)$ 连续,且 $f_Y(y)>0$,则称

$$F_{X|Y}(x\mid y)=P\{X\leqslant x\mid Y=y\}=\frac{\int_{-\infty}^{x}f(u,y)\mathrm{d}u}{f_Y(y)}=\int_{-\infty}^{x}\frac{f(u,y)}{f_Y(y)}\mathrm{d}u$$

为条件 $Y=y$ 下 X 的分布函数,$f_{X|Y}(x\mid y)=\dfrac{f(x,y)}{f_Y(y)}$ 为在 $Y=y$ 条件下 X 的**条件概率密度**(conditional probability density).

(2) 设(X,Y) 的分布函数为 $F(x,y)$,概率密度为 $f(x,y)$,若在点(x,y) 处 $f(x,y)$ 连续,边缘概率密度 $f_X(x)$ 连续,且 $f_X(x)>0$,则称

$$F_{Y|X}(y\mid x)=P\{Y\leqslant y\mid X=x\}=\frac{\int_{-\infty}^{y}f(x,v)\mathrm{d}v}{f_X(x)}=\int_{-\infty}^{y}\frac{f(x,v)}{f_X(x)}\mathrm{d}v$$

为条件 $X=x$ 下 Y 的分布函数,$f_{Y|X}(y\mid x)=\dfrac{f(x,y)}{f_X(x)}$ 为在 $X=x$ 条件下 Y 的条件概率密度.

例 1.10 以下为连续型随机变量(X,Y) 概率密度函数,求边缘概率密度函数.

$$f(x,y)=\begin{cases}\dfrac{1}{2xy^2}, & y\geqslant 1,\quad y^{-1}\leqslant x\leqslant y\\ 0, & \text{其他}\end{cases}$$

解　当 $x \leqslant 0$ 时，$f_X(x)=\int_{-\infty}^{+\infty} 0 \mathrm{d}y=0$；

当 $0<x \leqslant 1$ 时，$f_X(x)=\int_{x^{-1}}^{+\infty} \frac{1}{2xy^2} \mathrm{d}y=\frac{1}{2}$；

当 $x>1$ 时，$f_X(x)=\int_{x}^{+\infty} \frac{1}{2xy^2} \mathrm{d}y=\frac{1}{2x^2}$.

当 $y<1$ 时，$f_Y(y)=\int_{-\infty}^{+\infty} 0 \mathrm{d}x=0$；

当 $y \geqslant 1$ 时，$f_Y(y)=\int_{y^{-1}}^{y} \frac{1}{2xy^2} \mathrm{d}x=\frac{\ln y}{y^2}$.

即

$$f_X(x)=\begin{cases}0, & x \leqslant 0 \\ \frac{1}{2}, & 0<x \leqslant 1 \\ \frac{1}{2x^2}, & x>1\end{cases}, \quad f_Y(y)=\begin{cases}0, & y<1 \\ y^{-2}\ln y, & y \geqslant 1\end{cases}$$

1.5　随机变量的数字特征

1.5.1　数学期望

1. 离散型随机变量的数学期望

定义 1.37　设离散型随机变量 X 的分布律为 $P\{X=x_i\}=p_i(i=1,2,\cdots)$. 若级数 $\sum_{i=1}^{\infty} x_i p_i$ 绝对收敛，则称级数 $\sum_{i=1}^{\infty} x_i p_i$ 的和为随机变量 X 的**数学期望**(mathematical expectation)，记为 $E(X)$，即 $E(X)=\sum_{i=1}^{\infty} x_i p_i$.

设 Y 是随机变量 X 的函数 $Y=g(X)$，如果 $\sum_{i=1}^{\infty} g(x_i) p_i$ 绝对收敛，则 $E(Y)=\sum_{i=1}^{\infty} g(x_i) p_i$.

设 (X,Y) 是离散型随机变量，$P\{X=x_i, Y=y_j\}=p_{ij}(i,j=1,2,\cdots)$，$Z$ 是随机变量 X,Y 的函数 $Z=g(X,Y)$，若 $\sum_{i=1}^{\infty} \sum_{j=1}^{\infty} g(x_i, y_j) p_{ij}$ 绝对收敛，则 $E(Z)=\sum_{i=1}^{\infty} \sum_{j=1}^{\infty} g(x_i, y_j) p_{ij}$.

在 Excel 中，

sumproduct(array1, array2,…) 函数用于计算对应乘积之和 array1.1 × array2.1 × … + array1.2 × array2.2 × …

比如需要计算 $\sum_{i=1}^{5} x_i y_i$,可将 x 放进 A1:A5,将 y 放进 B1:B5,然后调用函数 sumproduct(A1:A5,B1:B5).

2.连续型随机变量的数学期望

定义 1.38 设连续型随机变量 X 的概率密度为 $f(x)$.若积分 $\int_{-\infty}^{+\infty} xf(x)\mathrm{d}x$ 绝对收敛,则称积分 $\int_{-\infty}^{+\infty} xf(x)\mathrm{d}x$ 的值为随机变量 X 的**数学期望**,记为 $E(X)$,即 $E(X)=\int_{-\infty}^{+\infty} xf(x)\mathrm{d}x$.

设 Y 是随机变量 X 的函数 $Y=g(X)$,如果 $\int_{-\infty}^{+\infty} g(x)f(x)\mathrm{d}x\mathrm{d}y$ 绝对收敛,则 $E(Y)=\int_{-\infty}^{+\infty} g(x)f(x)\mathrm{d}x$.

设 (X,Y) 是连续型随机变量,其概率密度为 $f(x,y)$,Z 是随机变量 X,Y 的函数 $Z=g(X,Y)$,如果 $\int_{-\infty}^{+\infty}\int_{-\infty}^{+\infty} g(x,y)f(x)\mathrm{d}x\mathrm{d}y$ 绝对收敛,则 $E(Z)=\int_{-\infty}^{+\infty}\int_{-\infty}^{+\infty} g(x,y)f(x)\mathrm{d}x\mathrm{d}y$.

3.数学期望的性质

定理 1.10 假设相关随机变量的数学期望存在,X,Y 是两个随机变量,c 是常数.则

(1)$E(c)=c$;

(2)$E(cX)=cE(X)$;

(3)$E(X+Y)=E(X)+E(Y)$;

(4) 设 X,Y 相互独立,则 $E(XY)=E(X)E(Y)$.

例 1.11 在某工厂检查某种疾病,要抽验 N 个人的血.第一种方法是把每个人的血分别检验,须验 N 次.第二种方法是按 k 个人一组分组,把 k 个人的血混在一起,如果混血呈阴性反应,表明 k 个人的血都呈阴性反应,这时,k 个人的血只须验一次,如果混血呈阳性反应,再对 k 个人分别检验,这时,k 个人的血须验 $k+1$ 次.设每个人的血呈阳性反应的概率为 p,各次的检验相互独立.试比较两种方法的优劣.

解 每人的血呈阴性反应的概率为 $q=1-p$,k 个人的混血呈阴性反应的概率为 q^k,k 个人的混血呈阳性反应的概率为 $1-q^k$.

设以 k 人为一组时，组内每人化验的次数为 X，则

$$P\left(X=\frac{1}{k}\right)=P(k\text{ 人的混血呈阴性反应})=q^k$$

$$P\left(X=\frac{k+1}{k}\right)=P(k\text{ 人的混血呈阳性反应})=1-q^k$$

有

$$E(X)=\frac{1}{k}q^k+\frac{k+1}{k}(1-q^k)=1-q^k+\frac{1}{k}$$

N 个人的平均化验次数为 $N\left(1-q^k+\frac{1}{k}\right)$，如果选择 k 使 $1-q^k+\frac{1}{k}<1$，则 N 个人的平均化验次数小于 N. 当 p 固定时，选择 k 使 $1-q^k+\frac{1}{k}$ 取小于 1 的最小值，即得最好的分组方法. 比如，当 $p=0.1$ 时，则 $k=4$ 使 $1-0.9^k+\frac{1}{k}$ 最小，当 $N=$ 1 000 时第二种方法平均化验次数 594 次，比第一种方法大大减少.

1.5.2　方差

定义 1.39　设 X 是一个随机变量，若 $E\{[X-E(X)]^2\}$ 存在，则称 $E\{[X-E(X)]^2\}$ 为 X 的**方差**(variance)，记为 $D(X)$ 或 $\mathrm{Var}(X)$，即 $D(X)=E\{[X-E(X)]^2\}$. $\sqrt{D(X)}$ 称为**标准差**(standard deviation) 或**均方差**(mean square deviation)，记作 $\sigma(X)$.

定理 1.11　方差具有以下性质：

(1) 设 c 是常数，则 $D(c)=0$；

(2) 设 X 是一个随机变量，c 是常数，则 $D(cX)=c^2D(X)$；

(3) 设 X,Y 是两个相互独立的随机变量，则 $D(X+Y)=D(X)+D(Y)$，可推广到有限多个；

(4) $D(X)=0$ 的充要条件是 X 以概率为 1 取常数 c，即 $P\{X=c\}=1$，显然这里 $c=E(X)$；

(5) $D(X)=E(X^2)-E^2(X)$.　　(1-11)

1.5.3　常见分布的数学期望和方差

1. 两点分布(0-1 分布)

设 X 服从参数为 p 的 0-1 分布，则 $E(X)=p$，$D(X)=p(1-p)$.

2. 二项分布

设 X 服从参数为 n,p 的二项分布，$X\sim B(n,p)$，则 $E(X)=np$，$D(X)=np(1-p)$.

3.泊松分布

设 X 服从参数为 λ 的泊松分布，$X\sim\pi(\lambda)$，则 $E(X)=\lambda, D(X)=\lambda$.

4.几何分布

设 X 服从参数为 p 的几何分布，则 $E(X)=\dfrac{1}{p}, D(X)=\dfrac{1-p}{p^2}$.

5.均匀分布

设 X 在 $[a,b]$ 上服从均匀分布，$X\sim U(a,b)$，则 $E(X)=\dfrac{a+b}{2}$，$D(X)=\dfrac{(b-a)^2}{12}$.

6.指数分布

设 X 服从参数为 λ 的指数分布，$X\sim e(\lambda)$，则 $E(X)=\lambda, D(X)=\dfrac{1}{\lambda^2}$.

7.正态分布

设 X 服从参数为 μ,σ^2 的正态分布，$X\sim N(\mu,\sigma^2)$，则 $E(X)=\mu, D(X)=\sigma^2$.

8.Γ 分布

设 X 服从参数为 α,β 的伽玛分布，$X\sim\Gamma(\alpha,\beta)$，则 $E(X)=\beta\alpha, D(X)=\beta^2\alpha$.

证 $$E(X)=\int_{-\infty}^{\infty}xf(x)\mathrm{d}x=\int_0^{\infty}\frac{1}{\beta^\alpha\Gamma(\alpha)}x^\alpha \mathrm{e}^{-\frac{x}{\beta}}\mathrm{d}x \xlongequal{令 y=\frac{x}{\beta}}$$
$$\frac{\beta}{\Gamma(\alpha)}\int_0^{\infty}y^\alpha \mathrm{e}^{-y}\mathrm{d}y=\frac{\beta}{\Gamma(\alpha)}\Gamma(\alpha+1)=\frac{\beta}{\Gamma(\alpha)}\alpha\Gamma(\alpha)=\beta\alpha$$

又 $$\int_{-\infty}^{\infty}x^2f(x)\mathrm{d}x=\int_0^{\infty}\frac{1}{\beta^\alpha\Gamma(\alpha)}x^{\alpha+1}\mathrm{e}^{-\frac{x}{\beta}}\mathrm{d}x \xlongequal{令 y=\frac{x}{\beta}} \frac{\beta^2}{\Gamma(\alpha)}\int_0^{\infty}y^{\alpha+1}\mathrm{e}^{-y}\mathrm{d}y=$$
$$\frac{\beta^2}{\Gamma(\alpha)}\Gamma(\alpha+2)=\frac{\beta^2}{\Gamma(\alpha)}(\alpha+1)\alpha\Gamma(\alpha)=\beta^2(\alpha+1)\alpha$$
$$D(X)=\beta^2(\alpha+1)\alpha-(\beta\alpha)^2=\beta^2\alpha$$

9.β 分布

设 X 服从参数为 p,q 的贝塔分布，$X\sim\beta(p,q)$，则
$$E(X)=\frac{p}{p+q},\quad D(X)=\frac{pq}{(p+q)^2(p+q+1)}$$

证 $$E(X)=\int_{-\infty}^{\infty}xf(x)\mathrm{d}x=\int_0^1\frac{1}{B(p,q)}x^p(1-x)^{q-1}\mathrm{d}x=$$
$$\frac{1}{B(p,q)}\int_0^1x^p(1-x)^{q-1}\mathrm{d}x=\frac{1}{B(p,q)}B(p+1,q)=$$
$$\frac{\Gamma(p+q)}{\Gamma(p)\Gamma(q)}\frac{\Gamma(p+1)\Gamma(q)}{\Gamma(p+q+1)}=\frac{\Gamma(p+q)}{\Gamma(p)\Gamma(q)}\frac{p\Gamma(p)\Gamma(q)}{(p+q)\Gamma(p+q)}=\frac{p}{p+q}$$

又

$$\int_{-\infty}^{\infty} x^2 f(x)\mathrm{d}x = \int_0^1 \frac{1}{B(p,q)} x^{p+1}(1-x)^{q-1}\mathrm{d}x = \frac{1}{B(p,q)}\int_0^1 x^{p+1}(1-x)^{q-1}\mathrm{d}x =$$

$$\frac{1}{B(p,q)}B(p+2,q) = \frac{\Gamma(p+q)}{\Gamma(p)\Gamma(q)}\frac{\Gamma(p+2)\Gamma(q)}{\Gamma(p+q+2)} =$$

$$\frac{\Gamma(p+q)}{\Gamma(p)\Gamma(q)}\frac{(p+1)p\Gamma(p)\Gamma(q)}{(p+q+1)(p+q)\Gamma(p+q)} =$$

$$\frac{p(p+1)}{(p+q)(p+q+1)}$$

$$D(X) = \frac{p(p+1)}{(p+q)(p+q+1)} - \frac{p^2}{(p+q)^2} = \frac{pq}{(p+q)^2(p+q+1)}$$

例 1.12　求例 1.8 超几何分布的数学期望.

解　令 $X_i = \begin{cases} 1, & \text{第 } i \text{ 次抽出废品} \\ 0, & \text{第 } i \text{ 次抽出正品} \end{cases}$，$i=1,2,\cdots,n$

N 件产品中的每件等可能地在第 i 次被抽到，M 件废品中的每件等可能地在第 i 次被抽到，所以

$$P(X_i=1) = \frac{M}{N},\quad i=1,2,\cdots,n$$

注意到 $X=\sum_{i=1}^{n} X_i$，$E(X_i)=\dfrac{M}{N}$，因此 $E(X)=\dfrac{nM}{N}$.

1.5.4　协方差与相关系数

1. 协方差

定义 1.40　$E\{[X-E(X)][Y-E(Y)]\}$ 称为随机变量 X 与 Y 的**协方差**(covariance)，记为 $\mathrm{Cov}(X,Y)$，即

$$\mathrm{Cov}(X,Y) = E\{[X-E(X)][Y-E(Y)]\} = E(XY)-E(X)E(Y) \tag{1-12}$$

协方差具有如下性质：

(1) $\mathrm{Cov}(X,Y)=\mathrm{Cov}(Y,X)$；

(2) $\mathrm{Cov}(aX,bY)=ab\mathrm{Cov}(X,Y)$，其中 a,b 是常数；

(3) $\mathrm{Cov}(X_1+X_2,Y)=\mathrm{Cov}(X_1,Y)+\mathrm{Cov}(X_2,Y)$；

(4) $D(X+Y)=D(X)+D(Y)+2\mathrm{Cov}(X,Y)$

在 Excel 中，对于离散数据可以使用 covar(array1,array2) 计算协方差.

2. 相关系数

定义 1.41　$\rho_{XY}=\dfrac{\mathrm{Cov}(X,Y)}{\sqrt{D(X)}\sqrt{D(Y)}}$ 称为随机变量 X 与 Y 的**相关系数**(correlation coefficient)，ρ_{XY} 无量纲.

相关系数具有如下性质：

(1) $|\rho_{XY}| \leqslant 1$；

(2) $|\rho_{XY}| = 1$ 的充要条件是存在常数 a,b，使 $P\{Y = aX + b\} = 1$；

(3) ρ_{XY} 是一个可以用来表征 X 与 Y 之间线性关系紧密程度的量，$|\rho_{XY}|$ 越大，X 与 Y 的线性相关程度越好，反之越差；$\rho_{XY} > 0$ 时，称 X 与 Y **正相关**(positive correlation)，$\rho_{XY} < 0$ 时，称 X 与 Y **负相关**(negative correlation)，$\rho_{XY} = 0$ 时，称 X 与 Y **不相关**(uncorrelated)，这时 X 与 Y 不存在线性依存关系，但不能说 X 与 Y 没有关系. 当 X 与 Y 相互独立时，$\rho_{XY} = 0$，但反之不真.

1.5.5 矩

矩可以看做数学期望和方差数字特征的推广.

定义 1.42 设 X 是随机变量，k 是非负整数，如果 $E(X^k)$ 存在，记作 α_k，称其为 X 的 k 阶**原点矩**(origin moment). 如果 $E(|X|^k)$ 存在，记作 γ_k，称其为 X 的 k 阶**原点绝对矩**(origin absolute moment). 如果 $E((X-E(X))^k)$ 存在，记作 β_k，称其为 X 的 k 阶**中心矩**(central moment). 如果 $E(|X-E(X)|^k)$ 存在，记作 μ_k，称其为 X 的 k 阶**中心绝对矩**(central absolute moment).

特别：$\alpha_0 = 1, \alpha_1 = E(X), \beta_0 = 1, \beta_1 = 0, \beta_2 = D(X)$.

定理 1.12 设随机变量 X 的 k 阶原点绝对矩 γ_k 存在，则对每个正数 ε 有 $P(|X| \geqslant \varepsilon) \leqslant \frac{\gamma_k}{\varepsilon^k}$，称此式为**马尔科夫不等式**(markov inequality). ①

定理 1.13 设随机变量 X 的 k 阶中心绝对矩 μ_k 存在，则对每个正数 ε，有

$$P(|X - E(X)| \geqslant \varepsilon) \leqslant \frac{\mu_k}{\varepsilon^k}$$

证明类似定理 1.12.

特别当 $k=2$ 时，得**切比雪夫不等式**(chebyshev inequality)

$$P(|X - E(X)| \geqslant \varepsilon) \leqslant \frac{D(X)}{\varepsilon^2} \tag{1-13}$$

定理 1.14 设随机变量 X 的 n 阶原点矩 α_n 存在，则 X 的 n 阶中心矩 β_n 存在，且有

$$\beta_n = \sum_{k=0}^{n} (-1)^{n-k} C_n^k \alpha_1^{n-k} \alpha_k$$

① 证明见参考文献[1]P192.

特别当 $n=2$ 时,有 $D(X)=E(X^2)-E^2(X)$. ①

定理 1.15　设随机变量 X 的 n 阶中心矩 β_n 存在,则 X 的 n 阶原点矩 α_n 存在,且有

$$\alpha_n=\sum_{k=0}^{n}C_n^k\alpha_1^{n-k}\beta_{n-k}$$

特别当 $n=2$ 时,有 $E(X^2)=D(X)+E^2(X)$. ②

例 1.13　设随机变量 X 服从非退化的一维正态分布 $N(\mu,\sigma^2)$,求 X 的各阶中心距和中心绝对矩.

解　X 有概率密度函数

$$f(x)=\frac{1}{\sqrt{2\pi}\,\sigma}\exp\left[-\frac{(x-\mu)^2}{2\sigma^2}\right]$$

$$\beta_k=E\,(X-E(X))^k=\int_{-\infty}^{\infty}(x-\mu)^k\frac{1}{\sqrt{2\pi}\,\sigma}\exp\left[-\frac{(x-\mu)^2}{2\sigma^2}\right]\mathrm{d}x\xlongequal{\frac{x-\mu}{\sigma}=y}$$

$$\frac{1}{\sqrt{2\pi}}\sigma^k\int_{-\infty}^{\infty}y^k\exp\left(-\frac{y^2}{2}\right)\mathrm{d}y$$

若 k 为奇数,则被积函数为奇函数,从而 $\beta_k=0$;若 k 为偶数,显然 $\beta_0=0$,当 $k\geqslant2$,

$$\beta_k=\sqrt{\frac{2}{\pi}}\sigma^k\int_{-\infty}^{\infty}y^k\exp\left(-\frac{y^2}{2}\right)\mathrm{d}y\xlongequal{y^2=2u}\sqrt{\frac{1}{\pi}}\sigma^k2^{\frac{k}{2}}\int_0^{\infty}u^{\frac{k+1}{2}-1}\mathrm{e}^{-u}\mathrm{d}u=$$

$$\sqrt{\frac{1}{\pi}}\sigma^k2^{\frac{k}{2}}\Gamma\left(\frac{k+1}{2}\right)=\frac{1}{\sqrt{\pi}}\sigma^k2^{\frac{k}{2}}\frac{(k-1)(k-3)\cdots3\times1}{2^{\frac{k}{2}}}\Gamma\left(\frac{1}{2}\right)=$$

$$\sigma^k(k-1)!!$$

下面求 X 的 k 阶中心绝对矩:

若 k 为偶数,有

$$\mu_k=\beta_k=\sigma^k(k-1)!!$$

若 k 为奇数,有

$$\mu_k=\int_{-\infty}^{\infty}(x-\mu)^k\frac{1}{\sqrt{2\pi}\,\sigma}\exp\left[-\frac{(x-\mu)^2}{2\sigma^2}\right]\mathrm{d}x\xlongequal{\frac{x-\mu}{\sigma}=y}$$

$$\frac{1}{\sqrt{2\pi}}\sigma^k\int_{-\infty}^{\infty}|\,y\,|^k\exp\left(-\frac{y^2}{2}\right)\mathrm{d}y=\sqrt{\frac{2}{\pi}}\sigma^k\int_0^{\infty}y^k\exp\left(-\frac{y^2}{2}\right)\mathrm{d}y\xlongequal{y^2=2u}$$

---

① 证明见文献[1]P192(3.2.2).

② 证明见文献[1]P192(3.2.4).

$$\sqrt{\frac{1}{\pi}}\sigma^k 2^{\frac{k}{2}}\Gamma\left(\frac{k+1}{2}\right)=\frac{1}{\sqrt{\pi}}\sigma^k 2^{\frac{k}{2}}\ \frac{(k-1)(k-3)\cdots 4\times 2}{2^{\frac{k-1}{2}}}\Gamma(1)=$$

$$\sqrt{\frac{2}{\pi}}\sigma^k(k-1)!!$$

约定 0!! =1

1.6 大数定律与中心极限定理

1.6.1 大数定律

定义 1.43 设 X 是一个随机变量,$\{X_n\}$,$n=1,2,\cdots$ 是随机变量序列,如果 $P\{\lim\limits_{n\to\infty}X_n=X\}=1$,则称 X_n **以概率 1 收敛**(convergence with probability 1) 到 X,记作$\lim\limits_{n\to\infty}X_n\xlongequal{\text{a.s.}}X$ 或 $X_n\xrightarrow{\text{a.s.}}X(n\to\infty)$.

定义 1.44 设 X 是一个随机变量,$\{X_n\}$,$n=1,2,\cdots$ 是随机变量序列,对任意正数 ε,如果 $\lim\limits_{n\to\infty}P\{|X_n-X|\geqslant\varepsilon\}=1$,则称 X_n **依概率收敛**(convergence in probability) 到 X,记作$\lim\limits_{n\to\infty}X_n\xlongequal{P}X$ 或 $X_n\xrightarrow{P}X(n\to\infty)$

定理 1.16 如果随机变量序列$\{X_n\}$以概率 1 收敛到 X,则$\{X_n\}$依概率收敛到 X.①

1. 弱大数定律

定义 1.45 设$\{X_n\}$,$n=1,2,\cdots$ 是随机变量序列,其中每个数学期望 $E(X_n)$ 均存在,且$\frac{1}{n}\sum\limits_{i=1}^{n}(X_i-E(X_i))\xrightarrow{P}0$,$(n\to\infty)$,则称$\{X_n\}$,$n=1,2,\cdots$ 服从**弱大数定律**(weak law of large number).

定理 1.17 设$\{X_n\}$,$n=1,2,\cdots$ 是独立的随机变量序列,每个 X_n 都服从两点分布 $B(1,p)$,则$\{X_n\}$,$n=1,2,\cdots$ 服从弱大数定律,这个定律也叫**贝努利大数定律**(Bernoulli law of large numbers).

证 对任给的正数 ε,由定理 1.13 的切比雪夫不等式,有

$$P\left\{\left|\frac{1}{n}\sum_{i=1}^{n}(X_i-E(X_i))\right|\geqslant\varepsilon\right\}=P\left\{\left|\frac{1}{n}\sum_{i=1}^{n}X_i-E\left(\frac{1}{n}\sum_{i=1}^{n}X_i\right)\right|\geqslant\varepsilon\right\}\leqslant$$

$$\frac{1}{\varepsilon^2}D\left(\frac{1}{n}\sum_{i=1}^{n}X_i\right)=\frac{np(1-p)}{n^2\varepsilon^2}\leqslant\frac{1}{2n\varepsilon^2}$$

① 证明见文献[1]P297.

所以

$$P\left\{\left|\frac{1}{n}\sum_{i=1}^{n}(X_i - E(X_i))\right| \geqslant \varepsilon\right\} \to 0, \quad n \to \infty$$

定理 1.18　设$\{X_n\}$,$n=1,2,\cdots$是独立同分布的随机变量序列,$E(X_n)$存在,则$\{X_n\}$,$n=1,2,\cdots$服从弱大数定律,这个定律也叫**辛钦大数定律**(Khintchine law of large numbers).①

注意:贝努利大数定律是辛钦大数定律的特例.

2. 强大数定律

定义 1.46　设$\{X_n\}$,$n=1,2,\cdots$是随机变量序列,其中每个数学期望$E(X_n)$均存在,且$\frac{1}{n}\sum_{i=1}^{n}(X_i - E(X_i)) \xrightarrow{\text{a. s.}} 0\ (n \to \infty)$,则称$\{X_n\}$,$n=1,2,\cdots$服从**强大数定律**(strong law of large number).

定理 1.19　设$\{X_n\}$,$n=1,2,\cdots$是独立的随机变量序列,每个X_n都服从两点分布$B(1,p)$,则$\{X_n\}$,$n=1,2,\cdots$服从强大数定律,这个定律也叫**波来尔大数定律**(Borel law of large numbers).②

定理 1.20　设$\{X_n\}$,$n=1,2,\cdots$是独立的随机变量序列,每个$D(X_n)$存在,且$\sum_{n=1}^{\infty}\frac{1}{n^2}D(X_n) < \infty$,则$\{X_n\}$,$n=1,2,\cdots$服从强大数定律,这个定理也叫**柯尔莫哥洛夫判别法**(Kolmogorov criterion).③

推论 1　设$\{X_n\}$,$n=1,2,\cdots$是独立的随机变量序列,若存在常数C,使得$D(X_n) < C$,$n=1,2,\cdots$,则$\{X_n\}$,$n=1,2,\cdots$服从强大数定律,这个定律也叫**切比雪夫强大数定律**.

证　由$\sum_{n=1}^{\infty}\frac{1}{n^2}D(X_n) < C\sum_{n=1}^{\infty}\frac{1}{n^2} < \infty$及定理 1.20 可得.

推论 2　设$\{X_n\}$,$n=1,2,\cdots$是独立的随机变量序列,每个X_n都服从两点分布$B(1,p_n)$,则$\{X_n\}$,$n=1,2,\cdots$服从强大数定律,这个定律也叫**泊松强大数定律**.

注意:泊松强大数定律是切比雪夫强大数定律的特例,波来尔强大数定律是泊松大数定律的特例.

定理 1.21　设$\{X_n\}$,$n=1,2,\cdots$是独立同分布的随机变量序列,$E(X_n)$存在,则$\{X_n\}$,$n=1,2,\cdots$服从强大数定律,这个定理也叫**柯尔莫哥洛夫定理**

① 证明见文献[1]P261.

② 证明见文献[1]P270. 注意比较定理 1.17 与定理 1.19.

③ 证明见文献[1]P275.

(Kolmogorov theorem). ①注意比较定理 1.18 与定理 1.21.

根据定理 1.16,柯尔莫哥洛夫判别法、切比雪夫强大数定律与泊松强大数定律也是弱大数定律.

1.6.2 中心极限定理

日常生活中许多随机现象都服从正态分布(如测量误差、射击偏差 ……),是由于许多彼此没有什么相依关系、对随机现象谁也不能起突出影响,而均起到微小作用的随机因素共同作用(这些因素的叠加) 的结果. 如果联系到这个随机现象的随机变量为 X,则它可以看成许多相互独立的微小作用因素 X_n 的总和 $\sum_n X_n$,而这个总和服从或近似服从正态分布.

早在 18 世纪,**棣莫佛尔**(De Moivre) 首先提出了如下中心极限定理.

定义 1.47 设$\{X_n\}$,$n=1,2,\cdots$ 是相互独立的随机变量序列,有有限的数学期望 $E(X_n)$ 和方差,对每个自然数 n,$D\left(\sum_{k=1}^{n} X_k\right) > 0$,令 $Y_n = \dfrac{\sum_{k=1}^{n}(X_k - E(X_k))}{\sqrt{D\left(\sum_{k=1}^{n} X_k\right)}}$,

如果对每个实数 x 有

$$\lim_{n\to\infty} P\{Y_n < x\} = \int_{-\infty}^{x} \frac{1}{\sqrt{2\pi}} \exp\left(-\frac{1}{2}u^2\right) \mathrm{d}u$$

则称$\{X_n\}$,$n=1,2,\cdots$ 服从**中心极限定理**(central limit theorem).

定理 1.22 设$\{X_n\}$,$n=1,2,\cdots$ 是相互独立的具有相同两点分布的随机变量序列,$X_n \sim B(1,p)$,则$\{X_n\}$,$n=1,2,\cdots$ 服从中心极限定理. 该中心极限定理被称为**棣莫佛尔-拉普拉斯定理**(De Moivre-Laplace theorem). ②

定理 1.23 设相互独立的随机变量序列 $X_1, X_2, \cdots, X_n, \cdots$ 服从同一分布,且 $E(X_k)=\mu$,$D(X_k)=\sigma^2 \neq 0 (k=1,2,\cdots)$,则$\{X_n\}$,$n=1,2,\cdots$ 服从中心极限定理. 该中心极限定理被称为**林德贝格-勒维**(Lindeberg-Levy) 中心极限定理. ③

例 1.14 图 1.5 中每个黑点表示钉在板上的一钉,各横线上相邻两钉之间等距,上横线的每钉在下横线两钉的正中. 从上面的入口 A 处放进圆玻璃球,球的直径略小于横线上相邻两钉之距. 在小球下落过程中,小球碰到钉子后均以 $\frac{1}{2}$ 的概

---

① 证明见文献[1]P279.

② 证明见文献[1]P295.

③ 证明类似定理 1.22.

率向左或向右滚下. 试用中心极限定理说明，当把大量的同样小球不断放进入口时，它们在底板将堆成近似于正态分布 $N(0,n)$ 的概率密度函数的图形，n 是横线的层数.

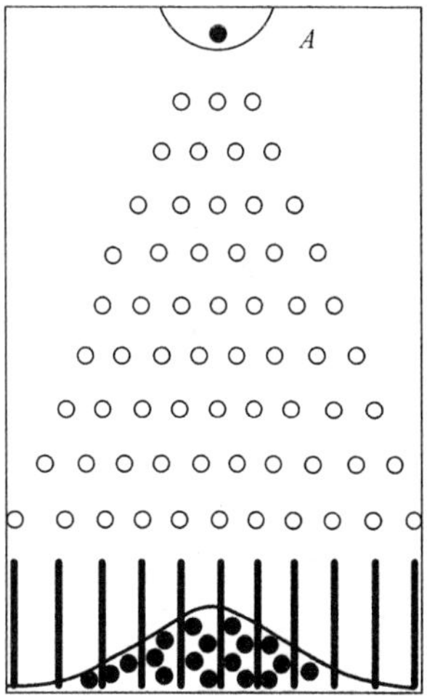

图 1.5　小球堆积

解　当小球在第 k 次碰钉后向右，$\xi_k=1$；当小球在第 k 次碰钉后向左，$\xi_k=-1$；令 $\zeta_n=\sum_{k=1}^{n}\xi_k$，则 ζ_n 表示小球第 n 次碰球后的横坐标，$\xi_k(k\geqslant 1)$ 可看做独立同分布的随机变量序列，$E(\xi_k)=0, D(\xi_k)=1, B_n=\sqrt{\sum_{k=1}^{n}D(\xi_k)}=\sqrt{n}$，由定理 1.23 知，对每个实数 x 有：

$$\lim_{n\to\infty}P\left\{\frac{\zeta_n}{\sqrt{n}}<x\right\}=\Phi(x)=\int_{-\infty}^{x}\frac{1}{\sqrt{2\pi}}\exp\left(-\frac{1}{2}u^2\right)\mathrm{d}u$$

即当 n 充分大时，$\frac{\zeta_n}{\sqrt{n}}$ 近似服从标准正态分布 $N(0,1)$，从而 ζ_n 近似服从 $N(0,n)$，对 $x_1<x_2$，有 $P(x_1\leqslant\zeta_n\leqslant x_2)\approx\Phi\left(\frac{x_2}{\sqrt{n}}\right)-\Phi\left(\frac{x_1}{\sqrt{n}}\right)$.

若 $n=25$，有 25 条横线，则

$$P(-1\leqslant\zeta_{25}\leqslant 0)=P(0\leqslant\zeta_{25}\leqslant 1)\approx\Phi\left(\frac{1}{5}\right)-\Phi\left(\frac{0}{5}\right)=0.079\ 3$$

$$P(-2\leqslant\zeta_{25}\leqslant -1)=P(1\leqslant\zeta_{25}\leqslant 2)\approx\Phi\left(\frac{2}{5}\right)-\Phi\left(\frac{1}{5}\right)=0.076\ 1$$

等等，如果放进 1 000 个小球，分别约有 79 个小球落入 $(-1,0)$ 和 $(0,1)$，分别约有 76 个小球落入 $(-2,-1)$ 和 $(1,2)$，等等. 1 000 个小球在底板堆成的轮廓近似于正态分布 $N(0,25)$ 的概率密度函数形状.

习　题　1

1. 从 1,2,3,4,5 这 5 个数码中，任取 3 个不同数码排成 3 位数，求

(1) 所得 3 位数为偶数的概率；

(2) 所得 3 位数为奇数的概率.

2. 设 A,B 是两个事件且 $P(A)=0.6, P(B)=0.7$. 问：

(1) 在什么条件下 $P(AB)$ 取得最大值，最大值是多少？

(2) 在什么条件下 $P(AB)$ 取得最小值，最小值是多少？

3. 一批产品中有 15% 的次品. 进行独立重复抽样检查，共抽取 20 个样品，问

取出的 20 个样品中最大可能的次品数是多少？并求其概率.

4. 设某种元件的寿命(以 h 计) 的概率密度为

$$f(x)=\begin{cases}\dfrac{1\ 000}{x^2}, & x\geqslant 1\ 000\\ 0, & x<1\ 000\end{cases}$$

一台设备中装有 3 个这样的元件. 求：

(1) 最初 1 500 h 内没有一个元件损坏的概率；

(2) 最初 1 500 h 内只有一个元件损坏的概率.

5. 公共汽车车门高度是按男子与车门顶碰头的机会在 0.01 以下来设计的. 设男子身高服从 $N(170,36)$(单位:cm), 试确定车门的高度.

6. 设随机变量(X,Y) 服从二维正态分布 $N(0,0,100,100,0)$, 其概率密度如下, 求 $P\{X\leqslant Y\}$.

$$f(x,y)=\frac{1}{200\pi}e^{-\frac{x^2+y^2}{200}}$$

7. 若有 n 把看上去样子相同的钥匙, 其中只有 1 把能打开门上的锁, 用它们去试开门上的锁. 设取到每只钥匙是等可能的, 若每只钥匙试开以后除去, 求试开次数 X 的期望.

8. 一民航机场的送客汽车每次载 20 位旅客自机场开出. 沿途有 10 个车站, 若到达一个车站没有旅客下车, 就不停车. 假设每位旅客在各个车站下车是等可能的, 求每趟汽车的平均停车次数.

9. 设随机变量 X 与 Y 相互独立, 且 X 与 Y 有相同的概率分布. 记 $U=X+Y$, $V=X-Y$. 证明 $\rho_{UV}=0$.

10. 一工厂生产的某种设备的寿命 X(以 a 计) 服从指数分布, 密度函数为

$$f(x)=\begin{cases}\dfrac{1}{4}e^{-\frac{x}{4}}, & x>0\\ 0, & x\leqslant 0\end{cases}$$

为确保消费者利益, 工厂规定出售的设备若在一年内损坏可以调换. 若售出一台设备, 工厂获利 100 元, 而调换一台则损失 200 元. 试求工厂出售一台设备赢利的数学期望.

11. 从 5 双(即 10 只) 不同的鞋子中任取 4 只, 求这 4 只鞋子中至少有两只配成一双的概率.

12. 设有甲、乙两个旅行团, 旅行团甲有中国旅游者 n 人, 外国旅游者 m 人; 旅行团乙有中国旅游者 a 人, 外国旅游者 b 人. 今从旅行团甲中随机地挑选两人编入旅行团乙, 然后再从旅行团乙中随机地选择一人, 试问他是中国人的概率是多少?

13. 从编号为 1,2,3,…,9 的 9 只球中任取 3 只球, 试求所取 3 只球的编号数依

大小排列位于中间的编号数 X 的分布律.

14. 某汽车从起点驶出时有 30 名乘客,设沿途共有 4 个停靠站,且该车只下不上. 每个乘客在每个站下车的概率相等,并且相互独立,试求:

(1) 全在终点站(即第 4 个停靠站)下车的概率;

(2) 至少有 2 个乘客在终点站下车的概率;

(3) 该车驶过 2 个停靠站后乘客人数降为 15 的概率;

(4) 至少有 1 个站无人下车的概率.

15. 设某次考试的试题题数是随机的,其可能取值为 2,3,4,相应的概率分别为 $\alpha_1,\alpha_2,\alpha_3(\alpha_1>0,\alpha_1+\alpha_2+\alpha_3=1)$. 规定凡答对的题的题数多于总题数的一半,则通过该次考试. 设某人答对每道题的概率均为 p,且诸题之间答对与否相互独立.

(1) 试求他通过该次考试的概率;

(2) 已知他已通过考试,试求该次考试恰有 3 道试题的概率.

16. 设某袋中有 1 号球 1 只,2 号球 2 只,…,n 号球 n 只. 若某人从袋中任取 1 只球,记 X 为所取球的号码,试求 X 的数学期望.

17. 已知分子的运动速度 X 服从马克斯威尔分布,其概率密度为

$$f(x)=\begin{cases}\dfrac{4x^2}{a^3\sqrt{\pi}}\mathrm{e}^{-\frac{x^2}{a^2}}, & x>0\\ 0, & x\leqslant 0\end{cases}$$

其中,$a>0$ 是常数. 试求分子的平均速度以及平均动能.

18. 设二维离散型随机变量 (X,Y) 具有联合分布律为

X \ Y	-2	-1	0	1	2
-1	0.1	0.1	0.05	0.1	0.1
0	0	0.05	0	0.05	0
1	0.1	0.1	0.05	0.1	0.1

试验证 X 与 Y 是不相关的,但 X 与 Y 不是相互独立的.

19. 设某保险公司有 1 000 人投了人寿保险,每人每年支付保险金 10 元,若在该年内死亡,则受益人获得赔偿金 1 000 元.

(1) 若投保者在一年内死亡的概率是 p,那么该公司一年赢利数的期望值是多少(行政开支由国家支付)?

(2) 若投保者在一年内死亡的概率是 0.002,那么每人至少要缴纳多少保险金,才能使保险公司赢利的期望值大于或等于 0.

20. 设二维连续型随机变量 (X,Y) 具有概率密度为

$$f(x,y)=\begin{cases}2, & 0<x<1,2x<y<3x\\0, & \text{其他}\end{cases}$$

试求:(1)$D(X)$;(2)$D(Y)$;(3)$\mathrm{Cov}(X,Y)$;(4)ρ_{XY}.

21.设通过某大桥的行人体重在$[a,b]$内均匀分布(单位:kg),且设行人之间体重相互独立,若某一时刻恰有100个人行走在该大桥上,试求该大桥所承受的行人体重超过$47a+53b$(单位:kg)的概率的近似值.

22.设随机变量X的密度函数为

$$f(x)=\frac{1}{2}\mathrm{e}^{-|x|},\quad x\in\mathbf{R}$$

(1) 求$E(X)$和$D(X)$;

(2) 求$\mathrm{Cov}(X,|X|)$,X和$|X|$是否不相关?

(3)X和$|X|$是否独立?

第 2 章　数理统计基础概念

纵观统计学的发展进程，可将其大致分 3 个阶段：

(1)统计学的初创阶段，即从 17 世纪中叶到 19 世纪末. 统计学因最初国家管理对社会经济现象的数量描述的需要而产生，逐渐发展为可应用于对各种现象数量方面进行调查研究的方法论学科，描述统计与概率论的基本内容和框架逐渐形成.

(2)以推断统计为中心的现代统计学的形成阶段，即从 20 世纪初戈赛特(W. S. Gosset)提出小样本分布到 20 世纪中叶. 在这一阶段，概率论体系日臻完善，推断统计迅速发展：样本分布理论、估计理论、假设检验、方差分析、实验设计、统计决策理论、序贯抽样等方面的研究都获得了重大的进展，逐渐构筑起以推断统计为中心的现代统计学的基本框架.

(3)统计理论方法与应用全面发展的新阶段. 从 20 世纪 50 年代起. 受计算机、信息论等现代科学技术的影响，统计学研究的新领域层出不穷，开拓了许多新分支和新方法，如多元统计分析、非参数统计、非线性模型、时间序列分析、随机过程、探索性数据分析等. 统计的应用领域也不断扩展，无论哪一领域，只要涉及对数据进行研究和分析就离不开统计. 计算机日益强大的功能和统计软件的开发不仅大大减轻了统计计算的工作量，为统计应用开拓了广阔的前景，而且也可以通过计算机来模拟论证某些统计方法的性能、模拟现象之间复杂的内在联系及其可能结果，为统计理论和方法的不断完善和深化提供了不可缺少的工具.

现代统计学已发展成为一种多门类、多分支、多层次的科学，对此从不同的观察角度往往有不同的分类. 一般而言，大致有两类：描述统计学与推断统计学.

描述统计学(descriptive statistics)研究如何对客观现象的数量特征进行计量、观察、概括和表述. 具体地说，描述统计的主要内容包括确定所要研究的数量特征及其计量层次、设计用来说明现象的数量特征的统计指标、搜集和整理数据、计算统计指标并用图表显示之.

推断统计学(inferential statistics)研究如何根据部分数据去推论总体的数量特征. 从总体中抽取的一部分个体构成一个样本，样本来源于总体，因此样本信息包含总体信息.但由于所调查的样本只是总体的一部分,样本所包含的总体信息必然不完备,据以推断总体必然产生一定的误差.而且由于样本是随机抽取的,推断的结论是否可靠也不确定.为了保证这种推断的精确度和可靠度,推断统计学就须研究样本的抽取方式方法、样本的大小、样本的分布、样本估计量的选择、对总体特征进行估计或推断的方法、误差的计算和控制等问题.

显然,描述统计学是整个统计学的基础,而推断统计学是现代统计学的核心.如果没有描述统计确定的应该研究现象的什么数量特征及其怎样度量和描述,没有描述统计提供有效的样本信息,那么推断统计就只能成为无的之矢,再高明的推断统计方法也难以得到准确的结论.另一方面,在实际工作中,所研究的现象总体常常包含无限多或近似无限多的个体,调查搜集到的数据大多是样本数据,如果没有推断统计,就不可能得到对所研究现象总体数量特征和规律性的认识,也不可能使现代统计学建立在科学的基础之上.

2.1 统计数据的整理

统计活动是从个体的实际表现到总体的综合表现的认识过程,也是从对现象的感性认识到对现象的规律性认识的过程.统计整理是从统计调查到统计分折的中间环节,是统计调查的继续,是统计分析的前提和基础.统计资料整理的质量,直接影响到统计对现象总体数量描述的准确性和分析的真实性.

统计分组是对原始数据进行整理的基本方法.

统计分组是根据统计研究的需要或现象本身的性质,将总体中的所有单位按一定的标志划分成若干部分的一种统计方法.统计分组对总体而言是“分”,即将总体分为性质不同的若干组;对个体而言是“合”,即将性质相同的总体单位组合成一个组.

原始数据整理的目的主要是将反映个体特征的标志值综合成反映总体特征的指标,但在综合之前必须根据现象的特点和研究目的考虑是否需要分组或分成多少组.例如,有某班学生身高的原始数据.由于男生和女生在生理上有较大的差别,如果直接计算全班学生的平均身高并没有什么意义,此时应根据性别分成男、女两组,再分别对这两组的同学计算平均身高.

2.1.1 分布数列和次数分布图

一、分布数列的概念

将总体各单位按某个标志分组后,列出各组单位数或各组单位数在总体单位数中的比例,这样所形成的数列称为**次数分布数列**(frequency series),简称为**分布数列**或**次数分布**(分配).分布在各组的单位数或各组单位数所占比例均可称为次数(广义的次数),其绝对次数称为频数,通常又简称为次数(狭义的次数);各组次数占总次数的比例称为**频率**(又称为相对数次数).分布数列是统计分组的结果,用以反映总体单位在各组的分布状况,揭示资料的分布类型和特征;便于进一步计算统计指标,是统计描述和统计分析的基础.

二、次数分布数列的种类

根据分组标志的不同,分布数列可分为品质数列和变量数列.

品质数列(quality series)是按品质标志分组后形成的分布数列,用以反映具有不同属性的总体单位数在各组的分布状况.品质数列由各组名称和各组次数构成(见表2.1).

表2.1 我国大陆(不含港澳台)人口的性别分布(2000年11月1日)

性别	人数/万人	比例/(%)
男	65 355	51.63
女	61 228	48.37
合计	126 583	100

变量数列(variable series)是按数量标志分组后形成的分布数列,用以反映具有不同变量值的总体单位数在各组中的分布状况.变量数列由各组变量值与各组次数所构成.

根据各组变量值的表现形式不同,变量数列可分为单变量值数列(也称为单项式数列)和组距数列.其中组距数列又可分为等距数列和异距数列.

单变量值数列是指一个变量值代表一组的变量数列(见表2.2).

组距数列(class width series)是以两个变量值间的变化区间为一组的变量数列.区间的长度称为组距,每组组距均相等的称为等距数列(见表2.3).每组组距不全相等的称为异距数列.

有时,为了减少组数或个别组没有次数或保密的需要,通常以首组缺下限(下开口组)或末组缺上限(上开口组)来表示,这样的组称为开口组.开口组的组距以相邻组的组距近似代替(或以该现象本身所可能的最小值或最大值为下开口组的下限或上开口组的上限).凡有开口组的组距数列均为异距数列(见表2.4).

表 2.2　某企业日产量表

日产量/件	工人人数/人
15	30
16	50
17	190
18	75
19	50

表 2.3　某县人均年收入表

人均年收入/元	人数/千人
2 500～3 000	40
3 000～3 500	92
3 500～4 000	204
4 000～4 500	120
4 500～5 000	73

表 2.4　某班学生统计考试成绩表

成绩/分	人数比例/(%)
60 以下	5
60～70	20
70～85	60
85 以上	15
合计	100

三、变量数列的编制

编制变量数列首先要根据研究目的和现象的特点确定是编制单变量值数列还是组距数列,组距数列是采用等距还是异距,是否需要开口组等问题.

单变量值数列仅适合于离散型变量且变量值变动范围不大的情况.

对于连续型变量或变量值变动范围较大的离散型变量,由于变量值不能够或不便于一一列举,则适宜编制组距数列.组距数列中的等距数列便于次数的直接比较和制表、制图,故实际工作中较多采用.但由于研究目的的需要或现象、性质、特点不适宜编制等距数列的,则应编制异距数列或设置开口组.下面,我们对组距数列的编制作进一步说明.

1.影响组距数列的因素

影响组距数列的因素主要有组数、组距和组限.**组数**(group count)就是分组的个数.**组限**(class limits)是指各组两端的变量值(标志值);每组的最小值为下限,每组的最大值为上限.**组距**(class width)是每组上、下限之差.即组距＝上限－下限.组距与组数呈反向变动.各组上限与下限之和的一半称为**组中值**(class mid-point),即组中值＝(上限＋下限)/2.开口组的组中值,以表 2.4 为例,首组的组中值,等于本组的上限减去相邻组组距的一半,即 60－(70－60)/2＝55,最后一组的组中值为本组的下限加上相邻组距的一半,即 85＋(85－70)/2＝92.5.

组中值是各组变量值平均数的代表值,在各组总体单位均匀分布或对称分布时.组中值很接近或等于各组变量值的平均数.但实际上各组单位的分布不一定满足上述条件,故组中值仅是各组变量值平均数的近似值.

2.变量数列编制的步骤

首先是将原始数据按大小顺序排列,得到整个数列的最大值和最小值,并观察数值的集中趋势和分布特点,然后根据研究的需要确定组数和组距.一般是先定组数后定组距. 若令 R 为全距(最大值与最小值之差),K 为组数,i 为组距,则组距可用一个公式来参考,即 $i=R/K$. 组数不宜太多也不宜过少,力求能反映总体的分布特征及分布的集中趋势. 距最好以整数、整十数、整百数来表示.

其次是确定组限及表示方法. 组限的选择要以能够反映现象本质的标志值为界限. 组限的表示方法要遵循完备性原则. 对于离散型变量或规定取多少位小数的连续型变量,相邻两组的上、下限可以重叠也可以不重叠;对于没有规定小数取位的连续型变量,相邻两组的上、下限必须重叠. 相邻两组的上、下限重叠时,为了不重复计数,可采用"上限不在本组内"或"下限不在本组内"的原则.

例 2.1　将某班 50 名学生"统计学"考试成绩(分)顺序排列如下:

50,51,54,55,59,61,61,62,63,64,65,66,67,68,69,69,70,71,72,72,72,73,74,74,74,75,75,75,75,76,77,78,79,80,81,82,83,84,84,85,86,86,87,86,91,91,91,95,97,99.

试编制变量数列以反映其成绩分布状态.

解　该例中,首先要考虑及格和不及格的质的界限. 因此必须以 60 分为界划分为两组. 在此基础上,为了考察及格线以上的同学在各分数段上的分布情况,可以 10 分为组距分为 4 组,即"60～70,70～80,80～90,90～100"4 个组;对于不及格的同学,将 60 以下的同学分为一个组 50～60. 编制好的变量数列见表 2.5.

表 2.5　某班统计学成绩的次数分布

成绩/分	人数/人	比例/(%)	向上累计		向下累计	
			频数/人	频率/(%)	人数/人	频数/(%)
[50,60)	5	0.1	5	10	50	100
[60,70)	11	0.22	16	32	45	90
[70,80)	17	0.34	33	66	34	68
[80,90)	11	0.22	44	88	17	34
[90,100)	6	0.12	50	100	6	12

采用 Excel 软件统计过程:

(1)打开 Excel 2003,新建一空白 Excel 文档,

(2)输入样本数据 A1:A50,输入分组上限 B1:B5.

(3)鼠标选择 D1:D5,单击插入菜单,选择"函数"选项,弹出"插入函数"对话框,先选择类型为"统计",然后选择函数"FREQUENCY","确定".

(4)打开"函数参数"对话框(见图 2.1),光标移到"Data_array"输入框,用鼠标选择 A1: A50,光标移到"Bins _ array"输入框,用鼠标选择 B1: B5,按

"Ctrl+Shift+Enter"组合键(不要"确定"),分组频数数据出现在 D1:D5.

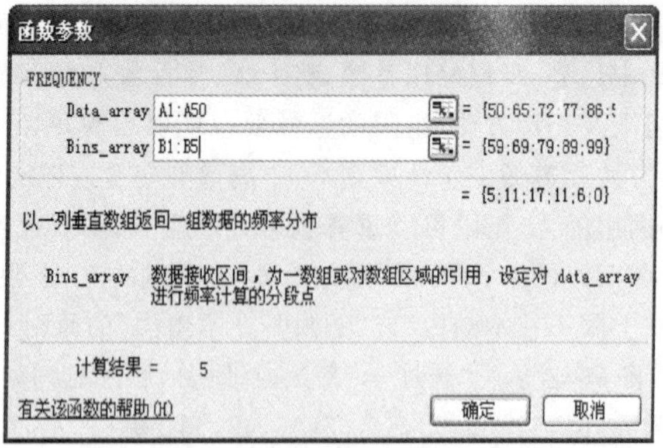

图 2.1 频率计算函数操作图

(5)选择 E1,输入"=D1/50",然后鼠标左键按下 E1 的右下角拖拉到 E5,自动填充,得到频率 E1:E5.

(6)选择 F1,输入"=D1",选择 F2,输入"=F1+D2",然后鼠标左键按下 F2 的右下角拖拉到 F5,自动填充,可得到累积频数 F1:F5.

(7)选择 G1,输入"=E1",选择 G2,输入"=G1+E2",然后鼠标左键按下 G2 的右下角拖拉到 G5,自动填充,可得到累积频率 G1:G5.

四、次数分布图及次数分布曲线类型

1. 次数分布图

分布数列反映了次数分布的状况.若将次数分布表绘制成图,称为**次数分布图**(frequency distribution diagram).次数分布图可以更直观地显示次数分布状况.对于定量变量(数量变量),次数分布图主要有直方图和茎叶图;对于定性变量(品质变量),次数分布图主要有圆形图和条形图.

(1)直方图.直方图(histogram)是用直方形的宽度(表示组距)和高度(表示次数)来显示次数分布的图形.当变量是定量变量时,直方图是显示数据次数分布最为普遍的方法.当绘制直方图时,横轴表示各组组限,纵轴表示次数(频数或频率).在横轴上注明各组组限值,在各组距上作高度等于次数的长方形,即得次数分布直方图.

例 2.2 某集团公司下属 30 个企业 2000 年产值计划完成程度(%)如下:

90,95,100,105,106,108.109.111,112,114,114,115,116,118,118,119,119,120,124,124,124,128,128,129,132,135,135,135,138,139.

试据以编制变量数列,画出对应数据直方图.

解　该例中，首先要考虑完成计划和未完成计划企业的质的界限，但仅以此分为两组又不能反映超额完成计划程度不同的企业的分布状况. 经观察，计划完成程度在 110%～120%的企业最为集中，因此可考虑分为 5 组，且以 10%为组距. 本例没有必要分为异距数列，也没有必要采用开口组形式. 编制好的变量数列见表 2.6.

表 2.6　某集团公司 30 个企业产值计划完成情况表

计划完成程度/(%)	企业数/个	比例/(%)
90～100	2	6.67
100～110	5	16.67
110～120	10	33.33
120～130	7	23.33
130～140	6	20.00
合计	30	100

表 2.6 数据的直方图如图 2.2 所示.

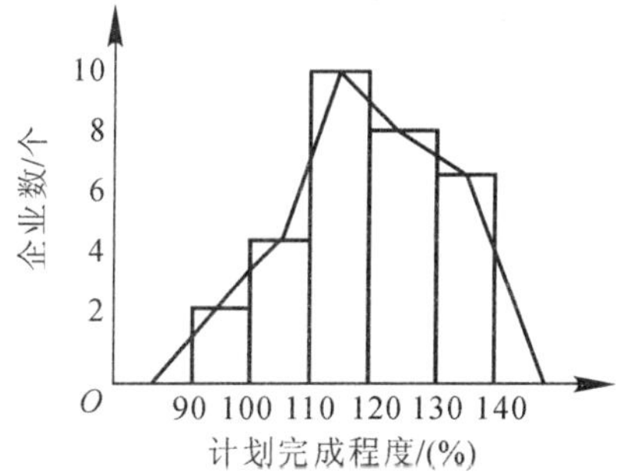

图 2.2　30 个企业计划完成程度的直方图

直方图要求各组具有相同的组距，这样，每一组的矩形面积就能与该组的次数完全对应，这就保证了任何一个矩形所占面积的百分数完全与那个组的频率值相同. 也就是说，直方图中的矩形面积大小代表着各组次数的多少. 如果某一矩形的面积是另一矩形面积的两倍. 那么，意味着这一矩形面积所代表的次数是另一矩形面积所代表次数的 2 倍.

由于直方图的这一特点，异距数列作直方图时，应将不等组距调整为等组距，调整的方法是：以数列中的最小组距为标准组距，将不等组距组的频数除以该组的组距得到频数密度，再以标准组距乘以频数密度得到标准组距的频数，最后按标准组距的次数作直方图.

采用 Excel 软件制作直方图过程：

1)从工具菜单中选择数据分析/直方图，点击确定，打开“直方图”选项框(见图 2.3)；

2)在“输入区域”，鼠标选择 A1:A50，在“接收区域”，鼠标选择 B1:B5；

3)在“输出区域”，输入想让输出表显示其范围的左上角单元引用(必须是空的单元)；

4)若选择图表输出，可显示频数-频率表，若选择累积百分率，可叠加显示累积曲线图.

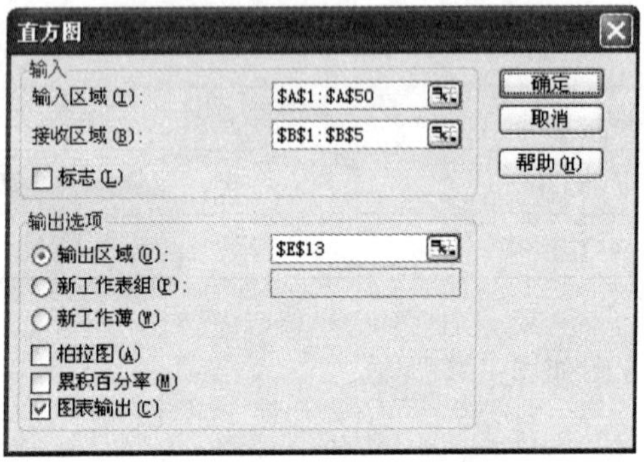

图 2.3　直方图操作对话框

(2)茎叶图. 直方图可以大致观察出数列的次数分布情况，但由于没有具体数据，因而所能提供的信息量不大，也比较粗糙. **茎叶图**(stem-and-leaf display)实际上是由数据构成的图形. 图中给出了每一个数据的值. 因此. 它不仅能看出数列次数的分布状况，还能显示数据是否对称，并反映数据的离散程度和集中趋势，表明某些数值是否远离其他数、某些数值是否有空缺等情况.

如图 2.4 所示是例 2.1“统计学”成绩数据的茎叶图. 竖线左边的 9 表示该排中所有的数值在九十几的范围内，竖线右边的 9，表示 99；竖线左边的数值称为“茎”，竖线右边的数值称为“叶”. 由于茎以每 10 分的增量递增，因而我们说茎的单位是 10，叶的单位是 1.

	茎	叶
5	5	0 1 4 5 9
16	6	1 1 2 3 4 5 6 7 8 9 9
(17)	7	0 1 2 2 2 3 4 4 4 5 5 5 5 6 7 8 9
17	8	0 1 2 3 4 4 5 6 6 6 7
6	9	1 1 1 5 7 9

图 2.4　例 1 成绩茎叶图

由于茎叶图将数据从小到大排列，我们很容易发现最低的成绩是 50 分，最高的成绩是 99 分；同时我们也能发现数据分布的某种“形状”：大多数同学的成绩集中在 70～79 分之间，图中数据的几个长排反映出成绩分布的集中趋势；结合前后所讲的知识，我们发现这是一个正态分布的数列.

图中左边有一列数值，用以表示数值的**深度**. 一个数值的深度，是将数据按大小排列后，该数值到数列两端（最大值、最小值）的最短距离. 比如 54 分这个数值，从数列的小端（最小值）数过来是第 3 个；从数列的大端（最大值）数过来是第 48 个，则该数值的深度为 3，而两端的 50 分和 99 分的深度最小，都是 1.

在茎叶图中，每一个茎所对应的深度为该行最大的深度. 如以 5 为茎的那行最大的深度出现在 59，深度为 5，则该行的深度也为 5. 但要注意，中位数所在行括号内的数（本例为 17）不是指深度，而是该行数据的个数.

茎叶图中加上深度值，可以很容易地确定中位数和中位数所在的行. 每个茎的深度的直观意义是：以中位数所在行为分界线，该行最大数值或最小数值的倒排序或正排序. 深度值还可以帮助计算数值的个数及核对是否有漏掉的数. 结合下节介绍的上、下四分位点，还可以帮助判断数列散布状况及某些数值是否为离群点.

在制作茎叶图时，如何设计茎叶一般没有硬性规定，应以数据的特点、研究目的及如何表达清楚为准. 同时，茎叶图也不一定都以十位数为茎，这要看数据本身的特点. 如数据有一位小数时，个位以上的为茎，而以小数为叶. 如果数据的最后一位数为百分数，则百分数可为叶，百位以上的为茎等. 茎叶图中如果有的茎没有数字，则没有叶，表示这些数字有空缺.

如图 2.4 所示是基本茎叶图. 有时为了比较两个同样性质的不同数据组，如用茎叶图比较两个班学生的学习成绩，则可用同一茎作成背靠背的茎叶图进行比较等.

在 Excel 2003 版本中没有茎叶图制作选项，读者可执行宏实现制作过程（工具→宏→VB 编辑器编辑程序，工具→宏→宏执行），本章末编者给出了图 2.4 茎叶图制作宏的参考程序，其中 A1:A50 为 59 名学生成绩.

2. 次数分布曲线类型

当作直方图时，如果数据不断增多，组距不断缩小，直方图中的矩形将逐渐变窄，顶端将渐渐珠连使折线接近于一条光滑曲线，这条曲线称为次数分布曲线，或称为次数密度曲线，近似于概率密度曲线.

很多现象的次数分布都有一定的规律性，反映在次数分布曲线上就会使曲线表现出一些类型特征. 概括地讲，次数分布曲线主要有 3 种类型：钟形分布曲线、U

形分布曲线和J形分布曲线.

钟形曲线(bell-shaped curve)的次数分布特征是"中间多两头少",形如一口古钟.很多现象的次数分布都呈这种形态,如人的身高、体重、智商、电流、电压、纤维长度、产品产量、人均收入分配等.钟形曲线按其表现形态又可分为正态曲线、左偏曲线和右偏曲线(见图2.5).

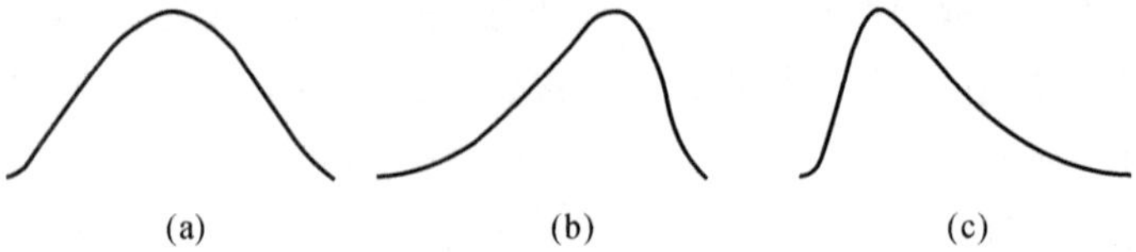

图2.5　钟形曲线分布图

(a)正态分布；(b)左偏分布；(c)右偏分布

U形曲线(U-shaped curve)的次数分布特征是"两头多中间少",与钟形曲线正好相反,形如英文字母"U"或"浴盆"状,故又称为"浴盆曲线".按年龄分组的人口死亡率,近似地服从这种曲线.

J形曲线(J-shaped curve)的次数分布特征是"一头多一头少",形如英文字母"J".J形曲线又可分为正J形和反J形.如供给曲线近似于正J形曲线,而需求曲线近似于反J形曲线.

五、累计次数分布及洛伦茨曲线

1.累计次数分布

变量数列仅反映了各组次数的分布状况.若需要观察到某组为止,累计次数分布成为了某些计算的需要,则应当计算累计次数.次数累计方法分向上累计和向下累计两种,向上累计是将各组的次数(频数或频率)由变量值小的组向变量值大的组累加,各组的累计次数表明小于该组上限的次数共有多少;向下累计是将各组的次数由变量值大的组向变量值小的组累加,各组的累计次数表明大于该组下限的次数共有多少.

累计次数分布可用表的形式反映,也可用曲线图(称为弯形图)来表示.对表2.6中的数据计算累计次数,我们可得到图2.6.

当绘制向上累计折线图时.从首组下限开始将各累计次数组的上限纵坐标连接起来;绘制向下累计折线图时,从末组上限开始将各累计次数组的下限纵坐标连接起来;目的是使累计折线图的意义与累计次数的意义一致.

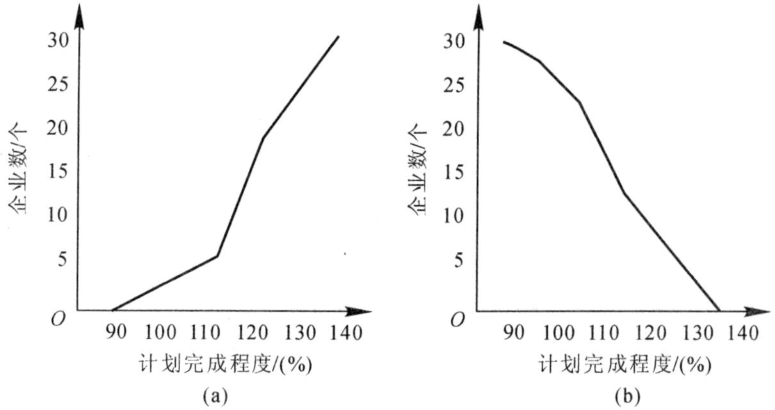

图 2.6　累计次数分布折线图

(a)向上累计次数分布折线图；(b)向下累计次数分布折线图

2. 洛伦茨曲线

累计次数分布曲线图在统计分析中应用十分广泛，其中最成功的应用是洛伦茨曲线. **洛伦茨曲线**(Lorenz curve)是 20 世纪初美国的经济统计学家洛伦茨(M. E. Lorentz)根据意大利经济学家帕累托(V. Pareto)提出的收入分配公式绘制成的描述收入和财富分配性质的曲线(见图 2.7).

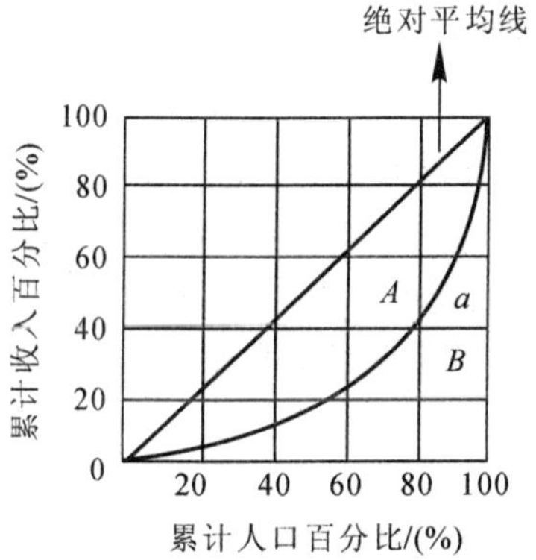

图 2.7　洛伦茨曲线

洛伦茨曲线可用于分析某国或某地区分配的平均程度. 若一国的收入分配是绝对平均的，则洛伦茨曲线为该正方形的对角线，称为绝对平均线；若一国少数人占有大量财富，而绝大多数人占有少量财富，则该曲线就会靠近下横轴和右纵轴. 一般来讲，分配不会是绝对平均的，也不会是绝对不平均的. 如图 2.7 中 a 线所示.

为了更准确地反映收入分配的变化程度，20 世纪初意大利经济学家基尼

(G. Gini) 根据洛伦茨曲线给出了衡量收入分配平均程度的指标，即基尼系数，用公式表示为

$$基尼系数 = A/(A+B) \tag{2-1}$$

式中，A 表示实际收入曲线与绝对平均线之间的面积；B 表示实际收入曲线与绝对不平均线之间的面积. 若 $A=0$，则基尼系数为 0，表示收入绝对平均；若 $B=0$，则基尼系数为 1，表示收入绝对不平均；基尼系数越接近 0，收入分配越平均.

基尼系数的准确计算较为复杂. 一般可采用近似计算的方法，即图中将大正方形分割成若干小正方形，看洛伦茨曲线与绝对平均线间的面积大致由多少个等腰三角形构成，再算出它占大正方形一半面积的比例即可.

2.1.2 次级数据整理

一般而言，收集原始数据的成本较高，而收集次级数据的成本较低. 如果有可供使用的次级数据，则应当充分利用次级数据. 但由于各种原因，次级数据也可能存在错误，也须对其进行审核.

次级数据的整理(secondary data collection) 就是对次级资料的审核中出现的问题有针对性地再加工处理. 在对次级资料的整理中首先需要考虑是否进行再调查来获取原始数据，若次级资料中缺乏某方面的资料或数据的准确性太差，则可考虑重新调查获取原始资料；若次级资料基本可用，但不符合目前分析的需要，则可用如下一些方法进行加工整理.

1. 调整法

若次级资料的总体范围、指标口径、计算方法、计算单位、计算价格、时间长度等方面不符合要求，可采用适当的方法进行调整，如某市行政区划发生了变化，则原有的数据与当前的数据不能直接对比，可采用加减方法对数据进行调整，使其总体范围前后一致. 又如用不同年份的不变价格计算的 GDP，不能直接对比，可采用价格换算系数使其计算价格统一.

2. 推算法

当次级资料在进行某些分析时资料有缺口，从实际中直接收集资料又有困难或无法获取时，可用一些方法进行推算估计得到.

(1) 平衡关系推算法：当现象间的联系表现为一种加减形式的平衡关系时，可利用这种平衡关系进行推算，如：

$$期末资产总额 = 期初资产总额 + 本期资产增减额$$

$$期初库存量 + 本期购进量 = 本期销售量 + 期末库存量$$

(2) 因素关系推算法：某些现象的联系表现为一种乘除形式的因素关系时，可利用已知因素推测未知因素，如：

社会总产出＝社会劳动者人数×社会劳动生产率

商品销售额＝销售量×销售价格

(3) 比例关系推算法:利用现象间的比例关系,由已知数值推测未知数值的方法. 如已知某国某年的GDP为24 020亿元,并知第一次产业占23.9%,第二次产业占48.2%,则可推出第三次产业占27.9%,其绝对额为6 701.58亿元.

(4) 插值推算法:根据现象间的某种关系(如逻辑关系、函数关系等)由已知数值推算补齐所缺数值的方法,如内插法、线性插值法等. 内插法中可用平均发展速度近似推算逐年缺少的资料;线性插值法则是用直线方程公式,如利用两点式直线式方程可推得纵或横坐标值.

2.1.3　数据变换

1. 数据变换的意义和目的

数据变换(data transformation)是将原始数据转换为某种函数值,目的是使变换后的数据达到统计分析的要求. 统计整理要为统计分析准备需要的、合适的统计数据,而统计分析的方法多种多样,对数据有不同的要求,如进行多指标综合评价分析时,不同的指标有不同的单位(量纲),使得指标之间没有可比性,这就要求将不同指标数据进行无量纲处理,进行无量纲化变换(实际上,许多统计分析方法都对数据有无量纲化要求),同时,由于多个指标的重要性不同,在进行分析时,还需要对不同的指标进行加权处理;但若各指标数据的数量级差异较大,可能会体现不出加权的作用,这时就需要对数据进行同数量级的变换,又如某些方法要求数据具有相对稳定性或要求服从标准正态分布,这时可通过标准化变换使其服从标准正态分布,以满足分析的需要. 此外,有的分析方法还通过数据变换而使分析方法简化,如此等等. 解决问题的方法可以用数据变换,也反映出资料整理中数据变换的必要性和重要性.

2. 几种常用的数据变换方法

数据是否需要进行变换,采用何种变换方法,这要根据分析方法对数据的要求及数据本身的特点而定,并不是所有的数据都需要进行变换. 由于统计分析方法很多,数据变换的方法也很多,有的分析方法对数据的变换有专门的介绍(如时间数列分析),这里仅介绍几种常用的数据变换方法.

(1) 倒数变换:以原始数据的倒数值作为统计分析的变量值,称为**倒数变换**(reciprocal transformation). 数据进行倒数变换后,有时可使分析方法简化,如原始数据是每升汽油跑多少千米,取倒数后,用100千米消耗多少升汽油进行分析更为简便. 另外,某些曲线可利用倒数使其线性化,如双曲线 $1/y=a+b/x$,对 x,y 取倒数,令 $y'=1/y$,$x'=1/x$,则得 $y'=a+bx'$.

(2) 对数变换:以原始数据的对数值作为统计分析的变量值,称为**对数变换**(log transformation). 对数变换视情况既可取以 10 为底的常用对数,也可取以 e 为底的自然对数,这种变换首先可用于观察数据是否存在某种趋势,若原数据对数(常用对数)的一阶差商近似为常数,可大致判断现象存在指数趋势. 其次可将曲线趋势线性化,如:幂函数 $y=ab^x$,取常用对数后化为 $\lg y=\lg a+x\lg b$;又如指数函数 $y=ae^{bx}$. 取自然对数后化为 $\ln y=\ln a+bx$. 有时还可反其意而用之,对表面上有线性关系的数据,取对数使其不具有这种关系.

对数变换要求原数据中不能有零和负数.

(3) 中心化变换:以原始数据减去平均数后的数值作为统计分析的变量值,称为**中心化变换**(center transformation). 变换时视分析要求可减去算术平均数、中位数或众数(见 P49),一般情况下是减去算术平均数. 这种变换主要作用是可减少数据间的差异,使数据更稳定. 若减去算术平均数,利用算术平均数的数学性质:$\sum(x-\bar{x})=0$,则新数据构成均值为零的数据.

(4) 规格化变换:以原数据先减去数据的最小值,再除以极差(数据的最大值减最小值) 所得的数值作为统计分析的变量值,称为**规格化变换**(normalization transformation). 这种变换的主要作用:一是可以消除数据的量纲,使其数据之间可以互相比较;二是可以消除不同数量极差的影响,且使数据比较稳定,便于某些分析的需要.

(5) 标准化变换:以原数据先减去算术平均数再除以标准差(见 P58) 后所得数值作为统计分析的变量值,称为**标准化变换**(standardized transformation). 这种变换的作用与规格化变换基本相同,但新数据服从均值为 0,方差为 1 的正态分布,这种分布特征为许多分析方法所需要,是一种应用较广的变换方法.

(6) 指数化变换:以原数据除以算术平均数(视分析要求也可除以中位数、众数或最大值等) 后所得数值作为统计分析的变量值,称为**指数化变换**(exponential transformation). 这种变换的作用与规格化变换基本相同,但计算更简单些.

2.2 统计数据分布特征

将调查得到的统计数据经过分组整理成分布数列后,我们可以大致了解数据分布的特点和类型,但要准确地描述出数据分布的特征和变化规律,则须找出反映数据分布特征的各个代表值. 对统计数据分布的特征,可以从 3 个方面进行描述:① 数据分布的集中趋势,② 数据分布的离散程度,③ 数据分布的形态. 本章后面介绍测度这三类数量特征的统计指标的计算方法、特点及其应用.

2.2.1　数据分布集中趋势的测度

集中趋势(central tendency)是指一组数据向某一中心值靠拢的倾向,测度集中趋势也就是寻找数据一般水平的代表值或中心值.从不同角度考虑,集中趋势的测度值有多个,归纳起来有两大类:一类是数值平均值,它是根据全部数据计算得到的代表值;另一类是位置代表值,是根据数据所处位置直接观察或根据与所处位置有关的部分数据计算确定的代表值.

一、数值平均值

数值平均值也称为平均数(本章的平均数均指静态平均数),是对总体单位数量差异的一种抽象,用以说明总体综合数量特征的一般水平.按对象性质的不同和计算方法的不同,平均数分为算术平均数、调和平均数和几何平均数等几种主要类别.

1. 算术平均数

算术平均数(arithmetic mean)常简称为均值,是全部数据的算术平均.均值位于分布的中心,是集中趋势的最主要测度值,在统计学中具有极重要的地位.根据数据表述形式的不同,均值有不同的计算公式.

(1) 根据未经分组整理的原始数据计算均值。设数据为 $x_1, x_2, \cdots, x_n$,数据个数为 n,则均值的计算公式为

$$\bar{x} = \frac{x_1 + x_2 + \cdots + x_n}{n} = \frac{\sum_{i=1}^{n} x_i}{n} \tag{2-2}$$

用 Excel 求例 2.1 中成绩的平均值,可在任一空白单元格输入"=average(A1:A50)",回车后的平均值为 74.68.

(2) 根据分组数据计算均值。由单变量分组数据和组距分组数据计算均值时,要用加权平均法.所谓"加权"是指将总体分组后,各组数据出现的频数不同,出现频数多的数据对均值的影响大一些;出现频数少的数据对均值的影响小一些.因此对各个数据就不能等同看待,而应当将各数据乘以其出现的频数以权衡其对均值计算的轻重作用,这就是"加权".各数据出现的频数称为"权数".

设原始数据被分成 n 组.各组的数据值为 $x_1, x_2, \cdots, x_n$,各组数据出现的频数分别为 $f_1, f_2, \cdots, f_n$,则均值的加权平均计算公式为

$$\bar{x} = \frac{x_1 f_1 + x_2 f_2 + \cdots + x_n f_n}{f_1 + f_2 + \cdots + f_n} = \frac{\sum_{i=1}^{n} x_i f_i}{\sum_{i=1}^{n} f_i} =$$

$$x_1 \frac{f_1}{\sum_{i=1}^{n} f_i} + x_2 \frac{f_2}{\sum_{i=1}^{n} f_i} + \cdots + x_n \frac{f_n}{\sum_{i=1}^{n} f_i} = \sum_{j=1}^{n} x_j \frac{f_j}{\sum_{i=1}^{n} f_i} \tag{2-3}$$

由上述公式计算所得的均值(算术平均)称为加权均值(加权算术平均数). 由公式可以清楚地看出,加权均值受各组数据值 x_j 大小和各组权数 $f_j \Big/ \sum_{i=1}^{n} f_i$ 大小的影响. 这里 $f_j \Big/ \sum_{i=1}^{n} f_i$ 称为比例权数或频率权数,亦可称为相对数权数. 与此相对应,权数 f_j 应称为频数权数或绝对数权数. 可见,权数有两种表现形式,但权数权衡轻重的作用是体现在各组单位数占总体单位数的比例大小上面的,因而,比例权数更清楚地说朋了权效的实质.

用 Excel 求加权平均可以这样处理,在 A1:An 中放 $x_1, x_2, \cdots, x_n$,在 B1:Bn 中放 $f_1, f_2, \cdots, f_n$,任一空白单元格输入"=sumproduct(A1:An,B1:Bn)/sum(B1:Bn)",回车后得到平均值.

均值具有一些重要的数学性质,在实际应用中有重要作用的主要是下面两条性质:

(1) 各数值与其均值的离差和为零,即 $\sum_{i=1}^{n} (x_i - \bar{x}) = 0$.

(2) 各数值与其均值的离差平方和最小,即 $\sum_{i=1}^{n} (x_i - \bar{x})^2 =$ 最小(min).

因为算术平均数是根据全部数据平均,易受极值影响,所以,当数据中存在极值时切尾均值以消除极值的影响.

切尾均值是切掉数据大小两端的若干数值后计算中间数据的均值. 这种新的集中趋势测度方法在文艺、体育比赛及需要人们进行综合评价的竞赛项目中早已得到广泛的应用.

在 Excel 中,如果按 3/50,即从 50 个数据中去掉最大的 3 个值和最小的 3 个值,再求例 2.1 中成绩平均数,可在任一空白单元格输入"=trimmean(A1:A50,3/50)",回车后的平均值为 74.687 5.

2. 调和平均数

调和平均数(harmonic mean)是各数据倒数的算术平均数的倒数,也称为倒数平均数. 在统计中,调和平均数通常是作为算术平均数的变形形式使用的,也就是说,在进行平均的过程中,由于缺乏分母的数据资料,需要根据分子的数据除以各组变量值来推算分母的数据. 此时,算术平均的公式从形式上来看就变成了调和平均的形式,但其实质仍然是算术平均.

调和平均数

$$\bar{x}=\frac{n}{\sum_{i=1}^{n}\frac{1}{x_i}} \tag{2-4}$$

加权调和平均数公式如下：

$$\bar{x}=\frac{\sum_{i=1}^{n}m_i}{\sum_{i=1}^{n}\frac{m_i}{x_i}},\quad 其中\ m_i=x_if_i,i=1,2,\cdots,n \tag{2-5}$$

公式(2－3)与式(2－5)的使用条件不同，式(2－3)已知 x_i 和 f_i，而式(2－5)已知 x_i 和 m_i，但计算结果相同.

用 Excel 求例 2.1 中成绩的调和平均数，可在任一空白单元格输入"=harmean(A1:A50)"，回车后的平均值为 72.779 99.

3. 几何平均数

几何平均数(geometric mean)是 n 个数据连乘积的 n 次方根. 几何平均方法适用于各比率的连乘积等于总比率这种现象求平均比率，比较常见的应用场合是求平均发展速度和由前后衔接的工序构成的流水生产线产品的平均合格率. 对某些呈等比关系的数列求平均数时也应用到几何平均法.

几何平均数也可以分为简单几何平均数和加权几何平均数两种.

简单几何平均数的计算公式为

$$G=\sqrt[n]{x_1x_2\cdots x_n}=\sqrt[n]{\prod_{i=1}^{n}x_i}\quad (x_1,x_2,\cdots,x_n\ 表示各数据) \tag{2-6}$$

加权几何平均数的计算公式为

$$G=\sqrt[(f_1+f_2+\cdots+f_n)]{x_1^{f_1}x_2^{f_2}\cdots x_n^{f_n}}=\sqrt[\sum_{i=1}^{n}f_i]{\prod_{i=1}^{n}x_i^{f_i}} \tag{2-7}$$

式中，$f_1,f_2,\cdots,f_n$ 表示各数据的权数.

用 Excel 求例 2.1 中成绩的几何平均数，可在任一空白单元格输入"=geomean(A1:A50)"，回车后的平均值为 75.745 64.

二、位置代表值

1. 众数

众数(mode)是一组数据中出现次数最多的变量值. 用 M_0 表示. 从分布的角度看，一组数据分布曲线的最高峰所对应的数值即为众数. 如果数据的分布没有明显的集中趋势或最高峰，则该组数据无众数(见图 2.8(d)). 如果一组数据明显地存在一个众数，这些数据的分布称为单峰分布(见图 2.8(a)，(b))；如果两个不邻接的数据具有相对较高的频数(即使频数不一定相等)，该分布可称为双峰分布(见

图 2.8(c));有几个相对较高的频数的分布称为多峰分布.

当根据未分组数据或单变量值分组数据确定众数时,只需找出出现次数最多的数据即是众数.Excel 中使用 mode 函数求一组数的众数.

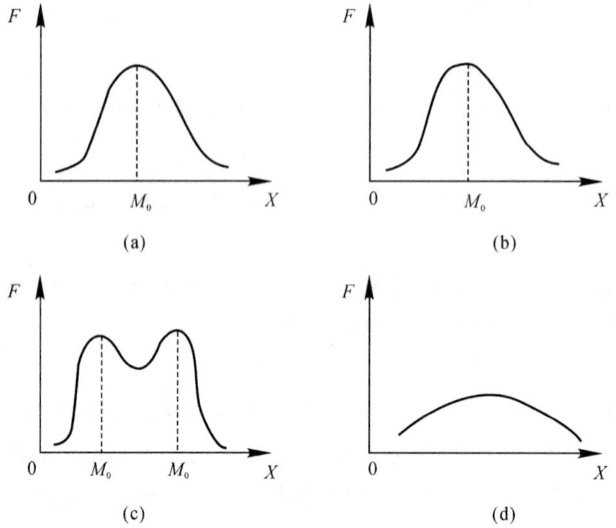

图 2.8　众数示意图

对于组距分组数据,众数通常用下面的公式近似计算:

$$M_0 = L + \frac{\Delta_1}{\Delta_1 + \Delta_2} i \tag{2-8}$$

式中,M_0 表示众数;L 表示众数所在组的下限值;Δ_1 表示众数组次数与下一组次数之差;Δ_2 表示众数组次数与上一组次数之差;i 表示众数组的组距.

例 2.3　假设某地大学生消费支出调查资料见表 2.7,根据表 2.7 的数据,计算 1 000 个大学生每人每月消费额的众数.

表 2.7　某地大学生消费支出调查资料

月消费额 / 元	组中值 / 元	调查人数 / 人	向上累计人数 / 人
300 以下	250	80	80
300 ~ 400	350	180	260
400 ~ 500	450	430	690
500 ~ 600	550	220	910
600 ~ 700	650	70	980
700 以上	750	20	1000
合计		1 000	

从表 2.7 中的数据可以看出，出现频数最多的是 430，即众数组为 400 ～ 500 元这一组. 1 000 个大学生每人每月消费额的众数为

$$M_0 = 400 + \frac{430 - 180}{(430 - 180) + (430 - 220)} \times 100 = 454.35(\text{元})$$

当利用该公式计算众数时，假定数据分布具有明显的集中趋势，即假定众数所在组与相邻两组的频数之差反映了数据分布陡峭上升而缓慢下降这一特征，同时假定众数组的频数在该组内是均匀分布的. 若上述假定不成立. 则众数的代表性就很差.

众数是一个位置代表值. 它不受数据中极端值的影响. 众数表明一组数据中最密集、最普遍的值是多少(要求总体总量应充分大). 在实际应用中，如研究农贸市场上某种商品的价格水平，研究某地区所需求的服装的尺码，通常都用到众数. 众数还可与均值、中位数相结合，观察数据次数分布的正偏.

2. 中位数

中位数(median) 是将一组数据按大小排序后，处于正中间位置上的变量值. 中位数将全部数据等分成两部分，一半数据比中位数大，一半数据比中位数小. 中位数也是一种位置代表值，通常用 M_e 表示.

根据未分组数据计算中位数时，要先对数据进行排序，然后用 $\frac{N+1}{2}$ 求出中位数的位次(N 为数据的个数). 该位次对应的那个数据即是中位数. 若数据个数 N 为偶数，则存在两个中间值，此时中位数是中点位置相邻的两个数据的平均值，也即两个中间值之和的 1/2. Excel 中使用函数 median 求中位数.

根据分组数据确定中位数时，要先累计频数，然后根据公式 $\frac{N}{2}$ 确定中位数的位置并确定中位数所在组，最后根据单变量值分组和组距分组分别确定中位数.

例 2.4　设有表 2.8 资料，据此单变量值分组数列确定中位数.

表 2.8　某车间某产品日产量表

日产量 / 件	工人数 / 人	向上累计 / 人
12	26	26
13	35	61
14	75	136
15	38	174
16	22	196
合计	196	

解　根据表中的工人数，可求得中位数的位次为196/2=98，从表中向上累计人数可知中位数在第3组，该组变量值14即是中位数.

对于组距分组数据，可采用下面的公式计算中位数的近似值：

$$M_e = L + \frac{N/2 - S_{m-1}}{f_m} \times i \tag{2-9}$$

式中，N表示数据个数；L表示中位数所在组的下限；S_{m-1}表示中位数所在组以前各组的累计频数；f_m为中位数所在组的频数；i表示中位数所在组的组距.

例2.5　根据表2.7的资料，计算1 000个大学生每人每月消费额的中位数.

解　由表2.7可知，中位数的位置为1 000/2=500，由向上累计人数栏知，第500人所在组为月消费额400～500元组，此即中位数所在组. $L=400$，$S_{m-1}=260$，$f_m=430$，$i=100$，代入式(2-9)得

$$M_e = 400 + \frac{1\,000/2 - 260}{430} \times 100 = 455.93(\text{元})$$

当按组距数列计算中位数时，假定中位数所在组的频数在该组内是均匀分布的. 事实上，这一条件很难满足，因此所求得的中位数仅是一近似值.

由于中位数是一个位置代表值，其数值的大小不受数据中个别极大值和极小值的影响，因此中位数具有稳健性的特点. 在这一点上中位数优于算术平均数. 在某些场合下(特别是偏斜度较高的偏态数列)，用M_e来表示数据的一般水平比算术平均数更有代表性，例如，社会成员收入悬殊的国家，用社会成员年收入的中位数比平均年收入更能代表多数社会成员年收入水平，又如，在人口统计中，由于人口的年龄分布一般是偏态的，因此表示年龄集中趋势最合适的指标是年龄中位数，可用其作为划分人口类型的标准. 在工业产品质量检验中，也用到中位数，中位数具有一个数学性质，就是各数据与中位数之差的绝对值之和最小，即

$$\sum |X - M_e| = \min(\text{最小})$$

这一性质表明，中位数与各数据值的距离最短，这在工程设计中(如居民小区中零售商业网点的选址)有其应用价值.

众数和中位数作为一种位置代表值同时也是一种统计平均数(位置平均数)，也能够和数值平均数一样代表数据的一般水平.

3. 四分位数、十分位数和百分位数

中位数是将一组统计数据从中间分成相等的两部分，所以它也称为**二分位数**. 与中位数性质相似的位置代表值还有四分位数、十分位数和百分位数等. **四分位数**(quartile deviation)就是将一组数据四等分(划分成四个频率相同的部分)的3个临界点数值；**十分位数**是将一组数据十等分(划分成十个频率相同的部分)的9个临界点数值；**百分位数**是将一组数据一百等分(划分成一百个频率相同的部分)的

99 个临界点数值.

计算各种分位数，首先应求出其临界点(也可称为位置点)，然后根据位置确定分位数的数值. 如以 Q_1 代表第 1 个(或最小) 四分位数，Q_2，Q_3 代表第 2 个、第 3 个(或最大) 四分位数，则

Q_1 的位置点 $=(N+1)\div 4$；

Q_2 的位置点 $=2(N+1)\div 4=(N+1)\div 2$；

Q_3 的位置点 $=3(N+1)\div 4$；

不难看出，第 2 个四分位数 Q_2 即是中位数 M_e. 前述公式所确定的四分位数的位置点如为整数项数，则直接找到对应的数据，即为四分位数值. 如遇位置点在两个项次之间，则应在上、下两项之间按小数比例插值计算四分位数值.

Excel 中使用函数 quartile 求四分位数. 比如例 2.1 中，在任一空白单元格输入"= quartile(A1:A50,1)"，可求得 $Q_1=67.25$；在任一空白单元格输入"= quartile(A1:A50,2)"，可求得 $Q_2=74.5$.

对于分组数据，当 N 很大时，通常以 N 代替 $(N+1)$ 来确定分位数位置点.

确定了各分位数的位置点后，对于单变量值分组数据，可以在作累计频数的基础上直接观察得到所求的各个分位数值. 对于组距分组数据，则可仿照计算中位数的方法来计算各个分位数值.

例 2.6　根据表 2.7 数据资料，可以计算得到组距分组情况下的各分位数如下：

第 1 个四分数所在位置点 $=1\times N/4=1\ 000/4=250$

第 3 个四分数所在位置点 $=3\times N/4=3\times 1\ 000/4=750$

据此可得第 1 个和第 3 个四分位数为

$$Q_1=300+\frac{250-80}{180}\times 100=394.44(\text{元})$$

$$Q_3=500+\frac{750-690}{220}\times 100=527.27(\text{元})$$

$$Q_2=M_e=455.81(\text{元})$$

通过这 3 个四分位数，可以表明该地大学生中，每月每人消费水平有 1/4 是在 394.44 元以下，1/4 在 394.44 ～ 455.81 元之间，1/4 在 455.81 ～ 527.27 元之间，1/4 在 527.27 元以上.

按照上面的方法，也可以分别计算出各个十分位数和百分位数.

例如第 3 个十分位数：

$$D_3=400+\frac{3\times 1\ 000/10-260}{430}\times 100=409.3(\text{元})$$

即 30% 的大学生，每人每月消费额在 409.30 元以下.

四分位数、十分位数、百分位数是描述频数分布集中趋势的测度值，既可以作单个的位置代表值(即一定比例的观察值不大于或不小于的数值)，也可用以标明一定比例观察值所处的范围，此外，还可用四分位数计算反映数据离散程度的测度值，用以分析频数分布的偏度.

4. 众数、中位数和均值的比较

集中趋势的 3 个主要测度值是众数、中位数和均值，它们具有不同的特点和应用场合.

(1) 众数、中位数和均值的关系. 从分布的角度看，众数是一组数据分布的最高峰值，中位数是处于一组数据中间位置上的值，而均值则是全部数据的算术平均. 因此，对同一组数据计算众数、中位数和均值，三者之间具有以下关系：

如果数据具有单一众数，且呈现对称的钟形分布，则均值处于分布曲线的对称点上，对称点又是曲线的中心点和最高点，此时，众数、中位数、均值相等，即 $M_o = M_e = \bar{x}$.

如果一组数据中存在极端值，则频数分布就会产生偏斜. 当频数分布右偏时，说明数据中存在极大值，必然拉动均值向极大值一方靠，而众数和中位数由于是位置代表值，不受极值的影响，因此有 $M_o < M_e < \bar{x}$；当频数分布左偏时，说明数据中存在极小值. 必然拉动均值向极小值一方靠，则有 $\bar{x} < M_e < M_o$. 上述关系如图2.9所示.

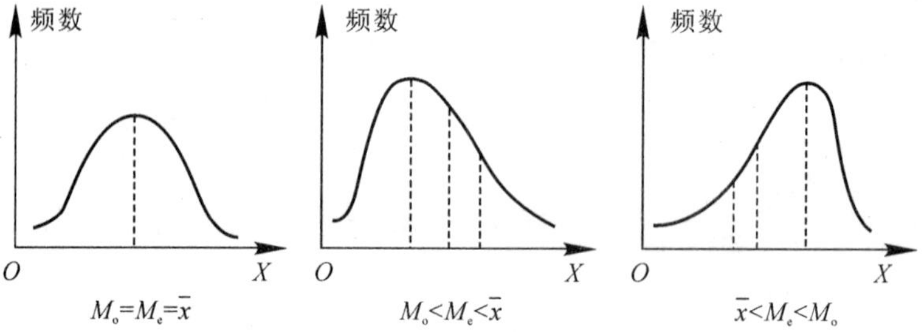

图 2.9　众数、中位数和均值的关系

(a) 对称分布；(b) 右偏分布；(c) 左偏分布

从图 2.9 可以看出，不论是左偏分布或右偏分布，中位数总居于均值与众数之间.

在数据分布呈轻微偏态的情况下，三者在数轴上的 3 个点构成一定的数量关系：均值与众数的距离约为均值与中位数的距离的 3 倍，即 $\bar{x} - M_o = 3(\bar{x} - M_e)$. 根据这个经验公式，对于一组数据，在已知其中两个代表值的情况下，可以估计出另一个代表值，并可判定分布的偏向.

(2) 众数、中位数和均值的特点和应用场合. 众数是一组数据分布的峰值，是一种位置代表值，不受极端数值的影响. 当数据的分布具有明显的集中趋势时，尤其是对于偏态分布，众数的代表性比均值好. 其缺点是不具有唯一性，一组数据可能有一个众数，也可能没有众数，也可能有多个众数.

中位数是一组数据中间位置上的代表值，与中位数类似的还有四分位数、十分位数和百分位数等，均为位置代表值. 其特点是不受数据极端值的影响；对于具有偏态分布的数据，中位数的代表性比均值好，其缺点是不宜作进一步的数学计算.

均值是根据全部数据计算的，它具有优良的数学性质，是实际中应用最广泛的集中趋势测度值. 其主要缺点是易受数据中极端值的影响，对于偏态分布的数据，均值的代表性较差.

当数据呈对称分布或接近对称分布时，众数、中位数、均值 3 个代表值相等或接近相等，这时应选择均值作为集中趋势的代表值，因为均值包含了全部数据的信息，而且易被大多数人理解和接受；当数据为偏态分布，特别是当偏斜的程度较大时，应选择众数或中位数等位置代表位，此时它们的代表性要比均值好.

2.2.2　数据分布离散程度的测度

集中趋势只是数据分布的一个特征，它所反映的是各变量值向其中心值聚集的程度，而各变量值之间除了有集中趋势的一面，客观上又存在数量差异，这种差异的大小需要通过对数据分布离散程度的测度来反映. 数据的离散程度是数据分布的另一个重要特征，它所反映的是各变量值远离其中心值的程度，也表示为离中趋势. 离中趋势是衡量平均数代表性的尺度. 数据分布越分散、离散程度越大，平均数的代表性就越小；数据分布越集中，离散程度越小，平均数的代表性就越大. 而离中趋势的各测度值就是对数据离散程度所作的描述.

描述数据离散程度的测度值较多，大体分为两类：一类是用绝对数或平均数表示的，主要有极差、四分位差、平均差、标准差等，这类测度值的计量单位与各变量值的计量单位相同；另一类是用相对数表示的，主要有离散系数、异众比率等.

1. 极差

极差(range) 又称为全距，它是指所研究的数据中的最大值与最小值之差. 极差表示数据的变动范围，通常以 R 表示：

$$R = x_{\max} - x_{\min} \tag{2-10}$$

对于组距分组数据，极差也可以近似表示为

$$R = \text{最高组上限} - \text{最低组下限} \tag{2-11}$$

极差是描述数据离散程度的最简单测度值，其计算简单，易于理解. 在实际工作中，极差适用于度量变化比较稳定现象的离中趋势，常用于检查工业产品质量或进行质量鉴别.在编制频数分布表时,极差还是确定组数、组距的重要依据.但是极差只是利用了一组数据两端的信息,只反映了两个极端变量值的差距,不能反映出中间数据的变异情况,而且,由组距分组数据确定的极差是一个比实际极差大的近似值,如果有开口组,则无法计算极差,因而极差不能准确描述出数据的分散程度.

2.四分位差

因为极差只取决于一组数据的两个极端值,其值完全由两个极端值所决定,所以可以采取一个变通方法:计算中间一部分变量值的差距,即修正距.修正距排除了一组数据两端一定比例的变量值,使变量值的分布更集中一些.

最常见的修正距是基于四分位数计算的四分距.**四分距**(quartile deviation)就是位于中间的50%的变量值的间距,它是大四分位数(即最大的25%的变量值不小于的那个数)和小四分位数(即最小的25%的变量值不超过的那个数)之差.大四分位数和小四分位数就是第三个和第一个四分位数.四分位差是第三个四分位数与第一个四分位数距离的1/2,即四分距的一半.四分位差的计算公式如下:

$$Q.D=(Q_3-Q_1)\div 2 \tag{2-12}$$

式中,$Q.D$ 代表四分位差,Q_1 表示第一个四分位数,Q_3 表示第三个四分位数.

四分距越大,则四分位差越大,表示数据离散程度越大.

四分位差排除了一组数据两端各1/4单位变量值的影响,仅反映数据中间50%部分变量值的最大值与最小值距离中位数的平均离差,当一组数据中极端值较突出时,可采用四分位差来反映数据的离散程度.

例2.7 2006年我国农村居民住户调查的有关数据见表2.9.

表2.9 2006年我国农村居民住户调查按纯收入分组资料表

纯收入/元	调查户比例 f/(%)	调查户比例向上累计数 S/(%)	调查户比例向下累计数 S'/(%)
100元以下	0.48	0.48	100.00
100~200	0.09	0.57	99.52
200~300	0.14	0.71	99.43
300~400	0.26	0.97	99.29
400~500	0.35	1.32	99.03
500~600	0.52	1.84	98.65

续 表

纯收入 / 元	调查户比例 f/(%)	调查户比例向上累计数 S/(%)	调查户比例向下累计数 S'/(%)
600 ～ 800	1.64	3.48	98.16
800 ～ 1 000	2.28	5.76	96.52
1 000 ～ 1 200	2.80	8.56	94.24
1 200 ～ 1 300	1.61	10.17	91.44
1 300 ～ 1 500	3.75	13.92	89.83
1 500 ～ 1 700	4.22	18.14	86.08
1 700 ～ 2 000	6.68	24.82	81.86
2 000 ～ 2 500	11.46	36.28	75.18
2 500 ～ 3 000	10.98	47.26	63.72
3 000 ～ 3 500	9.38	56.64	52.74
3 500 ～ 4 000	7.88	64.52	43.36
4 000 ～ 4 500	6.60	71.12	35.48
4 500 ～ 5 000	5.25	76.37	28.88
5 000 元以上	23.63	100.00	23.63

农村居民人均纯收入的四分数计算如下：

按向上累计数 25% 在纯收入 2 000 ～ 2 500 元组中，因此

$$Q_1 = 2\,000 + \frac{25\% - 24.82\%}{36.28\% - 24.82\%} \times 500 = 2\,007.85(\text{元})$$

按向上累计数 75% 在纯收入 4 500 ～ 5 000 元组中，因此

$$Q_3 = 4\,500 + \frac{75\% - 71.12\%}{76.37\% - 71.12\%} \times 500 = 4\,869.52(\text{元})$$

即 25% 位置上农户人均纯收入为 2 007.85 元，75% 位置上农户人均纯收入 4 869.52 元.

四分位差 $$Q.D = \frac{Q_3 - Q_1}{2} = \frac{2\,861.67}{2} = 1\,430.835(\text{元})$$

3. 平均差

平均差(average deviation) 是各个数据与其均值的离差绝对值的算术平均数，通常以 $A.D$ 表示. 平均差的计算分为简单平均法和加权平均法.

根据未分组数据计算平均差用简单平均法公式：

$$A.D=\frac{\sum|x-\bar{x}|}{n} \tag{2-13}$$

根据分组数据计算平均差用加权法公式：

$$A.D=\frac{\sum|x-\bar{x}|f}{\sum f} \tag{2-14}$$

与极差、四分距、四分位差不同，平均差是利用全部数据信息计算的. 平均差反映了各个数据对其均值差异的一般水平，较充分地反映了数据之间的离散程度. 平均差对离差取绝对值这种形式使得数学处理上不够方便；同时平均差对离差的灵敏性上不如标准差，在性质上也不是最优的，所以在统计实践中，应用更广泛的是方差和标准差.

4. *方差和标准差*

方差（variance）和**标准差**（standard deviation）是测度数据变异程度的最重要和最常用的测度值. 方差是各个数据与其均值的离差平方的平均数，通常以 σ^2 表示.

对于未经分组整理的原始数据，用下面的简单平均法计算方差；

$$\sigma^2=\frac{\sum(x-\bar{x})^2}{n} \tag{2-15}$$

对于分组数据，用下面的加权平均法计算方差.

$$\sigma^2=\frac{\sum(x-\bar{x})^2 f}{\sum f} \tag{2-16}$$

方差的算术平方根即为标准差，一般用 $\sigma=\sqrt{\sigma^2}$ 表示.

方差与标准差用于测度数据的离散程度其作用是一致的，但标准差的计量单位与变量值的计量单位相同，其实际意义要比方差清楚，因此，在对社会经济现象进行分析时，更多使用标准差来测度统计数据的差异程度.

方差或标准差也是根据全部数据计算的，它反映了每个数据与其均值相比平均相差的数值，因此，它能准确地反映出数据的离散程度. 同一数据资料，标准差的计算结果比平均差的计算结果要大些，这是因为标准差对大离差反映更灵敏的缘故. 标准差适合于代数运算，这也是标准差比平均差更优良的方面. 标准差是实际中应用最广泛的离散程度测度值，并且被视为标准的测度值.

例 2.8 某地 1971—2000 年 10 min 平均最大风速列于表 2.10 中，计算该地区历年平均风速的方差和标准差.

表 2.10　某地区 1971—2000 年 10 min 平均最大风速及其方差计算表

年份 / 年	风速 $x_i/(\mathrm{m\cdot s^{-1}})$	$x_i-\bar{x}$	$(x_i-\bar{x})^2$
1971	24.9	4.2	17.64
1972	19.1	−1.6	2.56
1973	19.4	−1.3	1.69
1974	21.7	1	1
1975	19.3	−1.4	1.96
1976	25	4.3	18.49
1977	24	3.3	10.89
1978	20	−0.7	0.49
1979	19.1	−1.6	2.56
1980	18.7	−2	4
1981	18.3	−2.4	5.76
1982	22.3	1.6	2.56
1983	22	1.3	1.69
1984	18.9	−1.8	3.24
1985	21.3	0.6	0.36
1986	19.3	−1.4	1.96
1987	17	−3.7	13.69
1988	23.3	2.6	6.76
1989	17.5	−3.2	10.24
1990	21.8	1.1	1.21
1991	21.6	0.9	0.81
1992	18.2	−2.5	6.25
1993	20.6	−0.1	0.01
1994	23.5	2.8	7.84
1995	20	−0.7	0.49
1996	22.5	1.8	3.24
1997	20.2	−0.5	0.25
1998	20.4	−0.3	0.09
1999	20.7	0	0
2000	20.9	0.2	0.04
$\sum$	621.5	0	127.77

解　首先计算历年平均风速的平均值，得 $\bar{x}=20.7$ m/s，由于资料未分组，因此用公式(2-15)计算平均风速的方差和标准差，得

$$\sigma^2 = \frac{1}{n}\sum_{i=1}^{n}(x_i - \bar{x})^2 =$$

$$\frac{1}{30} \times [(24.9 - 20.7)^2 + \cdots + (20.9 - 20.7)^2] = 4.259(\mathrm{m/s})^2$$

$$\sigma = \sqrt{\sigma^2} = 2.064(\mathrm{m/s})$$

在 Excel 中使用 varp 函数计算方差.

例 2.9 将上表中的风速资料分成 5 组列于表 2.11 中,按分组法计算该地区历年平均风速的方差和标准差.

解 在资料分组的情况下,历年风速的平均值也可以按分组资料计算,这里得到 $\bar{x} = 20.9$ m/s,用公式(2-16) 计算平均风速的方差和标准差,得

$$\sigma^2 = \frac{1}{n}\sum_{i=1}^{m}(x_i - \bar{x})^2 n_i = \frac{1}{30} \times [(17.0 - 20.9)^2 \times 3 + \cdots + (25.0 - 20.9)^2 \times 3] =$$

$$5.05(\mathrm{m/s})^2$$

$$\sigma = \sqrt{\sigma^2} = 2.25(\mathrm{m/s})$$

表 2.11 某地区 1971—2000 年 10 min **平均最大风速分组计算方差、偏度和峰度表**

风速分组 m/s	组中值 x_i m/s	次数 n_i/ 次	$x_i - \bar{x}$	$(x_i - \bar{x})^2 n_i$	$(x_i - \bar{x})^3 n_i$	$(x_i - \bar{x})^4 n_i$
16.0 ~ 18.0	17.0	3	−3.9	45.63	−177.959	694.032 3
18.0 ~ 20.0	19.0	8	−1.9	28.88	−54.872	104.256 8
20.0 ~ 22.0	21.0	10	0.1	0.10	0.010	0.001 0
22.0 ~ 24.0	23.0	6	2.1	26.46	55.566	116.688 6
24.0 ~ 26.0	25.0	3	4.1	50.43	206.763	847.728 3
合计		30		151.50	29.510	1 762.707 0

5. 离散系数

前面所介绍的各个反映数据离散程度的测度值,都是有计量单位的数值,这些测度值的大小不仅取决于数据的离散程度,还取决于数据平均水平的高低. 因此,对于平均水平不同或计量单位不同的数据. 不能直接用上述离散程度的测度值进行比较. 为了消除变量值平均水平和计量单位不同对离散程度测度值的影响,需要计算离散系数,以相对数的形式来对各数列的离散程度进行比较.

离散系数通常是就标准差来计算的,因此也称为标准差系数(或变异系数). **标准差系数**是一组数据的标准差与其相应的均值的比率,其计算公式为

$$V_\sigma = \frac{\sigma}{x} \times 100\% \tag{2-17}$$

离散系数大,说明数据的离散程度大,其平均数的代表性就差;离散系数小,说

明数据的离散程度小,其平均数的代表性就强.

例 2.10 某公司下属18个连锁商店某年度平均销售额为727.09万元,销售额标准差为65.44万元;同年度销售利润额平均为87.28万元,销售利润额标准差为12.64万元.试比较商品销售额与销售利润的离散程度.

解 由于销售额与利润额的平均数水平不同,不能直接用标准差进行比较,须计算离散系数.

销售额标准差系数为

$$V_\sigma = \frac{\sigma}{x} \times 100\% = \frac{65.44}{727.09} \times 100\% = 9\%$$

利润额标准差系数为

$$V_\sigma = \frac{\sigma}{x} \times 100\% = \frac{12.64}{87.28} \times 100\% = 14.5\%$$

计算结果表明,销售额标准差系数小于利润额标准差系数,说明商品销售额的离散程度小于销售利润的离散程度.

6.异众比率

异众比率(variation ratio)是指非众数值的次数之和在总体总次数中所占的比例,主要用于测度各个变量值对于众数的离散程度.其计算公式为

$$V_{m_0} = \frac{\sum f - f_{m_0}}{\sum f} \tag{2-18}$$

式中,V_{m_0} 代表异众比率;$\sum f$ 代表总体总次数;f_{m_0} 代表众数值的次数.

异众比率数值越大,说明众数的代表性越小;异众比率数值越小,说明众数的代表性越大.当异众比率等于0时,说明变量只有一个取值,那就是众数.

异众比率的主要特点是:它不但适用于测定品质数列中各品质表现对众数的离中趋势,而且适用于测定变量数列中各变量值对众数的离中趋势.

例 2.11 设某公司所属生产同种产品的甲、乙两企业的产品产量见表2.12,试计算异众比率,并进行比较.

表 2.12 设某公司甲、乙两企业的产品产量资料表

产品等级	产量/万箱	
	甲企业	乙企业
一	58	60
二	20	25
三	15	20
合计	93	105

解 根据表中数据可知，甲、乙两企业产品的众数都是一级品，但两者的异众比率却不同.

甲企业：
$$V_{m_0}=\frac{\sum f-f_{m_0}}{\sum f}=(93-58)/93=0.376$$

乙企业：
$$V_{m_0}=\frac{\sum f-f_{m_0}}{\sum f}=(105-68)/105=0.429$$

乙企业的异众比率大于甲企业，因此乙企业产品的等级差异比甲企业大.

2.2.3 数据频数分布曲线的形态

集中趋势和离散程度是数据分布的两个重要特征，但要全面了解数据分布的特点，还需要知道数据频数分布曲线是否对称、偏斜的方向和程度以及频数分布曲线的顶端的尖峭或扁平的程度等. 分布偏态和峰度的计算就是对这些分布特征的进一步描述.

一、偏态及其测度方法

数据频数分布用图形表示，可以看出有的分布是对称的，称为对称分布；有的分布是不对称的，称为**偏态分布**. 偏态(skewness)是频数分布的一种非对称的形态. 以对称分布为标准相比较而言，偏态分布通常分为两种：右向偏态(亦称为正偏)与左向偏态(亦称为负偏).

本节前面已经介绍过，当分布中心对称时，均数、中位数、众数是相等的；如分布是偏态的，三者分离；分布越偏，三者数值差距就越大. 显然，计算并比较 3 个集中趋势代表值就成为一种最简单、最基本的偏态测度方法.

如果均值与众数之差为正值，分布的长尾巴就拖向右边，可以判断为**正偏**或右偏；如果均值与众数之差为负值，分布的长尾巴就拖向左边，可以判断为**负偏**或左偏(见图 2.10). 如果没有众数，可以依同样原理比较均值和中位数来判断偏斜的方向.

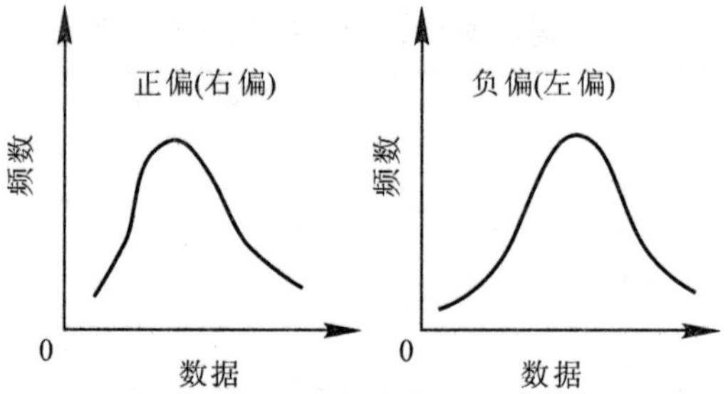

图 2.10 偏态分布图

均值与众数或中位数之差是可用于测度偏态的，有计量单位，其数值的大小受该组数据变量值水平高低的影响．不同的研究总体，若性质、计量单位不同，或虽然性质、计量单位相同但变量值水平不同，则其偏态的绝对数也是不可比的，这时需要将其转换为相对数来进行比较．偏态的相对数称为偏态系数（skewness coefficient）（也叫偏度系数），以 S_k 表示．测定偏态系数的方法很多，主要有以下 3 种．

1．由均值与众数（中位数）之间的关系求偏态系数

此方法是用偏态绝对数即均值与众数的离差除以其标准差来计算偏态系数．公式如下：

$$S_k = \frac{\bar{x} - M_0}{\sigma} \tag{2-19}$$

若均值 $\bar{x}$ 等于众数 M_0，则偏态系数为零，表明这组频数分布是对称的；若均值 $\bar{x}$ 大于众数 M_0，则偏态系数为正值，表明频数分布属于正（右）偏；若均值 $\bar{x}$ 小于众数 M_0，则偏态系数为负值，表明频数分布属于负（左）偏．偏态系数不仅可以说明偏态的方向，还可说明偏态的大小．偏态系数实际上是以标准差为单位的均值与众数的离差．因而，其数值的变动范围一般应在 0 与 +3 以及 0 与 −3 之间．偏态系数为 0 表示对称分布，+3 表示极右偏态，−3 表示极左偏态．

在计算偏态系数时，如果公式中的众数不易计算．可以用中位数代替．

$$S_k = \frac{3(\bar{x} - M_e)}{\sigma} \tag{2-20}$$

2．由 3 个四分位数之间的关系求偏态系数

根据四分位数的性质可知，第 1 个四分位数 Q_1 与第 2 个四分位数 Q_2（即中位数 M_e）之间所包括的数据个数和第 2 个四分位数 Q_2 与第 3 个四分位数 Q_3 之间所包括的数据个数是相同的．

当频数分布向右偏斜时，则有 $M_e - Q_1 < Q_3 - M_e$；当频数分布向左偏斜，则有 $M_e - Q_1 > Q_3 - M_e$

于是偏态绝对数可这样计算：

$$(Q_3 - M_e) - (M_e - Q_1) = Q_3 + Q_1 - 2M_e$$

可定义偏态系数 $S_k = \dfrac{Q_3 + Q_1 - 2M_e}{Q_3 - Q_1}$．此处忽略了数列两端各 1/4 的数据．如果注重比较接近两端的数据，也可以采用与中位数等距离的十分位数或百分位数来测定偏态．

3．动差法求偏态系数

动差（moment）又叫做矩，原是物理学上用以表示力与力臂对重心关系的术语．由于这个关系和统计学上变量与权数对均值的关系在性质上很相似，因而统计

学上也用动差来测度频数分布的偏态.一般地说,取变量中的 a 值为中点,所有变量值与 a 值之离差的 k 次方的平均数(共 n 个数据),称为变量 a 的 k 阶动差,即

$$\frac{\sum (x-a)^k}{n} \tag{2-21}$$

当 $a=0$ 时,即变量以原点为中心,式(2-21)称为原点 k 阶动差.不难看出,一阶原点动差即算术平均数,二阶原点动差即平方平均数等.

当 $a=\bar{x}$ 时,即变量以均值为中心,上式称为中心 k 阶动差,用小写英文字母 m_k 表示.

利用三阶中心动差 m_3 测定偏态的方法,是将三阶中心距即离差三次方的平均数 m_3 除以标准差的三次方 σ^3,所得相对数即为偏态系数,用 a_3 表示,其计算公式为

$$a_3=\frac{m_3}{\sigma^3}=\frac{\sum (x-\bar{x})^3 f}{\sigma^3 \sum f} \tag{2-22}$$

当 a_3 为正值时,表示正离差值较大,可以判断为正偏或右偏;当 a_3 为负值时,表示负离差数值较大,可以判断为负偏或左偏. a_3 的绝对值越大,表示偏斜的程度越大.

Excel 中用函数 skew 求偏度.

二、峰度及其测度

峰度(kurtosis)是频数分布的另一个重要特点.这个特点就是:某种频数分布的曲线与正态分布曲线相比较,是尖顶还是平顶以及其尖顶或平顶的程度如何.峰度就是频数分布曲线顶端的尖峭程度(见图 2.11).

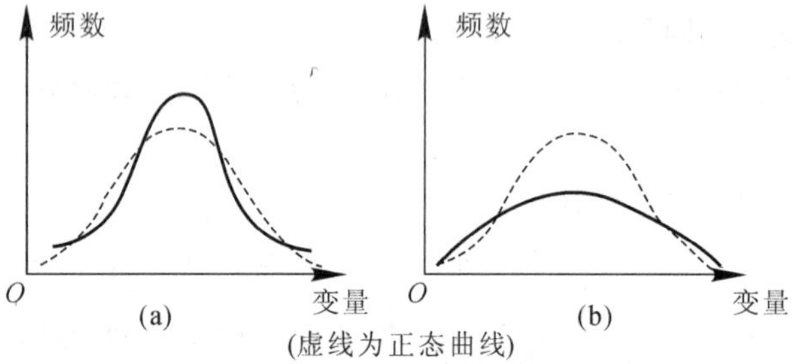

图 2.11　尖顶峰度与平顶峰度曲线示意图

(a) 尖顶峰度曲线图; (b) 平顶峰度曲线图

峰度通常分为 3 种:正态峰度、尖顶峰度与平顶峰度.当频数分布表中的频数比较集中于众数的位置时,使频数分布曲线较正态分布曲线更为隆起、更瘦更高的,称为**尖顶峰度**(spire kurtosis).当频数分布表中的频数对众数来说比较分散

时，使频数分布曲线较正态分布曲线更为平滑、更胖更矮的，称为**平顶峰度**（flat kurtosis），如图 2.11 所示.

测定峰度，往往以四阶动差 m_4 为基础. 将 m_4 除以标准差的四次方 σ^4，所得到的相对数就是峰度的测度值，称为峰度系数（Kurtosis coefficient），用 a_4 表示. 峰度系数计算公式为

$$a_4 = \frac{m_4}{\sigma^4} = \frac{\sum (x - \bar{x})^4 f}{\sigma^4 \sum f} \tag{2-23}$$

依据经验，当 $a_4 = 3$ 时，频数分布曲线为正态曲线；当 $a_4 < 3$ 时，为平顶曲线；当 $a_4 > 3$ 时，为尖顶曲线. 如果 a_4 的数值越小于 3，则频数分布曲线之顶端越平坦，待到 a_4 接近于 1.8 时，频数分布趋向一条水平线，即各组包括相同频数，因而分布形态成为矩形分布；当 a_4 的数值在 1.8 以下时，频数分布曲线是"U"形分布. a_4 的数值越大于 3，则频数分布曲线的顶端越尖峭.

Excel 中用函数 kurt 求峰度.

例 2.12　利用表 2.10 和表 2.11 中的资料计算偏度系数和峰度系数.

解　用三阶中心动差 m_3 计算偏度系数.

(1) 对未分组表 2.10，

$$a_3 = \frac{\frac{1}{n}\sum_{i=1}^{n}(x_i - \bar{x})^3}{\sigma^3} = \frac{\frac{1}{30} \times 101.051}{2.064^3} = 0.383$$

(2) 对分组表 2.11，

$$a_3 = \frac{\frac{1}{n}\sum_{i=1}^{m}(x_i - \bar{x})^3 n_i}{\sigma^3} = \frac{\frac{1}{30} \times 29.51}{2.25^3} = 0.086$$

用四阶中心动差计算峰度系数.

(1) 对未分组表 2.10，

$$a_4 = \frac{\frac{1}{n}\sum_{i=1}^{n}(x_i - \bar{x})^4}{\sigma^4} = \frac{\frac{1}{30} \times 1\,317.173}{2.064^4} = 2.419 < 3$$

(2) 对分组表 2.11，

$$a_4 = \frac{\frac{1}{n}\sum_{i=1}^{m}(x_i - \bar{x})^4 n_i}{\sigma^4} = \frac{\frac{1}{30} \times 1\,672.523}{2.25^4} = 2.38 < 3$$

计算结果说明平均最大风速频率曲线为正偏低峰度型，由于资料有分组和不分组，所得结果有些差异. 当偏度和峰度系数较小时，这种差异甚至可能使计算值

符号相反.一般而言,用分组资料计算的结果没有用未分组资料计算的结果准确.

2.3 推断统计学分布基础

如果我们掌握了所研究现象总体的全部数据资料,就可以通过描述统计分析得到有关现象总体的数量特征,如总体的绝对数、相对数、平均数、变异指标等.但在实际工作中,如果所研究现象的范围很广,甚至是无限总体,我们就不可能对总体的每一个单位都进行测定,或者对于某些有限总体,我们也不可能或没有必要对每一个单位进行测定,这就需要从总体中抽取一部分进行调查,然后利用样本的信息来推断总体的数量特征.

2.3.1 统计推断的一些基本概念

一、总体与个体

总体(population)是统计所研究的对象,是由客观存在的、具有相同性质的许多事物所组成的全体.**个体**(individuals)是构成总体的每一个别事物,是构成总体的基本单位(单元).总体的所有个体在主要属性上必须是相同的,这是形成一个总体的必要条件,称为总体的同质性.一个总体所包含的个体数可以是无限的,称为无限总体;也可以是有限的,称为有限总体.

二、样本

由总体中一部分个体组成的集合称为**样本**或**子样**(sample).样本内所含个体的个数称为**样本容量**(sample size),表示样本数量的大小.

在统计研究中,样本是一个很重要的概念.往往由于人力、物力的原因或者研究对象本身获取的困难,无法得到总体,因而通过对样本的统计、分析和研究推断总体的基本特征和变化规律.

设 X 是具有分布函数 F 的随机变量,在不变的条件下对 X 进行 n 次重复独立观测,称为**随机抽样**(random sampling),简称抽样,从总体中随机抽取的 n 个个体,记为 $X_1,X_2,\cdots,X_n$. $X_1,X_2,\cdots,X_n$ 是具有同一分布函数 F 的、相互独立的随机变量,称 $X_1,X_2,\cdots,X_n$ 为从分布函数 F(或总体 F、或总体 X)得到的容量为 n 的简单随机样本,简称样本,它们的观察值 $x_1,x_2,\cdots,x_n$ 称为样本值.

所谓**统计推断**(statistical inference),实际上是利用部分个体的统计量去推断(判断)总体的某些参数、关系或分布.

三、常见统计量

定义 2.1 设 $(X_1,X_2,\cdots,X_n)$ 为总体 X 的一个样本,$\varphi(X_1,X_2,\cdots,X_n)$ 为样

本的一个不含有任何未知参数的连续函数，则称 $\varphi(X_1,X_2,\cdots,X_n)$ 为一个统计量.

如果 $(x_1,x_2,\cdots,x_n)$ 是样本 $(X_1,X_2,\cdots,X_n)$ 的一个观察值，则称 $\varphi(x_1,x_2,\cdots,x_n)$ 是统计量 $\varphi(X_1,X_2,\cdots,X_n)$ 的一个观察值. 本书中大写字母表示统计量，小写字母表示统计值.

1. 样本矩

定义 2.2　设 $(X_1,X_2,\cdots,X_n)$ 是总体 X 的样本，则其样本 k 阶原点矩(sample k order origin moment) 为

$$A_k=\frac{1}{n}\sum_{i=1}^{n}X_i^k \quad (k=1,2,\cdots) \tag{2-24}$$

特别，称 A_1 为样本均值，记为 $\overline{X}=\frac{1}{n}\sum_{i=1}^{n}X_i$，它反映了总体的平均值.

定义 2.3　样本 k 阶中心矩(sample k order central moment) 为

$$B_k=\frac{1}{n}\sum_{i=1}^{n}(X_i-\overline{X})^k \quad (k=1,2,\cdots) \tag{2-25}$$

特别，$B_1=0$，B_2 为样本二阶中心矩.

$S^2=\frac{1}{n-1}\sum_{i=1}^{n}(X_i-\overline{X})^2$ 称为**样本方差**(sample variance)，反映了样本中各分量对其平均值的离散程度，$S=\sqrt{\frac{1}{n-1}\sum_{i=1}^{n}(X_i-\overline{X})^2}$ 称为**样本均方差**(sample covariance).

例 2.13　设 $X_1,X_2,\cdots,X_n$ 为 X 的样本，$X\sim N(\mu,\sigma^2)$，求 $\overline{X}$ 的分布，$\sum_{i=1}^{n}a_iX_i(a_i\neq 0$，常数) 的分布.

解　$X\sim N(\mu,\sigma^2)$，则 $E(X)=\mu$，$D(X)=\sigma^2$，故

$$E(\overline{X})=\frac{1}{n}\sum_{i=1}^{n}E(X_i)=\mu,\quad D(\overline{X})=\frac{1}{n^2}\sum_{i=1}^{n}D(X_i)=\frac{\sigma^2}{n}$$

即

$$\overline{X}\sim N\left(\mu,\frac{\sigma^2}{n}\right)$$

$$E\left(\sum_{i=1}^{n}a_iX_i\right)=\sum_{i=1}^{n}a_iE(X_i)=\mu\sum_{i=1}^{n}a_i,\quad D\left(\sum_{i=1}^{n}a_iX_i\right)=\sum_{i=1}^{n}a_i^2D(X_i)=\sigma^2\sum_{i=1}^{n}a_i^2$$

即

$$\sum_{i=1}^{n}a_iX_i\sim N\left(\mu\sum_{i=1}^{n}a_i,\sigma^2\sum_{i=1}^{n}a_i^2\right)$$

例 2.14　总体 X 的一组容量为 5 的样本观察值为 8,2,5,3,7，求样本均值 $\overline{x}$、样本方差 s^2、样本二阶中心矩 b_2.

解　由定义得

$$\bar{x}=\frac{1}{5}\times(8+2+5+3+7)=5$$

$$s^2=\frac{1}{4}\times[3^2+(-3)^2+0^2+(-2)^2+2^2]=6.5$$

$$b_2=\frac{1}{5}\times[3^2+(-3)^2+0^2+(-2)^2+2^2]=5.2$$

例 2.15 设 $\overline{X}_n$ 和 S_n^2 分别是样本 $X_1,X_2,\cdots,X_n$ 的样本均值及样本方差.若添加一次试验,则样本扩展为 $X_1,X_2,\cdots,X_n,X_{n+1}$,其样本均值和样本方差分别为 $\overline{X}_{n+1}$ 和 S_{n+1}^2.证明下列递推公式成立:

$$\overline{X}_{n+1}=\overline{X}_n+\frac{1}{n+1}(X_{n+1}-\overline{X}_n)$$

$$S_{n+1}^2=\frac{n-1}{n}S_n^2+\frac{1}{n+1}(X_{n+1}-\overline{X}_n)^2$$

证 $$\overline{X}_{n+1}=\frac{1}{n+1}[(X_1+X_2+\cdots+X_n)+X_{n+1}]=$$

$$\frac{n}{n+1}\frac{1}{n}(X_1+X_2+\cdots+X_n)+\frac{1}{n+1}X_{n+1}=$$

$$\frac{n}{n+1}\overline{X}_n+\frac{1}{n+1}X_{n+1}=\overline{X}_n+\frac{1}{n+1}(X_{n+1}-\overline{X}_n)$$

$$S_{n+1}^2=\frac{1}{n}\sum_{i=1}^{n+1}(X_i-\overline{X}_{n+1})^2=\frac{1}{n}\sum_{i=1}^{n+1}\left(X_i-\frac{n}{n+1}\overline{X}_n-\frac{1}{n+1}X_{n+1}\right)^2=$$

$$\frac{1}{n}\sum_{i=1}^{n}\left((X_i-\overline{X}_n)+\left(\frac{1}{n+1}\overline{X}_n-\frac{1}{n+1}X_{n+1}\right)\right)^2+$$

$$\frac{1}{n}\left(X_{n+1}-\frac{n}{n+1}\overline{X}_n-\frac{1}{n+1}X_{n+1}\right)^2=$$

$$\frac{n-1}{n}\frac{1}{n-1}\sum_{i=1}^{n}(X_i-\overline{X}_n)^2+2(\overline{X}_n-X_{n+1})\sum_{i=1}^{n}\frac{X_i-\overline{X}_n}{n(n+1)}+$$

$$\frac{(\overline{X}_n-X_{n+1})^2}{(n+1)^2}+\frac{n}{(n+1)^2}(\overline{X}_n-X_{n+1})^2=$$

$$\frac{n-1}{n}S_n^2+\frac{1}{n+1}(X_{n+1}-\overline{X}_n)^2$$

这些公式说明,当样本容量再增加一个时,可以利用前 n 个数据得出的均值和方差添加新的数据得到新的样本均值与方差.

2.顺序统计量

定义 2.4 设$(x_1,x_2,\cdots,x_n)$是样本$(X_1,X_2,\cdots,X_n)$的一个观察值,将它们按从小到大的次序排列起来,得到 $x_1^*\leqslant x_2^*\leqslant\cdots\leqslant x_n^*$.定义第 i 个顺序统计量 X_i^*:是 $X_1,X_2,\cdots,X_n$ 的这样一个函数,不论$(X_1,X_2,\cdots,X_n)$取怎样的一组观察

值$(x_1,x_2,\cdots,x_n)$，它总是取其中的 x_i^* 为其观察值，由此得到的 $X_1^*,X_2^*,\cdots,X_n^*$ 为$(X_1,X_2,\cdots,X_n)$ 的一组**顺序统计量**(order statistic). 显然 $X_1^*\leqslant X_2^*\leqslant\cdots\leqslant X_n^*$，因此，$X_1^*=\min\{X_1,X_2,\cdots,X_n\}$ 是最小顺序统计量，$X_n^*=\max\{X_1,X_2,\cdots X_n\}$ 是**最大顺序统计量**，而 $R=X_n^*-X_1^*$ 称为**样本极差**，$M=\begin{cases}X_{m+1}^*, & n=2m+1\\ \frac{1}{2}(X_m^*+X_{m+1}^*), & n=2m\end{cases}$ 称为**样本中位数**. 样本中位数也刻画了样本的位置特征，在某些场合使用比样本均值效果好.

四、抽样分布

从上述可知，统计量是是样本的函数，也是随机变量的函数，样本又有其概率分布，据概率论中有关随机变量函数的分布理论知，这个样本的函数 —— 统计量 —— 也有其概率分布，此分布就是所谓的抽样分布.

1. 样本均值的分布

设总体 X 服从正态分布 $N(\mu,\sigma^2)$，记为 $X\sim N(\mu,\sigma^2)$，$(X_1,X_2,\cdots X_n)$ 是其样本，由概率论知：

$$\overline{X}\sim N(\mu,\frac{\sigma^2}{n}),\quad Z=\frac{\overline{X}-\mu}{\sigma/\sqrt{n}}\sim N(0,1) \tag{2-26}$$

求标准正态分布函数值，Excel 操作步骤如下：

(1) 菜单选择“插入”“函数”，在弹出的“插入函数”对话框中，选择“统计”类别，点选“normsdist”函数.

(2) 点击“确定”，在弹出的“函数参数”对话柜中，输入 z 值，如输入 1.96，就得到 97.5%.

若 $P\{x\geqslant a\}=\alpha$，则称 a 是 X 的上 α 分位点. 求标准正态分布分位点(加负号即上分位点)，Excel 操作步骤如下：

(1) 菜单选择“插入”“函数”，在弹出的“插入函数”对话框中，选择“统计”类别，点选“normsinv”函数.

(2) 点击“确定”，在弹出的“函数参数”对话框中，输入概率值，如输入 0.975，点击“确定”，就得到 1.96；如输入 0.95，就得到 1.645.

2. χ^2 分布

设 $X_1,X_2,\cdots,X_n$ 为相互独立且都服从分布 $N(0,1)$ 的随机变量，把它们的平方和记作 χ^2，即 $\chi^2=X_1^2+X_2^2+\cdots+X_n^2$，则称随机变量 χ^2 服从**自由度为 n 的 χ^2 分布**(Chi-square distribution)，记作 $\chi^2\sim\chi^2(n)$.

χ^2 分布重要性质：

(1) 若 $\chi_1^2\sim\chi^2(n_1)$，$\chi_2^2\sim\chi^2(n_2)$，且 χ_1^2，χ_2^2 相互独立，则 $\chi_1^2+\chi_2^2\sim$

$\chi^2(n_1+n_2)$；

(2) 若 $\chi^2\sim\chi^2(n)$，则 $E(\chi^2)=n, D(\chi^2)=2n$.

其密度函数为

$$K(x,n)=\begin{cases}\dfrac{1}{2^{\frac{n}{2}}\Gamma\left(\dfrac{n}{2}\right)}x^{\frac{n}{2}-1}\mathrm{e}^{-\frac{x}{2}}, & x>0\\ 0, & x\leqslant 0\end{cases} \tag{2-27}$$

图形如图 2.12(a) 所示.①

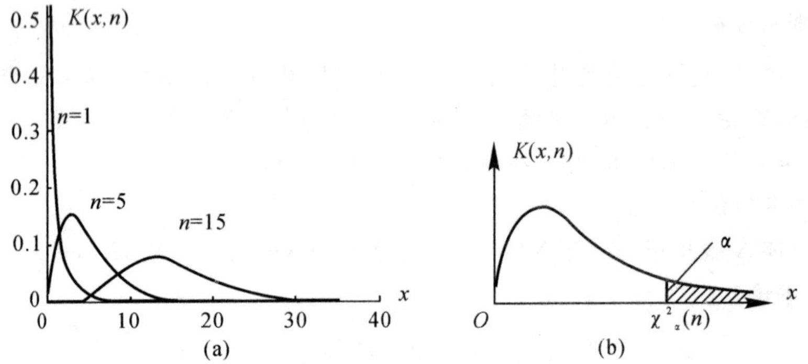

图 2.12 χ^2 分布密度函数图形

(a)χ^2 分布密度函数图形； (b)χ^2 分布上 α 分位点图形

若对给定的 $\alpha(0<\alpha<1)$，存在数 $\chi^2_\alpha(n)$ 使

$$P\{\chi^2>\chi^2_\alpha(n)\}=\int_{\chi^2_\alpha(n)}^{+\infty}K(x,n)\mathrm{d}x=\alpha$$

则称 $\chi^2_\alpha(n)$ 为 χ^2 分布的上 α 分位点(见图 2.12(b)).

Excel 提供的相应函数有：密度函数 chidist 用来求概率，分布函数 chiinv 用来求上分位点.

例 2.16 已知 $\chi^2\sim\chi^2_{(16)}$，求 $P\{\chi^2\geqslant 2.3\}$.

在 Excel 中，

菜单选择“插入”“函数”，在弹出的“插入函数”对话框中，选择“统计”类别，点选“chidist”函数，“确定”弹出“函数参数”对话框，如图 2.13 所示.

输入参数，得到概率 $P\{\chi^2\geqslant 2.3\}=0.999\ 973$.

chidist 函数求得收尾概率，返回值是 $P\{\chi^2\geqslant X\}$，与 normsdist 有区别；同样 chiinv 返回的是上分位点.

① 证明见参考文献[4]P13.

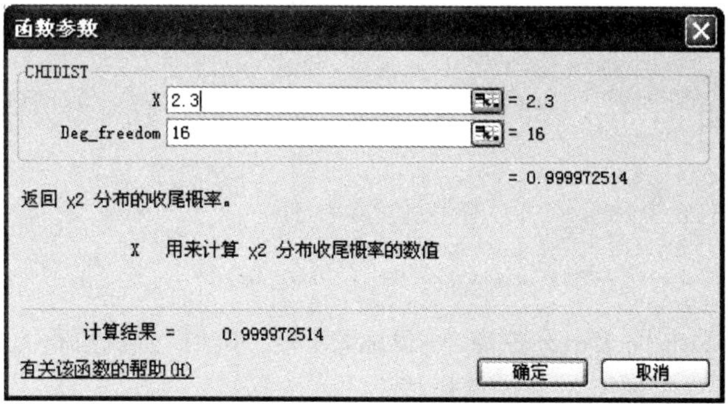

图 2.13　Excel 操作图

3. t(student) 分布

设 $X \sim N(0,1), Y \sim \chi^2(n)$，且 X,Y 相互独立，则统计量 $T=\dfrac{X}{\sqrt{Y/n}}$ 服从**自由度为 n 的 t 分布**，并记为 $T \sim t(n)$. 其概率密度分布函数为

$$t(x,n)=\frac{\Gamma\left(\dfrac{n+1}{2}\right)}{\sqrt{n\pi}\,\Gamma\left(\dfrac{n}{2}\right)}\left(1+\frac{x^2}{n}\right)^{-\frac{n+1}{2}}, \quad -\infty < x < +\infty \qquad (2-28)$$

图形如图 2.14 所示. ①

$$E(T)=0, D(T)=\frac{n}{n-2} \quad (n>2)$$

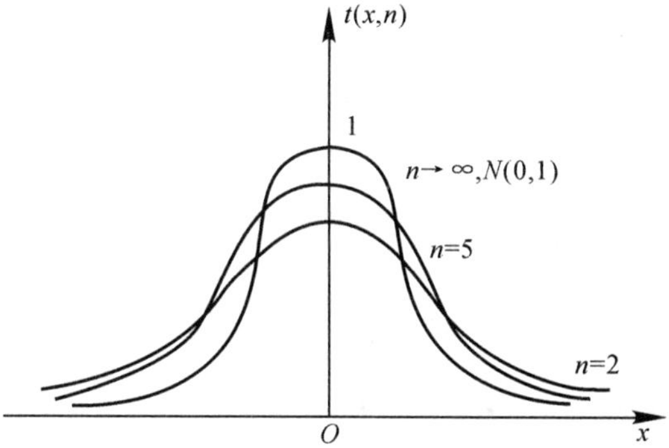

图 2.14　t 分布密度函数图形

当 $n \to \infty$ 时，T 的分布密度函数 $t(x,n)$ 收敛于标准正态分布密度函数，即

① 证明见参考文献[4]P19.

$$\lim_{n \to \infty} t(x,n) = \frac{1}{\sqrt{2\pi}} e^{-\frac{x^2}{2}}$$

在实际应用中，当 $n \geqslant 30$ 时，则可用标准正态来近似 t 分布. 当然，n 愈大近似程度就愈好.

若对给定的 $\alpha(0 < \alpha < 1)$，存在数 $t_\alpha(n)$ 使

$$P\{t > t_\alpha(n)\} = \int_{t_\alpha(n)}^{+\infty} t(x,n)\mathrm{d}x = \alpha$$

则称 $t_\alpha(n)$ 为 t 分布的**上 α 分位点**. 一般地，当 $n \leqslant 45$ 时，查表可得 $t_\alpha(n)$，当 $n > 45$ 时，用标准正态分布的上 α 分位点代替.

由密度函数的图形可见：$t_{1-\alpha}(n) = -t_\alpha(n)$.

当 $n=1$ 时，T 服从柯西(Cauchy) 分布 $t(x,1) = \dfrac{1}{\pi(1+x^2)}$，它的数学期望不存在，任意阶矩都不存在.

Excel 提供的相应函数有：密度函数 tdist 用来求得概率；分布函数 tinv 用来求得区间点.

例 2.17 已知 $t \sim t(19)$，$P\{t \geqslant t_\alpha\} = 0.05$，求 t_α.

在 Excel 中，

菜单选择“插入”“函数”，在弹出的“插入函数”对话框中，选择“统计”类别，点选“tinv”函数，“确定”弹出“函数参数”对话框，如图 2.15 所示.

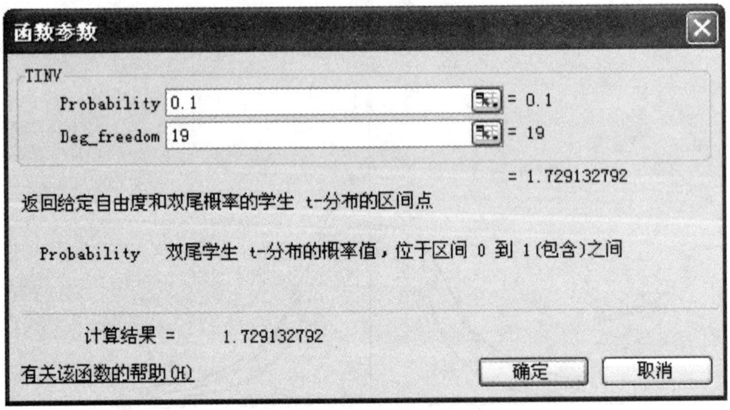

图 2.15 Excel 操作图

输入修正后的参数 $0.05 \times 2 = 0.1$，得到 $t_\alpha = 1.729$.

例 2.18 已知 $t \sim t(19)$，求 $P\{t \geqslant 1.729\}$.

在 Excel 中，

菜单选择“插入”“函数”，在弹出的“插入函数”对话框中，选择“统计”类别，点

选“tdist”函数,“确定”弹出“函数参数”对话框,如图 2.16 所示.

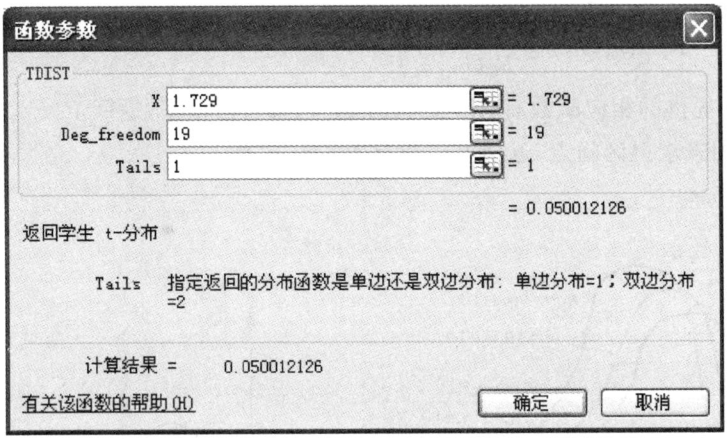

图 2.16　Excel 操作图

输入参数,Tails=1 表示单尾(如果求 $P\{|t|\geqslant 1.729\}$,选 Tails=2),得到 $P\{t\geqslant 1.729\}=0.05$.

4. F 分布

设 $X\sim\chi^2(n_1)$,$Y\sim\chi^2(n_2)$,且 X,Y 相互独立,则统计量 $F=\dfrac{X/n_1}{Y/n_2}$ 服从第一、第二自由度分别为 n_1,n_2 的 F 分布,并记作 $F\sim F(n_1,n_2)$,其概率密度函数为

$$f(x,n_1,n_2)=\begin{cases}\dfrac{\Gamma\left(\dfrac{n_1+n_2}{2}\right)}{\Gamma\left(\dfrac{n_1}{2}\right)\Gamma\left(\dfrac{n_2}{2}\right)}\left(\dfrac{n_1}{n_2}\right)\left(\dfrac{n_1}{n_2}x\right)^{\frac{n_1}{2}-1}\left(1+\dfrac{n_1}{n_2}x\right)^{-\frac{n_1+n_2}{2}}, & x>0\\ 0, & x\leqslant 0\end{cases}\tag{2-29}$$

图形如图 2.17 所示.①

$$E(F)=\frac{n_2}{n_2-2}\quad n_2>2,\quad D(F)=\frac{2n_2^2(n_1+n_2-2)}{n_1(n_2-2)^2(n_2-4)}\quad n_2>4$$

若对给定的 $\alpha(0<\alpha<1)$,存在数 $F_\alpha(n_1,n_2)$ 使

$$P\{F>F_\alpha(n_1,n_2)\}=\alpha$$

则称 $F_\alpha(n_1,n_2)$ 为 F 分布的上 **α 分位点**(fractile)(见图 2.18).

① 证明见参考文献[5]P21.

性质 1　若 $F \sim F(n_1, n_2)$，则 $\frac{1}{F} \sim F(n_2, n_1)$.

性质 2　$F_{1-\alpha}(n_1, n_2) = \frac{1}{F_\alpha(n_2, n_1)}$.

Excel 提供的相应函数有：密度函数 fdist 用来求得概率，返回 $P\{F \geqslant x\}$；分布函数 finv 用来求得区间点，返回上分位点 $F_\alpha(n_1, n_2)$.

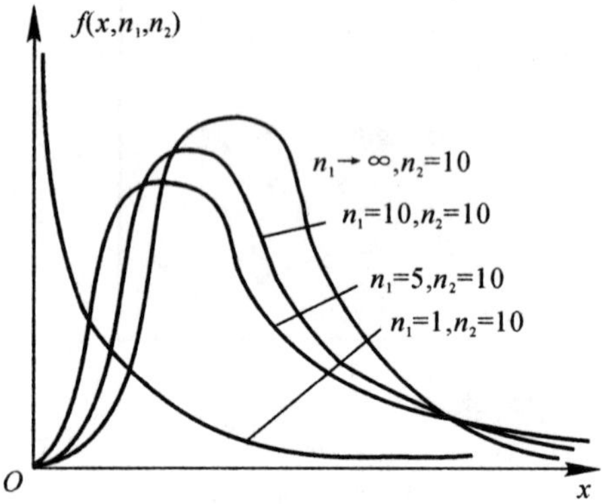

图 2.17　F 分布密度函数图形

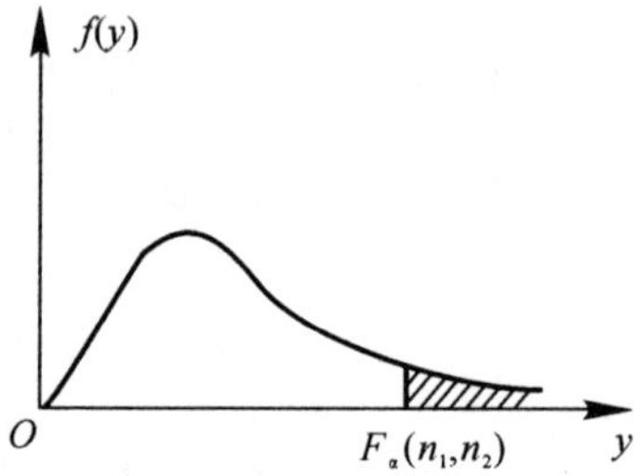

图 2.18　F 分布上 α 分位点图形

例 2.19　已知 $F \sim F(10,20)$，求 $P\{F \geqslant 2.5\}$.

在 Excel 中，

菜单选择"插入""函数"，在弹出的"插入函数"对话框中，选择"统计"类别，点选" fdist "函数，"确定"弹出"函数参数"对话框，如图 2.19 所示.

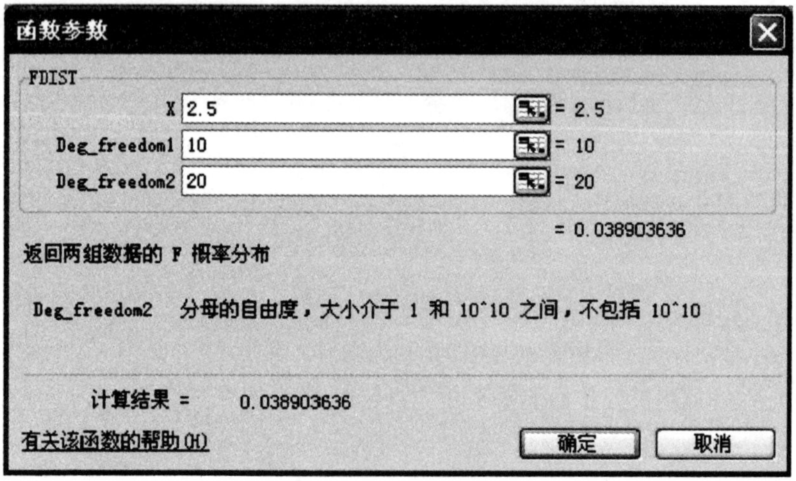

图 2.19　Excel 操作图

输入参数,得到 $P\{F \geqslant 2.5\} = 0.0389$.

5. 顺序统计量的分布

前面给出了顺序统计量的定义,由于顺序统计量有一些性质不依赖于总体的分布,且计算量很小,使用比较方便. 因此,在质量管理、可靠性等方面得到广泛应用.

(1) 顺序统计量的密度函数.

定理 2.1　设 $X_1, X_2, \cdots, X_n$ 是来自总体 X 的样本,且 X 的密度函数为 $f(x)$, $a \leqslant x \leqslant b$(这里允许 $a \to -\infty, b \to +\infty$). $X_1^*, X_2^*, \cdots, X_n^*$ 是样本顺序统计量,则 $X_1^*, X_2^*, \cdots, X_n^*$ 的联合分布密度函数为①

$$g(x_1^*, x_2^*, \cdots, x_n^*) = \begin{cases} n! \prod_{i=1}^{n} f(x_i^*), & a \leqslant x_1^* < x_2^* < \cdots < x_n^* \leqslant b \\ 0, & \text{其他} \end{cases} \tag{2-30}$$

定理 2.2　设 $X_1, X_2, \cdots, X_n$ 是来自总体 X 的样本,且 X 的分布函数为 $F(x)$,密度函数为 $f(x)$, $a \leqslant x \leqslant b$(允许 $a \to -\infty, b \to +\infty$). X_k^* 是样本的第 k 个顺序统计量,则 X_k^* 的分布密度函数为②

$$g_k(x) = \begin{cases} \dfrac{n!}{(n-k)!\,(k-1)!}[F(x)]^{k-1}[1-F(x)]^{n-k} f(x), & a \leqslant x \leqslant b \\ 0, & \text{其他} \end{cases} \tag{2-31}$$

推论 1　最小顺序统计量 X_1^* 的分布密度函数为

$$g_1(x) = \begin{cases} n[1-F(x)]^{n-1} f(x), & a \leqslant x \leqslant b \\ 0, & \text{其他} \end{cases} \tag{2-32}$$

推论 2　最大顺序统计量 X_n^* 的分布密度函数为

$$g_n(x) = \begin{cases} n[F(x)]^{n-1} f(x), & a \leqslant x \leqslant b \\ 0, & \text{其他} \end{cases} \tag{2-33}$$

例 2.20　设电子元件的寿命 X 服从参数为 $\theta = 0.0015$ 的指数分布. 测试了 6 个元件,分别记录它们失效的时间(单位:h).

求 1) 至 800 h 时,没有一个元件失效的概率;

2) 至 3 000 h 时,所有元件都失效的概率.

解　X 的概率密度函数和分布函数分别为

---

① 证明见参考文献[3].

② 证明见参考文献[2]P243.

$$f(x)=\begin{cases}0.001\,5e^{-0.001\,5x}, & x>0\\0, & x\leqslant 0\end{cases},\quad F(x)=\begin{cases}1-e^{-0.001\,5x}, & x>0\\0, & x\leqslant 0\end{cases}$$

1）由推论 1，最小顺序统计量的概率密度函数和分布函数分别为

$$g_1(x)=\begin{cases}0.009e^{-0.009x}, & x>0\\0, & x\leqslant 0\end{cases},\quad G_1(x)=\begin{cases}1-e^{-0.009x}, & x>0\\0, & x\leqslant 0\end{cases}$$

至 800 h 时，没有一个元件失效的概率 $P\{X_1^*>800\}=1-G_1(800)=e^{-7.2}$.

2）由推论 2，最大顺序统计量的概率密度函数和分布函数分别为

$$g_6(x)=\begin{cases}0.009e^{-0.001\,5x}(1-e^{-0.001\,5x})^5, & x>0\\0, & x\leqslant 0\end{cases}$$

$$G_6(x)=\begin{cases}(1-e^{-0.001\,5x})^6, & x>0\\0, & x\leqslant 0\end{cases}$$

至 3 000 h 时，所有元件都失效的概率 $P\{X_6^*<3\,000\}=G_6(3\,000)=(1-e^{-4.5})^6$.

（2）样本分布函数.

定义 2.5　设 $X_1,X_2,\cdots,X_n$ 是来自总体 X 的样本，该样本的顺序统计量为 $X_1^*,X_2^*,\cdots,X_n^*$，在区间 $(-\infty,+\infty)$ 上定义一个函数

$$F_n(x)=\begin{cases}0, & x<x_1^*\\ \dfrac{k}{n}, & x_k^*\leqslant x<x_{k+1}^*\\ 1, & x\geqslant x_n^*\end{cases}$$

称此函数为总体 X 的**样本分布函数**(sampling distribution function).

性质　若用 $F(x)$ 表示真正的总体分布函数，则

$$P\left\{F_n(x)=\frac{k}{n}\right\}=P\{\text{恰有 } k \text{ 个 } X_i\leqslant x\}=C_n^k[F(x)]^k[1-F(x)]^{n-k}$$

由贝努利大数定律，对任给 $\varepsilon>0$，都有 $\lim\limits_{n\to\infty}P\{|F_n(x)-F(x)|<\varepsilon\}=1$，这表明对于每个固定的实数 x，无论 ε 多么小，只要 n 充分大，事件 $\{|F_n(x)-F(x)|<\varepsilon\}$ 在一次抽样中几乎是必然发生的. 因此，在实际应用中当 n 较大时，可用样本分布函数 $F_n(x)$ 来近似总体分布函数 $F(x)$.

（3）样本密度函数的近似求法.

1）抽样. 从总体 X 中抽取容量为 n 的样本 $X_1,X_2,\cdots,X_n$，其相应样本值为

$$x_1,x_2,\cdots,x_n$$

2）整理数据. 把样本值由小到大排序，得其顺序统计量的观察值 $x_1^*,x_2^*,\cdots,x_n^*$.

3）分组. 在 2）的基础上，我们在包含 $[x_1^*,x_n^*]$ 的区间 $[a,b]$ 中插入一些分点 $a=x_{(0)}<x_{(2)}<\cdots<x_{(l)}=b$，将 $[a,b]$ 分为 l 个子区间 $[x_{(i-1)},x_{(i)}]$，$i=1,2,\cdots,$

l，每个子区间的长度 $d_i = x_{(i)} - x_{(i-1)}$ 称为组距，小区间的个数 l 称为组数.

4）求各组频率. 以 m_i 表示样本值落入 $[x_{(i-1)}, x_{(i)})$ 中的个数，$i=1,2,\cdots,l$，也叫此子区间的频数；$f_i = m_i/n(i=1,2,\cdots,l)$ 称为此子区间的频率.

5）作频率直方图. 在 xOy 坐标面上，分别以 x 轴上各区间 $[x_{(i-1)}, x_{(i)}]$ 为底，以 $y_i = \dfrac{f_i}{d_i}(i=1,2,\cdots,l)$ 为高画一竖着的矩形，得直方图，如图 2.20 所示.

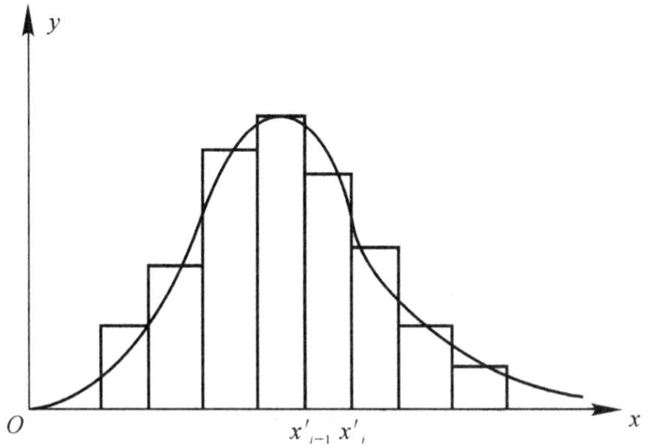

图 2.20　直方图示例

从此图中，可大致看出 X 的概率分布状况，因为每个竖立长方形的面积，恰好近似地等于随机变量 X 取第 i 个子区间内值的概率. 再据此直方图，就可粗略地描绘出 X 的概率分布密度曲线.

例 2.21　某食品厂为加强质量管理，在某天生产的一大批罐头中抽查了 100 个，测的内装食品的净重数据(单位:g) 如下：

342	341	348	346	343	342	346	341	344	348
346	346	341	344	342	344	345	340	344	344
343	344	342	342	343	345	339	350	337	345
349	336	348	344	345	332	342	341	350	343
347	340	344	353	341	340	353	346	345	346
341	339	342	352	342	350	348	344	350	335
340	338	345	345	349	336	342	338	343	343
341	347	341	347	344	339	347	358	343	347
346	344	345	350	341	338	343	339	343	346
342	339	343	350	341	346	341	345	344	342

罐头质量是一个连续量，这 100 个数据中最小值 $x_1^* = 332$，最大值 $x_n^* = 358$，

取$[a,b]=[331.5,358.5]$,将其等分成区间长度为 3 的 9 个小区间,并分别算出数据落在各小区间的频数和频率,见表 2.13.

表 2.13　计算数据

序号	组	频数	频率
1	(331.5,334.5]	1	0.01
2	(334.5,337.5]	4	0.04
3	(337.5,340.5]	12	0.12
4	(340.5,343.5]	32	0.32
5	(343.5,346.5]	30	0.30
6	(346.5,349.5]	11	0.11
7	(349.5,352.5]	7	0.07
8	(352.5,355.5]	2	0.02
9	(355.5,358.5]	1	0.01

根据表中 9 个组$(a_{k-1},a_k]$及其相应的频率 f_k,作出直方图,如图 2.21 所示,近似为正态分布.

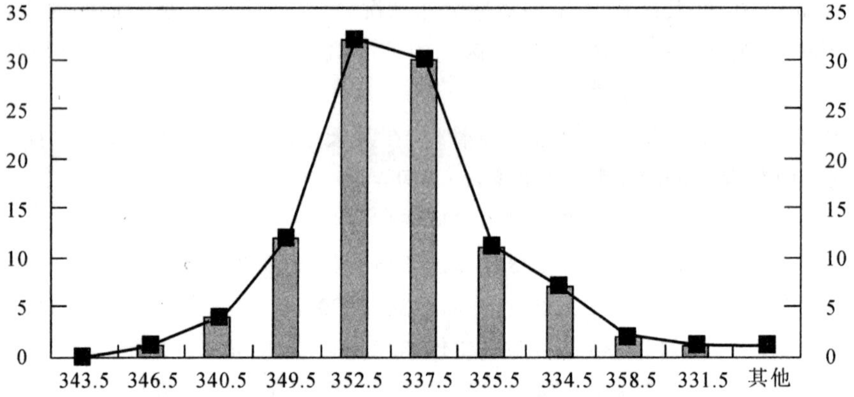

图 2.21　直方图

五、抽样分布定理

定理 2.3　设 $X_1,X_2,\cdots,X_n$ 独立同分布,且 $X_i\sim N(\mu,\sigma^2)$,$i=1,2,\cdots,n$,$\overline{X}$ 是样本均值,S^2 是样本方差,则

(1) $\dfrac{(n-1)S^2}{\sigma^2} \sim \chi^2(n-1)$；　(2-34)

(2) $\overline{X}$ 与 S^2 相互独立.①

定理 2.4　设 $X_1, X_2, \cdots, X_n$ 独立同分布，且 $X_i \sim N(\mu, \sigma^2)$，$i=1,2,\cdots,n$，$\overline{X}$ 是样本均值，S^2 是样本方差，则

$$T=\frac{(\overline{X}-\mu)\sqrt{n}}{S} \sim t(n-1) \tag{2-35}$$

证　由样本均值的分布知，$\dfrac{(\overline{X}-\mu)\sqrt{n}}{\sigma} \sim N(0,1)$，又根据上面定理知

$$\frac{(n-1)S^2}{\sigma^2} \sim \chi^2(n-1)$$

结合 t 分布的定义知，

$$\frac{(\overline{X}-\mu)\sqrt{n}}{\sigma} \Bigg/ \sqrt{\frac{\frac{(n-1)S^2}{\sigma^2}}{n-1}} = \frac{(\overline{X}-\mu)\sqrt{n}}{S} \sim t(n-1)$$

定理 2.5　设 $X_1, X_2, \cdots, X_{n1}$ 与 $Y_1, Y_2, \cdots, Y_{n2}$ 是分别来自具有相同方差的两个正态总体 $N(\mu_1, \sigma^2)$ 和 $N(\mu_2, \sigma^2)$ 的两个样本，且这两个样本相互独立，$\overline{X}$，S_1^2 是第一个样本的样本均值及样本方差，$\overline{Y}$，S_2^2 是第二个样本的样本均值及样本方差，则

$$\frac{(\overline{X}-\overline{Y})-(\mu_1-\mu_2)}{S_w\sqrt{\frac{1}{n_1}+\frac{1}{n_2}}} \sim t(n_1+n_2-2) \tag{2-36}$$

其中，$S_w^2=\dfrac{(n_1-1)S_1^2+(n_2-1)S_2^2}{(n_1+n_2-2)}$.

证　因为 $\overline{X} \sim N\left(\mu_1, \dfrac{\sigma^2}{n_1}\right)$，$\overline{Y} \sim N\left(\mu_2, \dfrac{\sigma^2}{n_2}\right)$，所以

$$(\overline{X}-\overline{Y}) \sim N\left(\mu_1-\mu_2, \frac{\sigma^2}{n_1}+\frac{\sigma^2}{n_2}\right)$$

$$\frac{(\overline{X}-\overline{Y})-(\mu_1-\mu_2)}{\sqrt{\frac{\sigma^2}{n_1}+\frac{\sigma^2}{n_2}}} \sim N(0,1)$$

而 $\dfrac{(n_1-1)S_1^2}{\sigma^2} \sim \chi^2_{(n_1-1)}$，$\dfrac{(n_2-1)S_2^2}{\sigma^2} \sim \chi^2_{(n_2-1)}$，根据 χ^2 分布的可加性，

① 证明见参考文献[3]P16.

$$\frac{(n_1+n_2-2)S_w^2}{\sigma^2}=\frac{(n_1-1)S_1^2}{\sigma^2}+\frac{(n_2-1)S_2^2}{\sigma^2}\sim\chi^2_{n_1+n_2-2}$$

结合 t 分布的定义知

$$\frac{(\overline{X}-\overline{Y})-(\mu_1-\mu_2)}{S_w\sqrt{\dfrac{1}{n_1}+\dfrac{1}{n_2}}}=\frac{\dfrac{(\overline{X}-\overline{Y})-(\mu_1-\mu_2)}{\sqrt{\dfrac{\sigma^2}{n_1}+\dfrac{\sigma^2}{n_2}}}}{\sqrt{\dfrac{\dfrac{(n_1+n_2-2)S_w^2}{\sigma^2}}{n_1+n_2-2}}}\sim t(n_1+n_2-2)$$

定理 2.6 设 $X_1,X_2,\cdots,X_{n1}$ 与 $Y_1,Y_2,\cdots,Y_{n2}$ 是分别来自两个正态总体 $N(\mu_1,\sigma_1^2)$ 和 $N(\mu_2,\sigma_2^2)$ 的两个样本,且这两个样本相互独立,S_1^2 是第一个样本的样本方差,S_2^2 是第二个样本的样本方差,则

$$F=\frac{S_1^2\sigma_2^2}{S_2^2\sigma_1^2}\sim F(n_1-1,n_2-1) \tag{2-37}$$

证 由前面定理知$\dfrac{(n_1-1)S_1^2}{\sigma_1^2}\sim\chi^2(n_1-1)$,$\dfrac{(n_2-1)S_2^2}{\sigma_2^2}\sim\chi^2(n_2-1)$,由 F 分布的定义知

$$\frac{S_1^2\sigma_2^2}{S_2^2\sigma_1^2}=\frac{\dfrac{(n_1-1)S_1^2}{\sigma_1^2}\Big/(n_1-1)}{\dfrac{(n_2-1)S_2^2}{\sigma_2^2}\Big/(n_2-1)}\sim F(n_1-1,n_2-1)$$

附:图 2.4 茎叶图制作宏的参考程序.

```
Public Sub Tu()
Range("E1:CA1000").Clear
R = 50
Dim ArrA(65535) As String
Dim ArrB(65535) As String
For i = 1 To R
tmp = Trim(Range("A" & i).Text)
ArrA(i) = Left(tmp, Len(tmp) - 1)
ArrB(i) = Right(tmp, 1)
Next
cnt = 1
For i = 0 To 10 Step 1
For j = 1 To R
If i = ArrA(j) Then
cnt = cnt + 1
Range("E" & cnt).Value = i
Range("E" & cnt).Borders(xlEdgeRight).LineStyle = 1
Range("E" & cnt).Borders(xlEdgeRight).Weight = xlMedium
Range("E" & cnt + 1).Borders(xlEdgeRight).LineStyle = 1
Range("E" & cnt + 1).Borders(xlEdgeRight).Weight = xlMedium
Exit For
End If
Next
Next
Range("E1").Borders(xlEdgeRight).LineStyle = 1
Range("E1").Borders(xlEdgeRight).Weight = xlMedium
For i = 2 To cnt
tmp = Range("E" & i).Value * 10
Dim SA(65535) As Integer
K = 0
For j = 1 To R
If Range("A" & j).Value >= tmp And Range("A" & j).Value <= tmp + 9 Then
K = K + 1
SA(K) = Right(Range("A" & j).Value, 1)
End If
Next
For M = 1 To K
For N = M To K
If SA(M) > SA(N) Then
tmp = SA(M)
SA(M) = SA(N)
SA(N) = tmp
End If
Next
Next

For T = 1 To K
If T <= 21 Then
addr = Chr(Asc("E") + T) & i
Else
addr = Chr(Asc("A") + Int((T - 22) / 26)) + Chr(Asc("A") + (T - 22) Mod 26) & i
End If
Range(addr).Value = SA(T)
Range(addr).Borders(xlEdgeBottom).LineStyle = 1
Columns("E:" + Left(addr, Len(addr) - 1)).ColumnWidth = 2.25
Columns("E:" + Left(addr, Len(addr) - 1)).HorizontalAlignment = xlCenter
Columns("E:" + Left(addr, Len(addr) - 1)).VerticalAlignment = xlCenter
Range("F1:" + Left(addr, Len(addr) - 1) + "1").Merge
Range("F1:" + Left(addr, Len(addr) - 1) + "1").Borders(xlEdgeBottom).LineStyle = xlContinuous
Range("F1:" + Left(addr, Len(addr) - 1) + "1").Borders(xlEdgeBottom).Weight = xlMedium
Next
Next
Range("E1").Value = "茎"
Range("F1").Value = "叶"
Columns("E:E").HorizontalAlignment = xlCenter
Columns("E:E").VerticalAlignment = xlCenter
Columns("E:E").ColumnWidth = 2.25
End Sub
```

习　题　2

1. 某公司 40 名雇员的年龄如下：

21，55，25，46，22，37，24，35，47，28

45，29，41，31，34，31，27，43，36，31

29，40，47，53，31，38，30，31，43，37

30，32，44，38，32，48，30，42，32，40

利用 Excel

(1)求该公司雇员的年龄算术平均数、中位数、众数、方差和标准差.

(2)对上述年龄分组(组距分组 21～30,31～40,41～50,51～60)，然后利用分组数据计算中位数、众数.

(3)对比分组前后的计算结果，说明两个同一数量特征值差异的原因.

2. 某社区调查了 16 户居民的人均年收入与支出(万元)如下：

收入：1.52，1.24，1.36，1.44，1.80，0.96，0.80，1.64

0.72，0.88，1.32，1.32，1.42，1.38，2.04，2.50

支出：1.04，0.90，0.98，1.02，1.32，0.84，0.68，1.32

0.60，0.72，1.02，1.08，1.06，1.04，1.32，1.56

利用 Excel 分别求出收入和支出的偏度系数(用三阶中心动差)及峰度系数(用四阶中心动差)，并分析结果.

3. 一位教授计算了全班 20 名同学考试成绩的均值、中位数和众数，发现大部分同学的考试成绩集中于高分段. 下面哪句话不可能是正确的？

A. 全班 65% 的同学的考试成绩高于均值；

B. 全班 65% 的同学的考试成绩高于中位数；

C. 全班 65% 的同学的考试成绩高于众数；

D. 全班同学的考试成绩是负偏态分布.

4. 已知 $t \sim t(19)$，用 Excel 求 $P(t \geqslant 2.7)$.

5. 设在总体 $N(\mu, \sigma^2)$ 中抽取样本 (X_1, X_2, X_3)，其中 μ 已知而 σ^2 未知. 指出 $X_1 + X_2 + X_3$，$X_2 + 2\mu$，$\max(X_1, X_2, X_3)$，$\frac{1}{\sigma^2}\sum_{i=1}^{3} X_i^2$，$|X_3 - X_1|$ 之中，哪些是统计量，哪些不是统计量，为什么？

6. 设 $X_1, X_2, \cdots, X_m$ 和 $Y_1, Y_2, \cdots, Y_n$ 分别来自两个独立的正态总体 $N(\mu_1, \sigma^2)$ 和 $N(\mu_2, \sigma^2)$ 的样本，α 和 β 是两个实数，试求随机变量

$$Z=\frac{\alpha(\overline{X}-\mu_1)+\beta(\overline{Y}-\mu_2)}{\sqrt{\frac{mS_1^2+nS_2^2}{m+n-2}}\sqrt{\frac{\alpha^2}{m}+\frac{\beta^2}{n}}}$$

的概率分布，其中 $\overline{X}=\frac{1}{m}\sum_{i=1}^{m}X_i,\overline{Y}=\frac{1}{n}\sum_{i=1}^{n}Y_i,S_1^2=\frac{1}{m}\sum_{i=1}^{m}(X_i-\overline{X})^2,S_2^2=\frac{1}{n}\sum_{i=1}^{n}(Y_i-\overline{Y})^2$.

7. 设总体 X 和 Y 相互独立同服从 $N(0,3^2)$ 分布，而 $X_1,X_2,\cdots,X_9$ 和 $Y_1,Y_2,\cdots,Y_9$ 分别是来自 X 和 Y 的简单随机样本，试求统计量 U 的概率分布.

$$U=\frac{X_1+X_2+\cdots+X_9}{\sqrt{Y_1^2+Y_2^2+\cdots+Y_9^2}}$$

8. 设 $X_1,X_2,\cdots,X_{2n}$ 是来自总体 X 的简单随机样本，$\overline{X}=\frac{1}{2n}\sum_{i=1}^{2n}X_i$，设总体 X 的均值 μ 和方差 σ^2 均存在，求统计量 $Y=\sum_{i=1}^{n}(X_i+X_{n+i}-2\overline{X})^2$ 的数学期望 $E(Y)$.

9. 在总体 $N(52,6.3^2)$ 中随机抽取一容量为 36 的样本，求样本均值 $\overline{X}$ 落在 50.8～53.8 之间的概率.

10. 记$(X_1,X_2,\cdots,X_{10})$ 为 $N(0,0.3^2)$ 的一个样本，求 $P\left\{\sum_{i=1}^{10}X_i^2>1.44\right\}$.

11. 查表写出 $F_{0.1}(10,9)$，$F_{0.9}(2,28)$ 及 $F_{0.999}(10,10)$ 的值.

12. 设 $X_1,X_2,\cdots,X_9$ 是来自正态总体 X 的简单随机样本，

$$Y_1=\frac{1}{6}(X_1+X_2+\cdots+X_6),\quad Y_2=\frac{1}{3}(X_7+X_8+X_9)$$

$$S^2=\frac{1}{2}\sum_{i=7}^{9}(X_i-Y_2)^2,\quad Z=\frac{\sqrt{2}(Y_1-Y_2)}{S}$$

证明统计量 Z 服从自由度为 2 的 t 分布.

13. 设$(X_1,X_2,\cdots,X_{n+1})$ 为来自 $N(\mu,\sigma^2)$ 的一个样本，记$\overline{X}_n=\frac{1}{n}\sum_{i=1}^{n}X_i,S_n^2=\frac{1}{n-1}\sum_{i=1}^{n}(X_i-\overline{X}_n)^2$，求证 $T=\sqrt{\frac{n}{n+1}}\frac{X_{n+1}-\overline{X}_n}{S_n}\sim t(n-1)$.

14. 设(X_1,X_2) 为取自总体 $X\sim N(0,\sigma^2)$ 的样本，试问统计量 $Y=\frac{(X_1+X_2)^2}{(X_1-X_2)^2}$ 服从什么分布？

第3章　参数估计

在许多实际问题中，总体被理解为我们所研究的那个统计指标. 它在一定范围内取数值，而且是以一定的概率取各种数值的，从而形成一个概率分布，但是这个概率分布往往是未知的，这就导致了统计估计问题. 统计估计问题是专门研究由样本估计总体的未知分布或分布中的未知参数. 直接对总体的未知分布进行估计的问题称为非参数估计；总体分布类型已知，仅须对分布的未知参数进行估计的问题称为参数估计. 这里我们研究参数估计问题.

本章假定抽样方法为有放回简单随机抽样，样本都与总体同分布，它们之间相互独立.

3.1　参数的点估计

参数的点估计(point estimation) 实际上是通过样本估计参数取得某个值，因为是一个值故名"点" 估计. 所谓"根据样本 $X_1, X_2, \cdots, X_n$ 估计参数 θ"，实质上就是要构造一个样本的函数 $\theta(X_1, X_2, \cdots, X_n)$，在得到样本值 $x_1, x_2, \cdots, x_n$ 之后，用实数 $\theta(x_1, x_2, \cdots, x_n)$ 作为参数 θ 的估计. 通常 $\theta(X_1, X_2, \cdots, X_n)$ 被称为**估计量**(estimator)，$\theta(x_1, x_2, \cdots, x_n)$ 称为**估计值**(estimated value).

3.1.1　点估计的计算方法

点估计的方法一般分为两种：矩估计法和极大似然估计法.

1. 矩估计法

矩估计法是一种常用的、较为简单的参数估计法，它是由英国统计学家 K. Pearson 最先提出的. "矩法" 一词来源于总体分布函数原点矩这一基本概念.

定义 3.1　**矩估计法**(estimation method by moments) 是用样本矩估计总体矩，进而估计总体中的参数.

具体来讲，假设总体中有未知参数 $\theta_1, \theta_2, \cdots, \theta_k$，总体原点矩一定是 $\theta_1, \theta_2, \cdots, \theta_k$ 的函数，于是我们就用直到 k 阶的样本原点矩估计对应的总体原点矩，假设 $\alpha_i(\theta_1, \theta_2, \cdots, \theta_k)$ 是 i 阶总体原点矩，A_i 是 i 阶样本原点矩，列方程组($\alpha_i(\theta_1, \theta_2, \cdots,$

$\theta_k)=A_i, i=1,2,\cdots,k$,）一般就可以解出 k 个未知参数的估计 $\hat{\theta}_1, \hat{\theta}_2, \cdots, \hat{\theta}_k$. 如果方程组中有相容方程，可增加一些矩.

当然，我们也可以选择样本中心矩估计总体中心矩，类似得到方程组，从而求出总体中未知参数的估计.

需要强调一点，由于矩估计法是依赖于总体前 k 阶矩与样本前 k 阶矩，因此不论总体的分布形式是否已知，只要总体的前 k 阶矩存在，均可使用矩估计法对其总体未知参数进行估计，这也是矩估计法的优点.

例 3.1　用仪器测量某物体长度，设测量所得长度 $X \sim N(\mu, \sigma^2)$，其中 μ, σ^2 未知，共做了 5 次测量，测得的长度（单位：mm）分别是：53.2，52.9，53.3，52.8，52.5，要求用这 5 次测量所得长度（样本值）估计出 μ, σ^2 的值.

解　因为总体含有两个未知参数，根据原点矩列方程组：

$$\begin{cases} \mu = E(X) = \overline{X} \\ \sigma^2 + \mu^2 = E(X^2) = \dfrac{1}{n}\sum_{i=1}^{n} X_i^2 \end{cases}$$

解方程组得 μ, σ^2 的矩估计量为

$$\hat{\mu} = \overline{X} = \frac{1}{n}\sum_{i=1}^{n} X_i, \quad \hat{\sigma}^2 = \frac{1}{n}\sum_{i=1}^{n} (X_i - \overline{X})^2$$

代入样本值得估计值：

$$\hat{\mu} = \bar{x} = \frac{1}{5} \times (53.2 + 52.9 + 53.3 + 52.8 + 52.5) = 52.94$$

$$\hat{\sigma}^2 = \frac{1}{5} \times [(53.2 - 52.94)^2 + (52.9 - 52.94)^2 + (53.3 - 52.94)^2 + (52.8 - 52.94)^2 + (52.5 - 52.94)^2] = 0.0824$$

从解题过程可见，无论总体服从什么分布，只要总体直到二阶矩存在，都可以用类似方法，通过样本估计总体期望和方差.

	A	B	C	D
1	53.2	52.94	0.0676	0.0824
2	52.9		0.0016	
3	53.3		0.1296	
4	52.8		0.0196	
5	52.5		0.1936	

图 3.1　软件操作过程图

Excel 实现过程（见图 3.1）：

(1) 在 A1:A5 输入样本数据；

(2) 在 B1 中输入"=average(A1:A5)"回车，得到 $\hat{\mu}$；

(3) 在 C1 中输入"=power(A1－52.94,2)"回车，鼠标左键按下 C1 右下角，拖

动到 C5，释放鼠标左键；

(4) 在 D1 中输入"=average(C1:C5)" 回车，得到 $\hat{\sigma}^2$.

注意：在第 3 步 C1 中不能输入"=power(A1－B1,2)".

例 3.2 设总体服从均匀分布 $X \sim U(\theta_1, \theta_2)$，其中 θ_1, θ_2 未知，$-\infty < \theta_1 < \theta_2 < +\infty$，$X_1, X_2, \cdots, X_n$ 是来自该总体的样本，求 θ_1, θ_2 的矩估计量.

解 根据原点矩列方程组

$$\begin{cases} E(X) = \int_{\theta_1}^{\theta_2} \dfrac{x}{\theta_2 - \theta_1} \mathrm{d}x = \dfrac{1}{2}(\theta_1 + \theta_2) = \overline{X} \\ E(X^2) = \int_{\theta_1}^{\theta_2} \dfrac{x^2}{\theta_2 - \theta_1} \mathrm{d}x = \dfrac{1}{3}(\theta_1^2 + \theta_1\theta_2 + \theta_2^2) = \dfrac{1}{n}\sum_{i=1}^{n} X_i^2 \end{cases}$$

解得矩估计量

$$\begin{cases} \hat{\theta}_1 = \overline{X} - \sqrt{3\left(\dfrac{1}{n}\sum_{i=1}^{n} X_i^2 - \overline{X}^2\right)} = \overline{X} - \sqrt{3\left(\dfrac{1}{n}\sum_{i=1}^{n} (X_i - \overline{X})^2\right)} \\ \hat{\theta}_2 = \overline{X} + \sqrt{3\left(\dfrac{1}{n}\sum_{i=1}^{n} X_i^2 - \overline{X}^2\right)} = \overline{X} + \sqrt{3\left(\dfrac{1}{n}\sum_{i=1}^{n} (X_i - \overline{X})^2\right)} \end{cases}$$

Excel 实现过程(其中公式中的 $\bar{x}$ 代入具体数值)：

(1) 在 A1:An 输入样本数据 X1:Xn；

(2) 在 B1 中输入"=average(A1:An)" 回车，得到 $\bar{x}$；

(3) 在 C1 中输入"=power(A1－$\bar{x}$,2)" 回车，鼠标左键按下 C1 右下角，拖动到 Cn，释放鼠标左键；

(4) 在 D1 中输入"=3 * average(C1:Cn)" 回车；

(5) 在 F1 中输入"=B1 － sqrt(D1)" 回车，得到 $\hat{\theta}_1$；

(6) 在 F2 中输入"=B1 + sqrt(D1)" 回车，得到 $\hat{\theta}_2$.

在计算样本方差时，也可使用 varp 函数.

使用矩估计法需要注意：

(1) 所需矩必须存在. 比如柯西(Cauchy) 分布密度函数为

$$f(x, \theta) = \frac{1}{\pi[1 + (x - \theta)^2]}, \quad -\infty < x < +\infty$$

其各阶矩都不存在，不能用矩估计法；

(2) 矩估计法简便易行，但只用到总体的数字特征，未用到总体具体分布，显得粗糙.

2. 极大似然估计法(MLE)

极大似然估计法(maximum likelihood estimation method) 也是一种常用的点估计方法，它最早是由高斯(C. F. Gauss) 提出的. 费歇(R. A. Fisher) 在 1912 年

的一篇文章中重新提出，并证明了该方法的一些性质．极大似然估计这一名称也是费歇提出的，它是建立在极大似然原理基础上的一个统计方法．

为了说明极大似然估计法的基本思想，先考察一个简单的例子：

如果一车上装有大小不同的两筐苹果．第一筐中60％是“黄苹果”，40％是“红苹果”；第二筐装的60％是“红苹果”，40％是“黄苹果”．忽然从车上掉下一个苹果，发现它是“黄苹果”，此时你估计它是从哪个筐里掉出来的？自然你会认为它是从第一筐里掉出的可能性大，因为它在第一筐中所占比例0.6，比在第二筐中的比例0.4大．换句话说，第一框中60％“黄苹果”对实际结果有利，这里体现了极大似然法的基本思想．

极大似然原理的直观想法是：一个随机试验如有若干个结果$A,B,C,D,\cdots$，如果在一次试验中，结果A出现，则一般认为分布中未知参数的取值对A的出现最为有利，也就是说，分布中未知参数的取值应使A出现的概率最大．

定义3.2 如果总体X是离散型分布，其分布律$P\{X=x\}=p(x;\theta_1,\theta_2,\cdots,\theta_k)$，$\theta_1,\theta_2,\cdots,\theta_k$是待估参数，记$\Theta$为$\theta_1,\theta_2,\cdots,\theta_k$的可能取值范围，即参数空间．设$X_1,X_2,\cdots,X_n$是来自总体的样本，则$X_1,X_2,\cdots,X_n$的联合分布律为

$$\prod_{i=1}^{n} p(x_i;\theta_1,\theta_2,\cdots,\theta_k)$$

$X_1,X_2,\cdots,X_n$取到观察值$x_1,x_2,\cdots,x_n$的概率为

$$L(\theta_1,\theta_2,\cdots,\theta_k)=\prod_{i=1}^{n} p(x_i;\theta_1,\theta_2,\cdots,\theta_k),(\theta_1,\theta_2,\cdots,\theta_k)\in\Theta$$

$L(\theta_1,\theta_2,\cdots,\theta_k)$是$\theta_1,\theta_2,\cdots,\theta_k$的函数，称为样本的**似然函数**(likelihood function)．极大似然法的思想就是固定样本观察值$x_1,x_2,\cdots,x_n$，在Θ选择未知参数的一组值$(\hat{\theta}_1,\hat{\theta}_2,\cdots,\hat{\theta}_k)$，使$L(\theta_1,\theta_2,\cdots,\theta_k)$达到最大，即

$$L(x_1,x_2,\cdots,x_n;\hat{\theta}_1,\hat{\theta}_2,\cdots,\hat{\theta}_k)=\max_{(\theta_1,\theta_2,\cdots,\theta_k)\in\Theta} L(x_1,x_2,\cdots,x_n;\theta_1,\theta_2,\cdots,\theta_k) \tag{3-1}$$

如此得到的$\hat{\theta}_i(x_1,x_2,\cdots,x_n)$，$i=1,2,\cdots,k$，称为**极大似然估计值**(maximum likelihood estimation)，而相应的统计量$\hat{\theta}_i(X_1,X_2,\cdots,X_n)$，$i=1,2,\cdots,k$，称为**极大似然估计量**(maximum likelihood estimator)．

如果总体X是连续型随机变量，其概率密度函数$f(x;\theta_1,\theta_2,\cdots,\theta_k)$，$(\theta_1,\theta_2,\cdots,\theta_k)\in\Theta$，$\theta_1,\theta_2,\cdots,\theta_k$是待估参数，设$X_1,X_2,\cdots,X_n$是来自总体的样本，则$X_1,X_2,\cdots,X_n$的联合密度函数为$\prod\limits_{i=1}^{n} f(x_i;\theta_1,\theta_2,\cdots,\theta_k)$，令

$$L(\theta_1,\theta_2,\cdots,\theta_k)=\prod_{i=1}^{n} f(x_i;\theta_1,\theta_2,\cdots,\theta_k)$$

称为连续型总体 X 的样本似然函数，可证明满足

$$L(\hat{\theta}_1,\hat{\theta}_2,\cdots,\hat{\theta}_k)=\max_{(\theta_1,\theta_2,\cdots,\theta_k)\in\Theta} L(\theta_1,\theta_2,\cdots,\theta_k)$$

的 $\hat{\theta}_i(x_1,x_2,\cdots,x_n),i=1,2,\cdots,k$ 为极大似然估计值，对应 $\hat{\theta}_i(X_1,X_2,\cdots,X_n),i=1,2,\cdots,k$ 为极大似然估计量.

由于似然函数中含有多项乘积，对数函数是单调增加函数，取对数可以简化加法运算，同时可以降低运算级别，因此通常也用似然函数的对数函数取代似然函数求解最大值点.

一般地，根据微积分最值原理，求极大似然估计量的步骤可归纳如下：

(1) 由所给总体分布，确定样本似然函数 $L(\theta_1,\theta_2,\cdots,\theta_k)$；

(2) 由似然函数建立似然方程组

$$\frac{\partial L(\theta_1,\theta_2,\cdots,\theta_k)}{\partial\theta_i}=0,i=1,2,\cdots,k$$

或者

$$\frac{\partial \ln L(\theta_1,\theta_2,\cdots,\theta_k)}{\partial\theta_i}=0,i=1,2,\cdots,k$$

(3) 求解似然方程组，并判断其解是否为似然函数的最大值，确定极大似然估计量.

例 3.3 某电子管的使用寿命 X 服从指数分布，其密度函数为

$$f(x,\theta)=\begin{cases}\frac{1}{\theta}e^{-\frac{x}{\theta}}, & x>0,\theta>0\\ 0, & 其他\end{cases}$$

今测得一组子样观察值，其具体数据(单位:h) 如下：

16,29,50,68,100,130,140,270,280,340,410,450,520,620,190,210,800,1 100

试用极大似然法估计 θ.

解 由题意，似然函数为

$$L(\theta)=\prod_{i=1}^{n}\frac{1}{\theta}e^{-\frac{x_i}{\theta}}=\frac{1}{\theta^n}\exp\left[-\frac{1}{\theta}(\sum_{i=1}^{n}x_i)\right]$$

$$\ln L(\theta)=-n\ln\theta-\frac{1}{\theta}(\sum_{i=1}^{n}x_i)$$

$$\frac{d}{d\theta}\ln L(\theta)=-\frac{n}{\theta}+\frac{1}{\theta^2}(\sum_{i=1}^{n}x_i)$$

解似然方程

$$-\frac{n}{\theta}+\frac{1}{\theta^2}(\sum_{i=1}^{n}x_i)=0$$

得 θ 的极大似然估计值为

$$\hat{\theta}=\frac{1}{n}\sum_{i=1}^{n}x_i=\bar{x}$$

将本题中的观察值代入

$$\hat{\theta}=\frac{1}{n}\sum_{i=1}^{n}x_i=\frac{1}{18}\times(16+29+\cdots+1\ 100)=318\ \text{h}$$

Excel 实现过程：

(1) 在 A1:A18 输入样本数据；

方法一 简单计算

(2) 在 B1 中输入“=average(A1:A18)”回车，得到 $\hat{\theta}$；

方法二 单变量求解功能

(3) 在 B1 中输入“=median(A1:A18)”，计算样本中位数 =240；

(4) 在 B2 中输入 240，作为参数的初始值；

(5) 在 C1 中输入“=sum(A1:A18)”；

(6) 在 D1 中输入“=−18 * ln(B2) − C1/B2”；

(7) 依次点击“工具”→“单变量求解”，进入单变量求解对话框，在目标单元格输入 D1，在可变单元格输入 \$B\$2，在目标值中输入 0(因为任何目标值小于 0)，点击“确定”运行后得 B2 的单元格数值为 317.989，为近似的极大似然估计值(见图 3.2).

注意：为了确保精度，可重复做三次单变量求解.

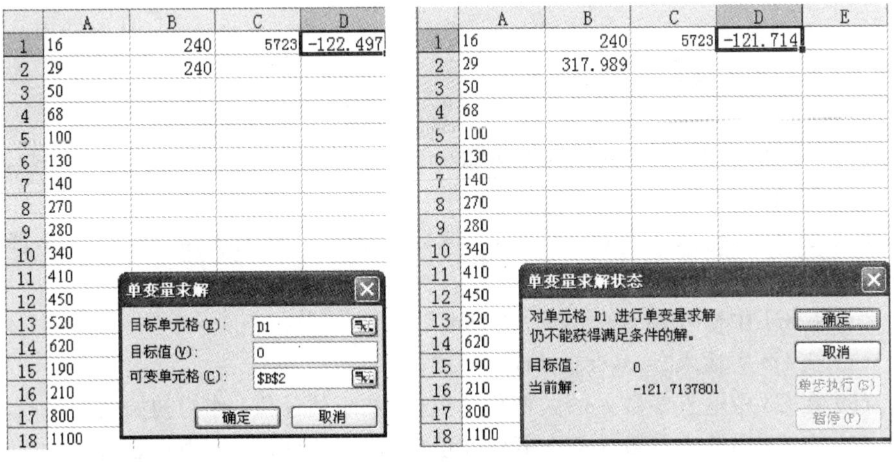

图 3.2 单变量求解过程图

例 3.4 设样本 $X_1,X_2,\cdots,X_n$ 取自服从均匀分布的某个总体 X，该均匀分布的密度函数如下，其中 θ 为未知参数，试求 θ 的极大似然估计.

$$f(x,\theta)=\begin{cases}\dfrac{1}{\theta}, & 0<x<\theta \\ 0, & 其他\end{cases}$$

解　似然函数为

$$L(\theta)=\prod_{i=1}^{n}f(x_i;\theta)=\begin{cases}\theta^{-n}, & 0<x_i<\theta,i=1,2,\cdots,n \\ 0, & 其他\end{cases}$$

这里 $x_i,i=1,2,\cdots,n$ 是固定的. 现变化 θ 使 L 最大，显然 $\theta=\max\limits_{1\leqslant i\leqslant n}\{x_i\}$ 时，L 取到最大，所以 $\hat{\theta}=\max\limits_{1\leqslant i\leqslant n}\{x_i\}$ 是 θ 的极大似然估计值，$\hat{\theta}=\max\limits_{1\leqslant i\leqslant n}\{X_i\}$ 是 θ 的极大似然估计量.

注意，这个例子用极大似然估计法定义求解，不能用微分法求解.

例 3.5　设总体 X 服从 Γ 分布 $\Gamma(\alpha,\beta)$，α 已知，求 β 的极大似然估计量.

解　似然函数为

$$L(x_1,x_2,\cdots,x_n;\alpha,\beta)=\frac{\beta^{-n\alpha}}{[\Gamma(\alpha)]^n}\left[\prod_{i=1}^{n}x_i\right]^{\alpha-1}e^{-\frac{1}{\beta}\sum\limits_{i=1}^{n}x_i}$$

故

$$\ln L=-n\alpha\ln\beta-n\ln\Gamma(\alpha)+(\alpha-1)\sum_{i=1}^{n}\ln x_i-\frac{1}{\beta}\sum_{i=1}^{n}x_i$$

$$\frac{\partial}{\partial\beta}\ln L=-\frac{n\alpha}{\beta}+\frac{n\bar{x}}{\beta^2}$$

解得极大似然估计值为 $\hat{\beta}=\dfrac{\bar{x}}{\alpha}$，极大似然估计量为 $\hat{\beta}=\dfrac{\overline{X}}{\alpha}$

似然函数改写为

$$\frac{\ln L}{n}=-\alpha\ln\beta-\ln\Gamma(\alpha)+(\alpha-1)\overline{\ln x}-\frac{\bar{x}}{\beta}$$

Excel 实现过程(利用规划求解功能)：

(1) 在 A1:An 输入样本数据 x1:xn；

(2) 在 B1 中输入“=ln(A1)”回车，鼠标左键按下 B1 右下角，拖动到 Bn，释放鼠标左键；

(3) 在 C1 中输入“=average(A1:An)”；

(4) 在 C2 中输入“=average(B1:Bn)”；

(5) 在 C3 中输入参数 α 的大概估计值(比如矩估计值)作为初始值；

(6) 在 C4 中输入参数 β 的大概估计值(比如矩估计值)作为初始值；

(7) 在 C5 中输入“=− C3*ln(C4) − gammaln(C3) + (C3 − 1)* C2 −C1/C4”；

(8) 依次点击“工具 → 规划求解”进入规划求解对话框，在目标单元格输入“C5”，可变单元格输入“C3:C4”，点击“确定”按钮运行后，可变单元格 C3:C4 的数

值分别为 α 与 β 极大似然估计值.

注意:一个需要说明的问题是,“规划求解”不是 Excel 默认的安装功能,如果在“工具”主菜单的下拉菜单中看不到“规划求解”命令,或者“规划求解”呈灰色,就要用“加载宏”命令加载这个功能(见图 3.3).

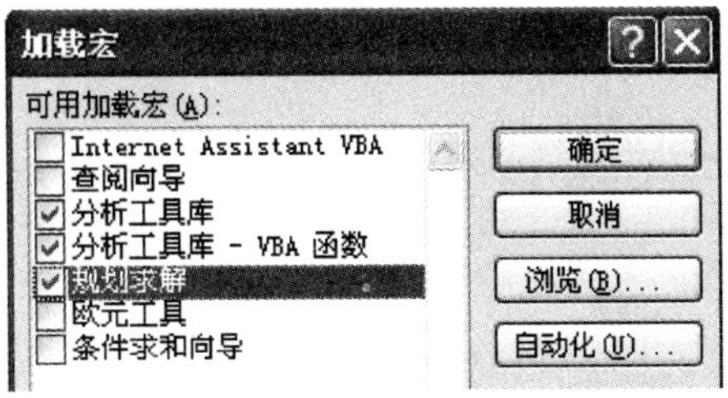

图 3.3　“规划求解”加载宏安装界面

3. 贝叶斯估计法

设 θ 是总体分布密度函数 $f(X\mid\theta)$ 中的参数,为了估计该参数,可从该总体随机抽取一个样本 $X^*=(X_1,X_2,\cdots,X_n)$,同时依据 θ 的先验信息选择一个先验分布 $\pi(\theta)$,再用贝叶斯公式计算后验分布 $\pi(\theta\mid X^*)$,这时,可选用后验分布 $\pi(\theta\mid X^*)$ 的某个特征量如期望值作为 θ 的估计.

贝叶斯公式的密度函数形式:

$$\pi(\theta\mid x_1,x_2,\cdots,x_n)=\frac{f(x_1,x_2,\cdots,x_n,\theta)}{f(x_1,x_2,\cdots,x_n)}=\frac{f(x_1,x_2,\cdots,x_n\mid\theta)\cdot\pi(\theta)}{f(x_1,x_2,\cdots,x_n)}=$$

$$\frac{f(x_1,x_2,\cdots,x_n\mid\theta)\cdot\pi(\theta)}{\int_{\theta\in\Theta}f(x_1,x_2,\cdots,x_n\mid\theta)\cdot\pi(\theta)\mathrm{d}\theta}=$$

$$\frac{f(x_1,x_2,\cdots,x_n,\theta)}{\int_{\theta\in\Theta}f(x_1,x_2,\cdots,x_n,\theta)\mathrm{d}\theta}$$

定义 3.3　后验分布的期望值称为 θ 的**后验期望估计**(posterior expected estimation),是一种**贝叶斯估计**(bayes estimation).

例 3.6　设 $X_1,X_2,\cdots,X_n$ 是来自正态总体 $N(\mu,\sigma^2)$ 的一个样本,其中 μ 未知、σ^2 已知,μ 的先验分布为 $N(a,b^2)$,求 μ 的后验期望估计.

解　由于

$$f(x_1,x_2,\cdots,x_n\mid\mu)=\left(\frac{1}{\sqrt{2\pi}\sigma}\right)^n\exp\left[-\sum_{i=1}^n\frac{(x_i-\mu)^2}{2\sigma^2}\right]$$

$$\pi(\mu)=\frac{1}{\sqrt{2\pi}b}\exp\left[-\frac{(\mu-a)^2}{2b^2}\right]$$

$$f(x_1,x_2,\cdots,x_n,\mu)=\left(\frac{1}{\sqrt{2\pi}\sigma}\right)^n\frac{\eta}{b}\exp\left[-\frac{1}{2\sigma^2}\sum_{i=1}^{n}x_i^2+\frac{a^2}{2b^2}+\frac{t^2}{2\eta^2}\right].$$

$$\frac{1}{\sqrt{2\pi}\eta}\exp\left[-\frac{(\mu-t)^2}{2\eta^2}\right]$$

其中，$t=\dfrac{nb^2\bar{x}+a\sigma^2}{nb^2+\sigma^2}$，$\eta^2=\dfrac{\sigma^2b^2}{nb^2+\sigma^2}$.

而$\displaystyle\int_{-\infty}^{+\infty}\frac{1}{\sqrt{2\pi}\eta}\exp\left[-\frac{(\mu-t)^2}{2\eta^2}\right]\mathrm{d}\mu=1$，于是

$$\pi(\mu\mid x_1,x_2,\cdots,x_n)=\frac{f(x_1,x_2,\cdots,x_n,\mu)}{\int_{-\infty}^{+\infty}f(x_1,x_2,\cdots,x_n,\mu)\mathrm{d}\mu}=\frac{1}{\sqrt{2\pi}\eta}\exp\left[-\frac{(\mu-t)^2}{2\eta^2}\right]$$

因而 $\pi(\mu\mid X_1,X_2,\cdots,X_n)\sim N(t,\eta)$.

因此 μ 的后验期望估计

$$\hat{\mu}=E[\mu\mid X_1,X_2,\cdots,X_n]=t=\frac{nb^2}{nb^2+\sigma^2}\overline{X}+\frac{\sigma^2}{nb^2+\sigma^2}a$$

它是样本均值与先验均值的线性组合.

Excel 实现过程(结果在 B1 中)：

(1) 在 A1:An 输入样本数据 x1:xn；

(2) 在 B1 中输入“$=$ n * b * b * average(A1:An)/(n * b * b + σ * σ) + a * σ * σ/(n * b * b + σ * σ)”回车.

例 3.7 设 $X_1,X_2,\cdots,X_n$ 是独立同分布的服从两点分布 $B(1,p)$ 的随机变量，则 $Y=\sum\limits_{i=1}^{n}X_i$ 服从二项分布 $B(n,p)$，取 p 的先验分布是 $\beta(a,b)$，求 p 的后验期望估计.

解 Y 与 p 的联合分布

$$f(y,p)=f(y\mid p)\pi(p)=[\mathrm{C}_n^y p^y(1-p)^{n-y}]\left[\frac{\Gamma(a+b)}{\Gamma(a)\Gamma(b)}p^{a-1}(1-p)^{b-1}\right]=$$

$$\mathrm{C}_n^y\frac{\Gamma(a+b)}{\Gamma(a)\Gamma(b)}p^{y+a-1}(1-p)^{n-y+b-1}$$

关于 Y 的边缘密度函数是

$$\int_0^1 f(y,p)\mathrm{d}p=\mathrm{C}_n^y\frac{\Gamma(a+b)}{\Gamma(a)\Gamma(b)}\frac{\Gamma(y+a)\Gamma(n-y+b)}{\Gamma(n+a+b)}$$

可得后验密度

$$f(p\mid y)=\frac{f(y,p)}{\int_0^1 f(y,p)\mathrm{d}p}=\frac{\Gamma(n+a+b)}{\Gamma(y+a)\Gamma(n-y+b)}p^{y+a-1}(1-p)^{n-y+b-1}$$

故后验分布是 $\beta(y+a,n-y+b)$.

因此 p 的后验期望估计 $\hat{p}=\frac{y+a}{n+a+b}=\frac{n}{n+a+b}\frac{y}{n}+\frac{a+b}{n+a+b}\frac{a}{a+b}$，由于先验分布的均值为 $\frac{a}{a+b}$，p 的后验期望估计 $\hat{p}$ 也可以理解为先验分布的均值与样本均值的线性组合.

贝叶斯估计最大特点是集总体、样本、先验于一身，利用了所有可供利用的信息.

Excel 实现过程(结果在 B2 中)：

(1) 在 A1:An 输入样本数据 x1:xn;

(2) 在 B1 中输入"=sum(A1:An)"回车;

(3) 在 B2 中输入"=n*B1/(n*(n+a+b))+a*(a+b)/((a+b)*(n+a+b))"回车.

3.1.2 点估计量的评价标准

对于同一个被估计的未知参数，可能有多个不同的统计量可以作为它的估计量，而这些估计量中究竟哪个好些，哪个差些，是一个估计量的评价标准问题. 本书主要介绍无偏性、有效性、优效性与相合性 4 条标准.

1. 无偏性与有效性

由于估计量是一个随机变量. 它有许多可能值，抽到一个具体样本，只能得到这个估计量的一个可能数值，它不一定等于总体参数. 但是若进行重复多次估计，这个估计量的平均数应该等于被估计的总体参数，即这个估计量平均来说是没有偏差的.

定义 3.4 如果一个估计量的数学期望恰好等于被估计的总体参数，那么这个估计量就叫做**无偏估计量**(unbiased estimator). 即 $E(\hat{\theta})=\theta$，其中 $\hat{\theta}$ 为估计量，θ 为需要估计的总体参数.

定义 3.5 如果 $\lim\limits_{n\to\infty}E(\hat{\theta})=\theta$，其中 $\hat{\theta}$ 为估计量，θ 为需要估计的总体参数，n 为样本容量，则称 $\hat{\theta}$ 为 θ 的**渐进无偏估计量**(asymptotieally unbiased estimator).

定理 3.1 样本均值 $\overline{X}$ 是总体均值的无偏估计，样本方差 S^2 是总体方差的无偏估计，样本二阶中心矩是总体方差的渐进无偏估计.

证 因为

$$E(\overline{X})=E\left(\frac{1}{n}\sum_{i=1}^{n}X_i\right)=\frac{1}{n}\sum_{i=1}^{n}E(X_i)=\frac{1}{n}\sum_{i=1}^{n}E(X)=E(X)$$

$$E(S^2)=E\left(\frac{1}{n-1}\sum_{i=1}^{n}(X_i-\overline{X})^2\right)=$$

$$E\left(\frac{1}{n-1}\sum_{i=1}^{n}\left[(X_i-E(X_i))^2-2(X_i-E(X_i)(\overline{X}-E(\overline{X}))+(\overline{X}-E(\overline{X}))^2\right]\right)=$$

$$E\left(\frac{1}{n-1}\left[\sum_{i=1}^{n}(X_i-E(X_i))^2-n(\overline{X}-E(\overline{X}))^2\right]\right)=$$

$$\frac{1}{n-1}\left[\sum_{i=1}^{n}E(X_i-E(X_i))^2-nE(\overline{X}-E(\overline{X}))^2\right]=$$

$$\frac{1}{n-1}\left[\sum_{i=1}^{n}D(X_i)-nD(\overline{X})\right]=\frac{1}{n-1}\left[\sum_{i=1}^{n}D(X_i)-n\frac{1}{n^2}\sum_{i=1}^{n}D(X_i)\right]=$$

$$\frac{1}{n-1}\left[\sum_{i=1}^{n}D(X)-\frac{1}{n}\sum_{i=1}^{n}D(X)\right]=D(X)$$

$$E(\frac{1}{n}\sum_{i=1}^{n}(X_i-\overline{X})^2)=\frac{n-1}{n}E(S^2)=\frac{n-1}{n}D(X)$$

所以样本均值 $\overline{X}$ 是总体均值的无偏估计，样本方差 S^2 是总体方差的无偏估计，样本二阶中心矩不是总体方差的无偏估计. 又

$$\lim_{n\to\infty}E\left(\frac{1}{n}\sum_{i=1}^{n}(X_i-\overline{X})^2\right)=\lim_{n\to\infty}\frac{n-1}{n}D(X)=D(X)$$

因此，样本二阶中心矩是总体方差的渐进无偏估计.

例 3.8 对例 3.4 中的均匀分布，分析其矩估计与极大似然估计的无偏性.

解 类似例 3.2 做法，由 $E(X)=\int_0^\theta \frac{x}{\theta}\mathrm{d}x=\frac{1}{2}\theta=\overline{X}$，可得 θ 的矩估计 $\hat{\theta}=2\overline{X}$，由于

$$E(\hat{\theta})=E(2\overline{X})=2E(\overline{X})=\frac{2}{n}\sum_{i=1}^{n}E(X_i)=\frac{2}{n}n\,\frac{\theta}{2}=\theta$$

因此，θ 的矩估计 $2\overline{X}$ 是无偏的.

下面分析极大似然估计 $\hat{\theta}=\max\limits_{1\leqslant i\leqslant n}\{X_i\}$ 的无偏性.

假设总体 X 的分布函数

$$F(X)=\begin{cases}1, & x\geqslant\theta\\ \dfrac{x}{\theta}, & 0\leqslant x<\theta,\\ 0, & x<0\end{cases}$$

由第 2 章内容知 $\hat{\theta}=\max\limits_{1\leqslant i\leqslant n}\{X_i\}$ 的密度函数

$$f^*(x)=n[F(x)]^{n-1}F'(x)=\begin{cases}n\dfrac{x^{n-1}}{\theta^n}, & 0<x<\theta\\ 0, & \text{其他}\end{cases}$$

从而 $E(\hat{\theta})=\int_0^\theta xn\,\frac{x^{n-1}}{\theta^n}\mathrm{d}x=\frac{n}{n+1}\theta$. 极大似然估计是有偏的，但却是渐进无偏估计.

无偏估计量的意义在于：当这个估计量经常使用时，它给出了在多次重复的平均意义下，近于真值的估计. 有时，所得的估计可能不是无偏的，这时往往要对估计量进行修正. 如上例 $\hat{\theta}$ 不是无偏估计量，$\frac{n+1}{n}\hat{\theta}$ 是 θ 的无偏估计量.

定义 3.6　对于参数 θ 的实值函数 $g(\theta)$，如果存在估计量 T，使得 $E_\theta(T)=g(\theta)$，则称 $g(\theta)$ 为**可估计函数**(estimable function).

注意：当 $\hat{\theta}$ 是 θ 的无偏估计量时，$g(\hat{\theta})$ 未必是 $g(\theta)$ 的无偏估计量.

例 3.9　设 $D(X)\neq 0$，若 $E(\overline{X})=a$，则 $E(\overline{X}^2)=a^2$ 不成立

解　因为　$E(\overline{X}^2)=D(\overline{X})+[E(\overline{X})]^2=\frac{1}{n}D(X)+a^2$

因此
$$E(\overline{X}^2)\neq a^2$$

定义 3.7　(**有效性**) 设 $T(X_1,X_2,\cdots,X_n)$，$T'(X_1,X_2,\cdots,X_n)$ 为可估计函数 $g(\theta)$ 的无偏估计量，如果 $D_\theta(T)\leqslant D_\theta(T')$，则称 $T(X_1,X_2,\cdots,X_n)$ 比 $T'(X_1,X_2,\cdots,X_n)$ 作为 $g(\theta)$ 的无偏估计量更有效.

定义 3.8　(**最小方差无偏估计量**) 设 $T(X_1,X_2,\cdots,X_n)$ 为可估计函数 $g(\theta)$ 的无偏估计量，若对于 $g(\theta)$ 的任一无偏估计量 $T'(X_1,X_2,\cdots,X_n)$ 有
$$D_\theta(T)\leqslant D_\theta(T') \tag{3-2}$$
则称 $T(X_1,X_2,\cdots,X_n)$ 是 $g(\theta)$ 的**最小方差无偏估计量**(minimum variance unbiased estimator)，简称为**最优无偏估计量**(the best unbiased estimator).

记 $U=\{T:E_\theta(T)=\theta,D_\theta(T)<\infty,$对一切$\,\theta\in\Omega\}$，即 U 为参数 θ 的方差有限的无偏估计量的集合；$U_0=\{T_0:E_\theta(T_0)=0,D_\theta(T_\theta)<\infty,$对一切$\,\theta\in\Omega\}$，$U_0$ 为参数 θ 的数学期望为 0，方差有限的估计量的集合；其中 Ω 为参数空间.

定理 3.2　设 U 是非空的集合，有一 $T\in U$，则 T 为 θ 的最优无偏估计量的充要条件为对每个 $T_0\in U_0$，有
$$E_\theta(T\cdot T_0)=0,\text{其中 }\theta\in\Omega \tag{3-3}$$

证　先证必要性，用反证法，设 $T\in U$ 为 θ 的最优无偏估计量，但条件 $E_\theta(T\cdot T_0)=0$ 不满足，存在 $T_0\in U_0$，使得 $E_\theta(T\cdot T_0)\neq 0$

因为 $E_\theta(T_0)=0$，所以对一切 c 值，$T-cT_0\in U$. 于是
$$E_\theta\,(T-cT_0)^2=E_\theta(T^2)+c^2E_\theta(T_0^2)-2cE_\theta(T\cdot T_0)$$

一定能找到 c_0 值，例如 $c_0=\frac{E_\theta(T\cdot T_0)}{E_\theta(T_0^2)}$ 使得 $E_\theta\,(T-c_0T_0)^2<E_\theta(T^2)$，所以 $D_\theta(T-c_0T_0)<D_\theta(T)$.

这与 T 为最优无偏估计量的假定相矛盾，因此说明条件 $E_\theta(T \cdot T_0) = 0$ 是必要的.

充分性. 设有某个 $T \in U$，使得 $E_\theta(T \cdot T_0) = 0$ 成立，对任一估计量 $T' \in U$，显然 $T' - T \in U_0$，因而有 $E_\theta[T(T' - T)] = 0$

由柯西-希瓦茨不等式知

$$E_\theta(T^2) = E_\theta(T \cdot T') \leqslant \sqrt{E_\theta(T^2)}\ \sqrt{E_\theta(T'^2)}$$

所以，$E_\theta(T^2) \leqslant E_\theta(T'^2)$，而 $E_\theta(T) = E_\theta(T') = \theta$，于是 $D_\theta(T) \leqslant D_\theta(T')$，可见，$T$ 为 θ 的最优无偏估计量.

推论 设 T_1 和 T_2 分别是参数 θ 的可估计函数 $g_1(\theta)$ 和 $g_2(\theta)$ 的最优无偏估计量，则 $b_1T_1 + b_2T_2$ 是 $b_1g_1(\theta) + b_2g_2(\theta)$ 的最优无偏估计量，其中 b_1 和 b_2 是常数.

证 T_1 和 T_2 分别是参数 θ 的可估计函数 $g_1(\theta)$ 和 $g_2(\theta)$ 的最优无偏估计量，由**定理 3.2**，对任一个 $T_0 \in U_0$ 有 $E(T_1 \cdot T_0) = 0$，$E(T_2 \cdot T_0) = 0$，因此 $E[(b_1T_1 + b_2T_2)T_0] = 0$.

又 $$E(b_1T_1 + b_2T_2) = b_1E(T_1) + b_2E(T_2) = b_1g_1(\theta) + b_2g_2(\theta)$$

于是，$b_1T_1 + b_2T_2$ 是 $b_1g_1(\theta) + b_2g_2(\theta)$ 的最优无偏估计量.

定理 3.3 对同一个参数 θ，最优无偏估计在概率为 1 的意义下唯一.

证 假设 T 及 T' 是 θ 的两个最优无偏估计量，有

$$E_\theta(T) = E_\theta(T') = 0$$

$$D_\theta(T) = D_\theta(T')$$

因此，有 $E_\theta(T - T') = 0$，即 $T - T' \in U_0$. 且

$$E_\theta[T(T - T')] = 0, \quad E_\theta[T'(T - T')] = 0$$

于是，

$$E_\theta\,(T - T')^2 = E_\theta[T(T - T')] - E_\theta[T'(T - T')] = 0$$

从而，

$$D_\theta(T - T') = 0$$

由切比雪夫不等式，$P_\theta\{T = T'\} = 1$，这说明最优无偏估计在概率为 1 的意义下唯一.

例 3.10 设总体 X 服从正态 $N(\mu, \sigma^2)$，其中 μ, σ^2 是未知参数，求 μ, σ^2 的最优无偏估计量.

解 设 $T_0 \in U_0$，则有 $E(T_0) = 0$，即

$$\left(\frac{1}{\sqrt{2\pi}\,\sigma}\right)^n \int_{-\infty}^{+\infty} \cdots \int_{-\infty}^{+\infty} T_0(x_1, \cdots, x_n) \exp\left[-\frac{1}{2\sigma^2}\sum_{i=1}^{n}(x_i - \mu)^2\right] \mathrm{d}x_1 \cdots \mathrm{d}x_n = 0 \tag{3-4}$$

对未知参数 μ 求导，有

$$\left(\frac{1}{\sqrt{2\pi}\sigma}\right)^n\int_{-\infty}^{+\infty}\cdots\int_{-\infty}^{+\infty}T_0(x_1,\cdots,x_n)\left[\frac{1}{\sigma^2}\sum_{i=1}^{n}(x_i-\mu)\right]\cdot$$
$$\exp\left[-\frac{1}{2\sigma^2}\sum_{i=1}^{n}(x_i-\mu)^2\right]\mathrm{d}x_1\cdots\mathrm{d}x_n=0$$

化简得

$$\int_{-\infty}^{+\infty}\cdots\int_{-\infty}^{+\infty}T_0(x_1,\cdots,x_n)\left(\sum_{i=1}^{n}x_i\right)\exp\left[-\frac{1}{2\sigma^2}\sum_{i=1}^{n}(x_i-\mu)^2\right]\mathrm{d}x_1\cdots\mathrm{d}x_n=0 \tag{3-5}$$

于是有 $E\left(T_0\sum_{i=1}^{n}X_i\right)=0$，即 $E(T_0\overline{X})=0$.

由上述定理知，$\overline{X}$ 是 μ 的最优无偏估计量.

等式(3-5)两边再次对 μ 求导，化简后可得

$$\int_{-\infty}^{+\infty}\cdots\int_{-\infty}^{+\infty}T_0(x_1,\cdots,x_n)\left(\sum_{i=1}^{n}x_i\right)^2\exp\left[-\frac{1}{2\sigma^2}\sum_{i=1}^{n}(x_i-\mu)^2\right]\mathrm{d}x_1\cdots\mathrm{d}x_n=0$$

等式(3-4)两边对 σ^2 求导化简得

$$\int_{-\infty}^{+\infty}\cdots\int_{-\infty}^{+\infty}T_0(x_1,\cdots,x_n)\left[\sum_{i=1}^{n}(x_i-\mu)^2\right]\exp\left[-\frac{1}{2\sigma^2}\sum_{i=1}^{n}(x_i-\mu)^2\right]\mathrm{d}x_1\cdots\mathrm{d}x_n=0$$

$$\sum_{i=1}^{n}(x_i-\mu)^2=\sum_{i=1}^{n}(x_i-\bar{x})^2+n(\bar{x}-\mu)^2=$$
$$\sum_{i=1}^{n}(x_i-\bar{x})^2+\frac{1}{n}\left(\sum_{i=1}^{n}x_i-n\mu\right)^2$$

因而可得

$$\int_{-\infty}^{+\infty}\cdots\int_{-\infty}^{+\infty}T_0(x_1,\cdots,x_n)\left[\sum_{i=1}^{n}(x_i-\bar{x})^2\right]\exp\left[-\frac{1}{2\sigma^2}\sum_{i=1}^{n}(x_i-\mu)^2\right]\mathrm{d}x_1\cdots\mathrm{d}x_n=0$$

由于 $\sum_{i=1}^{n}(X_i-\overline{X})^2=nS^2$ 是 $(n-1)\sigma^2$ 的无偏估计量，因而 nS^2 是 $(n-1)\sigma^2$ 的最优无偏估计量，由上述推论知，$\frac{nS^2}{n-1}$ 是 σ^2 的最优无偏估计量.

2. 优效性

对于总体未知参数，在它的许多不同的无偏估计量中，它们的方差可以小到怎样的程度(当然方差总是非负的)；另外，最优无偏估计量是否存在，怎样寻找最优无偏估计量，对这些问题作以下初步讨论.

定理 3.4 (罗-克拉美[Cramer-Rao]不等式) 设总体 X 为连续型随机变量，密度函数为 $f(x;\theta)$，θ 为未知参数，$\theta\in\Omega$，$X_1,X_2,\cdots,X_n$ 为子样，$T(X_1,X_2,\cdots,X_n)$ 为可估计函数 $g(\theta)$ 的无偏估计量，如果

(1) $E_\theta\left[\frac{\partial}{\partial\theta}\ln f(X,\theta)\right]^2=I(\theta)>0$ (3-6)

(2) $\frac{\partial f(x;\theta)}{\partial\theta}$ 存在，且有

$$\frac{\partial}{\partial\theta}\int_{-\infty}^{+\infty}\cdots\int_{-\infty}^{+\infty}\left[\prod_{i=1}^{n}f(x_i;\theta)\right]\mathrm{d}x_1\cdots\mathrm{d}x_n=\int_{-\infty}^{+\infty}\cdots\int_{-\infty}^{+\infty}\frac{\partial}{\partial\theta}\left[\prod_{i=1}^{n}f(x_i;\theta)\right]\mathrm{d}x_1\cdots\mathrm{d}x_n \tag{3-7}$$

(3) $\frac{\partial g(\theta)}{\partial\theta}$ 存在，且有

$$\frac{\partial g(\theta)}{\partial\theta}=\int_{-\infty}^{+\infty}\cdots\int_{-\infty}^{+\infty}T(x_1,\cdots,x_n)\frac{\partial}{\partial\theta}\left[\prod_{i=1}^{n}f(x_i;\theta)\right]\mathrm{d}x_1\cdots\mathrm{d}x_n \tag{3-8}$$

则有

$$D_\theta(T)\geqslant\frac{[g'(\theta)]^2}{nI(\theta)}$$

其中

$$g'(\theta)=\frac{\partial g(\theta)}{\partial\theta} \tag{3-9}$$

证 $I(\theta)=\infty$ 或 $D_\theta(T)=\infty$，结论显然，以下假定 $I(\theta)<\infty$，$D_\theta(T)<\infty$.

首先，
$$\int_{-\infty}^{\infty}f(x_i;\theta)\mathrm{d}x_i=1\quad(i=1,2,\cdots,n),$$

$$g(\theta)=E(T)=\int_{-\infty}^{+\infty}\cdots\int_{-\infty}^{+\infty}T(x_1,\cdots,x_n)\prod_{i=1}^{n}f(x_i;\theta)\mathrm{d}x_1\cdots\mathrm{d}x_n$$

将上式两端对 θ 求导，有

$$0=\int_{-\infty}^{\infty}\frac{\partial}{\partial\theta}f(x_i;\theta)\mathrm{d}x_i=\int_{-\infty}^{\infty}\frac{\partial}{\partial\theta}[\ln f(x_i;\theta)]f(x_i;\theta)\mathrm{d}x_i=$$
$$E\left[\frac{\partial}{\partial\theta}\ln f(X_i;\theta)\right]\quad(i=1,2,\cdots,n)$$

$$g'(\theta)=\frac{\partial}{\partial\theta}\int_{-\infty}^{+\infty}\cdots\int_{-\infty}^{+\infty}T(x_1,\cdots,x_n)\prod_{i=1}^{n}f(x_i;\theta)\mathrm{d}x_1\cdots\mathrm{d}x_n=$$
$$\int_{-\infty}^{+\infty}\cdots\int_{-\infty}^{+\infty}T(x_1,\cdots,x_n)\left[\sum_{i=1}^{n}\frac{\partial}{\partial\theta}\ln f(x_i;\theta)\right]\prod_{i=1}^{n}f(x_i;\theta)\mathrm{d}x_1\cdots\mathrm{d}x_n=$$
$$E[T\cdot Z]=E(T)E(Z)+\mathrm{cov}\,(T,Z)=$$
$$E(T)E(Z)+\rho\sqrt{D(T)}\sqrt{D(Z)}$$

其中

$$Z=\sum_{i=1}^{n}\frac{\partial}{\partial\theta}\ln f(x_i;\theta),\ T=T(X_1,X_2,\cdots,X_n),\quad \rho=\frac{\mathrm{Cov}\,(T,Z)}{\sqrt{D(T)}\sqrt{D(Z)}}$$

由于 $E(Z)=\sum_{i=1}^{n}E\left[\frac{\partial}{\partial\theta}\ln f(X_i;\theta)\right]=0$,因而

$$\rho^2=\frac{[g'(\theta)]^2}{D(T)D(Z)}$$

$$D(Z)=\sum_{i=1}^{n}E\left[\frac{\partial}{\partial\theta}\ln f(X_i;\theta)\right]^2=nE\left[\frac{\partial}{\partial\theta}\ln f(X;\theta)\right]^2$$

因为 $\rho^2\leqslant 1$,所以

$$D(T)\geqslant\frac{[g'(\theta)]^2}{D(Z)}=\frac{[g'(\theta)]^2}{nE\left[\frac{\partial}{\partial\theta}\ln f(X;\theta)\right]^2}=\frac{[g'(\theta)]^2}{nI(\theta)}$$

若总体 X 为离散型,其概率函数(分布律)为 $P(x;\theta)$ 满足上述定理3个条件,则有

$$D(T)\geqslant\frac{[g'(\theta)]^2}{nE\left[\frac{\partial}{\partial\theta}\ln P(X;\theta)\right]^2}\tag{3-10}$$

定义 3.9 (正规分布)若总体 X 的密度函数(或分布律)满足定理罗-克拉美不等式中的前两个条件,则称 X 的分布为正规分布(normal distribution),满足第3个条件的估计量称为正规估计量(normal estimator).

定义 3.10 (优效分布)如果未知参数 θ 的函数 $g(\theta)$ 的某个无偏估计量 $T(X_1,X_2,\cdots,X_n)$ 的方差达到罗-克拉美不等式的下界,则称这个无偏估计量 $T(X_1,X_2,\cdots,X_n)$ 为 $g(\theta)$ 的**优效估计量**(superior efficiency estimation).

也就是说,连续型随机变量总体 X,参数 $g(\theta)$ 的无偏估计量 $T(X_1,X_2,\cdots,X_n)$ 是优效估计量的充要条件为

$$D(T)=\frac{[g'(\theta)]^2}{nE\left[\frac{\partial}{\partial\theta}\ln f(X;\theta)\right]^2}$$

离散型随机变量总体 X,参数 $g(\theta)$ 的无偏估计量 $T(X_1,X_2,\cdots,X_n)$ 是优效估计量的充要条件为

$$D(T)=\frac{[g'(\theta)]^2}{nE\left[\frac{\partial}{\partial\theta}\ln P(X;\theta)\right]^2}$$

可以证明

$$D(T)\geqslant\frac{[g'(\theta)]^2}{nE\left[\frac{\partial}{\partial\theta}\ln f(X;\theta)\right]^2}$$

等价于

$$D(T) \geqslant \frac{-[g'(\theta)]^2}{nE\left[\frac{\partial^2}{\partial\theta^2}\ln f(X;\theta)\right]} \tag{3-11}$$

其中 $-E\left[\frac{\partial^2}{\partial\theta^2}\ln f(X;\theta)\right]$ 称为费希尔信息(Fisher information).

例 3.11 设总体 X 服从 $\Gamma(\alpha,\beta)$,其中为 α 已知常数,试证其参数 β 的极大似然估计为优效估计.

解 参考例 3.5,$\hat{\beta}=\frac{\overline{X}}{\alpha}$.

因为
$$E(X)=\alpha\beta,\quad D(X)=\alpha\beta^2$$
所以
$$E(\overline{X})=\alpha\beta,\quad D(\overline{X})=\frac{\alpha\beta^2}{n}$$
则
$$E(\hat{\beta})=\beta,\quad D(\hat{\beta})=\frac{\beta^2}{n\alpha}$$

可以验证,样本 $X_1,X_2,\cdots,X_n$ 的联合分布是正规的,现计算

$$nE\left[\frac{\partial}{\partial\beta}\ln f(X;\beta)\right]^2=n\int_0^{\infty}\left[\frac{\partial}{\partial\beta}\ln f(x,\beta)\right]^2 f(x,\beta)\mathrm{d}x=$$
$$n\int_0^{\infty}\left[\frac{x}{\beta^2}-\frac{\alpha}{\beta}\right]^2 f(x,\beta)\mathrm{d}x=$$
$$\frac{n}{\beta^4}\int_0^{\infty}(x-\alpha\beta)^2 f(x,\beta)\mathrm{d}x=$$
$$\frac{n}{\beta^4}\int_0^{\infty}(x-E(X))^2 f(x,\beta)\mathrm{d}x=\frac{n}{\beta^4}E[X-E(X)]^2=$$
$$\frac{n}{\beta^4}D(X)=\frac{n\alpha}{\beta^2}$$

取 $g(\beta)=\beta$,优效估计的方差应该等于

$$D(T)=\frac{[g'(\beta)]^2}{nE\left[\frac{\partial}{\partial\beta}\ln f(X;\beta)\right]^2}=\frac{1}{nE\left[\frac{\partial}{\partial\beta}\ln f(X;\beta)\right]^2}=\frac{\beta^2}{n\alpha}$$

由前述充要条件 $\hat{\beta}=\frac{\overline{X}}{\alpha}$ 是 β 的优效估计.

3. 相合性

在无偏估计类中,我们以估计量的方差大小作为衡量估计量为“最优”的准则,作了较为充分的讨论,但是,无偏估计类中方差为最小或较小的估计量,它不一定比某个有偏差的估计量的方差来得小. 比如:

例 3.12 设总体 X 在 $(0,\theta)$ 上服从均匀分布,比较分析其矩估计量及极大似然估计量.

解 由例3.4及例3.6，参数θ的矩估计量为$\hat{\theta}_1=2\overline{X}$，极大似然估计量为$\hat{\theta}_2=\max\limits_{1\leqslant i\leqslant n}\{X_i\}$，且有

$$E(\hat{\theta}_1)=2E(\overline{X})=\theta,\quad D(\hat{\theta}_1)=4D(\overline{X})=\frac{4}{n}D(X)=\frac{\theta^2}{3n}$$

$$E(\hat{\theta}_2)=\frac{n\theta}{n+1},\quad D(\hat{\theta}_2)=\frac{n\theta^2}{(n+1)^2(n+2)}$$

可见，$\hat{\theta}_1$是θ的无偏估计量，$\hat{\theta}_2$是θ的渐进无偏估计量，但$\hat{\theta}_2$的方差比$\hat{\theta}_1$小，特别当样本容量很大时更加明显，这是因为

$$\lim_{n\to\infty}\frac{D(\hat{\theta}_2)}{D(\hat{\theta}_1)}=\lim_{n\to\infty}\frac{3n^2}{(n+1)^2(n+2)}=0$$

例3.13 设总体X服从正态分布$N(\mu,\sigma^2)$，$X_1,X_2,\cdots,X_n$为子样，μ,σ^2都为未知参数，假设统计量$S_k^2=\frac{1}{k}\sum\limits_{i=1}^{n}(X_i-\overline{X})^2$，作为$\sigma^2$的估计量，试比较$S_{n-1}^2$与$S_{n+1}^2$哪个更优.

解 由定理知$\frac{kS_k^2}{\sigma^2}\sim\chi^2(n-1)$，所以

$$E\left(\frac{kS_k^2}{\sigma^2}\right)\sim n-1,\quad D\left(\frac{kS_k^2}{\sigma^2}\right)\sim 2(n-1)$$

$$E(S_k^2)\sim\frac{(n-1)\sigma^2}{k},\quad D(S_k^2)\sim\frac{2(n-1)\sigma^4}{k^2}$$

特别，
$$E(S_{n-1}^2)\sim\sigma^2,\quad D(S_{n-1}^2)\sim\frac{2\sigma^4}{n-1}$$

当k增大时，$E(S_k^2)$增大，$D(S_k^2)$减少，因此S_{n-1}^2是σ^2的无偏估计量，S_{n+1}^2是σ^2的有偏估计量，但$D(S_{n+1}^2)<D(S_{n-1}^2)$，那么$S_{n-1}^2$与$S_{n+1}^2$哪个更优呢？

我们可计算S_k^2与σ^2“均方误差”如下：

$$E(S_k^2-\sigma^2)^2=E[S_k^2-E(S_k^2)+E(S_k^2)-\sigma^2]^2=D(S_k^2)+E[E(S_k^2)-\sigma^2]^2=$$
$$D(S_k^2)+\left(\frac{n-1}{k}-1\right)^2\sigma^4=\frac{2(n-1)}{k^2}\sigma^4+\left(\frac{n-1}{k}-1\right)^2\sigma^4$$

其中
$$E[(S_k^2-E(S_k^2))(E(S_k^2)-\sigma^2)]=0$$

于是
$$E(S_{n-1}^2-\sigma^2)^2=\frac{2}{n-1}\sigma^4>E(S_{n+1}^2-\sigma^2)^2=\frac{2}{n+1}\sigma^4.$$

因此，在均方误差的数学期望为最小的前提下，作为σ^2的估计量，S_{n+1}^2比S_{n-1}^2更优.

一个估计量它依赖于子样观察值而求得的数值，即使其平均值等于真值，但离散程度很大，那么这个估计量用来估计未知参数时，仍然不大理想，因此，人们希望在偏差性(有偏或无偏)与离散性(方差的大小)两者兼顾的原则下来建立估计量

为“最优”的准则.尤其当样本越多,自然希望估计更接近真值,为此引进相合性的概念.

定义 3.11 设统计量 $T(X_1,X_2,\cdots,X_n)$ 为可估函数 $g(\theta)$ 的估计量,若对任给 $\varepsilon>0$,有

$$\lim_{n\to\infty}P\{|T(X_1,X_2,\cdots,X_n)-g(\theta)|>\varepsilon\}=0$$

则称 $T(X_1,X_2,\cdots,X_n)$ 为 $g(\theta)$ 的**相合估计量**(也叫**一致估计量**)(consistent estimator).

从某种意义上来说,相合性对于估计量应该是起码的要求,因为当样本容量越大时,样本所含总体信息就越多,作为总体参数的估计自然要求越接近真值,否则说明估计量不能有效地利用数据信息.

3.2 区间估计

点估计可以给出未知参数的一个估计,但只是一个“点”,并且不能给出估计的精度,为此人们希望利用样本给出一个范围,要求它以足够大的概率包含待估参数真值.这就导致区间估计问题.

以一定的可靠程度,用一个区间去估计某个未知参数 θ 的取值范围,这就是区间估计的问题.例如,估计明天的气温八成在 27℃ ~ 30℃ 之间.又如,你有多大把握认为这个地区旅游者平均消费额在 77 ~ 82 元之间呢等?和点估计不同,区间估计给出了包含参数真值的范围及其可靠程度.

用一定的概率包含 θ 的真值的区间来估计未知参数的方法称为**区间估计**(interval estimation),所得到的区间称为**置信区间**(confidence interval).

定义 3.12 设总体分布含有未知参数 θ,若由子样确定的两个统计量 $\underline{\theta}(X_1,X_2,\cdots,X_n)$ 及 $\overline{\theta}(X_1,X_2,\cdots,X_n)$,对于给定值 $\alpha(0<\alpha<1)$,满足

$$P\{\underline{\theta}(X_1,X_2,\cdots,X_n)<\theta<\overline{\theta}(X_1,X_2,\cdots,X_n)\}=1-\alpha \qquad (3-12)$$

则称区间 $(\underline{\theta},\overline{\theta})$ 是 θ 的置信度 $1-\alpha$ 的**双侧置信区间**(two-sided confidence interval),$\underline{\theta}$ 及 $\overline{\theta}$ 分别称为双侧置信区间的**下限**(lower limit)和**上限**(upper limit),$1-\alpha$ 称为**置信度**(confidence level)(也叫置信水平).

若只考虑 $P\{\underline{\theta}(X_1,X_2,\cdots,X_n)<\theta\}=1-\alpha$ 或 $P\{\theta<\overline{\theta}(X_1,X_2,\cdots,X_n)\}=1-\alpha$,则称区间 $(\underline{\theta},+\infty)$ 或 $(-\infty,\overline{\theta})$ 是 θ 的置信度 $1-\alpha$ 的**单侧置信区间**(one-sided confidence interval),$\underline{\theta}$ 或 $\overline{\theta}$ 分别称为单侧置信区间的下限和上限.

比如上面谈到的(27,30)就是明天气温的置信区间,八成(80%)就是置信度.在作区间估计时,除了要求可靠外,要求有一定的精确度,才有应用价值.比如估计

一个人的年龄在 7 ～ 90 岁之间，尽管十分可靠，但精度太差，因而无用. 一般用区间长度来刻画精确度，区间越短，精确度越高.

一般求未知参数 θ 的置信区间的步骤如下：

(1) 构造样本的一个函数(该函数通常称为**枢轴量**(pivot))

$$W = W(X_1, X_2, \cdots, X_n; \theta)$$

它包含未知参数 θ，但不含其他未知参数，且 W 的分布已知，其分布中不含任何未知参数；

(2) 对于给定的置信度 $1-\alpha$，定出两个常数 a，b，使得

$$P\{a < W < b\} = 1-\alpha$$

(3) 若能从 $a < W < b$ 中得到等价不等式 $\underline{\theta} < \theta < \overline{\theta}$，且 $\underline{\theta}$ 与 $\overline{\theta}$ 都是统计量，则 $(\underline{\theta}, \overline{\theta})$ 就是 θ 的一个置信度为 $1-\alpha$ 的置信区间.

参数 θ 的置信度 $1-\alpha$ 的双侧置信区间 $(\underline{\theta}, \overline{\theta})$ 的意义可解释为：建立统计量 $\underline{\theta}$ 及 $\overline{\theta}$，他们依赖于子样 $X_1, X_2, \cdots, X_n$ 的观察值，对子样作了 N 次观察，每次子样的观察值对应于 $\underline{\theta}(x_{k1}, x_{k2}, \cdots, x_{kn})$ 及 $\overline{\theta}(x_{k1}, x_{k2}, \cdots, x_{kn})$，$k = 1, 2, \cdots, N$. 观察值所组成的一个区间 $(\underline{\theta}, \overline{\theta})$ 不一定都包含着参数 θ 的真值，有些区间包含着 θ 的真值，而另一些区间不包含它，$(\underline{\theta}, \overline{\theta})$ 包含着参数 θ 真值的频率近似为 $1-\alpha$. 此时，若认为"区间 $(\underline{\theta}, \overline{\theta})$ 包含着参数 θ 的真值"，那么这种"认为"犯错误的概率为 α，也就是说，随机区间 $(\underline{\theta}, \overline{\theta})$ 以 $1-\alpha$ 的概率包含着参数 θ，这是参数 θ 的区间估计的本质所在. 注意，我们并非说参数 θ 以 $1-\alpha$ 的概率落入随机区间 $(\underline{\theta}, \overline{\theta})$，因为参数 θ 是非随机的.

下面，给出一些常用参数的区间估计.

3.2.1 单个正态总体未知参数的区间估计

$X \sim N(\mu, \sigma^2)$，$X_1, X_2, \cdots, X_n$ 为 X 的一个样本，$\overline{X}$ 和 S^2 分别为样本均值与样本方差.

1. 均值 μ 的置信区间

(1) σ^2 已知时，$\overline{X} \sim N\left(\mu, \dfrac{\sigma^2}{n}\right)$，选用估计量 $U = \dfrac{\overline{X} - \mu}{\sigma / \sqrt{n}} \sim N(0,1)$，则 μ 的置信度为 $1-\alpha$ 的置信区间为

$$\left(\overline{X} - u_{\alpha/2} \frac{\sigma}{\sqrt{n}}, \overline{X} + u_{\alpha/2} \frac{\sigma}{\sqrt{n}}\right)，简记为\left(\overline{X} \pm u_{\alpha/2} \frac{\sigma}{\sqrt{n}}\right) \qquad (3-13)$$

其中 $u_{\alpha/2}$ 是标准正态分布的上 $\alpha/2$ 分位点.

特别，μ 的置信度为 $1-\alpha$ 的单侧置信区间为

$$\left(\overline{X}-u_{\alpha}\frac{\sigma}{\sqrt{n}},+\infty\right) \quad \text{或} \quad \left(-\infty,\overline{X}+u_{\alpha}\frac{\sigma}{\sqrt{n}}\right) \tag{3-14}$$

$\overline{X}-u_{\alpha}\frac{\sigma}{\sqrt{n}}$ 为单侧置信下限；$\overline{X}+u_{\alpha}\frac{\sigma}{\sqrt{n}}$ 为单侧置信上限.

例 3.14 某旅行社为调查当地每名旅游者的平均消费额，随机访问了 100 名旅游者，得知平均消费额 $\bar{x}=80$ 元. 根据经验，已知旅游者消费额服从正态分布，且标准差 $\sigma=12$ 元，求该地旅游者平均消费额 μ 的置信度为 95% 的置信区间.

解 由题知 $n=100$，$\sigma=12$，$\bar{x}=80$，$\alpha=1-0.95=0.05$，查正态分布表 $u_{\alpha/2}=1.96$.

经计算，μ 的置信度为 95% 的置信区间为(77.6,82.4)，即在已知 $\sigma=12$ 情况下，可以 95% 的置信度认为每个旅游者的平均消费额在 77.6 ～ 82.4 元之间.

Excel 实现过程：

1) 在 A1 输入 100；

2) 在 A2 输入 12；

3) 在 A3 输入 80；

4) 在 A4 输入 0.95；

5) 在 B1 输入“=1－A4”，回车；

6) 在 B2 输入“=－normsinv(B1/2)”，回车；

7) 在 C1 输入“=A3－B2 * A2/sqrt(A1)”，回车，得到置信区间下限；

8) 在 C2 输入“=A3＋B2 * A2/sqrt(A1)”，回车，得到置信区间上限.

(2)σ^2 未知时，考虑到 S^2 是 σ^2 的无偏估计，上述估计量以 S 代替 σ，得统计量 $T=\frac{\overline{X}-\mu}{S/\sqrt{n}}\sim t(n-1)$，$\mu$ 的 $1-\alpha$ 置信区间为

$$\left(\overline{X}-t_{\alpha/2}(n-1)\frac{S}{\sqrt{n}},\overline{X}+t_{\alpha/2}(n-1)\frac{S}{\sqrt{n}}\right)\text{，简记为}\left(\overline{X}\pm t_{\alpha/2}(n-1)\frac{S}{\sqrt{n}}\right) \tag{3-15}$$

其中 $t_{\alpha/2}$ 是 t 分布的上 $\alpha/2$ 分位点.

特别，μ 的置信度为 $1-\alpha$ 的单侧置信区间为

$$\left(\overline{X}-t_{\alpha}\frac{S}{\sqrt{n}},+\infty\right) \quad \text{或} \quad \left(-\infty,\overline{X}+t_{\alpha}\frac{S}{\sqrt{n}}\right) \tag{3-16}$$

$\overline{X}-t_{\alpha}\frac{S}{\sqrt{n}}$ 为单侧置信下限，$\overline{X}+t_{\alpha}\frac{S}{\sqrt{n}}$ 为单侧置信上限.

例 3.15 为了确定某一金属材料的熔点，反复试验 5 次，其结果为(单位：℃)：

1 250　　1 265　　1 260　　1 245　　1 275

试以 95% 的置信度估计熔点的真值所在的范围.

解　若用θ表示熔点的真值,X表示试验值,则通常认为X是服从正态分布的随机变量,且$E(X)=\theta$. 现在,我们的问题是,在正态总体方差未知的条件下,确定总体均值θ的置信区间. 由题设知,$n=5$,$\alpha=0.05$,于是由t分布表可查得

$$t_{\alpha/2}(n-1)=t_{0.025}(4)=3.5$$

而由所给的试验数据可算得

$$\bar{x}=\frac{1}{5}\times(1\,250+1\,265+1\,245+1\,260+1\,275)=1\,259$$

$$s^2=\frac{1}{4}\times[(1\,250-1\,259)^2+\cdots+(1\,275-1\,259)^2]=142.5$$

故θ的置信度为 0.95 的置信区间是

$$\left(\bar{x}\pm t_{\alpha/2}(n-1)\frac{s}{\sqrt{n}}\right)=(1\,259\pm 37.32)$$

即认为这一金属材料熔点的真值在(1 221.68,1 296.32)内的可信程度为95%.

Excel 实现过程(见图 3.4):

1) 在 A1:A5 输入数据 1 250,1 265,1 260,1 245,1 275;

2) 在 B1 输入 5;

3) 在 B2 输入 0.05;

4) 在 B3 输入"=tinv(B2/2,4)",回车;

5) 在 B4 输入"=average(A1:A5)",回车得到数值 1 259;

6) 在 C1 输入"=power(A1−1259,2)"回车,鼠标左键按下 C1 右下角,拖动到 C5,释放鼠标左键;

7) 在 B5 输入"=sum(C1:C5)/4",回车;

8) 在 D1 输入"=B4 − B3 * sqrt(B5)/sqrt(B1)",回车,得到置信区间下限;

9) 在 D2 输入"=B4 + B3 * sqrt(B5)/sqrt(B1)",回车,得到置信区间上限.

	A	B	C	D
1	1250	5	81	1221.679
2	1265	0.05	36	1296.3207
3	1245	3.495406	196	
4	1260	1259	1	
5	1275	570	256	

图 3.4　解题过程数据图

例 3.16　设制造某种产品每件所需时间服从正态分布,现随机记录了 5 件产品所用工时(单位:h):10.5,11,11.2,12.5,12.8. 求μ的置信度为 0.95 的单侧置

信上限.

解 σ^2 未知，选用估计量 $T=\dfrac{\overline{X}-\mu}{S/\sqrt{n}}\sim t(n-1)$.

又 $n=5$， $\bar{x}=11.6$， $s^2=0.995$， $t_{0.05}(5-1)=2.1318$

所以 μ 的置信度为 0.95 的单侧置信区间为

$$\left(0,11.6+\frac{0.9975}{\sqrt{5}}\times 2.1318\right)=(0,12.55)$$

故 μ 的置信度为 0.95 的单侧置信上限为 12.55.

注意，此时的置信下限不一定取 $-\infty$，可视问题确定，比如本题因工时无负值，取置信下限为 0.

2. 方差 σ^2 的置信区间

(1) μ 已知时，根据 σ^2 的极大似然估计 $\hat{\sigma}^2=\dfrac{1}{n}\sum\limits_{i=1}^{n}(X_i-\mu)^2$，选用统计量 $\sum\limits_{i=1}^{n}\left(\dfrac{X_i-\mu}{\sigma}\right)^2\sim\chi^2(n)$，得 σ^2 的置信度为 $1-\alpha$ 的置信区间为

$$\left(\frac{\sum\limits_{i=1}^{n}(X_i-\mu)^2}{\chi^2_{\alpha/2}(n)},\frac{\sum\limits_{i=1}^{n}(X_i-\mu)^2}{\chi^2_{1-\alpha/2}(n)}\right) \tag{3-17}$$

其中，$\chi^2_{\alpha/2}$ 是 χ^2 分布的上 $\alpha/2$ 分位点.

特别，σ^2 的置信度为 $1-\alpha$ 的单侧置信区间为

$$\left(0,\frac{\sum\limits_{i=1}^{n}(X_i-\mu)^2}{\chi^2_{1-\alpha}(n)}\right)\quad\text{或}\quad\left(\frac{\sum\limits_{i=1}^{n}(X_i-\mu)^2}{\chi^2_{\alpha}(n)},+\infty\right) \tag{3-18}$$

其中，$\dfrac{\sum\limits_{i=1}^{n}(X_i-\mu)^2}{\chi^2_{\alpha}(n)}$ 为单侧置信下限；$\dfrac{\sum\limits_{i=1}^{n}(X_i-\mu)^2}{\chi^2_{1-\alpha}(n)}$ 为单侧置信上限.

(2) μ 未知时，选用估计量 $\chi^2=\dfrac{(n-1)S^2}{\sigma^2}\sim\chi^2(n-1)$，则 σ^2 的置信度为 $1-\alpha$ 的置信区间为

$$\left(\frac{(n-1)S^2}{\chi^2_{\alpha/2}(n-1)},\frac{(n-1)S^2}{\chi^2_{1-\alpha/2}(n-1)}\right) \tag{3-19}$$

特别，σ^2 的置信度为 $1-\alpha$ 的单侧置信区间为

$$\left(0,\frac{(n-1)S^2}{\chi^2_{1-\alpha}(n-1)}\right)\quad\text{或}\quad\left(\frac{(n-1)S^2}{\chi^2_{\alpha}(n-1)},+\infty\right) \tag{3-20}$$

其中，$\dfrac{(n-1)S^2}{\chi^2_{\alpha}(n-1)}$ 为单侧置信下限；$\dfrac{(n-1)S^2}{\chi^2_{1-\alpha}(n-1)}$ 为单侧置信上限.

标准差 σ 的置信度为 $1-\alpha$ 的双侧置信区间为

$$\left(\frac{\sqrt{n-1}S}{\sqrt{\chi^2_{\alpha/2}(n-1)}},\frac{\sqrt{n-1}S}{\sqrt{\chi^2_{1-\alpha/2}(n-1)}}\right) \tag{3-21}$$

例 3.17　一批钢件的 20 个屈服点(单位:GPa)为

4.98	5.11	5.20	5.20	5.11	5.00	5.61	4.88
5.27	5.38	5.46	5.27	5.23	4.96	5.35	5.15
5.35	4.77	5.38	5.54				

该屈服点(近似)服从正态分布,求屈服点总体标准差 σ 的 95% 的置信区间.

解　由题意，　$n-1=19$，　$\alpha=1-0.95=0.05$

查分布表,得

$$\chi^2_{0.025}(19)=32.852,\quad \chi^2_{0.975}(19)=8.907$$

经计算,得 $s=0.2203$.

于是套用上面公式,σ 的置信度为 0.95 的置信区间为

$$\left(\frac{\sqrt{19}\times0.2203}{\sqrt{32.852}},\frac{\sqrt{19}\times0.2203}{\sqrt{8.907}}\right)=(0.1675,0.3217)$$

Excel 实现过程:

1) 在 A1:A20 输入屈服点数据;

2) 在 B1 输入"=average(A1:A20)",回车得样本均值 5.21;

3) 在 C1 输入"=power(A1−5.21,2)"回车,鼠标左键按下 C1 右下角,拖动到 C20,释放鼠标左键;

4) 在 B2 输入"=sum(C1:C20)/19",回车得样本方差;

5) 在 B3 输入"=sqrt(B2)",回车;

6) 在 B4 输入"=chiinv(0.025,19)",回车;

7) 在 B5 输入"=chiinv(0.975,19)",回车;

8) 在 D1 输入"=sqrt(19) * B3/sqrt(B4)",回车,得到置信区间下限;

9) 在 D2 输入"=sqrt(19) * B3/sqrt(B5)",回车,得到置信区间上限.

例 3.18　从一批冷抽铜丝中任取 10 根进行折断力试验,获得数据如下(单位:N):

578, 572, 570, 568, 572, 570, 570, 596, 584, 572

设这批冷抽铜丝的折断力近似服从正态分布,求总体方差 σ^2 与标准差 σ 的置信度为 0.9 的置信区间.

解　由题意知,$n=10$,$\alpha=0.1$.经查表得

$$\chi^2_{\alpha/2}(n-1)=\chi^2_{0.05}(9)=16.919,\quad \chi^2_{1-\alpha/2}(n-1)=\chi^2_{0.95}(9)=3.325$$

算得样本方差为

$$s^2=\frac{1}{9}[(578-575.2)^2+\cdots+(572-575.2)^2]=73.508$$

于是

$$\frac{(n-1)s^2}{\chi^2_{\alpha/2}(n-1)}=\frac{9\times 73.508}{16.919}=40.28,\quad \frac{(n-1)s^2}{\chi^2_{1-\alpha/2}(n-1)}=\frac{9\times 73.508}{3.325}=204.98$$

由式(3-19)和式(3-21)知，方差 σ^2 的置信度为 0.90 的置信区间为(40.28,204.98)标准差 σ 的置信度为 0.90 的置信区间为(6.35,14.32).

3.2.2 两个正态总体均值差与方差比的区间估计

有时需要对两个正态总体参数进行比较. 例如，某产品的生产工艺进行了改变，为了检查工艺改进带来的影响，须对工艺改进前后该产品某项指标的变化范围和波动幅度进行估计，这里假定指标服从正态分布，这就需要对两个正态总体均值差与方差比进行区间估计.

在本小节以后的单侧置信区间与单个正态总体的情况类似，不再赘述.

假设 $X\sim N(\mu_1,\sigma_1^2)$，$X_1,X_2,\cdots,X_{n1}$ 为 X 的一个样本，$\overline{X}$ 和 S_1^2 分别为该样本的样本均值与样本方差；$Y\sim N(\mu_2,\sigma_2^2)$，$Y_1,Y_2,\cdots,Y_{n2}$ 为 Y 的一个样本，$\overline{Y}$ 和 S_2^2 分别为该样本的样本均值与样本方差；两个样本 $X_1,X_2,\cdots,X_{n1}$ 与 $Y_1,Y_2,\cdots,Y_{n2}$ 相互独立.

1. 两个正态总体均值差 $\mu_1-\mu_2$ 的区间估计 (interval estimation of two normal population mean difference)

(1)σ_1^2,σ_2^2 均已知，$\overline{X}-\overline{Y}$ 是 $\mu_1-\mu_2$ 的无偏估计，$\overline{X}-\overline{Y}\sim N\left(\mu_1-\mu_2,\frac{\sigma_1^2}{n_1}+\frac{\sigma_2^2}{n_2}\right)$，选用估计量 $U=\frac{(\overline{X}-\overline{Y})-(\mu_1-\mu_2)}{\sqrt{\sigma_1^2/n_1+\sigma_2^2/n_2}}\sim N(0,1)$，则 $\mu_1-\mu_2$ 的置信度为 $1-\alpha$ 的置信区间为

$$\left(\overline{X}-\overline{Y}-u_{\alpha/2}\sqrt{\frac{\sigma_1^2}{n_1}+\frac{\sigma_2^2}{n_2}},\overline{X}-\overline{Y}+u_{\alpha/2}\sqrt{\frac{\sigma_1^2}{n_1}+\frac{\sigma_2^2}{n_2}}\right)$$

简记为

$$\left(\overline{X}-\overline{Y}\pm u_{\alpha/2}\sqrt{\frac{\sigma_1^2}{n_1}+\frac{\sigma_2^2}{n_2}}\right)\tag{3-22}$$

例 3.19 某地为研究农业家庭与非农业家庭的人口状况，独立、随机地调查了 50 户农业居民和 60 户非农业居民，经计算知，农业居民家庭平均每户 4.5 人，非农业居民家庭平均每户 3.75 人. 已知农业居民家庭人口分布为 $N(\mu_1,1.8^2)$，非农业居民家庭人口分布为 $N(\mu_2,2.1^2)$. 试求 $\mu_1-\mu_2$ 的置信度为 99% 的置信区间.

解 此题 $\sigma_1=1.8,\sigma_2=2.1,n_1=50,n_2=60,\overline{X}=4.5,\overline{Y}=3.75$.

$1-\alpha=0.99,\frac{\alpha}{2}=0.005$，查表 $U_{0.005}=2.575$，经计算得 $\mu_1-\mu_2$ 的置信度为 99% 的置信区间为(－0.207 6,1.707 6).

Excel 实现过程：

1) 在 A1 输入“=－norminv(0.005)”；

2) 在 B1 输入“=4.5－3.75－A1 * sqrt(1.8 * 1.8/50＋2.1 * 2.1/60)”，回车，得到置信区间下限；

3) 在 B2 输入“=4.5－3.75＋A1 * sqrt(1.8 * 1.8/50＋2.1 * 2.1/60)”，回车，得到置信区间上限.

(2)$\sigma_1^2\neq\sigma_2^2,\sigma_1^2,\sigma_2^2$ 都未知，求 $\mu_1-\mu_2$ 的置信区间.

1)$\sigma_1^2=k\sigma_2^2$，k 已知且 $k\neq 1$.

此时

$$U=\frac{(\overline{X}-\overline{Y})-(\mu_1-\mu_2)}{\sigma_1\sqrt{1/n_1+1/kn_2}}\sim N(0,1)$$

$$\frac{(n_1-1)S_1^2+k(n_2-1)S_2^2}{\sigma_1^2}=\frac{(n_1-1)S_1^2}{\sigma_1^2}+\frac{(n_2-1)S_2^2}{\sigma_2^2}\sim\chi^2(n_1+n_2-2)$$

选取估计量

$$T=\frac{\overline{X}-\overline{Y}-(\mu_1-\mu_2)}{\sqrt{\frac{(n_1-1)S_1^2+k(n_2-1)S_2^2}{n_1+n_2-2}}\sqrt{\frac{1}{n_1}+\frac{1}{kn_2}}}=$$

$$\frac{\overline{X}-\overline{Y}-(\mu_1-\mu_2)/\sigma_1\sqrt{\frac{1}{n_1}+\frac{1}{kn_2}}}{\sqrt{\frac{(n_1-1)S_1^2+k(n_2-1)S_2^2}{\sigma_1^2(n_1+n_2-2)}}}\sim t(n_1+n_2-2)$$

由此可得 $\mu_1-\mu_2$ 的置信度为 $1-\alpha$ 的置信区间为

$$\left(\overline{X}-\overline{Y}\pm t_{1-\alpha/2}(n_1+n_2-2)\sqrt{\frac{1}{n_1}+\frac{1}{kn_2}}\sqrt{\frac{(n_1-1)S_1^2+k(n_2-1)S_2^2}{n_1+n_2-2}}\right) \tag{3-23}$$

2)$n_1=n_2=n$.

此时，令 $Z=X-Y$，则 $Z\sim N(\mu_1-\mu_2,\sigma_1^2+\sigma_2^2)$，$Z_i=X_i-Y_i(i=1,2,\cdots,n)$ 是 Z 的样本，Z 的样本均值 $\overline{Z}=\overline{X}-\overline{Y}$，$Z$ 的样本方差 $S^2=S_1^2+S_2^2-2S_{12}$.

其中

$$S_{12}=\frac{1}{n-1}\sum_{i=1}^{n}(X_i-\overline{X})(Y_i-\overline{Y})$$

且
$$\overline{Z} \sim N\left(\mu_1-\mu_2, \frac{\sigma_1^2+\sigma_2^2}{n}\right)$$

于是
$$\frac{\overline{Z}-(\mu_1-\mu_2)}{\sqrt{\sigma_1^2+\sigma_2^2}/\sqrt{n}}=\frac{\overline{X}-\overline{Y}-(\mu_1-\mu_2)}{\sqrt{\sigma_1^2+\sigma_2^2}/\sqrt{n}} \sim N(0,1)$$
$$\frac{(n-1)S^2}{\sigma_1^2+\sigma_2^2}=\frac{(n-1)(S_1^2+S_2^2-2S_{12})}{\sigma_1^2+\sigma_2^2} \sim \chi^2(n-1)$$
因此选取估计量
$$T=\frac{\overline{X}-\overline{Y}-(\mu_1-\mu_2)}{\sqrt{(S_1^2+S_2^2-2S_{12})/n}} \sim t(n-1)$$
由此可得 $\mu_1-\mu_2$ 的置信度为 $1-\alpha$ 的置信区间为
$$\left(\overline{X}-\overline{Y} \pm t_{1-\alpha/2}(n-1)\sqrt{(S_1^2+S_2^2-2S_{12})/n}\right) \tag{3-24}$$

3)n_1 与 n_2 很大(实用上约大于 50),可用 S_1^2 代替 σ_1^2,S_2^2 代替 σ_2^2,由于此时 $\overline{X}-\overline{Y}$ 近似服从 $N\left(\mu_1-\mu_2, \frac{S_1^2}{n_1}+\frac{S_2^2}{n_2}\right)$,故 $\mu_1-\mu_2$ 的置信度为 $1-\alpha$ 的置信区间为
$$\left(\overline{X}-\overline{Y}-u_{\alpha/2}\sqrt{\frac{S_1^2}{n_1}+\frac{S_2^2}{n_2}}, \overline{X}-\overline{Y}+u_{\alpha/2}\sqrt{\frac{S_1^2}{n_1}+\frac{S_2^2}{n_2}}\right)$$
简记为
$$\left(\overline{X}-\overline{Y} \pm u_{\alpha/2}\sqrt{\frac{S_1^2}{n_1}+\frac{S_2^2}{n_2}}\right) \tag{3-25}$$

(3)$\sigma_1^2=\sigma_2^2=\sigma^2$ 未知,求 $\mu_1-\mu_2$ 的置信区间.

由第 2 章抽样分布定理知
$$\frac{(\overline{X}-\overline{Y})-(\mu_1-\mu_2)}{S_w\sqrt{\frac{1}{n_1}+\frac{1}{n_2}}} \sim t(n_1+n_2-2)$$
其中,$S_w^2=\frac{(n_1-1)S_1^2+(n_2-1)S_2^2}{n_1+n_2-2}$(可看做 S_1^2,S_2^2 的加权平均).

从而 $\mu_1-\mu_2$ 的置信度为 $1-\alpha$ 的置信区间为
$$\left(\overline{X}-\overline{Y} \pm t_{\alpha/2}(n_1+n_2-2)S_w\sqrt{\frac{1}{n_1}+\frac{1}{n_2}}\right) \tag{3-26}$$

特别,当 $n_1=n_2=n$ 时,$\mu_1-\mu_2$ 的置信度为 $1-\alpha$ 的置信区间为
$$\left(\overline{X}-\overline{Y} \pm t_{\alpha/2}(2n-2)\sqrt{\frac{S_1^2+S_2^2}{n}}\right) \tag{3-27}$$

例 3.20 设某产品的生产工艺发生了改变,在改变前后分别独立测得了若干件产品的某项指标,其结果为

改变前：21.6　22.8　22.1　21.2　20.5　21.9　21.4；

改变后：24.1　23.8　24.7　24.0　23.7　24.3　24.5　23.9

试估计工艺改变后，该项指标的平均值变化范围，置信度取为 0.95，且假定产品的该项指标服从正态分布，方差 σ^2 未知且在工艺改变前后不变.

解　设工艺改变前后总体分别为 $X \sim N(\mu_1, \sigma_1^2)$ 与 $Y \sim N(\mu_2, \sigma_2^2)$.

由题意，$n_1 = 7, n_2 = 8, \sigma_1^2 = \sigma_1^2 = \sigma^2$ 未知，$1-\alpha = 0.95, \frac{\alpha}{2} = 0.025$.

查分布表得

$$t_{\alpha/2}(n_1 + n_2 - 2) = t_{0.025}(13) = 2.16$$

经计算得

$$\overline{X} = 21.64,\quad S_1^2 = 0.5295,\quad \overline{Y} = 24.13,$$
$$S_2^2 = 0.122,\quad S_w^2 = 0.31,\quad S_w = 0.5569$$

于是 $\mu_1 - \mu_2$ 的置信度为 0.95 的置信区间为

$$\left(21.64 - 24.13 \pm 2.16 \times 0.5569 \times \sqrt{\frac{1}{7} + \frac{1}{8}}\right) = (-3.113, -1.867)$$

置信区间在负半轴，说明工艺改变后 95% 的可靠度认为指标的平均值增加了.

Excel 实现过程(见图 3.5)：

1) 在 A1:A7 输入改变前数据；

2) 在 B1:B8 输入改变后数据；

3) 在 C1 输入 7；

4) 在 C2 输入 8；

5) 在 C3 输入"=tinv(0.025 * 2,C1 + C2 − 2)" 回车得分位点值(由于 tinv 返回双尾分位点，因此乘 2)；

6) 在 D1 输入"=average(A1:A7)"，回车得样本均值 21.643；

7) 在 D2 输入"=average(B1:B8)"，回车得样本均值 24.125；

8) 在 E1 输入"=power(A1−21.643,2)" 回车，鼠标左键按下 E1 右下角，拖动到 E7，释放鼠标左键；

9) 在 F1 输入"=power(B1 − 24.125,2)" 回车，鼠标左键按下 F1 右下角，拖动到 F8，释放鼠标左键；

10) 在 G1 输入"=sum(E1:E7)/6"，回车得样本方差 S_1^2；

11) 在 G2 输入"=sum(F1:F8)/7"，回车得样本方差 S_2^2；

12) 在 G3 输入"= ((C1 − 1) * G1 + (C2 − 1) * G2)/(C1 + C2 − 2)"，回车得 S_w^2；

13) 在 H1 输入"=D1 − D2 − C3 * sqrt(G3) * sqrt(1/C1 + 1/C2)"，回车，得到

置信区间下限；

14）在 H2 输入"=D1－D2＋C3 * sqrt(G3) * sqrt(1/C1＋1/C2)"，回车，得到置信区间上限.

	A	B	C	D	E	F	G	H
1	21.6	24.	7	21.642857	0.001849	0.000625	0.5295238	-3.113
2	22.8	23.8	8	24.125	1.338649	0.105625	0.1221429	-1.867
3	22.1	24.7	2.16		0.208849	0.330625	0.310164	
4	21.2	24			0.196249	0.015625		
5	20.5	23.7			1.306449	0.180625		
6	21.9	24.3			0.066049	0.030625		
7	21.4	24.5			0.059049	0.140625		
8		23.9				0.050625		

图 3.5　解题过程数据图

两个正态总体均值差的置信区间也可这样理解：若 $\mu_1-\mu_2$ 的置信下限大于零，则可认为 $\mu_1>\mu_2$；若 $\mu_1-\mu_2$ 的置信上限小于零，则可认为 $\mu_1<\mu_2$；若 $\mu_1-\mu_2$ 的置信上限与置信下限异号，则可以认为 μ_1 与 μ_2 没有显著差异.

2. 两个正态总体方差比 $\frac{\sigma_1^2}{\sigma_2^2}$ 的区间估计(interval estimation of two normal population variance ratio)

假设 $\mu_1,\mu_2,\sigma_1^2,\sigma_2^2$ 均未知，选用估计量 $F=\frac{S_1^2/\sigma_1^2}{S_2^2/\sigma_2^2}\sim F(n_1-1,n_2-1)$，则 $\frac{\sigma_1^2}{\sigma_2^2}$ 的置信度为 $1-\alpha$ 的置信区间为

$$\left(\frac{S_1^2/S_2^2}{F_{\alpha/2}(n_1-1,n_2-1)},\frac{S_1^2/S_2^2}{F_{1-\alpha/2}(n_1-1,n_2-1)}\right) \tag{3-28}$$

例 3.21　10 个病人服用两种安眠药后所增加的(或减少的) 睡眠时间(单位：h) 如下：

甲：1.9　0.8　3.0　－0.5　3.0　2.5　－0.5　2.5　2.0　2.5

乙：1.4　－1.5　4.0　－2.5　4.5　5.5　－2　1.5　0.5　5.5

假定病人服安眠药后增加(或减少) 的睡眠时间分别服从正态分布 $N(\mu_甲,\sigma_甲^2)$ 和 $N(\mu_乙,\sigma_乙^2)$，试求 $\frac{\sigma_甲^2}{\sigma_乙^2}$ 的置信度为 90% 的置信区间(同一病人服用两种安眠药间隔时间足够长).

解　由题知　　$n_1=n_2=10,\quad \alpha=0.10$

查分布表得　　$F_{0.05}(9,9)=3.18$

经计算得

$$F_{0.95}(9,9)=\frac{1}{F_{0.05}(9,9)}=\frac{1}{3.18}=0.3146,\quad S_甲^2=1.624\,6,\quad S_乙^2=7.690\,76$$

于是代入公式，$\frac{\sigma_{甲}^2}{\sigma_{乙}^2}$ 的置信度为 90% 的置信区间为(0.066 45,0.671 5).

Excel 实现过程(见图 3.6)：

(1)在 A1:A10 输入甲数据；

(2)在 B1:B10 输入乙数据；

(3)在 C1 输入 10；

(4)在 C2 输入 10；

(5)在 C3 输入"=finv(0.05,C1−1,C2−1)"回车得分位点值；

(6)在 C4 输入"=finv(0.95,C1−1,C2−1)"回车得分位点值；

(7)在 D1 输入"=average(A1:A10)",回车得样本均值 1.72；

(8)在 D2 输入"=average(B1:B10)",回车得样本均值 1.69；

(9)在 E1 输入"=power(A1−1.72,2)"回车,鼠标左键按下 E1 右下角,拖动到 E10,释放鼠标左键；

(10)在 F1 输入"=power(B1−1.69,2)"回车,鼠标左键按下 F1 右下角,拖动到 F10,释放鼠标左键；

(11) 在 G1 输入"=sum(E1:E7)/(C1 − 1)",回车得样本方差 S_1^2；

(12) 在 G2 输入"=sum(F1:F8)/(C2 − 1)",回车得样本方差 S_2^2；

(13) 在 H1 输入"=G1/(G2 * C3)",回车,得到置信区间下限；

(14) 在 H2 输入"=G1/(G2 * C4)",回车,得到置信区间上限.

	A	B	C	D	E	F	G	H
1	1.9	1.4	10	1.72	0.0324	0.0841	1.6245333	0.0664483
2	0.8	-1.5	10	1.69	0.8464	10.1761	7.6907556	0.6714838
3	3	4	3.1788931		1.6384	5.3361		
4	-0.5	-2.5	0.3145749		4.9284	17.5561		
5	3	4.5			1.6384	7.8961		
6	2.5	5.5			0.6084	14.5161		
7	-0.5	-2			4.9284	13.6161		
8	2.5	1.5			0.6084	0.0361		
9	2	0.5			0.0784	1.4161		
10	2.5	5.5			0.6084	14.5161		

图 3.6 解题过程数据图

3.2.3 非正态总体参数的区间估计

对于非正态总体,因其精确的抽样分布一般难以计算,不便做参数的区间估计,但对大样本问题,可以利用中心极限定理,求出某些统计量的近似分布,这样又将问题的本质转化为正态总体的情形.下面通过例子说明.

例 3.22 设总体 X 服从参数为 p 的两点分布，$X_1, X_2, \cdots, X_n$ 是来自 X 的样本，当 n 较大时（不妨设 $n > 50$），求参数 p 的置信水平为 $1-\alpha$ 的置信区间.

解 已知 $E(X)=p, D(X)=p(1-p)$，因为 n 较大，由中心极限定理知

$$\frac{\sum_{i=1}^{n} X_i - np}{\sqrt{np(1-p)}} = \frac{n\overline{X}-np}{\sqrt{np(1-p)}}$$

近似服从 $N(0,1)$ 分布，于是有

$$P\left\{\left|\frac{n\overline{X}-np}{\sqrt{np(1-p)}}\right| < u_{\frac{\alpha}{2}}\right\} \approx 1-\alpha$$

$$\left|\frac{n\overline{X}-np}{\sqrt{np(1-p)}}\right| < u_{\frac{\alpha}{2}} \quad \Leftrightarrow \quad \frac{(n\overline{X}-np)^2}{np(1-p)} < u_{\frac{\alpha}{2}}^2 \quad \Leftrightarrow$$

$$(n+u_{\frac{\alpha}{2}}^2)p^2 - (2n\overline{X}+u_{\frac{\alpha}{2}}^2)p + n\overline{X} < 0$$

$$p_{1,2} = \frac{1}{2a}\left[-b \mp \sqrt{b^2-4ac}\right]$$

此处

$$a = n+u_{\frac{\alpha}{2}}^2, \quad b = -(2n\overline{X}+u_{\frac{\alpha}{2}}^2), \quad c = n\overline{X}$$

由于
$$b^2-4ac = u_{\frac{\alpha}{2}}^2\left[u_{\frac{\alpha}{2}}^2 + 4n(\overline{X}-\overline{X}^2)\right] > 0$$

于是可由 $(n+u_{\frac{\alpha}{2}}^2)p^2 - (2n\overline{X}+u_{\frac{\alpha}{2}}^2)p + n\overline{X} < 0$ 等价得 $p_1 < p < p_2$.

$$P\{p_1 < p < p_2\} \approx 1-\alpha$$

因此 p 的置信水平为 $1-\alpha$ 的置信区间为 (p_1, p_2)

例 3.23 设总体 X 服从参数为 λ 的指数分布，其密度函数为

$$f(x) = \begin{cases} \lambda e^{-\lambda x}, & x \geqslant 0 \\ 0, & x < 0 \end{cases}$$

其中 $\lambda > 0$ 为未知参数，$X_1, X_2, \cdots, X_n$ 为 X 的样本，试求参数 λ 的置信水平为 $1-\alpha$ 的置信区间.

解 令 $Z = 2\lambda X$，则 Z 的分布函数为

$$F_Z(z) = P\{Z \leqslant z\} = P\left\{X \leqslant \frac{z}{2\lambda}\right\} = \begin{cases} \int_0^{\frac{z}{2\lambda}} \lambda e^{-\lambda x}\,dx, & z \geqslant 0 \\ 0, & z < 0 \end{cases}$$

Z 的密度函数为

$$f_Z(z) = \begin{cases} \frac{1}{2}e^{-\frac{z}{2}}, & z \geqslant 0 \\ 0, & z < 0 \end{cases}$$

这正是自由度为 2 的 χ^2 分布的密度函数，因此 $Z = 2\lambda X \sim \chi^2(2)$.

又因为 $2\lambda X_1, 2\lambda X_2, \cdots, 2\lambda X_n$ 都是 Z 的样本. 所以

选取统计量

$$K = 2\lambda n\overline{X} = 2\lambda \sum_{i=1}^{n} X_i \sim \chi^2(2n)$$

类似可得

$$P\left\{\frac{\chi^2_{1-\alpha/2}(2n)}{2n\overline{X}} < \lambda < \frac{\chi^2_{\alpha/2}(2n)}{2n\overline{X}}\right\} = 1-\alpha$$

因此参数 λ 的置信水平为 $1-\alpha$ 的置信区间为

$$\left(\frac{\chi^2_{1-\alpha/2}(2n)}{2n\overline{X}}, \frac{\chi^2_{\alpha/2}(2n)}{2n\overline{X}}\right)$$

通过上面两个例子可以看到，对于大样本问题，可以用近似分布方法(例 3.22)，对于小样本问题，求区间估计会遇到许多困难，只有极少数的分布能求出简单、精确的置信区间(例 3.23).

习　题　3

1. 设总体的密度函数是

$$f(x) = \begin{cases} \dfrac{6x}{\theta^3}(\theta - x), & 0 < x < \theta \\ 0, & \text{其他} \end{cases}$$

$(X_1, X_2, \cdots, X_n)$ 是取自 X 的简单随机样本

(1) 求 θ 的矩估计量 $\hat{\theta}$；

(2) 求 $\hat{\theta}$ 的方差 $D(\hat{\theta})$.

2. 假设 0.50, 1.25, 0.80, 2.00 是来自 X 的简单随机样本值. 已知 $Y = \ln X$ 服从正态分布 $N(\mu, 1)$，求

(1) X 的数学期望 $E(X)$(记 $E(X)$ 为 b)；

(2) 求 μ 的置信度为 0.95 的置信区间；

(3) 利用上述结果求 b 的置信度为 0.95 的置信区间.

3. 对某种型号飞机的飞行速度进行 15 次试验，测得最大飞行速度(单位：km/h) 如下：

422.2, 417.2, 425.6, 420.3, 425.8, 423.1, 418.7

428.2, 438.3, 434.0, 412.3, 431.5, 413.5, 441.3, 423.0

根据长期经验，最大飞行速度可以认为是服从正态分布.

(1) 对置信水平 $\alpha = 0.05$，求最大飞行速度期望值的置信区间；

(2) 求最大飞行速度方差的置信度为 0.95 的置信区间.

4. 为了估计磷肥对某种农作物增产的作用,现选 20 块条件大致相同的土地,10 块不施磷肥,另外 10 块施磷肥,得亩产量(单位:kg) 如下:

不施磷肥:560, 590, 560, 570, 580, 570, 600, 550, 570, 550

施磷肥:620, 570, 650, 600, 630, 580, 570, 600, 600, 580

设亩产均服从正态分布:

(1) 方差相同,求平均亩产之差的置信度为 0.95 的置信区间;

(2) 求方差比置信度为 0.95 的置信区间.

5. 设 S^2 是来自正态总体 $N(\mu,\sigma^2)$ 的随机样本$(X_1,X_2,\cdots,X_n)$ 的方差,μ,σ^2 是未知参数,试讨论 $a,b(0<a<b)$ 满足什么条件,才能使 σ^2 的 95% 的置信区间 $\left(\dfrac{(n-1)S^2}{b},\dfrac{(n-1)S^2}{a}\right)$ 的长度最短?

6. 为调查土壤中的营养成分,随机采取土壤样品 8 个,测得其质量(单位:g) 分别为 230,243,185,240,228,196,246,200.

(1) 写出总体、样本、样本值、样本容量;

(2) 求样本均值、样本方差和标准差(精确到小数第二位).

7. 从某城市的某个社区的职工家庭总体中随机抽取 8 户,得每人平均月收入(单位:元) 如下:

305, 276, 458, 305, 512, 623, 685, 736

试求出经验分布函数 $F_8(x)$.

8. 设总体 $X\sim N(\mu,\sigma^2)$,$(X_1,X_2,\cdots,X_n)$ 为来自总体 X 的一个样本,$\overline{X}$ 为样本均值,S^2 为样本方差.

(1) 求 $P\left\{(\overline{X}-\mu)^2\leqslant\dfrac{\sigma^2}{n}\right\}$;

(2) 如果 n 很大,求 $P\left\{(\overline{X}-\mu)^2\leqslant\dfrac{2S^2}{n}\right\}$;

(3) 如果 $n=6$,求 $P\left\{(\overline{X}-\mu)^2\leqslant\dfrac{2S^2}{3}\right\}$.

9. 设总体 X 的概率分布为

$$P\{X=x\}=(1-p)^{x-1}p,\quad x=1,2,\cdots\quad(0<p<1)$$

$(X_1,X_2,\cdots,X_n)$ 是来自总体 X 的一个样本,试求:

(1) 分布参数 p 的矩估计量;

(2) 分布参数 p 的极大似然估计.

10. 分别从方差为 20 和 35 的正态总体抽取容量为 8 和 10 的两个独立样本,求第一个样本方差不小于第二个样本方差两倍的概率.

11. 设从均值为 μ，方差 $\sigma^2>0$ 的总体中分别抽取容量为 n_1,n_2 的两个独立样本，样本均值分别为 $\overline{X},\overline{Y}$. 试证：对于任意满足条件 $a+b=1$ 的常数 a 和 b，$T=a\overline{X}+b\overline{Y}$ 是 μ 的无偏估计量. 并确定常数 a,b，使方差 $D(T)$ 达到最小.

12. 为确定某种溶液中的甲醛浓度，取样得 4 个独立测定值的平均值 $\bar{x}=8.34\%$，样本标准差 $s=0.03\%$，设被测定总体 X 服从正态分布，求总体均值 μ 的 99% 的置信区间.

13. 某地区林业局茶叶厂生产富硒茶叶，欲估计今年新茶的硒元素含量的方差及标准差，若从产品中随机抽取了 16 个样品(单位：μg/100 g 茶叶) 分析如下：

60.6，　60.8，　59.9，　60.3，　60.4，　61.0，　59.7，　61.2

61.4，　60.5，　59.3，　59.6，　60.6，　60.2，　60.9，　59.6

求每百克茶叶中硒元素含量的方差及标准差的置信区间(设硒元素含量服从正态分布，取 $\alpha=0.05$).

14. 将甲、乙两种稻种分别播种在 10 块试验田中，每块试验田甲、乙稻种各种一半. 假设两种稻种产量 X,Y(单位：kg) 均服从正态分布且方差相等. 根据收获后 10 块试验田的产量计算得 $\bar{x}=140.6,s_1^2=16.93,\bar{y}=126.8,s_2^2=71.96$，求出两种稻种产量均值差的置信区间($\alpha=0.05$).

15. 欲估计大棚内油松两年生苗木高度，从中随机抽取了 $n=65$ 株苗木组成样本，计算得 $\bar{x}=13.94,s=1.74(\alpha=0.05)$，试求大棚内油松两年生苗木高度总体均值的点估计与区间估计.

第4章 假设检验

假设检验是推断统计学的另一项重要内容,分为参数检验和非参数检验.

参数检验与参数估计类似,但角度不同.参数估计是利用样本信息推断未知的总体参数,而假设检验则是先对总体参数提出一个假设值,然后利用样本信息判断这一假设是否成立.假设检验方法在许多领域都有应用.

非参数检验,又称分布检验,我们可以借助于经验或总体的样本,对总体的分布作出假设,然后用总体的另一组样本,来检验这个假设.

本章首先介绍有关假设检验的一些基本问题,然后介绍一个总体参数和两个总体参数的检验方法,最后介绍非参数假设检验.

4.1 假设检验的基本原理

4.1.1 假设的陈述

现实生活中,人们经常要对某个"假设"作出判断,确定它是真的还是假的.在研究领域,研究者在检验一种新的理论时,首先要提出自己认为是正确的看法,即假设.用统计语言来说,"假设"就是对总体参数的一种事先猜想.

定义 4.1 对于总体参数的具体数值所做的陈述,称为**假设**(hypothesis),或称统计假设.

一个假设的提出总是以一定的理由为基础的,但这些理由通常又是不完全充分的,因而产生了检验的需求,也就是要进行判断.比如,在某种新药的开发研究中,研究人员需要判断新药是否比原有药物更有效;在对某一品牌洗衣粉的抽检中,抽检人员需要判断其净含量是否达到了说明书中声明的重量;公司在收到一批货物时,质检人员需要判断该批货物的属性是否与合同中规定的一致等.假设检验也就是利用样本信息判断假设是否成立的过程.

定义 4.2 先对总体参数提出某种假设,然后利用样本信息判断假设是否成立的过程,称为**假设检验**(hypothesis test).

在假设检验中,首先需要提出两种假设,即原假设和备择假设.

定义 4.3 原假设(null hypothesis)通常是研究者想收集证据予以反对的假设,也称零假设,用 H_0 表示.

定义 4.4 备择假设(alternative hypothesis)通常是研究者想收集证据予以支持的假设,也称研究假设,用 H_1 表示.备择假设通常用于支持研究者自身的看法.

确定原假设和备择假设在假设检验中十分重要,它直接关系到检验的结论.下面通过几个例子来说明原假设和备择假设的建立方法.

例 4.1 一种零件的生产标准是直径应为 10 cm,为对生产过程进行控制,质量监测人员定期对一台加工机床检查,确定这台机床生产的零件是否符合标准要求.如果零件的平均直径大于或小于 10 cm,则表明生产过程不正常,必须进行调整.试陈述用来检验生产过程是否正常的原假设和备择假设.

解 设这台机床生产的所有零件平均直径的真值为 μ.如果 $\mu=10$ cm,表明生产过程正常.如果 $\mu>10$ cm 或 $\mu<10$ cm,则表明机床的生产过程不正常,研究者要检测这两种可能情况中的任何一种.根据原假设和备择假设的定义,研究者想收集证据予以证明的假设应该是"生产过程不正常".因为如果研究者事先认为生产过程正常,他也就没有必要去进行检验了.所以建立的原假设和备择假设为

$$H_0:\mu=10\text{ cm}(\text{生产过程正常}),\quad H_1:\mu\neq 10\text{ cm}(\text{生产过程不正常})$$

例 4.2 某乐器厂以往生产的乐器采用的是一种镍合金弦线,这种弦线的平均抗拉强度不超过 1 035 MPa,现在产品开发小组研究了一种新型弦线,他们认为其抗拉强度得到了提高并想寻找证据予以支持.在对研究小组开发的产品进行检验时,试陈述用于检验的原假设和备择假设.

解 假设采用新的镍合金弦线后平均抗拉强度的真值为 μ,研究者想要寻找证据予以支持的假设为"抗拉强度得到了提高"即 $\mu>1\,035$,因此原假设和备择假设如下:

$$H_0:\mu\leqslant 1\,035\text{ MPa},\quad H_1:\mu>1\,035\text{ MPa}$$

例 4.3 一家研究机构估计,某城市中家庭拥有汽车的比例超过 40%.为验证这一估计是否正确,该研究机构随机抽取了一个样本进行检验.试陈述用于检验的原假设与备择假设.

解 设该城市中家庭拥有汽车的比率真值为 π.显然,研究者想收集证据予以支持的假设是"该城市中家庭拥有汽车的比例超过 40%".因此,建立的原假设和备择假设为

$H_0:\pi\leqslant 40\%$(家庭拥有汽车的比率不超过 40%)

$H_1:\pi>40\%$(家庭拥有汽车的比率超过 40%)

通过以上例子,可以得到如下几点关于建立假设的认识:

第一,原假设和备择假设是一个完备事件组,而且相互对立.这意味着,在一项假设检验中,原假设和备择假设必有一个成立,而且只有一个成立.

第二,在建立假设时,通常先确定备择假设,再确定原假设.

这样做的原因是备择假设是人们所关心的,是想予以支持和证实的,因而比较清楚,容易确定.由于原假设和备择假设是对立的,只要确定了备择假设,原假设就很容易确定出来.

第三,在假设检验中,等号"="总是放在原假设上.

如设假设的总体真值为 μ_0,原假设一般为如下形式:

$$H_0:\mu=\mu_0,\quad H_0:\mu\geqslant\mu_0\quad 或\quad H_0:\mu\leqslant\mu_0$$

而相应的备择假设则为

$$H_1:\mu\neq\mu_0,\quad H_1:\mu<\mu_0\quad 或\quad H_1:\mu>\mu_0$$

将"="放在原假设上是因为研究者想涵盖备择假设不出现时的所有情形.

第四,依据原假设和备择假设的定义通常就能确定两个假设的内容,但它们本质上带有一定的主观色彩,因为所谓的"研究者想收集证据予以反对的假设"显然最终仍都取决于研究者本人的意志.所以,在面对某一实际问题时,由于不同的研究者有不同的研究目的,即使对同一问题也可能提出截然相反的原假设和备择假设,这是十分正常的,也并不违背关于原假设和备择假设的最初定义.无论怎样确定假设的形式,只要它符合研究者的最终目的,便是合理的.

在假设检验中,研究者感兴趣的备择假设的内容,可以是原假设 H_0 在某一特定方向的变化,也可以是一种没有特定方向的变化.比如,在例 4.2 中,研究者感兴趣的是采用新的镍合金弦线后平均抗拉强度是否高于 1 035 MPa,同样,在例 4.3 中,研究者感兴趣的是家庭拥有汽车的比率是否高于 40%.相反,在例 4.1 中,研究者感兴趣的备择假设没有特定方向,只是关心平均直径是否不同于 10 cm,并不关心是大于还是小于.

定义 4.5 如果备择假设具有特定的方向性,并含有符号">"或"<"的假设检验,称为**单侧检验或单尾检验**(one-tailed test).

定义 4.6 如果备择没有特定的方向性,并且含有"≠"的假设检验,称为**双侧检验或双尾检验**(two-tailed test).

在单侧检验中,由于研究者感兴趣的方向不同,又可分为左侧检验和右侧检验.如果研究者感兴趣的备择假设的方向为"<",称为左侧检验;如果研究者感兴趣的备择假设的方向为">",称为右侧检验.比如,前面的例 4.3 属于左侧检验,而例 4.2 则属于右侧检验.

设 μ 为总体参数(这里代表总体均值),μ_0 为假设的参数的具体数值,可将假设检验的基本形式总结于表 4.1.

表 4.1　假设检验的基本形式

假设	双侧检验	单侧检验	
		左侧检验	右侧检验
原假设	$H_0:\mu=\mu_0$	$H_0:\mu\geqslant\mu_0$	$H_0:\mu\leqslant\mu_0$
备择假设	$H_1:\mu\neq\mu_0$	$H_1:\mu<\mu_0$	$H_1:\mu>\mu_0$

4.1.2　两类错误与显著性水平

假设检验的目的是要根据样本信息作出决策. 显然,研究者总是希望作出正确的决策,也就是当原假设 H_0 正确时没有拒绝它,当原假设 H_0 不正确时拒绝它. 但由于决策是建立在样本信息的基础之上,而样本又是随机的,因而就可能犯错误. 假设检验过程中可能发生以下两类错误:

(1)当原假设为真时拒绝原假设,所犯的错误称为**第Ⅰ类错误**(type Ⅰ error),又称弃真错误. 犯第Ⅰ类错误的概率记为 α.

(2)当原假设为假时没有拒绝原假设,所犯的错误称为**第Ⅱ类错误**(type Ⅱ error),又称取伪错误. 犯第Ⅱ类错误的概率记为 β.

这两类错误的概率之间存在这样的关系:当 α 增大时,β 减小;当 β 增大时,α 减小. 人们希望犯两类错误的概率都尽可能小,但实际上难以做到,要使 α 和 β 同时减小的唯一办法是增加样本量. 但样本量的增加又会受许多因素的限制,所以人们只能在两类错误的发生概率之间进行平衡,以使 α 和 β 控制在能够接受的范围内. 一般来说,发生哪一类错误的后果更为严重,就应该首要控制哪类错误发生的概率,由于犯第Ⅰ类错误的概率是可以由研究者控制的,因此在假设检验中,人们往往先控制第Ⅰ类错误发生的概率.

发生第Ⅰ类错误的概率也通常被用于检验结论的可靠性度量,假设检验中犯第Ⅰ类错误的概率被称为**显著性水平**(level of significance),记为 α.

显著性水平是指当原假设实际上是正确时,检验统计量落在拒绝域的概率. 它是人们事先指定的犯第Ⅰ类错误概率 α 的最大允许值. 显著性水平 α 越小,犯第Ⅰ类错误的可能性自然就越小,但犯第Ⅱ类错误的可能则随之增大. 在实际应用中,显著性水平是人们事先给定的一个值,但究竟确定一个多大的显著性水平值合适? 一般情况下,人们认为犯第Ⅰ类错误的后果更严重一些,因此通常会取一个较小的 α 值. 人们通常选择显著性水平为 0.05 或比 0.05 更小的概率. 常用的显著性水平有 0.01,0.05,0.1 等,也可以取其他值.

确定了显著性水平 α 就等于控制了第Ⅰ类错误的概率,但犯第Ⅱ类错误的概

率 β 却是不确定的. 在拒绝原假设时，人们犯错误的概率不超过给定的显著性水平 α，但当样本观测显示没有充分的理由拒绝原假设时，便难以确切知道第Ⅱ类错误发生的概率. 因此，假设检验中采用“不拒绝原假设”而不采用“接受原假设”的表示方法. 这种说法实质上并未作出明确结论，在多数场合下便避免了第Ⅱ类错误发生的风险，因为所得结论可靠性将由第Ⅱ类错误的概率 β 来测量，而 β 的控制相对复杂.

4.1.3　检验统计量与拒绝域

在提出具体的假设之后，研究者需要提供可靠的证据来支持他所提出的备择假设. 在实际操作过程中，提出证据的信息主要是来自所抽取的样本，假设检验也就是要凭借可能获得的样本观测结果帮助研究者作出最后的判断和决策. 一个很自然的想法是，如果样本提供的证据能够证明原假设是不真实的，研究者就有理由拒绝它，而倾向于选择备择假设.

在一般的假设检验过程中，研究者都倾向于通过样本信息提供对备择假设的支持，而倾向于作出“拒绝原假设”的结论. 通常，样本能够提供的信息十分丰富和繁杂，针对特定研究问题，往往需要对这些信息进行压缩和提炼，检验统计量便是对样本信息进行压缩和概括的结果.

定义 4.7　根据样本观测结果计算得到的、并据以对原假设和备择假设作出决策的某个样本统计量，称为**检验统计量**(test statistic).

检验统计量实际上是总体参数的点估计量(比如，样本均值 $\overline{X}$ 就是总体均值 μ 的一个点估计量)，但点估计量并不能直接作为检验的统计量. 只有将其标准化后，才能用于度量它与原假设的参数值之间的差异程度. 而对点估计量标准化的依据则是：①原假设 H_0 为真；②点估计量的抽样分布. 实际上，假设检验中所用的检验统计量都是标准化检验统计量，它反映了点估计量(比如，样本均值)与假设的总体参数(比如，假设的总体均值)相比相差多少个标准差. 通常标准化检验统计量简称为检验统计量. 对于总体均值和总体比率的检验，标准化的检验统计量可表示为

$$\text{标准化检验统计量}=\frac{\text{点估计量}-\text{假设值}}{\text{点估计量的抽样标准差}} \tag{4-1}$$

检验统计量是一个随机变量，随着样本观测结果的不同，它的具体数值也不同，但只要已知一组特定的样本观测结果，检验统计量的值也就唯一确定了. 假设检验的基本原理就是根据检验统计量建立一个准则，依据这个准则和计算得到的检验统计量值，研究者就可以决定是否拒绝原假设. 但统计量的哪些值将导致人们拒绝原假设而倾向于备择假设？这就需要找出能够拒绝原假设统计量的所有可能取值，这些取值的集合则称为**拒绝域**(rejection region).

拒绝域与密度函数曲线所围面积等于 α，因此拒绝域相当于显著性水平 α 所围成的区域. 拒绝域的大小与事先选定的显著性水平有一定关系. 在确定了显著性水平 α 之后，就可以根据 α 值的大小确定拒绝域的具体边界值. 根据给定的显著性水平确定的拒绝域的边界值，称为**临界值**(critical value). 如果利用样本观测结果计算出来的检验统计量的具体数值落在了拒绝域内，就拒绝原假设，否则就不拒绝原假设.

在给定显著性水平 α 后，查相应的的统计表就可以得到具体的临界值(也可以直接由 Excel 中的函数命令计算得到). 将检验统计量的值与临界值进行比较，就可作出拒绝或不拒绝原假设的决策.

当样本量固定时，拒绝域的面积随 α 的减小而减小. α 值越小，为拒绝原假设所需要的检验统计量的临界值与原假设的参数值就越远. 拒绝域的位置则取决于检验是单侧检验还是双侧检验. 双侧检验的拒绝域在抽样分布的两侧(所以被称为双侧检验). 而单侧检验中，如果备择假设具有符号"<"，拒绝域就位于抽样分布的左侧，故称为左侧检验；如果备择假设具有符号">"，拒绝域就位于抽样分布的右侧，故称为右侧检验. 在给定的显著性水平 α 条件下，拒绝域和临界值如图 4.1 所示.

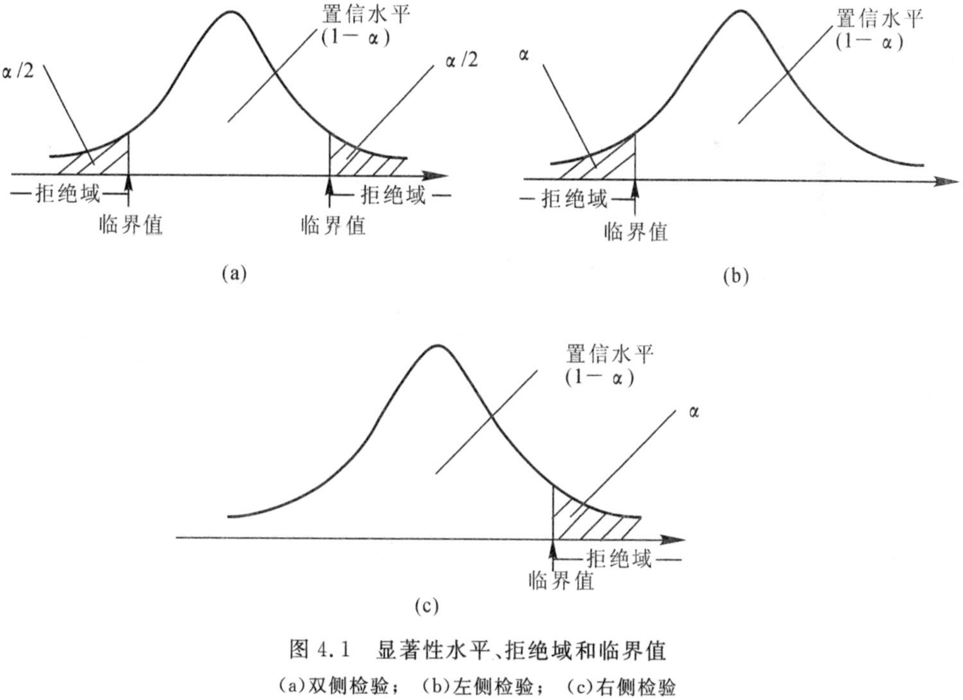

图 4.1　显著性水平、拒绝域和临界值

(a)双侧检验；(b)左侧检验；(c)右侧检验

4.1.4 利用 P 值进行决策

显著性水平 α 是在检验之前确定的，这也就意味着事先确定了拒绝域. 这样，不论检验统计量的值是大是小，只要它的值落入拒绝域就拒绝原假设，否则就不拒绝原假设. 这种固定的显著性水平 α 对检验结果的可靠性起一种度量作用. 但不足的是，α 是犯第Ⅰ类错误的上限控制值，它只能提供检验结论可靠性的一个大致范围，而对于一个特定的假设检验问题，却无法给出观测数据与原假设之间不一致程度的精确度量. 也就是说，仅从显著性水平来比较，如果选择的 α 值相同，所有检验结论的可靠性都一样. 要测量出样本观测数据与原假设中假设的值 μ_0 的偏离程度，则需要计算 P 值.

定义 4.8 如果原假设 H_0 为真，检验统计量的观察值大于或等于其计算值的概率，称为 P 值(P-value). 也称为观察到的显著性水平(observed significance level).

P 值与原假设的对或错的概率无关，它是关于数据的概率. P 值是反映实际观察到的数据与原假设之间不一致程度的一个概率值. P 值越小，说明实际观测到的数据与原假设之间不一致的程度就越大，检验的结果也就越显著. P 值也是用于确定是否拒绝原假设的另一个重要工具，它有效地补充了 α 提供的关于检验可靠性的信息，对于不同的检验 P 值，可以用图 4.2 来表示.

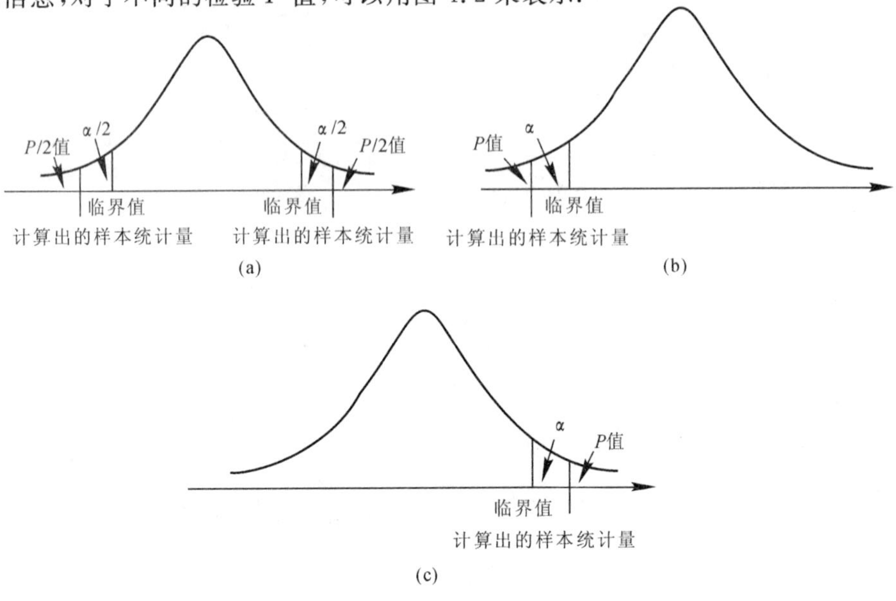

图 4.2　P 值示意图

(a) 双侧检验；(b) 左侧检验；(c) 右侧检验

利用P值进行决策的规则十分简单.在已知P值的条件下,将其与给定的显著性水平α值进行比较,就可以确定是否拒绝原假设.从图4.2可以看出:单侧检验中,P值位于抽样分布的一侧,而双侧检验中,P值则位于分布的两侧,每一侧的P值为1/2.通常,将两侧面积的总和定义为P值,这样定义的好处是可以将P值直接与给定的显著性水平$\bar{a}$进行比较,因此,无论单侧还是双侧检验,用P值进行决策的准则都是:

如果P值$<\alpha$,拒绝H_0;如果P值$\geqslant\alpha$,不拒绝H_0

计算机的应用使得P值的计算十分容易,多数统计软件都能够输出有关假设检验的主要计算结果,其中就包括P值.利用统计量根据显著性水平作出决策,如果拒绝原假设,也仅仅是知道犯错误的可能性是α那么大,但究竟是多大却不知道.

4.2 一个总体参数的检验

本节在上一节的基础上,介绍参数假设检验的具体应用.与参数估计类似,当研究一个总体时,要检验的参数主要是总体均值μ、总体比率π和总体方差σ^2,上一节的概念都适用于下面介绍的检验方法,但是由于要检验的参数不同,计算检验统计量的方法也有所不同.

4.2.1 总体均值的检验

在对总体进行假设检验时,采用什么检验步骤和检验统计量取决于所抽取的样本是大样本($n\geqslant30$)还是小样本($n<30$),此外,需要区分总体是否服从正态分布、总体方差σ^2是否已知等几种情况.

1.大样本的检验方法

假设检验中重要的一步是确定适当的检验统计量.根据抽样分布的知识,在大样本情况下,样本均值的抽样分布近似服从正态分布,其抽样标准差为$\sigma/\sqrt{n}$.将样本均值$\overline{X}$经过标准化后即可得到检验的统计量.样本均值经标准化后服从标准正态分布,因而采用正态分布的统计量.设假设的总体均值为μ_0,当总体方差σ^2已知时,总体均值的检验统计量为

$$z=\frac{\bar{x}-\mu_0}{\sigma/\sqrt{n}} \tag{4-2}$$

当总体方差σ^2未知时,可用样本方差s^2来近似替代,此时总体均值检验的统计量为

$$z = \frac{\bar{x} - \mu_0}{s/\sqrt{n}} \tag{4-3}$$

例 4.4 一种罐装饮料采用自动生产线生产，每罐的容量是 255 mL，标准差为 5 mL. 为检验每罐容量是否符合要求，质检人员在某天生产的饮料中随机抽取了 40 罐进行检验，测得每罐平均容量为 255.8 mL. 取显著性水平 $\alpha = 0.05$，检验该天生产的饮料容量是否符合标准要求.

解 这里关心的是饮料容量是否符合要求，也就是 μ 是否为 255 mL. 大于或小于 255 mL 都不符合要求，因而属于双侧检验问题. 提出的原假设和备择假设为

$$H_0: \mu = 255, \quad H_1: \mu \neq 255$$

检验统计量的值

$$z = \frac{\bar{x} - \mu_0}{\sigma/\sqrt{n}} = \frac{255.8 - 255}{5/\sqrt{40}} = 1.01$$

检验统计量的含义是：样本均值与检验的总体均值相比，相差 1.01 个抽样标准差. 根据给定的显著性水平 $\alpha = 0.05$，查标准正态分布表得 $z_{\alpha/2} = z_{0.025} = 1.96$. 由于 $|z| = 1.01 < z_{\alpha/2} = 1.96$，所以，不拒绝原假设. 检验结果表明：样本提供的证据还不足以推翻"该天生产的饮料符合标准要求" 的看法. 上面的决策过程如图 4.3 所示.

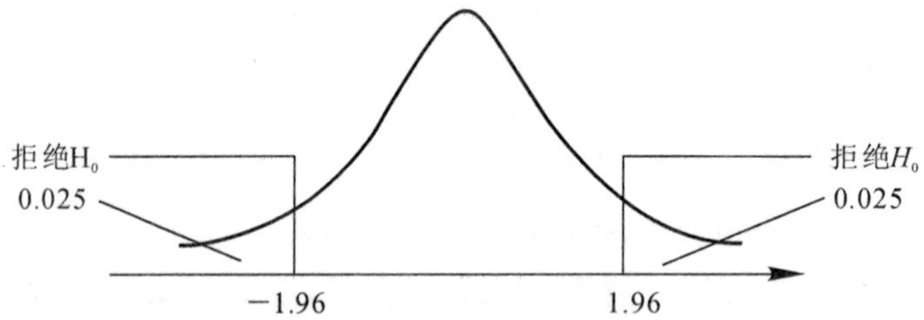

图 4.3 拒绝域

上例中的检验也可以利用 P 值进行，操作步骤如下：

(1) 进入 Excel 表格界面，直接点击"f_x"(插入函数) 命令.

(2) 在函数分类中点击"统计"，并在函数名的菜单下选择"NORMSDIST"，然后点击"确定"，此时出现界面如图 4.4 所示.

(3) 将 z 的绝对值 1.01 录入，得到的函数值为 0.843 752 355，该值与标准正态分布密度函数图形下 z 值 1.01 左边的面积是一样的. 上面的例子是双侧检验，所以最后的 P 值为 $P = 2 \times (1 - 0.843\ 752\ 355) = 0.312\ 495$. 由于 P 值远远大于 α，因而不拒绝 H_0，得到的结论与前面相同(见图 4.5).

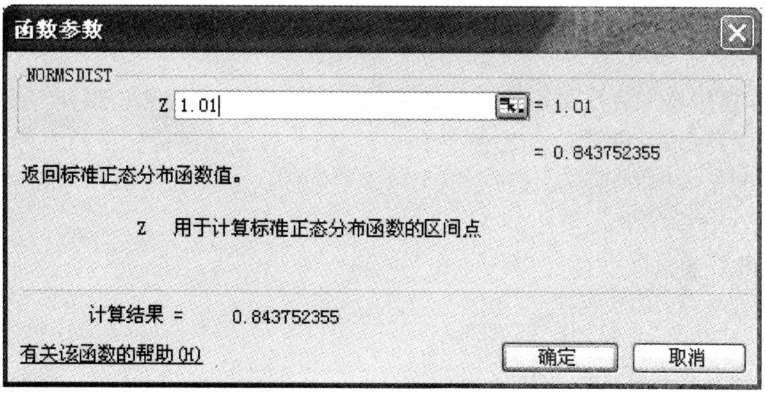

图 4.4　统计量 P 值计算过程

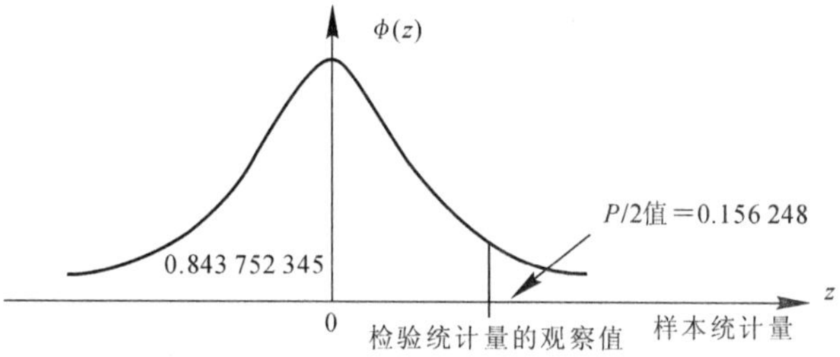

图 4.5　标准正态分布 z 值示意图

例 4.5　一种机床加工的零件尺寸绝对平均误差为 1.35 mm. 生产厂家现采用一种新的机床进行加工以期进一步降低误差. 为检验新机床加工的零件平均误差与旧机床相比是否有显著降低，从某天生产的零件中随机抽取 50 个进行检验，50 个零件尺寸的绝对误差数据见表 4.2.

表 4.2　50 个零件尺寸的绝对误差数据　单位：mm

1.26	1.19	1.31	0.97	1.81
1.13	0.96	1.06	1.00	0.94
0.98	1.10	1.12	1.03	1.16
1.12	1.12	0.95	1.02	1.13
1.23	0.74	1.50	0.50	0.59
0.99	1.45	1.24	1.01	2.03
1.98	1.97	0.91	1.22	1.06
1.11	1.54	1.08	1.10	1.64
1.70	2.37	1.38	1.60	1.26
1.17	1.12	1.23	0.82	0.86

利用这些样本数据，检验新机床加工的零件尺寸的平均误差与旧机床相比是否有显著降低($\alpha=0.01$).

解　这里研究者所关心的是新机床加工的零件尺寸的平均误差与旧机床相比是否有显著降低，也就是 μ 是否小于 1.35. 因此属于单侧检验中的左侧检验. 提出的假设为

$$H_0: \mu \geqslant 1.35, \quad H_1: \mu < 1.35$$

检验统计量：

$$z=\frac{1.3152-1.35}{0.365749/\sqrt{50}}=-2.6061$$

该检验统计量的含义是样本均值与检验总体均值相比，相差 -2.6061 个抽样标准差. 根据给定的显著性水平 $\alpha=0.01$，查标准正态分布表得 $z_\alpha=z_{0.01}=2.33$. 由于 $z=-2.6061<-z_{0.01}=-2.33$，因而拒绝原假设(见图 4.6).

检验结果表明：新机床加工的零件尺寸的平均误差与旧机床相比显著降低.

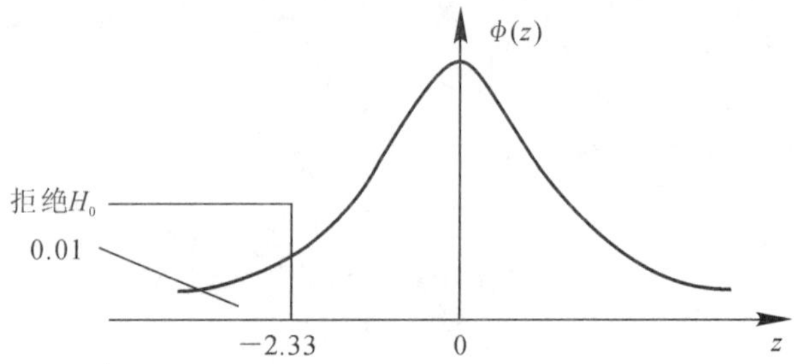

图 4.6　拒绝域示意图

直接根据原始数据，用 P 值进行检验的步骤如下：

第 1 步：进入 Excel 表格界面，直接点击“f_x”(插入函数).

第 2 步：在函数分类中点击“统计”，并在函数菜单下选择“ZTEST”，然后点击“确定”.

第 3 步：在所出现的对话框 Array 框中，输入原始数据所在区域；在 X 后输入参数的某一假定值(这里为 1.35)；在 Sigma 后输入已知的总体标准差(若总体标准差未知则可忽略不填，系统将自动使用样本标准差代替).

第 4 步：用 1 减去得到的函数值 0.995 421 058 即为 P 值，P 值 $=1-0.995421058\approx0.004579$，$P$ 值 $<\alpha=0.01$，拒绝 H_0.

上述决策过程如图 4.7 所示.

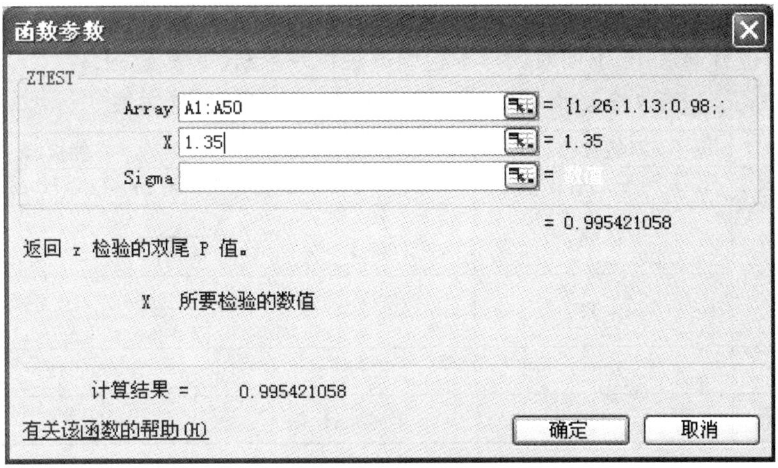

图 4.7　原始数据的 P 值计算过程

例 4.6　据报道，10 年前每个家庭每天看电视的平均时间为 6.7 h，现在调查了 200 个家庭，调查显示，现在每个家庭每天的平均看电视时间为 7.25 h，标准差为 2.5 h，取显著性水平 $\alpha=0.01$，这个调查是否提供了证据支持“如今每个家庭每天收看电视的平均时间增加了”这个结论？

解　研究者想验证“如今每个家庭每天收看电视的平均时间增加了”，即 μ 是否大于 6.7 h. 因此属于单侧检验问题，而且属于右侧检验. 提出的假设为

$$H_0:\mu\leqslant 6.7,\quad H_1:\mu>6.7$$

检验统计量：

$$z=\frac{7.25-6.7}{2.5/\sqrt{200}}=3.110\ 8$$

根据给定的显著性水平 $\alpha=0.01$，查标准正态分布表得 $z_\alpha=z_{0.01}=2.33$. 由于 $z=3.110\ 8>z_{0.01}=2.33$，因而拒绝原假设，如图 4.8 所示. 检验结果表明：“如今每个家庭每天收看电视的平均时间增加了”.

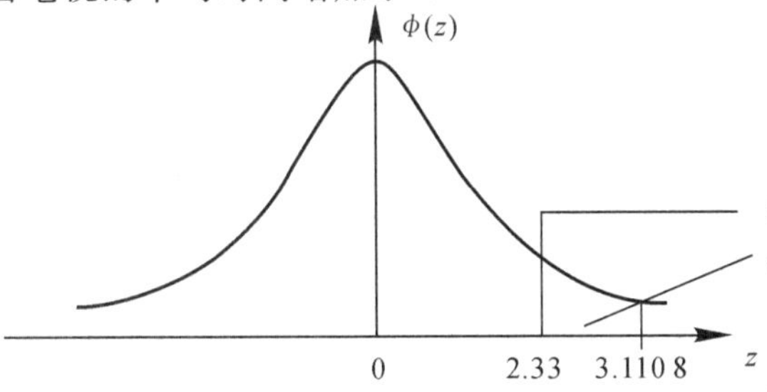

图 4.8　拒绝域示意图

前面的例子介绍了一个总体均值的检验方法和步骤，这些步骤对以后介绍的其他检验也普遍适用.下面对大样本检验方法作一总结(见表 4.3).

表 4.3　大样本情况下一个总体均值的检验方法

假设	双侧检验	左侧检验	右侧检验
假设形式	$H_0:\mu=\mu_0, H_1:\mu\neq\mu_0$	$H_0:\mu\geqslant\mu_0, H_1:\mu<\mu_0$	$H_0:\mu\leqslant\mu_0, H_1:\mu>\mu_0$
统计量	σ 已知：	$z=\dfrac{\bar{x}-\mu_0}{\sigma/\sqrt{n}}$	
	σ 未知：	$z=\dfrac{\bar{x}-\mu_0}{s/\sqrt{n}}$	
拒绝域	$\lvert z\rvert>z_{\alpha/2}$	$z<-z_\alpha$	$z>z_\alpha$
P 值决策	$P<\alpha$，拒绝 H_0		

2. 小样本的检验方法

在小样本($n<30$)情形下，检验统计量的选择与总体是否服从正态分布、总体方差是否已知有着密切联系.本节的内容都是首先以总体服从正态分布为假定前提的，而后再依照总体方差是否已知来选择合适的检验统计量.

当总体方差σ^2已知，即使在小样本情况下，检验统计量公式(4-2)仍然服从标准正态分布，因而仍可按公式(4-2)给出的检验统计量对总体均值进行检验，检验的程序与大样本时完全相同.这里着重介绍小样本情况下总体方差未知时总体均值的检验方法(见表 4.4).

对于小样本，当总体方差 σ^2 未知的时候，需要用样本方差 s^2 代替.此时公式(4-3)给出的检验统计量不再服从标准正态分布，而是服从自由度为$(n-1)$的 t 分布.因此需要采用 t 分布来检验总体均值，通常称之为“t 检验”.检验的统计量为

$$t=\frac{\bar{x}-\mu_0}{s/\sqrt{n}} \tag{4-4}$$

表 4.4　小样本时总体均值的检验方法

假设	双侧检验	左侧检验	右侧检验
假设形式	$H_0:\mu=\mu_0$	$H_0:\mu\geqslant\mu_0$	$H_0:\mu\leqslant\mu_0$
	$H_1:\mu\neq\mu_0$	$H_1:\mu<\mu_0$	$H_1:\mu>\mu_0$
统计量	σ 已知：	$z=\dfrac{\bar{x}-\mu_0}{\sigma/\sqrt{n}}$	
	σ 未知：	$t=\dfrac{\bar{x}-\mu_0}{s/\sqrt{n}}$	
拒绝域	$\lvert t\rvert>t_{\alpha/2}(n-1)$	$t<-t_\alpha(n-1)$	$t>t_\alpha(n-1)$
P 值决策	$P<\alpha$，拒绝 H_0		

例 4.7　一种汽车配件平均长度要求为 12 cm，高于或低于该标准被认为是不合格的，汽车生产企业在购进配件时，通常是经过招标，然后对中标的配件供货商提供的样品进行检验，以决定是否购进. 现对一个配件供货商提供的 10 个样本（见表 4.5）进行了检验. 假定该供货商生产的配件长度服从正态分布，在 0.05 的显著性水平下，检验该供货商提供的配件是否符合要求？

表 4.5　10 个零件尺寸的长度　　单位：cm

12.2	10.8	12	11.8	11.9
12.4	11.3	12.2	12	12.3

解　$$H_0: \mu = 12 \quad H_1: \mu \neq 12$$

检验统计量：

$$t = \frac{11.89 - 12}{0.4932/\sqrt{10}} = -0.7035$$

$\alpha = 0.05$，$df = 10 - 1 = 9$，查 t 分布表得

$$t_{\alpha/2}(n-1) = t_{0.025}(9) = 2.262$$

由于 $|t| = 0.7053 < t_{0.025}(9) = 2.262$，因而不拒绝原假设. 即，样本提供的证据还不足以推翻"该供货商提供的零件符合要求"的看法.

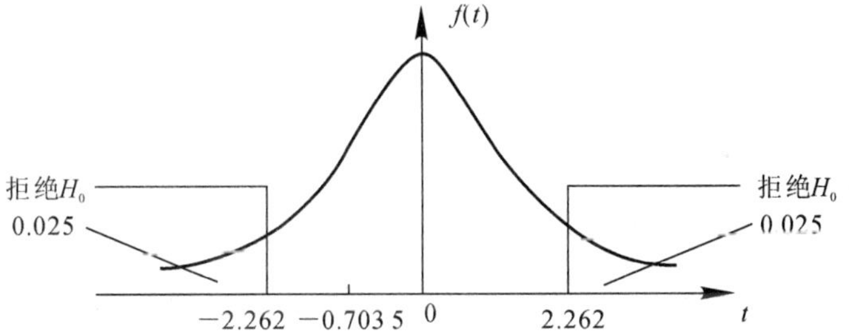

图 4.9　t 分布的拒绝域

t 检验的 P 值也可以用 Excel 计算，具体步骤如下（见图 4.10）：

第 1 步：进入 Excel 表格界面，直接点击"f_x"（插入函数）.

第 2 步：在函数分类中点击"统计"，并在函数名的菜单下选择"TDIST"，然后点击"确定".

第 3 步：在出现对话框的 X 栏中输入计算出的 t 的绝对值 0.703 5，在 Deg-freedom（自由度）栏中输入本例的自由度 9，在 Tails 栏中输入 2（表明是双侧检验，如果是单测检验则在该栏输入 1）.

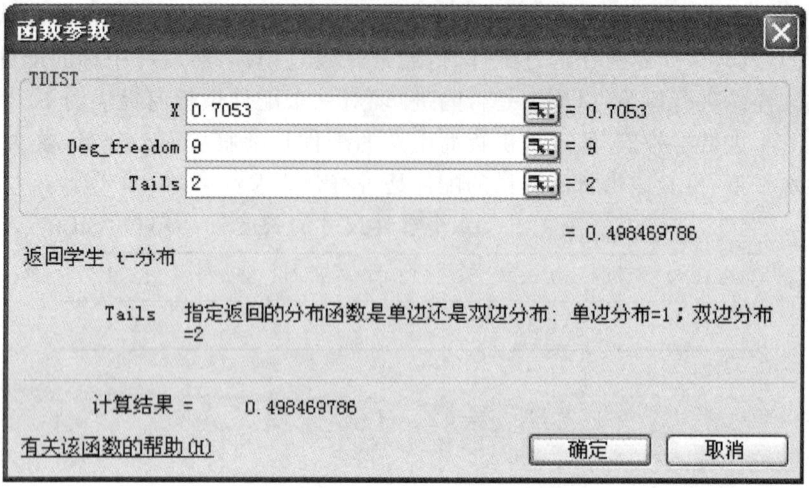

图 4.10 t 分布的 P 值计算过程

第 4 步：P 值 $=0.499\ 537\ 958$，$P \geqslant 0.05$，故不拒绝 H_0.

本节讨论了一个总体均值的检验问题，在应用中，先要弄清各种方法的适用场合，是大样本还是小样本，总体是否服从正态分布，总体方差是否已知等.对于无法确定总体是否服从正态分布的小样本情形，除了考虑选择其他检验方法（如非参数检验）之外，还可以通过增加样本量来达到大样本标准（一般要求超过 30），从而将小样本问题转化为大样本下的假设检验问题.

4.2.2 总体比率的检验

总体比率是指总体中具有某种相同特征的个体所占的比例，这种特征可以是数值型的（如一定的重量、一定的厚度或一定的规格等），也可以是品质型的（如男女性别、学历等级、职称高低等）.通常用字母 π 表示总体比率，π_0 表示对总体比率的某一假设值，p 表示样本比率.总体比率的检验与前面介绍的总体均值检验基本上是相同的，区别只在于参数和检验统计量的形式不同.所以总体均值检验的整个程序都可以作为总体比率检验的参考，甚至有很多内容可以完全平行的套用.因此，这里综合介绍总体比率的检验方法，而且只考虑大样本情况下的总体比率的检验.

在构造检验统计量时，仍然利用样本比率 p 与总体比率 π 之间的距离等于多少个标准差来衡量，因为在大样本情形下统计量 p 近似服从正态分布，而检验统计量：

$$z=\frac{p-\pi_0}{\sqrt{\frac{\pi_0(1-\pi_0)}{n}}} \tag{4-5}$$

则近似服从标准正态分布.

在给定显著性水平 α 的条件下，总体比率检验的显著性水平、拒绝域和临界值的图示可参考图 4.1. 表 4.6 总结了大样本情况下总体比率检验的一般方法.

表 4.6　大样本情况下，一个总体比率的检验方法

假设	双侧检验	左侧检验	右侧检验
假设形式	$H_0:\pi=\pi_0, H_1:\pi\neq\pi_0$	$H_0:\pi\geqslant\pi_0, H_1:\pi<\pi_0$	$H_0:\pi\leqslant\pi_0, H_1:\pi>\pi_0$
统计量	$z=\frac{p-\pi_0}{\sqrt{\frac{\pi_0(1-\pi_0)}{n}}}$		
拒绝域	$\lvert z\rvert>z_{\alpha/2}$	$z<-z_\alpha$	$z>z_\alpha$
P 值决策	$P<\alpha$，拒绝 H_0		

例 4.8　某著名医生声称有 75% 的女性所穿的鞋子过小，一个研究组织对 365 名女性做了调查，发现基中有 313 名女性所穿的鞋子号码至少小一号，在显著性水平 $\alpha=0.05$ 时，能否验证医生的论断正确.

解　研究机构想证明的是医生所声称的说法是否属实，也就是穿鞋子过小的女性比例是否等于 75%，因此提出的原假设和备择假设为

$$H_0:\pi=75\%,\quad H_1:\pi\neq75\%$$

样本比例：

$$p=\frac{313}{365}=0.857\ 5$$

检验统计量：

$$z=\frac{p-\pi_0}{\sqrt{\frac{\pi_0(1-\pi_0)}{n}}}\ \frac{0.857\ 5-0.75}{\sqrt{\frac{0.857\ 5\times(1-0.857\ 5)}{365}}}=5.875$$

$\lvert z\rvert>z_{\alpha/2}=1.96$ 成立.

因此决策为拒绝 H_0，即该医生的说法并不属实. 拒绝域示意图如图 4.11 所示.

由 Excel 计算出相应的 P 值，也可做出相同的结论.

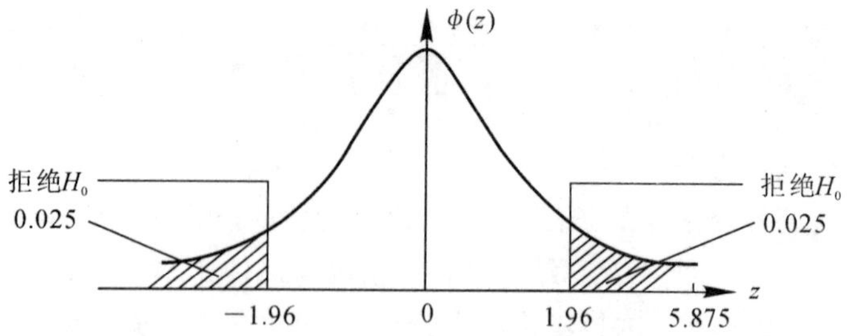

图 4.11　拒绝域和临界值示意图

4.2.3　总体方差的检验

对于许多生产和生活领域而言，仅仅保证所观测到的样本均值维持在特定水平范围之内并不意味着整个过程的运转正常，方差的大小是否适度则是需要考虑的另一个重要因素. 一个方差大的产品自然意味着其质量和性能不稳定. 因此，总体方差 σ^2 的检验也是假设检验的重要内容之一.

与总体均值和总体比率检验所通常使用的抽样分布（正态分布或 t 分布）不同，一个总体方差的检验用的是 χ^2 分布. 此外，总体方差的检验，不论样本量 n 是大是小，都要求总体服从正态分布，这是由检验统计量的抽样分布决定的. 用 σ_0^2 表示假定的总体方差的某一取值，总体方差检验的统计量为

$$\chi^2=\frac{(n-1)s^2}{\sigma_0^2} \tag{4-6}$$

表 4.7 总结了一个总体方差检验的方法.

表 4.7　一个总体方差检验的规则

	双侧检验	左侧检验	右侧检验
假设形式	$H_0:\sigma^2=\sigma_0^2, H_1:\sigma^2\neq\sigma_0^2$	$H_0:\sigma^2\geqslant\sigma_0^2, H_1:\sigma^2<\sigma_0^2$	$H_0:\sigma^2\leqslant\sigma_0^2, H_1:\sigma^2>\sigma_0^2$
统计量	$\chi^2=\frac{(n-1)s^2}{\sigma_0^2}$		
拒绝域	$\chi^2>\chi^2_{\alpha/2}(n-1)$ 或 $\chi^2<\chi^2_{1-\alpha/2}(n-1)$	$\chi^2<\chi^2_{1-\alpha}(n-1)$	$\chi^2>\chi^2_{\alpha}(n-1)$
P 值决策	$P<\alpha$，拒绝 H_0		

例 4.9　啤酒生产企业采用自动生产线灌装啤酒，每瓶的装填量为 640 mL，但由于受某些不可控因素的影响，每瓶的装填量会有差异. 此时，不仅每瓶的平均装填量很重要，装填量的方差同样很重要. 如果方差很大，会出现装填量太多或太

少的情况，这样要么生产企业不划算，要么消费者不满意．假定生产标准规定每瓶装填量的标准差不应超过和不应低于 4 mL．企业质检部门抽取了 10 瓶啤酒进行检验，得到的样本标准差为 $s=3.8$ mL．试以 0.10 的显著性水平检验装填量的标准差是否符合要求．

解　依题意提出如下假设：$H_0:\sigma^2=4^2$，$H_1:\sigma^2\neq 4^2$．

统计量：

$$\chi^2=\frac{(10-1)\times 3.8^2}{4^2}=8.1225$$

查表得 $\chi^2_{0.05}(9)=16.9190$，$\chi^2_{0.95}(9)=3.32511$，因此 $\chi^2_{0.95}(9)<\chi^2<\chi^2_{0.05}(9)$．

决策：不拒绝 H_0．

结论：样本提供的证据还不足以推翻“装填量的标准差符合要求”的看法．拒绝域如图 4.12 所示．

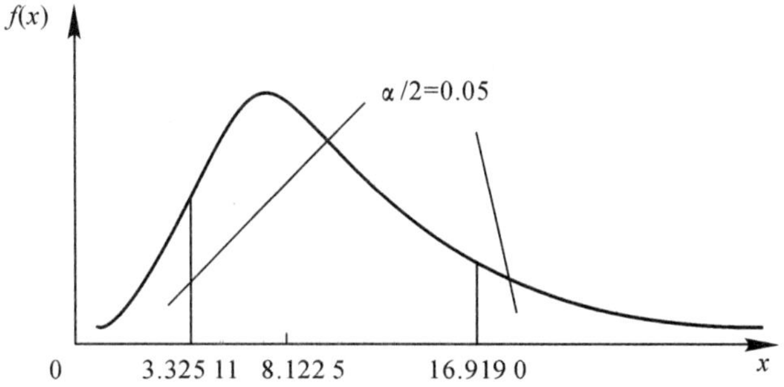

图 4.12　双侧检验的拒绝域级临界值

上面的检验，也可以调用 Excel 统计函数中的 CHIDIST 函数计算 P 值做出决策．

实际应用中，右侧检验是最为常见的总体方差检验方式，因为一般来说，在设计时间、含量、尺寸等测度的场合，人们总是希望其变化幅度很小，也就是有较小的方差，大的方差往往不被接受．针对这种情况，人们通常将“总体方差大于某一最大容许值”为备择假设，其对立面为原假设，再利用右侧检验的检验程序作出决策．当然，与总体均值和总体比率一样，也可以进行其他形式的总体方差检验．

4.3　两个总体参数的检验

两个总体参数的检验包括两个总体均值之差 $\mu_1-\mu_2$ 检验、两个总体比率之差 $\pi_1-\pi_2$ 的检验和两个总体方差比 σ_1^2/σ_2^2 的检验，检验的程序可仿照一个总体参数的检验进行．

4.3.1 两个总体均值差的检验

与参数估计类似，根据样本获取方式的不同，两个总体均值的检验也分为独立样本和匹配样本两种形式，而且也有大样本和小样本之分.

1. 两个总体均值之差的检验：独立样本

两个总体均值之差检验的统计量是以两个样本均值之差 $\bar{x}_1-\bar{x}_2$ 的抽样分布为基础构造的. 对于大、小样本两种情形，由于两个样本均值之差经标准化后分布不同，因而检验的统计量也略有差异.

(1) 大样本的检验方法. 在大样本情况下，两个样本均值之差 $\bar{x}_1-\bar{x}_2$ 的抽样分布近似服从正态分布，而 $\bar{x}_1-\bar{x}_2$ 经过标准化后则服从标准正态分布. 如果两个总体的方差已知，则采用下面的检验统计量：

$$z=\frac{(\bar{x}_1-\bar{x}_2)-(\mu_1-\mu_2)}{\sqrt{\frac{\sigma_1^2}{n_1}+\frac{\sigma_2^2}{n_2}}} \tag{4-7}$$

当两个总体方差 σ_1^2,σ_2^2 未知，可以分别用样本方差 s_1^2,s_2^2 替代，此时检验统计量为

$$z=\frac{(\bar{x}_1-\bar{x}_2)-(\mu_1-\mu_2)}{\sqrt{\frac{s_1^2}{n_1}+\frac{s_2^2}{n_2}}} \tag{4-8}$$

根据假设检验思路，可以将两个总体均值之差的检验方法进行概括，如表 4.8 所示.

表 4.8 独立大样本情况下两个总体均值之差的检验方法

假设		双侧检验	左侧检验	右侧检验
假设形式		$H_0:\mu_1-\mu_2=0$ $H_1:\mu_1-\mu_2\neq 0$	$H_0:\mu_1-\mu_2\geqslant 0$ $H_1:\mu_1-\mu_2<0$	$H_0:\mu_1-\mu_2\leqslant 0$ $H_1:\mu_1-\mu_2>0$
统计量	σ_1^2,σ_2^2 已知	$z=\frac{(\bar{x}_1-\bar{x}_2)-(\mu_1-\mu_2)}{\sqrt{\frac{\sigma_1^2}{n_1}+\frac{\sigma_2^2}{n_2}}}$		
	σ_1^2,σ_2^2 未知	$z=\frac{(\bar{x}_1-\bar{x}_2)-(\mu_1-\mu_2)}{\sqrt{\frac{s_1^2}{n_1}+\frac{s_2^2}{n_2}}}$		
拒绝域		$\|z\|>z_{\alpha/2}$	$z<-z_\alpha$	$z>z_\alpha$
P 值决策		$P<\alpha$，拒绝 H_0		

例 4.10 某生产线是按照两种装配操作的平均装配时间之差为 5 min 而设计的，两种装配操作的独立样本产生的资料见表 4.9. 对于 $\alpha=0.02$，检验平均装配时间之差是否等于 5 min.

表 4.9 两个操作的独立样本

操作 A	操作 B
$n_1=100$	$n_2=50$
$\bar{x}_1=14.8$ min	$\bar{x}_2=10.4$ min
$s_1=0.8$ min	$s_2=0.6$ min

解 $H_0:\mu_1-\mu_2=5, H_1:\mu_1-\mu_2\neq 5$

检验统计量：

$$z=\frac{\bar{x}_1-\bar{x}_2-5}{\sqrt{\frac{s_1^2}{n_1}+\frac{s_2^2}{n_2}}}=-5.145$$

与 $\alpha=0.02$ 对应的两个临界值分别是 2.33 和 −2.33，$|z|=5.145>z_{\alpha/2}=2.33$. 其拒绝域如图 4.13 所示.

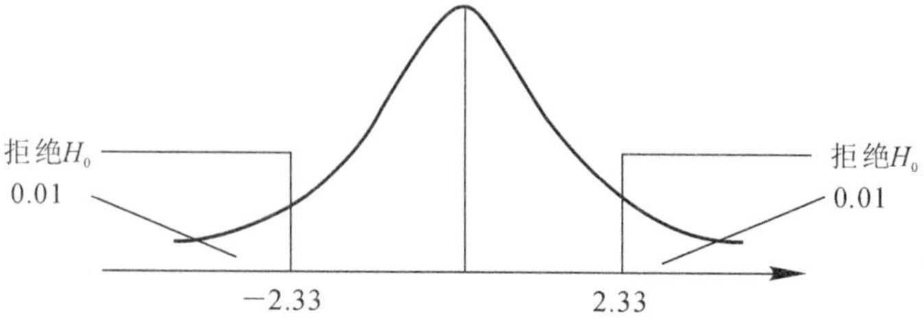

图 4.13 装配时间双侧检验的拒绝域

决策：拒绝原假设.

(2) 小样本的检验方法. 当两个样本都为独立小样本的情况下，检验两个总体的均值之差时，需要假定两个总体都服从正态分布. 检验时有以下 3 种情况：

1) 两个总体都是正态分布，且 σ_1^2,σ_2^2 已知时，检验统计量：

$$z=\frac{(\bar{x}_1-\bar{x}_2)-(\mu_1-\mu_2)}{\sqrt{\frac{\sigma_1^2}{n_1}+\frac{\sigma_2^2}{n_2}}}\sim N(0,1)\text{(同公式 4-7)}$$

2) 两个总体都是正态分布，σ_1^2,σ_2^2 未知，但 $\sigma_1^2=\sigma_2^2$ 时，检验统计量：

$$t=\frac{(\bar{x}_1-\bar{x}_2)-(\mu_1-\mu_2)}{s_p\sqrt{\frac{1}{n_1}+\frac{1}{n_2}}}\sim t(n_1+n_2-2) \quad (4-9)$$

其中，$s_p^2=\dfrac{(n_1-1)s_1^2+(n_2-1)s_2^2}{n_1+n_2-2}$.

3）两个总体都是正态分布，σ_1^2，σ_2^2 未知，但 $\sigma_1^2\neq\sigma_2^2$ 时，检验统计量：

$$t=\frac{(\bar{x}_1-\bar{x}_2)-(\mu_1-\mu_2)}{\sqrt{\dfrac{s_1^2}{n_1}+\dfrac{s_2^2}{n_2}}}\sim t(v) \tag{4-10}$$

自由度：

$$v=\frac{\left(\dfrac{s_1^2}{n_1}+\dfrac{s_2^2}{n_2}\right)^2}{\dfrac{(s_1^2/n_1)^2}{n_1-1}+\dfrac{(s_2^2/n_2)^2}{n_2-1}} \tag{4-11}$$

式(4-11)计算的自由度一般为非整数，须四舍五入后再查 t 分布表. 表 4.10 总结了独立小样本情况下两个总体均值之差检验的一般方法.

表 4.10　独立小样本情况下两个总体均值之差的检验方法

<table>
<tr><th>假设</th><th>双侧检验</th><th>左侧检验</th><th>右侧检验</th></tr>
<tr><td>假设形式</td><td>$H_0:\mu_1-\mu_2=0$
$H_1:\mu_1-\mu_2\neq0$</td><td>$H_0:\mu_1-\mu_2\geqslant0$
$H_1:\mu_1-\mu_2<0$</td><td>$H_0:\mu_1-\mu_2\leqslant0$
$H_1:\mu_1-\mu_2>0$</td></tr>
<tr><td rowspan="3">检验
统计量</td><td>σ_1^2，σ_2^2 已知</td><td colspan="2">$z=\dfrac{(\bar{x}_1-\bar{x}_2)-(\mu_1-\mu_2)}{\sqrt{\dfrac{\sigma_1^2}{n_1}+\dfrac{\sigma_2^2}{n_2}}}$
拒绝域同前</td></tr>
<tr><td>σ_1^2，σ_2^2 未知，但 $\sigma_1^2=\sigma_2^2$</td><td colspan="2">$t=\dfrac{(\bar{x}_1-\bar{x}_2)-(\mu_1-\mu_2)}{s_p\sqrt{\dfrac{1}{n_1}+\dfrac{2}{n_2}}}$
自由度：n_1+n_2-2</td></tr>
<tr><td>σ_1^2，σ_2^2 未知，但 $\sigma_1^2\neq\sigma_2^2$</td><td colspan="2">$t=\dfrac{(\bar{x}_1-\bar{x}_2)-(\mu_1-\mu_2)}{\sqrt{\dfrac{s_1^2}{n_1}+\dfrac{s_2^2}{n_2}}}$
自由度见式(4-11)</td></tr>
<tr><td>α 与拒绝域</td><td>$|t|>t_{\alpha/2}$</td><td>$t<-t_\alpha$</td><td>$t>t_\alpha$</td></tr>
<tr><td>P 值决策规则</td><td colspan="3">$P<\alpha$，拒绝 H_0</td></tr>
</table>

例 4.11　甲、乙两台机床同时加工某种同类型的零件，已知两台机床加工的零件直径(单位：cm)分别服从正态分布，并且有 $\sigma_1^2=\sigma_2^2$. 为比较两台机床的加工精度有无显著差异，分别独立抽取了甲机床加工的 8 个零件和乙机床加工的 7 个零件，通过测量得到如下数据，见表 4.11.

表 4.11　两台机床加工零件的样本数据　　　单位:cm

甲	20.5	19.8	19.7	20.4	20.1	20.0	19.0	19.9
乙	20.7	19.8	19.5	20.8	20.4	19.6	20.2	

在 $\alpha=0.05$ 的显著性水平下，样本数据是否支持"两台机床加工的零件直径不一致"的看法？

解　提出的原假设和备择假设为 $H_0:\mu_1-\mu_2=0;H_1:\mu_1-\mu_2\neq 0$.

检验统计量

$$t=\frac{(\bar{x}_1-\bar{x}_2)}{s_p\sqrt{1/n_1+1/n_2}}=-0.855$$

其中

$$s_p^2=\frac{(n_1-1)s_1^2+(n_2-1)s_2^2}{n_1+n_2-2}=0.2425$$

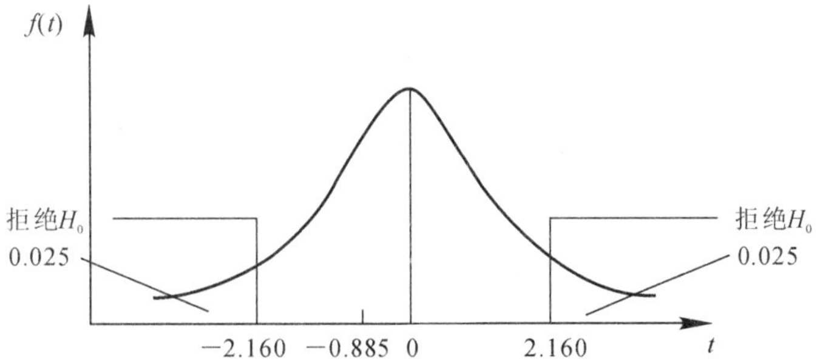

图 4.14　双侧检验的拒绝域

自由度 13，$\alpha=0.05$ 对应的 t 分布临界值分别是 ± 2.160，检验统计量的值没有落入拒绝域，因而不拒绝原假设. 即在 $\alpha=0.05$ 时，没有理由认为甲、乙两台机床的零件直径不同(见图 4.14).

用 Excel 进行检验具体步骤如下：

第 1 步：将原始数据输入到 Excel 工作表格中.

第 2 步：选择"工具"下拉菜单并选择"数据分析"选项.

第 3 步：在"数据分析"对话框中选择"t-检验：双样本等方差假设".

第 4 步：当对话框出现后，在"变量 1 的区域"方框中输入第 1 个样本的数据区域；在"变量 2 的区域"方框中输入第 2 个样本的数据区域；在"假设平均差"方框中输入假定的总体均值之差(本例中不填，默认为 0)；在"α"方框中输入给定的显著性水平(本例为 0.05) 在"输出选项"选择计算结果的输出位置，然后"确定". 上述过程如图 4.15 所示.

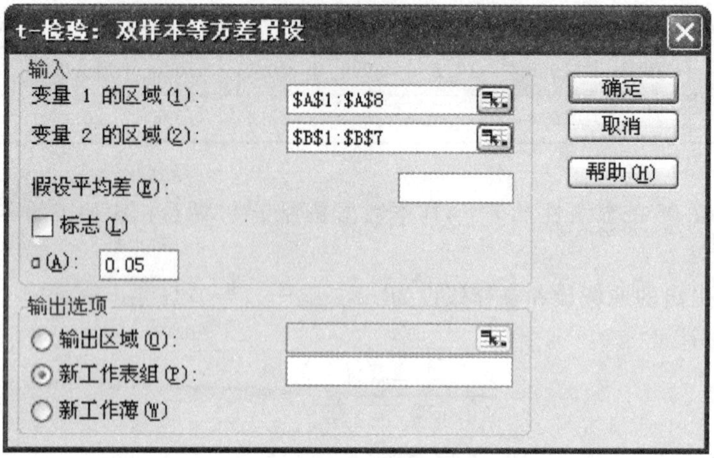

图 4.15　Excel 的检验过程

Excel 将给出的本例检验结果，见表 4.12.

表 4.12　Excel 输出的检验结果

t-检验:双样本等方差假设		
	变量 1	变量 2
平均	19.925	20.142 857 14
方差	0.216 428 571	0.272 857 143
观测值	8	7
合并方差	0.242 472 527	
假设平均差	0	
df	13	
t Stat	−0.854 848 035	
P(T<=t) 单尾	0.204 056 849	
t 单尾临界	1.770 933 383	
P(T<=t) 双尾	0.408 113 698	
t 双尾临界	2.160 368 652	

由于例题中提出的是双侧检验，因而只需要将检验统计量的值与输出结果中的“t 双尾临界”值进行比较，或是将“P(T<=t) 双尾”值 0.408 113 698 与 $\alpha=0.05$ 进行比较，就可以得到相同的决策结果.

例4.12 以例4.11为背景，假定两台机床加工的零件直径(单位:cm)分别服从正态分布，并且有$\sigma_1^2 \neq \sigma_2^2$. 在$\alpha=0.05$的显著性水平下，利用Excel检验样本数据是否提供证据支持“两台机床加工的零件直径不一致”的看法.

解 根据给定的条件，应采用公式(4-10)给出的统计量. 在采用Excel进行检验时，与例4.11给出的步骤一样，只需要将第3步中的“t-检验:双样本等方差分析”改选成“t-检验:双样本异方差假设”即可. 由Excel给出的检验结果如表4.13所示.

表4.13 方差不相等时Excel输出的检验结果

t-检验:双样本异方差假设		
	变量1	变量2
平均	19.925	20.142 857 14
方差	0.216 428 571	0.272 857 143
观测值	8	7
假设平均差	0	
df	12	
t Stat	−0.847 794 808	
P(T<=t) 单尾	0.206 571 505	
t 单尾临界	1.782 287 548	
P(T<=t) 双尾	0.413 143 011	
t 双尾临界	2.178 812 827	

由于“P(T<=t) 双尾”值=0.408 113 698>$\alpha=0.05$，因而不拒绝原假设，没有理由认为甲、乙两台机床加工的零件直径不一致.

2. 两个总体均值之差的检验:匹配样本

独立样本提供的数据值可能因为样本个体在其他因素方面的“不同质”而对它们所提供的有关总体均值的信息产生干扰. 为有效地排除样本个体之间这些“额外”差异带来的误差，可以考虑选用匹配样本. 令

d_i:第i个配对样本数据的差值，$i=1,\cdots,n$;

$\bar{d}$:样本差值的均值:$\bar{d}=\dfrac{\sum_{i=1}^{n} d_i}{n}$;

s_d:样本差值标准差:$s_d=\sqrt{\dfrac{\sum\limits_{i=1}^{n}(d_i-\overline{d})^2}{n-1}}$;

假定两个总体配对差值构成的总体服从正态分布;配对差是由差值总体随机抽取的,设 d_0 为两个总体均值的差值,则

$$z=\frac{\overline{d}-d_0}{s_d/\sqrt{n}}\sim N(0,1) \tag{4-12}$$

如果是小样本,则选择检验统计量

$$t=\frac{\overline{d}-d_0}{s_d/\sqrt{n}}\sim t(n-1) \tag{4-13}$$

表 4.14 给出了在匹配小样本情况下两个单位均值之差以检验方法.

表 4.14 匹配小样本情况下两个总体均值之差的检验方法

假设	双侧检验	左侧检验	右侧检验
假设形式	$H_0:\mu_1-\mu_2=0$ $H_1:\mu_1-\mu_2\neq 0$	$H_0:\mu_1-\mu_2\geqslant 0$ $H_1:\mu_1-\mu_2<0$	$H_0:\mu_1-\mu_2\leqslant 0$ $H_1:\mu_1-\mu_2>0$
统计量	$t=\dfrac{\overline{d}-d_0}{s_d/\sqrt{n}}$		
拒绝域	$\lvert t\rvert>t_{\alpha/2}(n-1)$	$t<-t_\alpha(n-1)$	$t>t_\alpha(n-1)$
P 值决策	$P<\alpha$,拒绝 H_0		

例 4.13 某饮料公司开发研制出一新产品,为比较消费者对新老产品口感的满意程度,该公司随机抽选一组消费者(8 人),每个消费者先品尝一种饮料,然后再品尝另一种饮料,两种饮料的品尝顺序是随机的,而后每个消费者要对两种饮料分别进行评分(0 ~ 10 分).

结果见表 4.15.

表 4.15 两种饮料平均等级的样本数据

旧饮料	5	4	7	3	5	8	5	6
新饮料	6	6	7	4	3	9	7	6

取显著性水平 $\alpha=0.05$,该公司是否有证据认为消费者对两种饮料的评分存在显著差异?

解 依据题意建立原假设与备择假设为 $H_0:\mu_1-\mu_2=0$;$H_1:\mu_1-\mu_2\neq 0$.

利用 Excel 中的“t -检验：平均值的成对二样本分析”给出的检验结果见表 4.16.

第 1 步：选择“工具”下拉菜单，并选择“数据分析”选项.

第 2 步：在分析工具中选择“t 检验：平均值的成对二样本分析”.

第 3 步：出现对话框后；在“变量 1 的区域”方框内键入数据区域；在“变量 2 的区域”方框内键入数据区域；在“假设平均差”方框内键入假设的差值(这里为 0)；在“α”框内键入给定的显著性水平.

输出结果如表 4.16 所示.

表 4.16 Excel 输出的检验结果

t -检验：成对双样本均值分析		
	变量 1	变量 2
平均	5.375	6
方差	2.553 571 429	3.428 571 429
观测值	8	8
泊松相关系数	0.724 206 824	
假设平均差	0	
df	7	
t Stat	−1.357 241 785	
P(T <= t) 单尾	0.108 418 773	
t 单尾临界	1.894 578 604	
P(T <= t) 双尾	0.216 837 546	
t 双尾临界	2.364 624 251	

由于“P(T <= t) 双尾”值 $=0.216\,837\,546>\alpha=0.05$，因而不拒绝原假设，即没有足够的证据支持“消费者对新老饮料的评分有显著差异”.

4.3.2 两个总体比率差的检验

两个总体比率之差 $\pi_1-\pi_2$ 的检验思路与一个总体比率的检验类似，只是由于涉及两个总体，在形式上相对复杂一些.

当 $n_1p_1, n_1(1-p_1), n_2p_2$ 和 $n_2(1-p_2)$ 都大于等于 5 时，就可以认为是大样本，根据两个总体比率之差的抽样分布，可以得到两个总体比率之差的检验统计量：

$$z=\frac{(p_1-p_2)-(\pi_1-\pi_2)}{\sqrt{\dfrac{\pi_1(1-\pi_1)}{n_1}+\dfrac{\pi_2(1-\pi_2)}{n_2}}} \tag{4-14}$$

由于 π_1, π_2 是未知的，因此需要用样本比率 p_1, p_2 来代替，当检验 $\pi_1-\pi_2$ 是否为 0

时，此时 $\pi_1=\pi_2=\pi$ 的最佳估计量是将两个样本合并后得到的合并比率 p. 设 x_1 为样本 1 中具有某种属性的样本个数，x_2 为样本 2 中具有某种属性的样本个数，则合并后的比率为

$$p=\frac{x_1+x_2}{n_1+n_2}=\frac{p_1n_1+p_2n_2}{n+n_2} \tag{4-15}$$

因此式(4-14)的检验统计量现在为

$$z=\frac{p_1-p_2-(\pi_1-\pi_2)}{\sqrt{p(1-p)\left(\frac{1}{n_1}+\frac{1}{n_2}\right)}} \tag{4-16}$$

例 4.14 在旅游业中，特定目的地的旅游文化由旅游手册提供，这种小册子由旅游管理当局向有需要的旅游者免费提供. 有人曾进行过一项研究，内容是调查信息的追求者(即需要旅游手册者)与非追求者之间在种种旅游消费方面的差别. 两个独立随机样本分别由 288 名信息追求者和 367 名非信息追求者组成. 对样本成员就他们最近一次离家两天或两天以上的愉快旅行或度假提出若干问题. 问题之一是："你这次度假是积极的(即主要包括一些富有挑战性的事件或教育活动)，还是消极的(即主要是休息和放松)？" 每个样本中消极休假的人数列于表 4.17 中. 试问：这些数据是否提供了充分证据，说明信息追求者消极度假的可能性比非信息追求者小？显著性水平 $\alpha=0.10$.

表 4.17 信息追求者与非信息追求者的消极度假人数

	信息追求者	非信息追求者
被调查人数	288	367
消极度假人数	197	301

解 设 $\pi_1=$信息追求者消极度假的比例，$\pi_2=$非信息追求者消极度假的比例. 依据题意提出的原假设与备择假设应为 $H_0:\pi_1-\pi_2\geqslant 0, H_1:\pi_1-\pi_2<0$.

$$p_1=\frac{197}{288}=0.684,\quad p_2=\frac{301}{367}=0.82,\quad p=\frac{197+301}{288+367}=0.76$$

检验统计量：

$$z=\frac{0.684-0.82}{\sqrt{0.76\times(1-0.76)\times\left(\frac{1}{288}+\frac{1}{367}\right)}}=-4.045$$

由于 $z=-4.045<-z_{0.10}=-1.29$，因而拒绝原假设，样本提供的证据支持"信息追求者消极度假的可能性比非信息追求者小"这一看法.

Excel 计算的 P 值为 0.000 026 162 < 0.10，同样拒绝原假设.

4.3.3　两个总体方差比的检验

两个总体方差进行比较时，通常是对其比值 σ_1^2/σ_2^2 进行判断，这是因为当两个样本是从两个正态总体中分别独立地抽取时，方差比 σ_1^2/σ_2^2 的抽样分布是我们熟悉的. 通常将原假设和备择假设的形式表示为方差比和 1 之间的比较关系.

由于样本方差比 s_1^2/s_2^2 是两个总体方差比 σ_1^2/σ_2^2 的理想估计量，当独立的从两个正态总体里抽取容量为 n_1, n_2 的两组样本时，检验统计量为

$$F=\frac{s_1^2}{s_2^2}\left[\text{或 } F=\frac{s_2^2}{s_1^2}\right] \tag{4-17}$$

在实际应用中，为保证拒绝域总出现在抽样分布的右侧，两个总体的双侧检验通常是用较大的样本的方差除以较小的样本的方差，这样决策时，只需要将检验统计量的值与右侧的 $\alpha/2$ 分位数比较即可做出判断. 而当单侧检验时，也可以将任何一个单侧检验问题安排为右侧检验，而 F 分布右侧的任何分位数都可以查表得到或由 Excel 算出.

表 4.18 给出了两个总体方差比的检验方法总结.

表 4.18　两个总体方差比的检验方法的总结

假设	双侧检验	左侧检验	右侧检验
假设形式	$H_0:\sigma_1/\sigma_2=1$, $H_1:\sigma_1/\sigma_2\neq 1$	$H_0:\sigma_1^2/\sigma_2^2\geqslant 1$, $H_1:\sigma_1^2/\sigma_2^2<1$	$H_0:\sigma_1^2/\sigma_2^2\leqslant 1$, $H_1:\sigma_1^2/\sigma_2^2>1$
统计量	$F=s_1^2/s_2^2$ [或 $F=s_2^2/s_1^2$]		
拒绝域	$F>F_{\alpha/2}(n_1-1,n_2-1)$ 或 $F<F_{1-\alpha/2}(n_1-1,n_2-1)$	$F<F_{1-\alpha}(n_1\quad 1,n_2-1)$	$F>F_{\alpha}(n_1-1,n_2-1)$

例 4.15　一家房产公司准备购进一批灯泡，公司打算在两个供货商之间选择一家购买. 这两家供货商生产的灯泡平均使用寿命差别不大，价格也很相近，考虑的主要因素就是灯泡使用寿命的方差大小. 为此，公司管理人员对两家供货商提供的样品进行了检测，得到的数据见表 4.19.

表 4.19　两家供货商灯泡使用寿命数据　　单位：h

供货商 1	650	569	622	630	596
	637	628	706	617	624
	563	580	711	480	688
	723	651	569	709	632

续 表　　　　单位:h

供货商 2	568	540	596	555	617
	496	646	607	562	539
	589	636	529	584	681

检验两家供货商灯泡使用寿命的方差是否有显著差异($\alpha=0.05$).

解　本例中关注的是两个总体方差是否存在显著差异,因而为双侧检验问题.建立的原假设与备择假设如下:

$$H_0:\sigma_1^2/\sigma_2^2=1,\quad H_1:\sigma_1^2/\sigma_2^2\neq 1$$

用 Excel 进行检验:

第 1 步:选择"工具"下拉菜单,并选择"数据分析"选项.

第 2 步:在分析工具中选择"F -检验 双样本方差"

第 3 步:出现对话框后,在"变量 1 的区域"方框内键入数据区域;在"变量 2 的区域"方框内键入数据区域,在"α"框内键入给定的显著性水平,选择输出区域,选择"确定"输出结果如表 4.20 所示.

表 4.20　Excel 输出的检验结果

F -检验 双样本方差分析		
	变量 1	变量 2
平均	629.25	583
方差	3 675.460 526	2 431.428 57
观测值	20	15
df	19	14
F	1.511 646 515	
P(F <= f) 单尾	0.217 541 513	
F 单尾临界	2.860 721 536	

$P=2\times 0.217\ 541\ 513=0.435\ 083\ 027$,由于 $P\geqslant\alpha$,故不拒绝原假设.

4.4　非参数假设检验

非参数检验(nonparametric tests)是相对于参数检验而言的.参数检验是一种适用于一些特定环境下的检验,但在许多实际问题中,人们往往对总体的分布形式知之甚少,很难有正确的假定,这样就不满足参数检验的条件,也就不能用参数检验方法了.假定总体分布的具体形式未知,而是从样本数据本身来获得所需信息，对总体分布的类型和位置进行检验，这称为非参数检验. 非参数检验的特点是：

(1) 从非参数检验的前提条件看，仅要求“观测值是独立的”“变量具有连续性”等简单假设，不要求确保样本所属的总体符合某种理论分布. 检验不受总体分布形状的限制，使得适用范围更为广泛.

(2) 从非参数检验方法对原始数据的要求看，它不要求有很精确的计量值，可以使用分类数据和顺序数据，非参数检验的处理方法大都基于低精度数据，因而它几乎可以处理任何类型的数据.

(3) 从非参数检验方法的效率看，虽然非参数检验的计算方法名目繁多，有时对某类数据的算法就有多种，但其表现形式一般比较简单并易于理解，依照不同类型数据的不同算法，效率也不同. 研究表明，多数常用的非参数检验方法的效能是参数检验方法的 95% 左右. 也就是说，通过 95 次独立观察获得的数据能够保证参数检验所要达到的精度，那么若用非参数检验方法，则需要 100 次的独立观察. 总之，非参数检验需要更大的样本容量来保证所要求的检验精度.

本节介绍单样本非参数检验(single-sample nonparametric test)的常用方法：χ^2 拟合优度检验、$K-S$ 检验、符号检验和游程检验，以及列联表与 χ^2 的独立性检验.

4.4.1 单样本非参数检验

对获取的样本资料，往往最希望了解其所属总体的分布形态是否与已知的理论分布相吻合，或它们是否具有随机性. 人们可以通过绘图作粗略判断，但如果希望得到比较准确的结论，则需要用非参数检验. 下面介绍的方法中，χ^2 检验、$K-S$ 检验和符号检验都属于拟合优度检验，即都是检验属于每一类别的观测数目与根据零假设所得到的期望数目之间是否有显著性差异；游程检验是用来对样本数据随机性进行的检验.

1. χ^2 拟合优度检验(chi-square goodness-of-fit test)

χ^2 拟合优度检验适用于具有明显分类特征的数据. 如要研究消费者对某种产品是否有“颜色”的偏好，可以将 200 位消费者按购买不同颜色的产品分类，得到各颜色购买者的人数. 根据这些样本数据来判断样本所属的总体分布与某一设定分布是否有显著差异，所谓设定分布可以是我们熟悉的理论分布，如正态分布、均匀分布等，也可以是任何想象的分布. 零假设 H_0 是：样本所属总体其分布形态与设定分布无显著差异. 构造下面的 χ^2 统计量：

$$\chi^2 = \sum_{i=1}^{k} \frac{(f_{0i} - f_{ei})^2}{f_{ei}} \tag{4-18}$$

式中，k 是样本分类的个数；f_{0i} 表示实际观察到的频数；f_{ei} 表示设定频数，即理论频数. 可见,若观察频数与设定频数越接近,则 χ^2 值越小. 根据皮尔逊定理,当 n 充分大时,χ^2 统计量渐近服从于自由度为 $k-1$ 的 χ^2 分布. 我们可以计算出 χ^2 统计量,判断有两种方法:

一是依据 χ^2 分布表,给出所对应的概率值,若该概率值小于或等于给定的显著性水平,则拒绝 H_0,即样本所属的总体分布形态与设定的分布存在显著差异;如果该概率值大于给定的显著性水平,则不能拒绝 H_0,即没有理由认为样本所属的总体分布形态与设定分布有显著差异.

二是依据 χ^2 分布表,给出 α 所对应的临界值 χ^2_α,如果 χ^2 统计量大于或等于临界值,则拒绝 H_0,认为样本所属的总体分布形态与设定分布存在显著差异;如果 χ^2 统计量小于临界值,则不能拒绝 H_0.

因为奠定检验基础的皮尔逊定理要求样本充分大,所以在搜集资料时必须要保证样本容量不小于 50,同时每个单元中的期望频数不能太小,如果第一次分类时有单元中的频数小于5,则须将它与相邻组进行合并,若20%的单元理论频数 f_e 小于 5,则不能用 χ^2 检验. 另外,当总体中含未知参数时,可先通过样本估计,然后作检验,但应注意降低 χ^2 分布的自由度,其降低量等于未知参数个数.

例 4.16 某企业生产线上星期一至星期五的不合格产品数量见表 4.21,试检验 5 个不同工作日的产品不合格率是否相同($\alpha=0.05$).

表 4.21 一周不合格产品统计表

工作日	星期一	星期二	星期三	星期四	星期五
不合格品数 / 个	36	32	16	15	35

解 H_0:5 个不同工作日的产品不合格数相同;H_1:5 个不同工作日的产品不合格数不相同.

不合格品数的实际数是134,所以其理论值为 $134\div5=26.8$. 表 4.22 是相关数据的计算.

表 4.22 χ^2 统计量的计算表

工作日	不合格品数实际值	不合格品数理论值	$f_{0i}-f_{ei}$	$\frac{(f_{0i}-f_{ei})^2}{f_{ei}}$
星期一	36	26.8	9.2	3.158 2
星期二	32	26.8	5.2	1.009 0
星期三	16	26.8	−10.8	4.352 2
星期四	15	26.8	−11.8	5.195 5
星期五	35	26.8	8.2	2.509 0
合计	134	134		16.223 9

χ^2 统计量为 16.223 9，其对应的近似概率值为 0.002 7. 由于 0.002 7 < 0.05，因而拒绝 H_0，即 5 天工作日中各天的产品不合格率是不相同的.

例 4.17　接上题，有人认为产品的不合格率与工人的情绪有关，星期一刚来上班情绪最不稳，不合格率为 30%，星期二、五的不合格率次之，为 25%，而星期三、四的不合格率仅为 10%，这种观点有道理吗？取 $\alpha=0.05$ 来检验这种说法的正确性.

解　$H_0: \pi_1=30\%, \pi_2=25\%, \pi_3=10\%, \pi_4=10\%, \pi_5=25\%$；$H_1$：至少有一个 $\pi_i(i=1,2,3,4,5)$ 与上述比例不同.

计算在各设定的比例为真的情况下，每天的不合格品数，如星期一的不合格品数为 $134\times30\%=40.2$，星期二的不合格品数为 $134\times25\%=33.5$，…，依次类推. 结果见表 4.23.

表 4.23　χ^2 统计量的计算表

工作日	不合格品数实际值	不合格品数理论值	$f_{0i}-f_{ei}$	$\frac{(f_{0i}-f_{ei})^2}{f_{ei}}$
星期一	36	40.2	−4.2	0.438 8
星期二	32	33.5	−1.5	0.067 2
星期三	16	13.4	2.6	0.504 5
星期四	15	13.4	1.6	0.191 0
星期五	35	33.5	1.5	0.067 2
合计	134	134	—	1.268 7

因为实际的 χ^2 统计量 1.268 7 小于 $\alpha=0.05$ 对应的临界值 9.487 7，或根据 χ^2 统计量对应的概率 0.866 7 大于 α，所以不能拒绝原假设，即没有理由认为假想的比例是错的.

2. 单样本 $K-S$ 检验(1-sample K-S test)

单样本 $K-S$ 检验是一种拟合优度检验，研究样本观察值的分布和设定的理论分布间是否吻合，通过对两个分布差异的分析确定是否有理由认为样本的观察结果来自所设定的理论分布总体.

设 $S_n(x)$ 是一个 n 次观察的随机样本观察值的累积概率分布函数，即经验分布函数；$F_0(x)$ 是一个特定的累积概率分布函数，即理论分布函数. 定义 $D=|S_n(x)-F_0(x)|$，显然若对每一个 x 值来说，$S_n(x)$ 与 $F_0(x)$ 十分接近，也就是差异很小，则表明经验分布函数与特定分布函数的拟合程度很高，有理由认为样本

数据来自具有该理论分布的总体. $K-S$ 检验主要考察绝对差数 $D=|S_n(x)-F_0(x)|$ 中那个最大的偏差,即用下面的统计量作出判断.

$$D_{\max}=\max\ |S_n(x)-F_0(x)| \tag{4-19}$$

$K-S$ 检验的步骤:

第 1 步:提出假设,$H_0:S_n(x)=F_0(x)$,$H_1:S_n(x)\neq F_0(x)$.

第 2 步:计算各个 D,找出统计量 $D_{\max}$.

第 3 步:查找临界值.根据给定的显著性水平 α 和样本数据个数 n,查单样本 $K-S$ 检验统计量表可以得到临界值 D_α.

第 4 步:作出判定.若 $D_{\max}\geqslant D_\alpha$,拒绝 H_0;若 $D_{\max}<D_\alpha$,则不能拒绝 H_0.

χ^2 检验与 $K-S$ 检验均属拟合优度检验,χ^2 检验常用于分类数据,而 $K-S$ 检验还可以运用于顺序数据.当预期频数较小时,χ^2 检验常须合并邻近的类别才能计算,$K-S$ 检验则不需要,因而它能比 χ^2 检验保留更多的信息.

3. 符号检验(Sign Test)

符号检验是一种利用正、负号的数目对某种假设作出判定的非参数检验方法.它不要求知道被检验量的分布规律,仅依据某种特定的正、负号之数目多少来对某种假定做出检验,直观、简便、易于理解,常被用于检验总体的均值、中位数等参数是否为某一数值,或判断总体分布有无变化.在实际中,碰到无法用数字去描述的问题时,符号检验法就是一种简单而有效的检验方法.我们通过实例来说明符号检验法的基本思想和检验步骤.

例 4.18 为检验产品的质量,从生产线上随机抽取 20 件产品进行检验.按规定该产品的半径应该是 10 cm,结果发现大于 10 cm 的有 13 件,小于 10 cm 的有 7 件,问能否认为该产品的半径符合要求?

解 (1) 构建统计量.如果产品直径的平均数是 10 cm,就意味着样本点 x_1,x_2,…,x_n(本例中 $n=20$) 小于和大于 10 的概率相同,记作 $P_-=P_+=0.5$.可见,如果每一个样本点都以 0.5 的概率小于 μ,也以 0.5 的概率大于 μ,这是一系列的贝努利试验,小于 μ 的样本点个数(符号为负,记作 S_-)与大于 μ 的样本点个数(符号为正,记作 S_+)均服从均值为 $n/2$、方差为 $n/4$ 的二项分布. S_- 和 S_+ 可作检验统计量.

提出假设. $H_0\mu=10$,$H_1:\mu\neq 10$.

查表判断.根据一定的显著性水平 α 和符号总数目 n 查《符号检验界域表》(见附表 6),求得临界域.如果 S_- 和 S_+ 落在相应的界域以外(含落在界域点上),表明 S_- 和 S_+ 的差异很显著,有理由拒绝 H_0,否则不能拒绝 H_0.

(2) $S_-=7$，$S_+=13$ 又由 $\alpha=0.05$，$n=20$ 查符号检验界域表得临界域为(6,14).

所以落入界域内，故不能拒绝 H_0，即没有足够的理由认为产品直径平均数不是 10 cm.

4. 游程检验(runs test)

游程检验的目的就是检验取值为二分类，并且按时间或某种顺序排列的数列资料是否确实是随机出现的，即各观察对象是否来自同一个总体，并且取值各自独立. 它的具体做法是将连续的相同取值的记录作为一个游程. 比如在投硬币时，如果以 1 表示正面，以 0 表示反面. 在进行了若干次投掷后，将得到一个以 1,0 组成的数据序列，如：11100110110001. 最前面的 3 个 1 为一个游程(run)，游程的长度为 3，随后的两个 0 为第 2 个游程，游程长度为 2，…… 整个序列为七个游程. 出现 1 的次数我们记作 n_1，出现 0 的次数我们记作 n_2，显然 $n_1+n_2=n$；游程的个数记为 R，它是我们的检验统计量.

根据游程数检验的假设，如果序列真的是随机序列，那么游程的总数应当合适. 如果游程的总数极少，就意味样本内部存在着一定的趋势或结构，这可能是由于观察值间不独立，或者是来自不同总体. 极端的例子是数据序列为 1111111100000000；若样本中存在极大量的游程，则可能有系统的短周期波动影响着观察结果，同样不能认为序列是随机的，极端的例子是数据序列为1010101010101010.

游程检验的原假设是 H_0：总体某个变量的变量值出现是随机的，备择假设 H_1：总体某个变量的变量值出现是非随机的.

根据 n_1，n_2 和 α 值检查游程检验临界值表，求得相应的游程临界上限 R_{c1} 和下限 R_{c2}. 如果 $R\geqslant R_{c1}$ 或 $R\leqslant R_{c2}$，则表明游程数太多或太少，应当拒绝 H_0；否则不拒绝 H_0.

例 4.19　考察两种生产方法对生产效率是否有显著影响，随机抽取 9 人用方法 A 生产，11 人用方法 B 生产，记录下这 20 人的日产量：问两种方法对生产效率的影响不同吗？($\alpha=0.05$)

A 方法：75　69　58　79　69　68　57　89　79

B 方法：78　89　98　95　75　78　46　78　96　60　70

解　H_0：两种方法对应的日产量数据出现是随机的.

借助 Excel 工作表完成序列排序，看排序后的方法，该序列就是要检验的，显然 $R=11$(见表 4.24).

表 4.24　R 统计量的计算表

方法	日产量	排序后	方法	日产量
0	75		1	98
0	69		1	96
0	58		1	95
0	79		0	89
0	69		1	89
0	68		0	79
0	57		0	79
0	89		1	78
0	79		1	78
1	78		1	78
1	89		0	75
1	98		1	75
1	95		1	70
1	75		0	69
1	78		0	69
1	46		0	68
1	78		1	60
1	96		0	58
1	60		0	57
1	70		1	46

然后根据 $n_1=9$，$n_2=11$ 和 $\alpha=0.05$ 查游程检验临界值表，求得 $R_{c1}=16$，$R_{c2}=6$，由于 R 落这个界限其中，因而不能拒绝 H_0，即没有理由认为这两种方法对生产效率有显著的影响.

4.4.2　列联表与 χ^2 的独立性检验

列联表（contingency table）又称交互分类表，所谓交互分类（cross classification）是指抽自某一总体的样本同时按照两个或两个以上标志进行分类，将横向的划分类别视为 r,纵向的划分类别视为 c,则每一个的列联表称为 $r\times c$ 列联表.其一般格式见表 4.25.

表 4.25　列联表示意图

		纵向划分				合计
		1	2	…	c	
横向划分	1	f_{11}	f_{12}	…	f_{1c}	$f_{1\cdot}$
	2	f_{21}	f_{22}	…	f_{2c}	$f_{2\cdot}$
	⋮	⋮	⋮	⋮	⋮	⋮
	r	f_{r1}	f_{r2}	…	f_{rc}	$f_{r\cdot}$
合计		$f_{\cdot 1}$	$f_{\cdot 2}$	…	$f_{\cdot c}$	n

列联表可以清楚地反映在某一个固定条件下,另一个分类标志所对应的次数分布情况.表的最下端是每列的总次数,称为行边缘次数,表的最右列是每行的总次数,称为列边缘次数;表中的次数,称为条件次数.

例 4.20　表 4.26 是一个由 220 名饮酒者组成的随机样本,对饮酒者进行酒类型偏好的调查,这是一个最为简单的 2×2 列联表:横向看,反映了在固定性别的条件下,对白酒与啤酒的偏好人数;纵向看,反映了在固定酒类型的条件下,各性别的人数.

表 4.26　性别与饮酒偏好调查表

性别	饮酒偏好		合计
	白酒	啤酒	
男性 / 人	60	50	110
女性 / 人	40	70	110
合计 / 人	100	120	220

直观看似乎饮酒偏好与性别有关,是这样吗?利用列联表的形式,用 χ^2 统计量可以完成对分类数据或顺序数据之间是否独立的检验.基本步骤如下:

第 1 步:建立假设.H_0:两个分类变量之间独立;H_1:两个分类变量之间不独立.

就本例而言,H_0:性别与饮酒偏好无关;H_1:性别与饮酒偏好有关.

第 2 步:计算与列联表中实际次数相对应的期望次数.相对于每一个条件次数

$f_{ij}(i=1,2,\cdots,r,j=1,2,\cdots,c)$ 的理论次数即期望次数记作 e_{ij}，则

$$e_{ij}=\frac{f_{i\cdot}f_{\cdot j}}{n} \tag{4-20}$$

就本例而言，根据公式计算的期望次数见表 4.27.

表 4.27　性别与饮酒偏好的期望次数

性别	饮酒偏好		合计
	白酒	啤酒	
男性／人	50	60	110
女性／人	50	60	110
合计／人	100	120	220

第 3 步：构建统计量. 若 H_0 成立，则条件次数应是理论的预期次数，也就是说，实际次数 f_{ij} 与理论预期次数 e_{ij} 相等，其差值为 0. 但测量结果表明，实际次数 f_{ij} 与理论预期次数 e_{ij} 有差异，这时，可以用其差值的大小来度量两个变量相关的程度. 相差愈大，表明 H_0 为真的可能性愈小；相反，差值愈小，H_0 为真的可能性愈大. 为避免差值的正负抵消，可以采用差值的平方和，这就是 χ^2 统计量：

$$\chi^2=\sum_{i=1}^{r}\sum_{j=1}^{c}\frac{(f_{ij}-e_{ij})^2}{e_{ij}} \tag{4-21}$$

就本例而言，

$$\chi^2=\frac{(60-50)^2}{50}+\frac{(60-40)^2}{50}+\frac{(50-60)^2}{60}+\frac{(70-60)^2}{60}=7.333\ 3$$

第 4 步：查表与判断. 数理统计证明，统计量 χ^2 近似服从自由度 $\mathrm{df}=(r-1)(c-1)$ 的 χ^2 分布. 给定 α 就可以查表获得临界值 χ^2_α. 如果统计量 $\chi^2\geqslant\chi^2_\alpha$，则拒绝 H_0，认为两个分类变量之间不独立；如果 $\chi^2<\chi^2_\alpha$，则不能拒绝 H_0，认为两个分类变量之间是独立的.

本例中取 $\alpha=0.05$，则查表得 $\chi^2_\alpha=3.481$，由于 $\chi^2>\chi^2_\alpha$，因而拒绝 H_0，即认为性别与饮酒偏好有关系.

习　题　4

1. 一条生产线用于生产玻璃纸，正常状态下要求玻璃纸的横向延伸率为 65，质量控制监督人员须定期进行抽检，若证实玻璃纸的横向延伸率不符合规格，该生产线就必须立即停止生产. 监控人员应该怎样提出原假设和备择假设，从而达到判

断该生产线是否运转正常的目的?

2.一家大型超市连锁店上个月接到许多消费者投诉某种品牌炸土豆片 60 g 一袋的那种重量不符.店方猜想引起这些投诉的原因是运输过程中沉积在食品袋底部的土豆片碎屑,但为了使顾客们对花钱买到的土豆片感到物有所值,店方仍然决定对来自于一家最大的供应商的下一批袋装炸土豆片的平均质量(单位:g)μ 进行检验,假设陈述如下:

$$H_0:\mu \geqslant 60;\quad H_1:\mu < 60$$

如果有证据可以拒绝原假设,店方就拒收这批土豆片并向供应商提出诉讼.

(1) 与这一假设检验问题相关联的第 Ⅰ 类错误是什么?

(2) 与这一假设检验问题相关联的第 Ⅱ 类错误是什么?

(3) 你认为连锁店顾客们会将哪类错误看得较为严重?供应商将哪类错误看得较为严重?

3.某种纤维原有的平均强度不超过 6 g,现希望通过改进工艺来提高其平均强度.研究人员测得了 100 个关于纤维的强度数据,发现其均值为 6.35.假定纤维强度的标准差仍保持为 1.19 不变,在 5% 的显著性水平下对该问题进行假设检验.

(1) 选择检验统计量并说明其抽样分布是什么样的.

(2) 检验的拒绝规则是什么?

(3) 计算统计量的值,你的结论是什么?

4.在 20 世纪 70 年代后期人们发现,酿造啤酒时,在麦芽干燥过程中形成一种致癌物质亚硝基二甲胺(NDMA).到了 20 世纪 80 年代初期开发了一种新的麦芽干燥过程,表 4.28 是新、老两种过程中形成的 NDMA 含量的抽样(以 10 亿份中的份数计):

表　4.28

老过程	6	4	5	5	6	5	5	6	4	6	7	4
新过程	2	1	2	2	1	0	3	2	1	0	1	3

设新、老两种过程中形成的 NDMA 含量服从正态分布,且方差相等.分别以 μ_x,μ_y 记老、新过程的总体均值,取显著性水平 $\alpha=0.05$,检验 $H_0:\mu_x-\mu_y\leqslant 2$;$H_1:\mu_x-\mu_y>2$.

5.从某厂生产的产品中随机抽取 200 件样品进行质量检验,发现有 9 件不合格品,问是否可以认为该厂产品的不合格率不大于 3%?(取显著性水平 $\alpha=0.05$)

6.一个视频录像设备(VCR)的平均使用寿命为 6 年,标准差为 0.75 年,而抽选了由 30 台电视组成的一个随机样本表明,电视使用寿命的样本方差为 2 年.试构造一个假设检验，能够帮助判定电视的使用寿命的方差是否显著大于视频录像设备的使用寿命的标准差，并在 $\alpha=0.05$ 的显著性水平下作出结论.

7. 某市场研究机构用一组被调查者样本来给特定商品的潜在购买力打分. 样本中每个人都分别在看过该产品的新的电视广告之前与之后打分. 潜在购买力的分值为 0 ～ 10 分，分值越高表示潜在购买力越高. 原假设认为"看后"平均得分小于或等于"看前"平均得分，拒绝该假设就表明广告提高了平均潜在购买力得分. 对 $\alpha=0.05$ 的显著性水平，用表 4.29 中的数据检验该假设，并对该广告给予评价.

表 4.29 "看后"与"看前"的购买力得分

个体	购买力得分 / 分		个体	购买力得分 / 分	
	看后	看前		看后	看前
1	6	5	5	3	5
2	6	4	6	9	8
3	7	7	7	7	5
4	4	3	8	6	6

8. 生产工序中方差是工序质量的一个重要测度，方差较大时，就需要要通过寻找减小工序方差的途径来改进工序. 某杂志上刊载了关于两部机器生产袋茶质量的数据(单位:g) 见表 4.30，检验这两部机器生产的袋茶质量的方差是否存在显著差异，取 $\alpha=0.05$.

表 4.30 两部机器生产的袋茶质量 单位:g

机器 1	2.95	3.45	3.5	3.75	3.48	3.26	3.33	3.2
	3.16	3.2	3.22	3.38	3.9	3.36	3.25	3.28
	3.2	3.22	2.98	3.45	3.7	3.34	3.18	3.35
	3.12							
机器 2	3.22	3.3	3.34	3.28	3.29	3.25	3.3	3.27
	3.38	3.34	3.35	3.19	3.35	3.05	3.36	3.28
	3.3	3.28	3.3	3.2	3.16	3.33		

9. 为比较新、旧两种肥料对产量的影响，以便决定是否采用新肥料. 研究者选择了面积相等、土壤等条件相同的 40 块田地，分别施用新、旧两种肥料，得到的产量数据见表 4.31.

表 4.31　施用新旧两种肥料的产量　　单位:kg

旧肥料					新肥料				
109	101	97	98	100	105	109	110	118	109
98	98	94	99	104	113	111	111	99	112
103	88	108	102	106	106	117	99	107	119
97	105	102	104	101	110	111	103	110	119

取显著性水平 $\alpha=0.05$,用 Excel 检验:

(1) 新肥料获得的平均产量是否显著地高于旧肥料？假定条件如下:

1) 两种肥料产量的方差未知且相等,即 $\sigma_1^2=\sigma_2^2$;

2) 两种肥料产量的方差未知且不相等,即 $\sigma_1^2\neq\sigma_2^2$.

(2) 两种肥料产量的方差是否有显著差异?

第 5 章　方差分析与试验设计

在参数假设检验中,我们经常检验两个总体均值是否相等,如果用这种方法要检验多个总体的均值是否相等,则需要两两比较检验,十分烦琐,而方差分析(Analysis of Variance, ANOVA)可以一次完成对多个总体均值是否相同的检验.

方差分析是 20 世纪 20 年代发展起来的一种方法,它被广泛应用于分析心理学、生物学、工程和医药的试验数据.从形式上看,方差分析是比较多个总体的均值是否相同,但本质上,它所研究的是变量之间的关系,这与回归分析方法有许多相同之处,但又有本质区别.在研究一个(或多个)分类型自变量与另一个数值型因变量之间的关系时,方差分析就是其中的主要方法之一.本章将要介绍的内容包括单因素方差分析、双因素方差分析以及试验设计的基本知识.

5.1　方差分析引论

5.1.1　方差分析及其相关术语

在上一章中,介绍了两个均值之差的检验方法.当要检验多个总体均值是否相等时,比如,有 3 个总体的均值,若采用上一章介绍的假设检验方法,每次需要检验两个,需要进行 3 次不同的检验,如果显著性水平取 0.05,则置信度会降低到 $0.95^3 \approx 0.857$,而犯第一类错误的概率会相应的增加,因此,检验完成时,犯第一类错误的概率会大于 0.05.而方差分析,可以一次完成对多个总体均值是否相同的检验.

定义 5.1　方差分析是检验多个总体均值是否相等的统计方法.它通过检验各总体的均值是否相等,来判断分类型自变量对数值型因变量是否有显著影响.

例 5.1　某城市东、西、南、北、中 5 个地区每天发生交通事故的次数见表 5.1.由于是随机抽样,有一些地区的汽车密度高、发生事故多(如南部和西部),而有些地区汽车密度低、发生事故少(如东部).

表 5.1　各地区每天发生交通事故的次数　　单位:次

观测值	地区				
	东部	北部	中部	南部	西部
1	15	12	10	14	11
2	17	10	14	9	12
3	14	13	13	7	9
4	11	17	15	10	14
5		14	12	8	10
6				7	9

要分析 5 个地区的交通运行情况是否有差异,实际上就是判断"地区"对"事故次数"是否有显著影响,做出这种判断最终被归结为检验这 5 个地区每天发生交通事故的均值是否相等.如果它们的均值相等,就意味着"地区"对"事故次数"是没有影响的,也就是各个地区的交通运行情况没有显著差异;如果均值不全相等,则意味着"地区"对"事故次数"是有影响的.

定义 5.2　在方差分析中,所要检验的对象称为**因素**或**因子**(factor).

定义 5.3　因素的不同表现称为**水平**(level)或**处理**(treatment).

定义 5.4　每个因子水平下得到的样本数据称为观测值.

在上面的例子中,我们要研究"地区"对"事故次数"是否有影响,这里的地区就是自变量,它是一个分类变量,是要检验的对象,把它称为"因素"或"因子",东部、西部、南部、北部和中部就是"地区"这个自变量的具体取值,这里称为"地区"这个因素的水平或处理."事故次数"是因变量,它是一个数值型变量,每个地区下得到的样本数据(事故次数),称为观测值.方差分析所要研究的问题就是分类型自变量对数值型因变量的影响,由于这里只涉及"地区"一个因素,东、西、南、北、中五个水平,因此成为单因素五水平的试验.因素的每一水平可以看做是一个总体,如东、西、南、北、中五个地区可以看做五个总体,上面的数据可以看做是从这五个总体中抽取的样本数据.

5.1.2　方差分析的基本思想和原理

我们怎样判断地区对事故次数是否有影响呢?为检验不同地区的事故次数之间是否有显著差异,需要考虑数据误差的来源.下面结合表 5.1 中的数据说明数据之间存在的差异.

首先,在同一地区(同一个总体),样本的各观测值是不同的.比如,在东部地区中,所抽取的 4 天间事故次数是不同的.由于这 4 天是随机抽取的,因此它们之间的差异可以看成是随机因素的影响造成的，或者说是由于抽样的随机性所造成的，称之为**随机误差**.

其次，在不同地区（不同总体），各观测值也是不同的.这种差异可能是由于抽样的随机性造成的，也可能是由于地区本身所造成的，后者所形成的误差是系统性因素造成的，称之为**系统误差**.

数据的误差是用平方和(sum of squares)来表示的.衡量因素的同一水平（同一个总体）下样本数据的误差，称为组内(within groups)误差.比如，东部地区所抽取的 4 天的事故次数之间的误差.衡量因素的不同水平（不同总体）下各样本之间的误差，称为组间(between groups)误差.比如，东部、西部、南部、北部和中部之间事故次数之间的误差.

组内误差只包含随机误差，而组间误差既包含随机误差，也包含系统误差.如果不同地区对事故次数没有影响，那么在组间误差中只包含随机误差，而没有系统误差.这时，组间误差与组内误差经过平均后的数值就应该很接近，它们的比值就会接近 1；反之，如果不同地区对事故次数有影响，在组间误差中除了包含随机误差外，还会包含系统误差，这时组间误差平均后的数值就会大于组内误差平均后的数值，他们之间的比值就会大于 1.当这个比值大到某种程度时，就可以说因素的不同水平之间存在着显著差异，也就是自变量对因变量有影响.因此，判断地区对事故次数是否有显著影响这一问题，实际上是检验事故次数的差异主要是由于什么原因所引起的.如果这种差异主要是系统误差，就说不同地区对事故次数有显著影响.在下一小节的方差分析的假定前提下，这一问题归结为检验 5 个地区事故次数的均值是否相等的问题.

5.1.3 方差分析中的基本假定

方差分析中有 3 个基本的理论假设：

(1)每个总体都应服从正态分布.即对于因素的每一个水平，其观测值是来自正态分布总体的简单随机样本.在例 5.1 中，每个地区的事故次数服从正态分布.

(2) 各个总体的方差 σ^2 必须相同.即各组观察数据是从具有相同方差的正态总体分布中抽取的.如例 5.1 中，5 个地区的事故次数的方差都相同.

(3) 观察值是独立的.上例中，每个被抽中地区事故次数都与其他地区事故次数独立.

在以上的假设下，例 5.1 中分析 5 个地区的事故次数的均值是否相等.尽管这 5 个总体的均值未知，但可以用样本数据来检验它们是否相等.如果 5 个总体的均值相等，可以期望 5 个样本的均值也会很接近.事实上，5 个样本的均值越接近，推断 5 个样本均值相等的证据也就越充分；反之，样本均值越不同，推断总体均值不同的证据就越充分. 换句话说，样本均值变动越小，越支持总体均值相等，样本均值变动越大，越支持总体均值有差异.

5.1.4　问题的一般提法

设因素有 k 个水平，每个水平的均值分别用 $\mu_1, \mu_2, \cdots, \mu_k$ 表示，要检验 k 个水平(总体) 的均值是否相等，需要提出如下假设：

$H_0: \mu_1 = \mu_2 = \cdots = \mu_k$　（自变量对因变量没有显著影响）

$H_1: \mu_1, \mu_2, \cdots, \mu_k$ 不全相等　（自变量对因变量有显著影响）

在例 5.1 中，设 $\mu_1, \mu_2, \mu_3, \mu_4, \mu_5$ 分别表示东部、北部、中部、南部和西部的事故次数的均值，提出的假设为

$H_0: \mu_1 = \mu_2 = \mu_3 = \mu_4 = \mu_5$　（地区对事故次数没有显著影响）

$H_1: \mu_1, \mu_2, \mu_3, \mu_4, \mu_5$ 不全相等　（地区对事故次数有显著影响）

5.2　单因素方差分析

定义 5.5　方差分析中如果只涉及一个分类型自变量时，称为**单因素方差分析**(one-way analysis of variance).

本节以例 5.1 为实例，研究单因素方差分析的数据结构，检验步骤和统计决策的构造.

5.2.1　单因素方差分析的数据结构

当进行单因素方差分析时，需要得到的数据结构见表 5.2.

在单因素方差分析中，用 A 表示因素，因素的 k 个水平(总体) 分别用 A_1，$A_2, \cdots, A_k$ 表示，每个观测值用 x_{ij} $(i=1,2,\cdots,k; j=1,2,\cdots,n_i)$ 表示，即表示第 i 个水平(总体) 的第 j 个的观测值. 其中，从不同水平中所抽取的样本容量可以相等，也可以不等.

表 5.2　单因素方差分析的数据结构

	A	B	C	D	E
1	观测值		因素 (i)		
2	(j)	A_1	A_2	…	A_k
3	1	x_{11}	x_{21}	…	x_{k1}
4	2	x_{12}	x_{22}	…	x_{k2}
5	⋮	⋮	⋮		⋮
6	n_i	x_{1n_1}	x_{2n_2}	…	x_{kn_k}

5.2.2 方差分析步骤

方差分析包括提出假设、确定检验的统计量、决策分析等步骤.

1.提出假设

在方差分析中,原假设所描述的是:在按照自变量值分成的类中,因变量均值是否相等.因此检验因素的k个水平(总体)均值是否相等,需要提出如下形式的假设:

$$H_0:\mu_1=\mu_2=\cdots=\mu_k \quad \text{(自变量对因变量没有显著影响)}$$

$$H_1:\mu_1,\mu_2,\cdots,\mu_k \text{ 不全相等} \quad \text{(自变量对因变量有显著影响)}$$

如果拒绝原假设,则意味着自变量对因变量有显著影响,也就是自变量与因变量之间有显著关系,此结果表明至少有两个总体的均值不相等,并不意味着所有的均值都不相等.

如果不拒绝原假设,则不能认为自变量对因变量有显著影响,也就是说,不能认为自变量与因变量之间有显著关系.

2.构造检验统计量

为检验H_0是否成立,需要确定检验的统计量.如何构造这一统计量呢?以下内容,根据方差分析的基本原理,结合表5.2的结构,说明其构造以及计算的过程.

(1)计算各水平(总体)的均值.假定从第i个总体中抽取一个容量为n_i的简单随机样本,用$\bar{x}_i$表示第i个总体的样本均值,则有

$$\bar{x}_i=\frac{\sum_{j=1}^{n_i}x_{ij}}{n_i} \quad (i=1,2,\cdots,k) \tag{5-1}$$

以表5.1的数据为例,计算东部的样本均值为

$$\bar{x}_1=\frac{\sum_{j=1}^{4}x_{1j}}{n_1}=\frac{15+17+14+11}{4}=14.25$$

(2)计算全部观察值的总均值$\bar{\bar{x}}$,它是全部观察值的总和除以观察值的总个数,即

$$\bar{\bar{x}}=\frac{\sum_{i=1}^{k}\sum_{j=1}^{n_i}x_{ij}}{n}=\frac{\sum_{i=1}^{k}n_i\bar{x}_i}{n} \tag{5-2}$$

公式中$n=n_1+n_2+\cdots+n_k$,由此可以得到5个地区的总均值,结果见表5.3.

表 5.3　5 个地区的事故次数及其均值

	A	B	C	D	E	F
1		地区				
2	观测值	东部	北部	中部	南部	西部
3	1	15	12	10	14	13
4	2	17	10	14	9	12
5	3	14	13	13	7	9
6	4	11	17	15	10	14
7	5		14	12	8	10
8	6				7	9
9	样本均值	$\bar{x}_1=14.25$	$\bar{x}_2=13.2$	$\bar{x}_3=12.8$	$\bar{x}_4=9.17$	$\bar{x}_5=11.17$
10	样本容量	4	5	5	6	6
11	总均值	$\bar{\bar{x}}=\dfrac{15+17+14+\cdots+10+9}{26}=11.88$				

(3) 计算误差平方和. 为构造检验的统计量,在方差分析中,需要计算 3 个误差平方和,它们是总误差平方和、水平项误差平方和、误差项平方和.

1) **总误差平方和** (Sum of Squares for Total, SST). 它是全部观察值 x_{ij} 与总平均值 $\bar{\bar{x}}$ 的离差平方和. 其反映全部观察值的离散状况,其计算公式为

$$SST=\sum_{i=1}^{k}\sum_{j=1}^{n_i}(x_{ij}-\bar{\bar{x}})^2 \tag{5-3}$$

前例 5.1 的计算结果:

$$SST=(15-11.88)^2+(17-11.88)^2+\cdots+(9-11.88)^2=200.6538$$

2) **水平项误差平方和** (Sum of Squares for factor A, SSA). 它是各组平均值 $\bar{x}_i(i=1,2,\cdots,k)$ 与总平均值 $\bar{\bar{x}}$ 的离差平方和,反映各总体的样本均值之间的差异程度,又称组间平方和,该平方和既包括随机误差也包括系统误差,计算公式为

$$SSA=\sum_{i=1}^{k}\sum_{j=1}^{n_i}(\bar{x}_i-\bar{\bar{x}})^2=\sum_{i=1}^{k}n_i(\bar{x}_i-\bar{\bar{x}})^2 \tag{5-4}$$

例 5.1 中的组间误差平方和为

$$SSA=\sum_{i=1}^{5}n_i(\bar{x}_i-\bar{\bar{x}})^2=4\times(14.25-11.88)^2+5\times(13.2-11.88)^2+\cdots+6\times(11.17-11.88)^2=82.63718$$

3) **误差项平方和** (Sum of Squares for Error, SSE). 它是每个水平或组的各样本数据与其组平均值的离差平方和,反映每个样本各观察值的离散状况,又称**组内平方和**. 该平方和反映的是随机误差的大小,计算公式为

$$SSE=\sum_{i=1}^{k}\sum_{j=1}^{n_i}(x_{ij}-\bar{x}_i)^2 \tag{5-5}$$

在计算例 5.1 的误差项平方和时，我们可以先算每个地区的事故次数与其平均之间的误差平方和，然后累加，即为 SSE.

东部：$(15-14.25)^2+(17-14.25)^2+(14-14.25)^2+(11-14.25)^2=18.75$

依次计算其他地区，最后得 SSE＝118.016 7.

上述 3 个平方和之间的关系为

$$\sum_{i=1}^{k}\sum_{j=1}^{n_i}(\bar{x}_{ij}-\bar{\bar{x}})^2=\sum_{i=1}^{k}n_i(\bar{x}_i-\bar{\bar{x}})^2+\sum_{i=1}^{k}\sum_{j=1}^{n_i}(x_{ij}-\bar{x})^2 \qquad (5-6)$$

即

$$\mathrm{SST}=\mathrm{SSA}+\mathrm{SSE}$$

从上面的计算过程也可以看出这一点：

$$200.653\,8=82.637\,1+118.016\,7$$

从上述 3 个误差平方和可以看出：SSA 是对随机误差和系统误差大小的度量，反映了自变量（地区）对因变量（事故次数）的影响，称为自变量效应或因子效应；SSE 是对随机误差大小的度量，反映了除自变量外，其他因素对于因变量的总的影响，因此也被称为残差变量，其所引起的误差也成为残差效应；SST 是全部数据总的误差程度，反映了自变量和残差效应一起作用，对于因变量的影响，因此有式（5-6）成立.

（4）计算统计量.各误差平方和的大小与观察值的多少有关，为消除观察值多少对误差平方和大小的影响，需要将其平均，这就是**均方**（mean square）.计算方法是用误差平方和除以相应的自由度.3 个平方和对应的自由度分别是

SST 的自由度为 $n-1$，其中 n 为全部观察值的个数；

SSA 的自由度为 $k-1$，其中 k 为因素水平（总体）的个数；

SSE 的自由度为 $n-k$.

通常只计算 SSA 的均方和 SSE 的均方值.

SSA 的均方（组间均方），记为 MSA.计算公式为

$$\mathrm{MSA}=\frac{\text{组间平方和}}{\text{自由度}}=\frac{\mathrm{SSA}}{k-1} \qquad (5-7)$$

SSE 的均方（组内均方），记为 MSE.计算公式为

$$\mathrm{MSE}=\frac{\text{组内平方和}}{\text{自由度}}=\frac{\mathrm{SSE}}{n-k} \qquad (5-8)$$

对于例 5.1MSA＝20.659 29，MSE＝5.619 841.

对于单因素方差分析，如果原假设为真，则自变量对于因变量没有显著影响，即没有系统误差，此时 MSA 与 MSE 的差异就不会太大，如果 MSA 显著大于

MSE，说明引起各水平之间差异的显然不仅有随机误差，还有系统误差. 因此判断因素的水平是否对其观察值有影响，实际上就是比较组间方差与组内方差之间差异的大小，那么，这种差异大到何种程度，才表明有系统误差存在呢？ 易证，$\frac{SSA}{\sigma^2} \sim \chi^2(k-1)$，$\frac{SSE}{\sigma^2} \sim \chi^2(n-k)$，且 SSA 与 SSE 相互独立（见参考文献[3]）. 因此用 MSA 与 MSE 构造一个检验统计量 F

$$F = \frac{MSA}{MSE} \sim F(k-1, n-k) \tag{5-9}$$

例 5.1 的计算结果为

$$F = \frac{20.659\,29}{5.619\,841} = 3.676\,135$$

3. 单因素方差分析的统计决策

在计算出检验统计量后，将统计量的值 F 与给定的显著性水平 α 的临界值 F_α 进行比较，作出对原假设的决策. 如图 5.1 所示描述了 F 统计量的抽样分布以及在显著性水平 α 下的拒绝域.

根据给定的显著性水平 α，在 F 分布表中查找与第一自由度 $k-1$、第二自由度 $n-k$ 相应的临界值 $F_\alpha(k-1, n-k)$.

若 $F > F_\alpha$，则拒绝原假设 H_0，即 $H_0: \mu_1 = \mu_2 = \cdots = \mu_k$ 不成立，这表明均值之间的差异是显著的，所检验的因素（地区）对观察值（事故次数）有显著影响.

若 $F < F_\alpha$，则不能拒绝原假设 H_0，没有足够证据支持所检验的因素（地区）对观察值（事故次数）有显著影响.

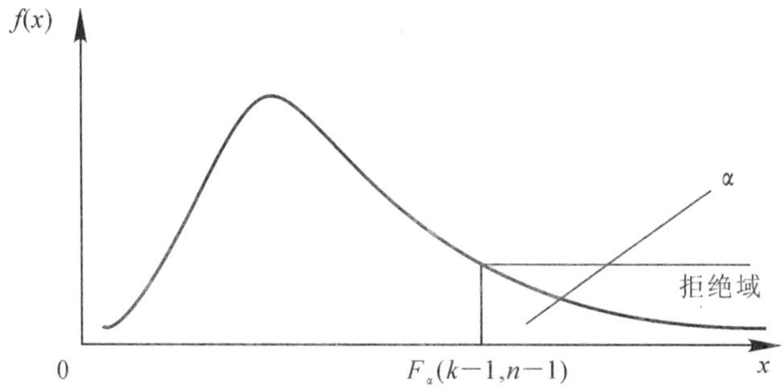

图 5.1　统计量的 F 抽样分布

根据上面计算的结果，计算出的 $F = 3.676\,135$. 假定显著性水平 $\alpha = 0.05$，根据公式第一自由度 $= 5-1 = 4$，第二自由度 $= 26-5 = 21$，查 F 分布表得到临界值

$F_{0.05}(4,21)=2.8401$，$F>F_{\alpha}$，因此拒绝原假设 H_0，即 $H_0:\mu_1=\mu_2=\mu_3=\mu_4=\mu_5$ 不成立，表明 μ_1,μ_2,μ_3,μ_4 和 μ_5 之间有显著的差异. 即可以认为地区对事故次数有显著影响.

4. *方差分析表*

为了使方差分析计算过程更加清晰，通常将上述过程的内容列在一张表中，这就是方差分析表(analysis of variance table). 其一般形式见表 5.4.

表 5.4　方差分析表的一般形式

	A	B	C	D	E	F	G
1 2	误差来源	平方和 SS	自由度 df	均方 MS	F值	P值	F临界值
3	组间(因素影响)	SSA	$k-1$	MSA	MSA/MSE		
4	组内(误差)	SSE	$n-k$	MSE			
5	总和	SST	$n-1$				

对于上述例子的计算结果列成方差分析表，见表 5.5.

表 5.5　数据的方差分析表

	A	B	C	D	E	F	G-
1	方差分析						
2	差异源	SS	df	MS	F值	P值	F临界值
3	组间	82.63718	4	20.65929	3.676135	0.020229	2.8401
4	组内	118.0167	21	5.619841			
5							
6	总计	200.6538	25				

5.2.3　用 Excel 进行单因素方差分析

从前面的分析过程可以看出，进行方差分析需要大量的计算工作，这些计算工作可以由计算机来完成，目前的统计软件中都有现成的方差分析函数. 只要理解了方差分析的基本原理，就可以对计算机输出的结果进行合理的解释和分析. 本书利用大多数人所熟悉的 Excel 软件，结合例 5.1 的数据，给出使用 Excel 进行方差分析的步骤和结果.

第 1 步：选择“工具”下拉菜单.

第 2 步：选择“数据分析”选项.

第 3 步：在分析工具中选择“单因素方差分析”，然后选择“确定”.

第 4 步：当对话框出现时在“输入区域”方框内键入数据区域，在 α 方框内键入 0.05(可根据需要确定)，在“输出选项”中选择输出区域(这里选择“新表工作组”).

结果如图 5.2 所示.

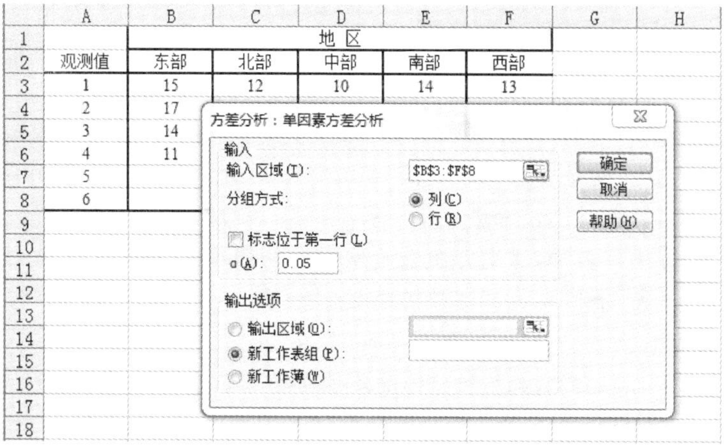

图 5.2　用 Excel 进行方差分析的步骤

点击“确定”后，得到的输出结果见表 5.6.

表 5.6　Excel 输出的方差分析结果

	A	B	C	D	E	F	G
1	方差分析：单因素方差分析						
2							
3	SUMMARY						
4	组	观测数	求和	平均	方差		
5	列 1	4	57	14.25	6.25		
6	列 2	5	66	13.2	6.7		
7	列 3	5	64	12.8	3.7		
8	列 4	6	55	9.166667	6.966667		
9	列 5	6	67	11.16667	4.566667		
10							
11							
12	方差分析						
13	差异源	SS	df	MS	F值	P值	F临界值
14	组间	82.63718	4	20.65929	3.676135	0.020229	2.8401
15	组内	118.0167	21	5.619841			
16							
17	总计	200.6538	25				

表 5.6 的“方差分析”部分：SS 表示平方和；df 表示自由度；MS 表示均方；F 表示检验的统计量；P-value 为用于检验的 P 值；临界值为给定的 α 水平下的临界值.

从方差分析表中可以看到，由于 $F=3.676\ 135>F_{0.05}(4,21)=2.840\ 1$，因而拒绝原假设 H_0，即 $\mu_1=\mu_2=\mu_3=\mu_4=\mu_5$ 不成立，表明 $\mu_1,\mu_2,\mu_3,\mu_4,\mu_5$ 之间有显著差异. 也就是说，有 95% 的把握可以认为地区因素对事故次数的影响是显著的.

当进行决策时，也可以直接利用方差分析表中的 P 值与显著性水平 α 的值进行比较. 若 $P\geqslant\alpha$，则不能拒绝原假设；若 $P<\alpha$，则拒绝原假设. 在本例中，$P=$

0.038 765 $<\alpha=0.05$,所以拒绝原假设,即地区对事故次数的影响是显著的.

5.2.4 方差分析中的多重比较

通过上面分析得到的结论是不同地区事故次数的均值是不同的.但究竟哪些均值之间不相等呢？这种差异到底出现在哪些地区之间呢？这就需要做进一步的分析,所使用的方法就是**多重比较方法**(multiple comparison procedures),它通过对总体均值之间的配对比较来进一步检验到底哪些均值之间存在差异.

多重比较方法有多种,这里介绍费希尔提出的**最小显著差异方法**(Least Significant Difference,LSD).该方法检验的具体步骤:

(1) 提出假设.

$H_0:\mu_i=\mu_j$ （第 i 个总体的均值等于第 j 个总体的均值）

$H_1:\mu_i\neq\mu_j$ （第 i 个总体的均值不等于第 j 个总体的均值）

(2) 计算检验的统计量:$|\bar{x}_i-\bar{x}_j|$.

(3) 计算最小显著差异 LSD.

$$\mathrm{LSD}=t_{\alpha/2}(n-k)\sqrt{\mathrm{MSE}\left(\frac{1}{n_i}+\frac{1}{n_j}\right)} \tag{5-10}$$

式中,k 为因素水平的个数;n_i,n_j 分别为第 i 个水平和第 j 个水平下样本的容量.

(4) 根据给定的显著性水平做出决策,决策规则如下:若 $|\bar{x}_i-\bar{x}_j|>\mathrm{LSD}$,拒绝原假设;若 $|\bar{x}_i-\bar{x}_j|\leqslant\mathrm{LSD}$,不拒绝原假设.

例 5.2 根据表 5.6 中输出结果,对 5 个地区的事故次数输出均值做多重比较($\alpha=0.05$).

解 (1) 提出假设,由于水平数 $k=5$,因此需要做出 10 组检验.

检验 1:$H_0:\mu_1=\mu_2,H_1:\mu_1\neq\mu_2$ 检验 2:$H_0:\mu_1=\mu_3,H_1:\mu_1\neq\mu_3$

检验 3:$H_0:\mu_1=\mu_4,H_1:\mu_1\neq\mu_4$ 检验 4:$H_0:\mu_1=\mu_5,H_1:\mu_1\neq\mu_5$

检验 5:$H_0:\mu_2=\mu_3,H_1:\mu_2\neq\mu_3$ 检验 6:$H_0:\mu_2=\mu_4,H_1:\mu_2\neq\mu_4$

检验 7:$H_0:\mu_2=\mu_5,H_1:\mu_2\neq\mu_5$ 检验 8:$H_0:\mu_3=\mu_4,H_1:\mu_3\neq\mu_4$

检验 9:$H_0:\mu_3=\mu_5,H_1:\mu_3\neq\mu_5$ 检验 10:$H_0:\mu_4=\mu_5,H_1:\mu_4\neq\mu_5$

(2) 计算检验统计量(最终保留两位有效数字).

检验 1:$|\bar{x}_1-\bar{x}_2|=|14.25-13.2|=1.05$

检验 2:$|\bar{x}_1-\bar{x}_3|=|14.25-12.8|=1.45$

检验 3:$|\bar{x}_1-\bar{x}_4|=|14.25-9.17|=5.08$

检验 4:$|\bar{x}_1-\bar{x}_5|=|14.25-11.17|=3.08$

检验 5:$|\bar{x}_2-\bar{x}_3|=|13.2-12.8|=0.40$

检验 6:$|\bar{x}_2-\bar{x}_4|=|13.2-9.17|=4.03$

检验 7：$|\bar{x}_2-\bar{x}_5|=|13.2-11.17|=2.03$

检验 8：$|\bar{x}_3-\bar{x}_4|=|12.8-9.17|=3.63$

检验 9：$|\bar{x}_3-\bar{x}_5|=|12.8-11.17|=1.63$

检验 10：$|\bar{x}_4-\bar{x}_5|=|9.17-11.17|=2.00$

(3) 计算 LSD，由表 5.6 知，MSE＝ 5.619 841，t 分布的自由度为 $n-k=21$.

检验 1：$LSD_1=2.0796\times\sqrt{5.619841\times\left(\frac{1}{4}+\frac{1}{5}\right)}=3.31$

检验 2：$LSD_2=LSD_1=3.31$

检验 3：$LSD_3=2.0796\times\sqrt{5.619841\times\left(\frac{1}{4}+\frac{1}{6}\right)}=3.18$

检验 4：$LSD_4=LSD_3=3.18$

检验 5：$LSD_5=2.0796\times\sqrt{5.619841\times\left(\frac{1}{5}+\frac{1}{5}\right)}=3.12$

检验 6：$LSD_6=2.0796\times\sqrt{5.619841\times\left(\frac{1}{5}+\frac{1}{6}\right)}=2.99$

检验 7/ 检验 8/ 检验 9：$LSD_7=LSD_8=LSD_9=LSD_6=2.99$

检验 10：$LSD_{10}=2.0796\times\sqrt{5.619841\times\left(\frac{1}{6}+\frac{1}{6}\right)}=2.85$

(4) 作出决策.

$|\bar{x}_1-\bar{x}_2|=1.05<LSD_1$，不拒绝原假设，即不能认为东部和北部的事故次数有显著差异.

$|\bar{x}_1-\bar{x}_3|=1.45<LSD_2$，不拒绝原假设，即不能认为东部和中部的事故次数有显著差异.

$|\bar{x}_1-\bar{x}_4|=5.08>LSD_3$，拒绝原假设，东部和南部地区的事故次数有显著差异.

$|\bar{x}_1-\bar{x}_5|=3.08<LSD_4$，不拒绝原假设，即不能认为东部和西部的事故次数有显著差异.

$|\bar{x}_2-\bar{x}_3|=0.40<LSD_5$，不拒绝原假设，即不能认为北部和中部的事故次数有显著差异.

$|\bar{x}_2-\bar{x}_4|=4.03>LSD_6$，拒绝原假设，北部和南部的事故次数有显著差异.

$|\bar{x}_2-\bar{x}_5|=2.03<LSD_7$，不拒绝原假设，即不能认为北部和西部的事故次数有显著差异.

$|\bar{x}_3-\bar{x}_4|=3.63>LSD_8$，拒绝原假设，中部和南部的事故次数有显著差异.

$|\bar{x}_3-\bar{x}_5|=1.63<LSD_9$，不拒绝原假设，即不能认为中部和西部的事故次数

有显著差异.

$|\bar{x}_4-\bar{x}_5|=2.00<LSD_{10}$,不拒绝原假设,即不能认为南部和西部的事故次数有显著差异.

5.3 双因素方差分析

5.3.1 双因素方差分析及其类型

在对实际问题的研究中,有时需要考虑几个因素对试验结果的影响.比如,当分析影响某种食品销量的因素时,需要考虑包装方法、销售地区、价格、质量等多个因素的影响.当方差分析中涉及两个分类型自变量时,称为**双因素方差分析**.

例 5.3 为研究食品的包装和销售地区对其销售量是否有影响,在 4 个地区,用 3 种不同的包装方法进行销售,获得的销售量数据见表 5.7,试分析不同的地区和不同的包装方法,对该食品的销量是否有显著影响($\alpha=0.05$).

表 5.7 在不同地区用不同的包装方法所获的销售量 单位:袋

包装方法	地区因素			
	地区 1	地区 2	地区 3	地区 4
方法 1	45	50	35	53
方法 2	75	53	65	62
方法 3	30	40	50	45

在例 5.3 中,包装方法和地区是两个分类型自变量,销售量是一个数值型因变量.同时分析包装方法和销售地区对销售量的影响,分析究竟是哪一个因素在起作用,还是这两个因素都起作用,或者两个因素都不起作用,这就是一个双因素方差分析问题.

在双因素方差分析中,由于有两个影响因素,如例 5.3 中“包装方法”因素和“地区”因素,如果两个因素对销售量的影响是相互独立的,我们就可以分别判断其对销售量的影响,这时的双因素方差分析称为**无交互作用的双因素方差分析**,或称为无重复双因素分析;如果除了“包装方法”和“地区”因素对销售量的单独影响外,两个因素的搭配还会对销售量产生一种新的影响效应,比如,某地区对某种包装方法的食品有特殊喜好,这就是两个因素结合后产生的新效应,这时的双因素方差分析称为**有交互作用的双因素方差分析**,或称可重复双因素分析.

5.3.2　无交互作用的双因素方差分析

在无交互作用的双因素方差分析中,由于两个因素相互独立,因此,在原理上,类似于分别对两个因素做单因素方差分析,我们从数据结构出发,介绍无交互作用的双因素方差分析的方法和分析步骤.

1. 数据结构

在无交互作用的双因素方差分析中,有两个因素,在获取数据时,将一个因素安排在"行"的位置,称为行因素;另一个因素安排在"列"的位置,称为列因素.设行因素有 k 个水平:行 1,行 2,…,行 k;列因素有 r 个水平:列 1,列 2,…,列 r.它们的每一个水平都可以搭配成一组,观察它们对试验指标的影响,共抽取 kr 个观察数据,其数据结构见表 5.8.

在表 5.8 中,行因素有 k 水平,列因素有 r 个水平.每个观察值 x_{ij} 看做是由行因素的 k 个水平和列因素的 r 个水平合成的 $k\times r$ 个总体中抽取的容量为 1 的独立随机样本,且方差相同.

表 5.8　双因素方差分析的数据结构

	A	B	C	D	E	F	G
1			列因素 (j)				平均值
2			列1	列2	…	列r	$\bar{x}_{i\cdot}$
3	行因素 (i)	行1	x_{11}	x_{12}	…	x_{1r}	$\bar{x}_{1\cdot}$
4		行2	x_{21}	x_{22}	…	x_{2r}	$\bar{x}_{2\cdot}$
5		⋮	⋮	⋮		⋮	⋮
6		行 k	x_{k1}	x_{k2}	…	x_{kr}	$\bar{x}_{k\cdot}$
7	平均值 $\bar{x}_{\cdot j}$		$\bar{x}_{\cdot 1}$	$\bar{x}_{\cdot 2}$	…	$\bar{x}_{\cdot r}$	$\bar{\bar{x}}$
8							

其中,$\bar{x}_{i\cdot}$ 是行因素的第 i 个水平下各观察值的平均值

$$\bar{x}_{i\cdot}=\frac{\sum_{j=1}^{r}x_{ij}}{r}\quad (i=1,2,\cdots,k) \tag{5-11}$$

$\bar{x}_{\cdot j}$ 是列因素的第 j 个水平下的各观察值的均值

$$\bar{x}_{\cdot j}=\frac{\sum_{i=1}^{k}x_{ij}}{k}\quad (j=1,2,\cdots,r) \tag{5-12}$$

$\bar{\bar{x}}$ 是全部 kr 个样本数据的总平均值

$$\bar{\bar{x}}=\frac{\sum_{i=1}^{k}\sum_{j=1}^{r}x_{ij}}{kr} \tag{5-13}$$

2. 分析步骤

与单因素方差分析类似，双因素方差分析也包括提出假设、确定检验统计量、分析决策等步骤.

(1) 提出假设. 由于涉及两个因素，因此需要对两个因素分别提出假设如下：

对行因素提出的假设为

$H_0: \mu_1 = \mu_2 = \cdots = \mu_k$ （行因素（自变量）对因变量没有显著影响）

$H_1: \mu_1, \mu_2, \cdots, \mu_k$ 不全相等 （行因素（自变量）对因变量有显著影响）

对列因素提出的假设为

$H_0: \mu_1 = \mu_2 = \cdots = \mu_r$ （列因素（自变量）对因变量没有显著影响）

$H_1: \mu_1, \mu_2, \cdots, \mu_r$ 不全相等 （列因素（自变量）对因变量有显著影响）

(2) 构造检验的统计量. 这里需要分别确定检验行因素和列因素的统计量，与单因素方差分析类似，也需要从总误差平方和的分解入手. 总误差平方和是全部样本观察值 $x_{ij}(i=1,2,\cdots,k; j=1,2,\cdots,r)$ 和总的样本平均值 $\bar{\bar{x}}$ 的误差平方和，记为 SST，即

$$\mathrm{SST} = \sum_{i=1}^{k}\sum_{j=1}^{r}(x_{ij} - \bar{\bar{x}})^2 = \sum_{i=1}^{k}\sum_{j=1}^{r}(\bar{x}_{i\cdot} - \bar{\bar{x}})^2 + \sum_{i=1}^{k}\sum_{j=1}^{r}(\bar{x}_{\cdot j} - \bar{\bar{x}})^2 + \sum_{i=1}^{k}\sum_{j=1}^{r}(x_{ij} - \bar{x}_{i\cdot} - \bar{x}_{\cdot j} + \bar{\bar{x}})^2 \tag{5-14}$$

其中，分解后的第一项，是由行因素所产生的误差平方和，记为 SSR，即

$$\mathrm{SSR} = \sum_{i=1}^{k}\sum_{j=1}^{r}(\bar{x}_{i\cdot} - \bar{\bar{x}})^2 = \sum_{i=1}^{k} r(\bar{x}_{i\cdot} - \bar{\bar{x}})^2 \tag{5-15}$$

第二项是由列因素所产生的误差平方和，记为 SSC，即

$$\mathrm{SSC} = \sum_{i=1}^{k}\sum_{j=1}^{r}(\bar{x}_{\cdot j} - \bar{\bar{x}})^2 = \sum_{j=1}^{r} k(\bar{x}_{\cdot j} - \bar{\bar{x}})^2 \tag{5-16}$$

第三项为除了行因素和列因素之外的剩余因素所产生的误差平方和，称为随机误差项平方和，记为 SSE，即

$$\mathrm{SSE} = \sum_{i=1}^{k}\sum_{j=1}^{r}(x_{ij} - \bar{x}_{i\cdot} - \bar{x}_{\cdot j} + \bar{\bar{x}})^2 \tag{5-17}$$

由分解式，显然有

$$\mathrm{SST} = \mathrm{SSR} + \mathrm{SSC} + \mathrm{SSE} \tag{5-18}$$

在上述误差平方和的基础上计算均方(Mean Square, MS)，即误差平方和除以相应的自由度，3 个平方和的自由度分别是

总误差平方和 SST 的自由度为 $kr-1$；

行因素的误差平方和 SSR 的自由度为 $k-1$；

列因素的误差平方和 SSC 的自由度为 $r-1$；

随机误差平方和 SSE 的自由度为$(k-1)\times(r-1)$.

因此我们得到以下均方：

行因素的均方 MSR，计算公式为

$$\mathrm{MSR}=\frac{\mathrm{SSR}}{k-1} \tag{5-19}$$

列因素的均方 MSC，计算公式为

$$\mathrm{MSC}=\frac{\mathrm{SSC}}{r-1} \tag{5-20}$$

随机误差项的均方 MSE，计算公式为

$$\mathrm{MSE}=\frac{\mathrm{SSE}}{(k-1)(r-1)} \tag{5-21}$$

由此，与单因素方差分析类似，我们可以构造出检验统计量：

检验行因素的统计量

$$F_{\mathrm{R}}=\frac{\mathrm{MSR}}{\mathrm{MSE}}\sim F(k-1,(k-1)(r-1)) \tag{5-22}$$

检验列因素的统计量

$$F_{\mathrm{C}}=\frac{\mathrm{MSC}}{\mathrm{MSE}}\sim F(r-1,(k-1)(r-1)) \tag{5-23}$$

(3) 统计决策. 计算出检验的统计量后，将统计量的值 F_{R}，F_{C} 与给定的显著性水平 α 所对应的的临界值 F_α 进行比较，作出决策，决策规则如下：

若 $F_{\mathrm{R}}>F_\alpha$，则拒绝原假设 H_0，表明 $\mu_i(i=1,2,\cdots,k)$ 之间的差异是显著的，即所检验的行因素对观察值有显著影响；

若 $F_{\mathrm{C}}>F_\alpha$，则拒绝原假设 H_0，表明 $\mu_j(j=1,2,\cdots,r)$ 之间的差异是显著的，即所检验的列因素对观察值有显著影响.

上面讨论了双因素方差分析的计算步骤和过程. 为了计算过程更加清晰，通常将上述过程的内容列成方差分析表，其一般形式见表 5.9.

表 5.9　双因素方差分析表

	A	B	C	D	E	F	G
1	误差来源	误差平方和 SS	自由度 df	均方 MS	F 值	P 值	F 临界值
2	行因素	SSR	k 1	MSR	F_R		
3	列因素	SSC	r	MSC	F_C		
4	误差	SSE	$(k-1)\times(r-1)$	MSE			
5	总和	SST	$kr-1$				

根据以上的分析方法，我们针对本节的例 5.3 中的数据，分析“包装方法”和“地区”对某食品的销售量是否有显著影响($\alpha=0.05$).

解　首先对两个因素提出如下假设：

对行因素(包装方法)提出的假设为

$H_0: \mu_1 = \mu_2 = \mu_3$ (包装方法对销售量没有显著影响)

$H_1: \mu_1, \mu_2, \mu_3$ 不全相等 (包装方法对销售量有显著影响)

对列因素(地区因素)提出的假设为

$H_0: \mu_1 = \mu_2 = \mu_3 = \mu_4$ (地区因素对销售量没有显著影响)

$H_1: \mu_1, \mu_2, \mu_3, \mu_4$ 不全相等 (地区因素对销售量有显著影响)

直接利用Excel给出计算结果,步骤与前面介绍的类似,只须将第3步中的“单因素方差分析”改为“无重复双因素分析”即可.表5.10就是Excel输出的分析结果.

表5.10中的“行”指行因素,即“包装方法”因素,“列”指列因素,即地区因素.根据方差分析表可得出如下结论:

$F_R = 5.638\ 674 > F_\alpha = 5.143\ 253$,拒绝原假设 H_0,表明 μ_1, μ_2, μ_3 不全相等,说明食品的包装方法对销量有显著影响.

$F_C = 0.162\ 155 < F_\alpha = 4.757\ 063$,不拒绝原假设 H_0,不能认为地区对销量有显著影响.

直接用 P 值进行分析.用于检验行因素的 P 值 $= 0.0418\ 82 < \alpha = 0.05$,因此拒绝原假设 H_0;用于检验列因素的 P 值 $= 0.918\ 015 > \alpha = 0.05$,因此不能拒绝原假设.

表5.10 Excel输出的方差分析表

	A	B	C	D	E	F	G
1	方差分析:无重复双因素分析						
2							
3	SUMMARY	观测数	求和	平均	方差		
4	行 1	4	183	45.75	62.25		
5	行 2	4	255	63.75	82.25		
6	行 3	4	165	41.25	72.91667		
7							
8	列 1	3	150	50	525		
9	列 2	3	143	47.66667	46.33333		
10	列 3	3	150	50	225		
11	列 4	3	160	53.33333	72.33333		
12							
13	方差分析						
14	差异源	SS	df	MS	F值	P值	F临界值
15	行	1134	2	567	5.638674	0.041882	5.143253
16	列	48.91667	3	16.30556	0.162155	0.918015	4.757063
17	误差	603.3333	6	100.5556			
18							
19	总计	1786.25	11				

*5.3.3　有交互作用的双因素方差分析

在上节的分析中，假定两个因素对因变量的影响是独立的，但如果两个因素搭配会对因变量产生一种新的效应，这时就需要考虑交互作用对因变量的影响，这就是有交互作用的双因素方差分析. 有交互作用的双因素方差分析其分析步骤、假设的形式、做决策的规则与无交互作用的双因素方差分析类似，本节只以例子来说明.

例 5.4　城市道路交通管理部门为研究不同的路段和不同的时间段对行车时间的影响，让一名交通警察分别在两个路段和高峰期与非高峰期亲自驾车进行试验，通过试验共获得 20 个行车时间的数据，见表 5.11. 试分析路段、时段以及路段和时段的交互作用对行车时间的影响($\alpha=0.05$).

表 5.11　不同时段和不同路段的行车时间

单位：min

	A	B	C	D
1			路段（列变量）	
2			路段1	路段2
3	时段(行变量)	高峰期	26	19
4			24	20
5			27	23
6			25	22
7			25	21
8		非高峰期	20	18
9			17	17
10			22	13
11			21	16
12			17	12

设行变量有 k 个水平，在例子中行变量为时段，有 2 个水平，即高峰期和非高峰期；列变量有 r 个水平，在上例中，列变量为路段，有两个水平，即路段 1 和路段 2；行变量的每一个水平的行数(Excel 中称为每个样本的行数) 为 m，比如，例 5.4 中的行变量，每个水平的行数，有 5 行，观察数据的总数为 n.

与上述方法类似，有交互作用的双因素方差分析也需要提出假设、构造检验统计量、决策分析等步骤. 提出假设时，需要对行变量、列变量和交互作用变量分别提出假设，方法与上述类似，其数据结构也与无交互作用双因素方差分析的数据结构类似，其方差分析表的一般形式如表 5.12 所示.

设：x_{ijl} 为对应于行因素的第 i 个水平和列因素的第 j 个水平的第 l 行的观察值；

$\bar{x}_{i\cdot}=\dfrac{1}{rm}\sum\limits_{j=1}^{r}\sum\limits_{l=1}^{m}x_{ijl}$ 为行因素的第 i 个水平的样本均值；

$\bar{x}_{\cdot j}=\dfrac{1}{km}\sum\limits_{i=1}^{k}\sum\limits_{l=1}^{m}x_{ijl}$ 为列因素的第 j 个水平的样本均值；

$\bar{x}_{ij}=\dfrac{1}{m}\sum\limits_{l=1}^{m}x_{ijl}$ 对应于行因素的第 i 个水平和列因素的第 j 个水平组合的样本均值；

$\bar{\bar{x}}=\dfrac{1}{krm}\sum\limits_{i=1}^{k}\sum\limits_{j=1}^{r}\sum\limits_{l=1}^{m}x_{ijl}$ 为全部 n 个观察值的总均值.

依次计算各平方和，公式如下：

总平方和：

$$\text{SST}=\sum_{i=1}^{k}\sum_{j=1}^{r}\sum_{l=1}^{m}(x_{ijl}-\bar{\bar{x}})^2 \tag{5-24}$$

行变量平方和：

$$\text{SSR}=rm\sum_{i=1}^{k}(\bar{x}_{i\cdot}-\bar{\bar{x}})^2 \tag{5-25}$$

列变量平方和：

$$\text{SSC}=km\sum_{j=1}^{r}(\bar{x}_{\cdot j}-\bar{\bar{x}})^2 \tag{5-26}$$

交互作用平方和：

$$\text{SSRC}=m\sum_{i=1}^{k}\sum_{j=1}^{r}(\bar{x}_{ij}-\bar{x}_{i\cdot}-\bar{x}_{\cdot j}+\bar{\bar{x}})^2 \tag{5-27}$$

误差项平方和：

$$\text{SSE}=\text{SST}-\text{SSR}-\text{SSC}-\text{SSRC} \tag{5-28}$$

表 5.12　有交互作用的双因素方差分析

	A	B	C	D	E	F	G
1	误差来源	平方和 SS	自由度 df	均方 MS	F 值	P 值	F 临界值
2	行因素	SSR	k-1	$\text{MSR}=\dfrac{\text{SSR}}{k-1}$	$F_R=\dfrac{\text{MSR}}{\text{MSE}}$		
3	列因素	SSC	r-1	$\text{MSC}=\dfrac{\text{SSC}}{r-1}$	$F_C=\dfrac{\text{MSC}}{\text{MSE}}$		
4	交互作用	SSRC	(k-1)(r-1)	$\text{MSRC}=\dfrac{\text{SSRC}}{(k-1)(r-1)}$	$F_{RC}=\dfrac{\text{MSRC}}{\text{MSE}}$		
5	误差	SSE	kr(m-1)	$\text{MSE}=\dfrac{\text{SSE}}{kr(m-1)}$			
6	总和	SST	n-1				

下面对例 5.4 中提出的问题，用 Excel 进行交互作用的双因素方差分析，并输出结果(见图 5.3).

第 1 步：选择“工具”下拉菜单，并选择“数据分析”选项.

第 2 步：在分析工具中选择“方差分析：可重复双因素分析”，然后选择“确定”.

第 3 步：当对话框出现时，在“输入区域”方框内键入“A1:C11”(或者直接用鼠标选择数据区域)；在“每一样本的行数”方框内键入 5；然后在“α”方框内键入 0.05(可根据需要确定)；在“输出选项”中选择输出区域(比如，可以选“新工作表组”)点击确定后得到的结果见表 5.13.

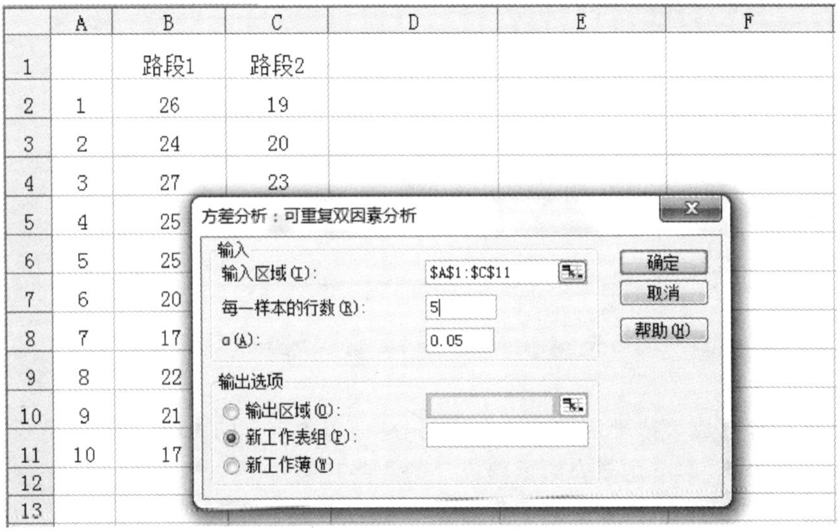

图 5.3　Excel 进行方差分析的步骤操作图

由输出的结果可知：用于检验“时段”的 P 值 $=5.7\text{E}-06<\alpha=0.05$，拒绝原假设，表明不同时段的行车时间之间有显著差异，即时段对行车时间有显著影响；用于检验“路段”的 P 值 $=0.000\ 2<\alpha=0.05$，同样拒绝原假设，表明不同路段的行车时间之间有显著差异，即路段对行车时间也有显著影响；用于检验交互作用的 P 值 $=0.911\ 8>\alpha=0.05$，因此不拒绝原假设，没有证据证明时段和路段的交互作用对行车时间有显著影响.

表 5.13　Excel 输出的有交互作用的双因素方差分析结果

	A	B	C	D	E	F	G
1	方差分析：可重复双因素分析						
2	SUMMARY	路段1	路段2	总计			
3	1						
4	观测数	5	5	10			
5	求和	127	105	232			
6	平均	25.4	21	23.2			
7	方差	1.3	2.5	7.066667			
8							
9	6						
10	观测数	5	5	10			
11	求和	97	76	173			
12	平均	19.4	15.2	17.3			
13	方差	5.3	6.7	10.23333			
14							
15	总计						
16	观测数	10	10				
17	求和	224	181				
18	平均	22.4	18.1				
19	方差	12.93333	13.43333				
20	方差分析						
21	差异源	SS	df	MS	F值	P值	F临界值
22	样本	174.05	1	174.05	44.06329	5.7E-06	4.493998
23	列	92.45	1	92.45	23.40506	0.000182	4.493998
24	交互	0.05	1	0.05	0.012658	0.911819	4.493998
25	内部	63.2	16	3.95			
26							
27	总计	329.75	19				

5.4　试验设计初步

试验设计已成为数理统计的一个重要分支,包含丰富的内容,其数据分析方法主要是方差分析.本节主要介绍试验设计的一些基础知识.

试验(experiment)是收集样本数据的过程.收集样本数据的计划称为试验设计(experiment design).试验设计是研究如何科学地安排试验,使人们能用尽可能少的试验获得尽可能多的信息.试验设计有完全随机化设计、随机化区组设计、因子设计等不同类型.

5.4.1　完全随机化设计

完全随机化设计(completely randomized design)是将 k 种"处理"随机地指派给试验单元的设计.接受"处理"的对象或实体,称为试验单元(experiment unit)或抽样单元.

在试验研究中,人们感兴趣的变量是明确规定的,因此,研究中的一个或多个因素可以被控制,使得数据可以按照因素如何影响变量来获取.下面通过一个例子来说明完全随机化设计的过程.

例 5.5　一家种子开发股份公司研究出 3 个新的小麦品种:品种 1、品种 2、品种 3. 为研究不同品种对产量的影响,需要选择一些地块,在每个地块种上不同品种的小麦,然后获得产量数据进行分析. 这一过程就是试验设计的过程.

"小麦品种"就是试验因子或因素,品种 1、品种 2、品种 3 就是因子的 3 个不同水平,称为处理. 假定选取 3 个面积相同的地块,这里的"地块"就是接受处理的对象或实体,称为试验单元. 将每个品种随机地指派给其中的一个地块,这一过程就是随机化设计过程.

完全随机化设计除了符合"随机化",还要符合"可重复"原则,可重复性是指每个试验可以在同等条件下重复进行. 如在上例中,由于只抽了 3 个地块,只能获取关于产量的 3 个数据,即相对于每个处理,其样本量为 1. 为获得每个品种更多的数据,必须重复基本试验步骤. 如果抽了 12 个地块,然后将每个品种随机指派给其中的 4 个地块,这就相当于重复做了 4 次试验. 假如通过上述完全随机化设计后,获得的试验数据见表 5.14.

表 5.14　三个小麦品种在 12 块地上的产量数据　　单位:kg

		产量			
小麦品种	品种 1	368	349	351	342
	品种 2	386	383	370	357
	品种 3	351	348	336	331

有了试验数据后,需要分析每个品种的产量是否相同,也就是要分析品种对产量是否有显著影响. 很显然,此为单因素方差分析. 表 5.15 为数据的分析结果.

表 5.15　三个小麦品种的方差分析结果

方差分析						
差异源	SS	df	MS	F 值	P 值	F 临界值
组间	2 186	2	1 093	8.422 089	0.008 679	4.256 495
组内	1 168	9	129.777 8			
总计	3 354	11				

P 值 $=0.008\ 679<\alpha=0.05$,表明小麦品种对产量有显著影响.

5.4.2　随机化区组试验

完全随机化试验设计看起来似乎很公平,但不同地块土壤的好坏是不同的. 当随机指派不同品种时，如果某一个品种抽到了土壤好的地块，这就不公平了. 那么怎么消除这种由“随机”造成的不公平呢？这就需要随机区组化设计，它可以消除由于土壤好坏对产量的影响.

(1) 先按一定规则将试验单元划分为若干同质组，称为“区组”(block).

(2) 将各种处理随机地指派给各个区组.

比如，在上面的例子中，首先根据土壤的好坏分成几个区组，假定分成 4 个区组：区组 1、区组 2、区组 3、区组 4，每个区组中有 3 个地块，在每个区组内的 3 个地块以抽签的方式决定所种的小麦品种.

这种分组后再将每个品种(处理) 随机地指派给每一个区组的设计就是**随机化区组设计**. 假定通过随机化区组设计后得到的数据见表 5.16.

表 5.16　三个小麦品种在四个区组上的产量数据　单位：kg

产量 区组 / 品种		区组 1	区组 2	区组 3	区组 4
小麦品种	品种 1	355	349	341	337
	品种 2	377	369	361	356
	品种 3	349	346	331	339

由于每一个区组中只做一次试验(即无重复)，无法求交互作用. 因此表 5.16 中的数据的分析用无交互作用的双因素方差分析. 其结果见表 5.17.

表 5.17　3 个小麦品种在 4 个区组上产量的方差分析表

差异源	SS	df	MS	F 值	P 值	F 临界值
行(品种)	1 371.167	2	685.583 3	67.619 18	7.67E－05	5.143 253
列(区组)	581.666 7	3	193.888 9	19.123 29	0.001 79	4.757 063
误差	60.833 33	6	10.138 89			
总计	2 013.667	11				

检验品种的 P 值＝7.67E－05＜α＝0.05，表明小麦品种对产量有显著影响.

需要注意的是，由于试验按单个因素(小麦品种) 而设计的，我们感兴趣的也正是这一因素. 地块区组划分的目的主要是为了从误差项(MSE) 中消除地块差异的影响. 因此我们感兴趣的主要是用于小麦品种检验的 F 统计量及其 P 值. 如果要研究另一个因素对产量的影响，则应该使用另外一种试验设计，这就是下面将要讨论的因子设计.

5.4.3　因子设计

假定除了关心小麦品种对产量的影响外，还关心施肥方式对产量的影响，这时感兴趣的因素有两个：小麦品种和施肥方式. 假定有甲、乙两种施肥方式，这样三个小麦品种和两种施肥方式的搭配共有 $3\times2=6$ 种. 如果选择 30 个地块进行试验，每一种搭配可以做 5 次试验，也就是每个品种(处理) 的样本容量为 5，即相当于每个品种(处理) 重复做了 5 次试验.

考虑两个因素(可推广到多个因素) 的搭配试验设计称为**因子设计**(factorial design)，主要用于分析两个因素及其交互作用对试验结果的影响.

假定对三个品种、两种施肥方式的因子试验取得的数据见表 5.18.

现在需要分析小麦品种、施肥方式以及两者交互作用对产量的影响. 采用 Excel 中"可重复双因素方差分析" 得到的输出结果见表 5.19.

检验品种的 P 值 $=1.22\text{E}-09<\alpha=0.05$，表明小麦品种对产量有显著影响；

检验施肥方式的 P 值 $=9.73\text{E}-10<\alpha=0.05$，表明施肥方式对产量有显著影响；

检验交互作用的 P 值 $=0.379\ 3>\alpha=0.05$，没有证据表明小麦品种与施肥方式的交互作用对产量有显著影响.

表 5.18　小麦品种与施肥方式的因子试验数据

试验数据 / 施肥方式 / 品种		甲	乙
小麦品种	品种 1	81	89
		82	92
		79	87
		81	85
		78	86
	品种 2	71	77
		72	81
		72	77
		66	73
		72	79
	品种 3	76	89
		79	87
		77	84
		76	87
		78	87

表 5.19　小麦品种与施肥方式因子试验的方差分析表

差异源	SS	df	MS	F 值	*P* 值	*F* 临界值
样本	560	2	280	54.368 93	1.22E－09	3.402 826
列	480	1	480	93.203 88	9.73E－10	4.259 677
交互	10.4	2	5.2	1.009 709	0.379 284	3.402 826
内部	123.6	24	5.15			
总计	1 174	29				

习　题　5

1. 表 5.20 中是有关车祸事故的频数与司机单程驾车的路程分布资料.

表 5.20　车祸事故的频数与司机单程驾车的路程样本数据

频数 路程	小于 5 次	5 ～ 10 次	5 次以上	合计
10 km 以内	42	31	30	103
10 ～ 20 km	32	23	5	60
20 km 以上	19	7	11	37
合计	93	61	46	200

试问,车祸事故的频数与司机单程驾车的路程是否有明显的关系($\alpha=0.05$)?

2. 从 3 个总体中各抽取容量不同的样本数据,得到的资料如表 5.21 所示. 检验 3 个总体的均值之间是否有显著差异($\alpha=0.1$).

表 5.21　3 个总体中抽取的样本数据

样本 1	样本 2	样本 3
158	153	169
148	142	158
161	156	180
154	149	
169		

3. 某家电制造公司准备购进一批 5 号电池,现有 A,B,C 三个电池生产企业愿意供货,为比较它们生产的电池质量,从每个企业各随机抽取 5 只电池,经试验得出其寿命(单位:h) 数据见表 5.22.

表 5.22　三个企业的电池寿命试验数据　　单位:h

试验号	电池生产企业		
	A	B	C
1	50	32	45
2	50	28	42
3	43	30	38
4	40	34	48
5	39	26	40

试分析 3 个企业生产的电池的平均寿命之间有无显著差异($\alpha=0.05$).如果有差异,用 LSD 方法检验哪些企业之间有差异.

4.某企业准备用 4 种方法组装一种新的产品,为确定哪种方法每小时生产的产品数量最多,随机抽取了 40 工人,并指定每个人使用其中的一种方法.通过对每个工人生产的产品数进行方差分析得到如表 5.23 所示的结果.

表 5.23　每个工人生产产品数量的方差分析表

差异源	SS	df	MS	F 值	P 值	F 临界值
组间			210		0.245 946	3.354 131
组内	3 836					
总计		29				

(1) 完成上面的方差分析表.

(2) 若显著性水平 $\alpha=0.05$,检验 3 种方法组装的产品数量之间是否有显著差异.

5.有 4 个品牌的彩电在 5 个地区销售,为分析彩电的品牌(品牌因素)和销售地区(地区因素)对销售量是否有影响,对每种品牌在各地区的销售量取得表 5.24 数据.试分析品牌和销售地区对彩电的销售量是否有显著影响($\alpha=0.05$).

表 5.24　不同品牌的彩电在各地区的销售量数据　　单位:台

销售量 地区 品牌	地区 1	地区 2	地区 3	地区 4	地区 5
品牌 1	365	350	343	340	323
品牌 2	345	368	363	330	333
品牌 3	358	323	353	343	308
品牌 4	288	280	298	260	298

6.为检验广告媒体和广告方案对产品销售量的影响,一家营销公司做了一项

试验,考察3种广告方案和两种广告媒体,获得的销售量数据见表5.25所示.

表5.25　不同广告方案中各广告媒体所获的销售量　单位:万件

广告方案	广告媒体	
A	8	12
	12	8
B	22	26
	14	30
C	10	18
	18	14

检验广告方案、广告媒体或其交互作用对销售量的影响是否显著($\alpha=0.05$).

7.某连锁商业企业在同城3个不同地点开设了3个分店,从这3家商店随机抽出5天的营业额的数据见表5.26

表5.26　不同地点不同分店的5天中的营业额数据

单位:万元

营业额 分店 / 日期	第1家分店	第2家分店	第3家分店
第1天	10	7	14
第2天	12	11	8
第3天	9	8	12
第4天	8	13	10
第5天	11	10	11

(1) 求3家店每天的平均每天的营业额和5天的平均每天营业额;

(2) 求总变差、组内变差和组间平方和;

(3) 编制方差分析表($\alpha=0.05$);

(4) 检验3家分店的地点不同对每天的营业额是否有显著的影响.

第 6 章　相关分析与回归分析

在客观世界中，许多事物或现象之间都存在着相互联系、相互制约的关系，这些关系大多数可以通过数量关系来反映，而这些数量关系大体上可以分为两类：一类是确定性的函数关系，例如，如果一个球体的半径为 R，则其体积为 $V=\frac{4}{3}\pi R^3$，半径 R 的取值可以完全确定体积 V 的取值；另一类是非确定性的相关关系，例如，人的体重和血压之间的关系，一般来说，体重越大血压也就越高，但是体重相同的两个人，其血压未必相同，这种关系便是相关关系.

相关分析(correlation analysis) 和回归分析(regression analysis) 都是研究变量之间相关关系的方法. 相关分析主要是判断两个量之间是否存在相关关系，并分析变量之间相关的紧密程度，而回归分析则主要研究变量之间具体的数量规律.

本章中很多结论的得来都与正态分布的特性有关，其证明过程比较繁杂，本章主要目的是让读者初步掌握相关分析和回归分析的思想方法及其操作应用，所以我们略去了这些证明过程，有兴趣的读者可以根据自己的情况查阅相关资料或自行尝试.

6.1　相关分析

6.1.1　相关分析的概念

当一个或多个变量取值确定时，与之对应的另外一个变量的取值虽然不确定，但是按照某种规律在一定的范围内变化，变量之间的这种关系称为相关关系.

客观世界中存在着大量的相关关系，例如钢铁冶炼过程中钢水含碳量和冶炼时间的关系，多金属矿床中各种金属含量间的关系，个人收入与支出之间的关系等，这些都是相关关系.

变量之间的关系主要有函数关系和相关关系两种，变量之间的函数关系和相关关系并非是绝对区分开的，两者在一定程度上可以相互转化. 例如在矩形面积的计算中，如果矩形的两个边长 x 和 y 均已知，则矩形的面积为 $S=xy$，面积和边长之间具有函数关系，但是考虑到在实际测量中的随机误差因素，面积 S 和边长 x，y 之间的函数关系也可以用相关关系来描述. 又例如人的身高 h 和手臂的长度 l 之间存在着密切的关系，但是相同身高的人，其手臂长度又不尽相同，所以身高 h 和手臂的长度 l 之间是相关关系，当我们在一定条件下获得了充足的数据时，我们可以利用统计方法找出身高 h 和手臂长度 l 之间所具有的近似的函数关系，这时候相关关系可以转化为函数关系的描述.

变量之间的相互关系是很复杂的，它们各以不同的方向、不同的程度相互作用着，并表现出不同的类型和形态. 变量之间的相关关系大体上可以从以下几个方面进行分类：

(1) 按照相关关系涉及的因素多少，可以分为单相关和复相关.

两个因素之间的相关关系叫做**单相关**，即只涉及一个自变量和一个因变量. 三个或三个以上因素的相关关系叫做**复相关**，即涉及两个或两个以上的自变量和因变量之间的关系.

(2) 按相关关系中变量间相互关系的表现形态，可以分为线性相关和非线性相关.

相关关系是一种数量上不严格的相互依存关系. 如果这种关系近似地表现为一条直线时则称为**线性相关**；如果这种关系近似地表现为一条曲线时则称为**非线性相关**. 非线性相关也有多种不同的类型，如抛物线、指数曲线、双曲线等.

(3) 按照相关的变化方向，可以分为正相关和负相关.

如果自变量 x 的数值增加，因变量 y 的数值也相应地增加，叫做**正相关**. 例如，收入增加，支出也会增加. 如果自变量 x 的数值增加，因变量 y 的数值却相应地减少；或者自变量 x 的数值减少，因变量 y 的数值却相应地增加，叫做**负相关**. 例如，商品价格降低，商品的销售量增加.

(4) 按照相关的程度来划分，可以分为完全相关、不完全相关和不相关.

完全相关是指两种现象之间，一个变量的变化完全由另一变量的变化确定，这两种变量间的依存关系，就称为**完全相关**，如球体的体积 $V=\frac{4}{3}\pi R^3$，在这种情况下，相关关系就是函数关系. 不相关是指两个变量互不影响. 例如，没有任何关系的甲、乙二人，甲的身高与乙的体重之间没有任何相关性. 不完全相关是指两个现象之间的关系，介于完全相关与不相关之间. 通常研究的变量主要是对不完全相关进行分析. 不完全相关又可根据相关的密切程度不同分为弱相关、低度相关、显著相关和高度相关.

相关关系可以通过编制相关表、绘制相关图等方式进行直观的判断.

(1) 相关表. 相关表是一种统计表格，编制方法是根据变量的原始统计数据，将其中的一个变量按照统计数值从小到大的顺序排列，同时将另一个变量的统计数值按照对应关系进行排列.

例 6.1　在某煤矿取得了 18 个煤样，测得密度 x 和灰分 y 的数据见表 6.1，根据表 6.1 的数据编制煤样密度 x 和灰分 y 的相关表，并初步判断密度 x 和灰分 y 的关系.

表 6.1　煤样密度和灰分测量数据

煤样编号	密度 x	灰分 y	煤样编号	密度 x	灰分 y
1	1.5	25	10	1.3	4
2	1.2	4	11	1.5	17
3	1.7	30	12	1.5	24
4	1.4	20	13	1.6	25
5	1.8	36	14	1.4	6
6	1.3	7	15	1.6	26
7	1.3	5	16	1.5	24
8	1.5	24	17	1.4	20
9	1.7	33	18	1.4	9

解　首先将表 6.1 的数据录入到 Excel 中，选定数据区域，然后选择“数据”菜单下的“排序”选项，使用密度 x 作为主要关键字进行升序排序，整理后便可得煤样密度 x 和灰分 y 的相关表，见表 6.2.

表 6.2　煤样密度和灰分相关表

煤样编号	密度 x	灰分 y	煤样编号	密度 x	灰分 y
2	1.2	4	8	1.5	24
6	1.3	7	11	1.5	17
7	1.3	5	12	1.5	24
10	1.3	4	16	1.5	24
4	1.4	20	13	1.6	25
14	1.4	6	15	1.6	26
17	1.4	20	3	1.7	30

续 表

煤样编号	密度 x	灰分 y	煤样编号	密度 x	灰分 y
18	1.4	9	9	1.7	33
1	1.5	25	5	1.8	36

从表6.2中可以看出，随着密度 x 的增大，灰分 y 呈现出上升趋势，密度 x 和灰分 y 之间存在着一定的正相关关系.

(2) 相关图. 相关图又称为散点图，是用直角坐标系的两个坐标轴分别表示两个变量，并将变量的观测值表示在坐标平面上的一种统计图形. 通过相关图可以直观地看出变量之间的相关关系和程度.

例 6.2 根据例 6.1 所给的数据，绘制煤样密度 x 和灰分 y 的相关图.

解 首先将表 6.1 的数据录入到 Excel 中，然后选择“插入”菜单下面的“图标”，选择“XY 散点图”类型，点击“下一步”，在“数据区域中”输入数据所在区域(见图 6.1)，点击“下一步”，在接下来的“图标标题”一栏输入“煤样密度灰分相关图”，在“数值(X)轴”一栏输入“密度 x”，在“数值(Y)轴”一栏输入“灰分 y”(见图 6.2)，然后点击“完成”，即可得到煤样密度和灰分的相关图(见图 6.3). 为更直观地体现密度和灰分之间的相关关系，在图 6.3 所示的数据点上点击右键，选择“添加趋势线”(见图 6.4)，然后选择“线性”类型(见图 6.5)，点击“确定”即可得到带有趋势线的相关图(见图 6.6).

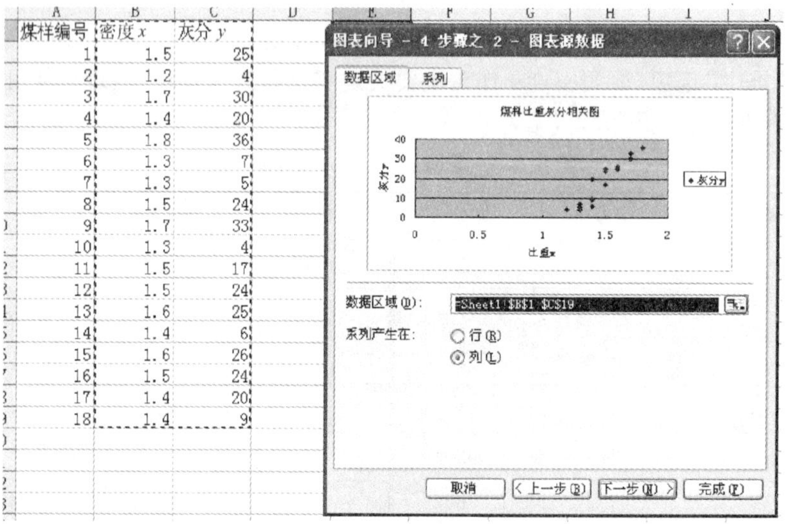

图 6.1 为相关图选择数据区域和存储方式

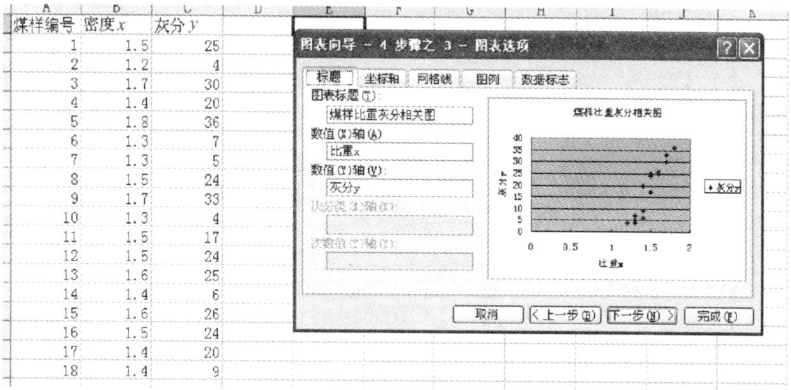

图 6.2　为相关图添加标题

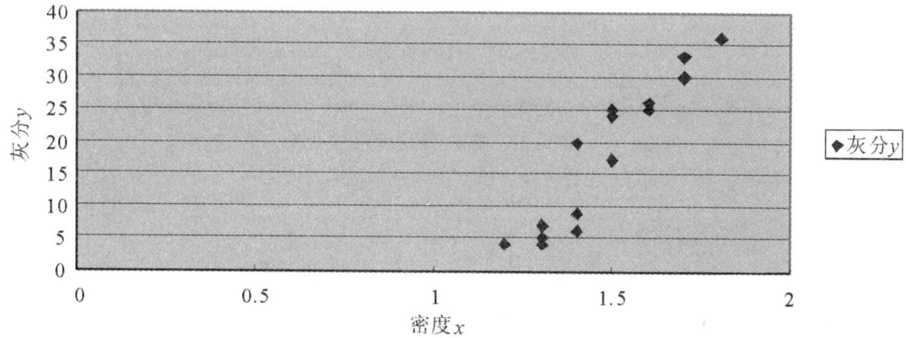

图 6.3　煤样密度灰分相关图

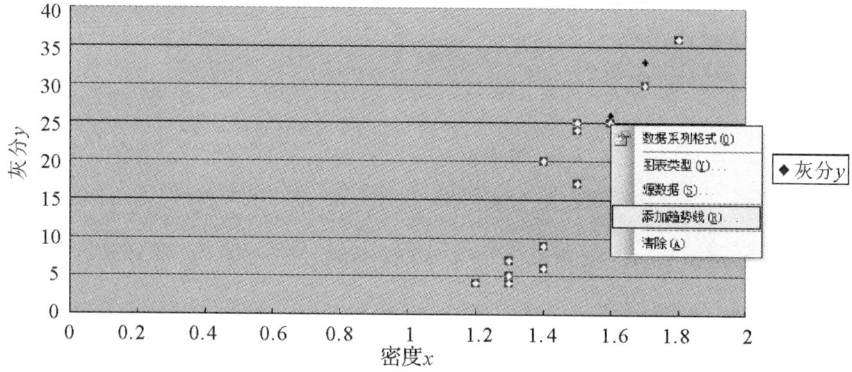

图 6.4　为相关图添加趋势线

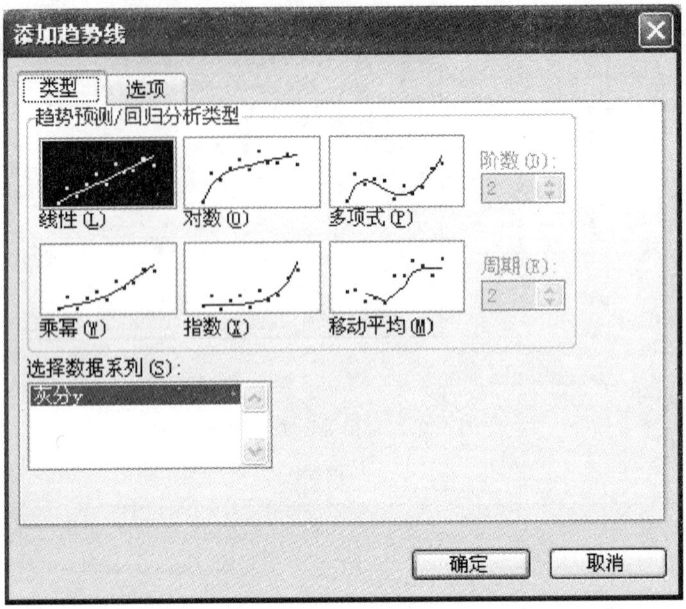

图 6.5　趋势线类型选项

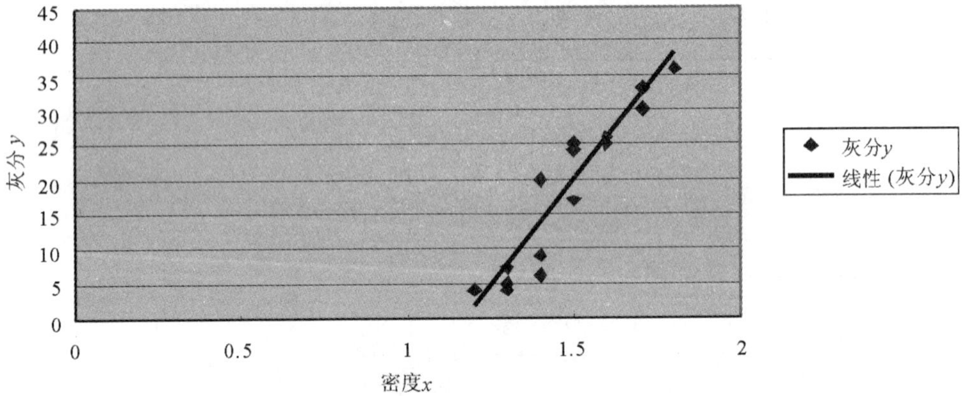

图 6.6　带有趋势线的煤样密度、灰分相关图

从图 6.6 可以看出，煤样的密度和灰分之间存在着较为明显的正线性相关关系.

6.1.2　相关系数

相关表和相关图可以帮助人们从直观上对变量之间的相关关系进行初步的判

断，但是这种描述相对比较粗糙，尤其是当变量之间的相关关系不是很明显时，仅根据图表很难给出合理的推断. 在统计学中，经常使用相关系数对变量之间的相关关系进行研究，常用的相关系数有简单线性相关系数和 Spearman 等级相关系数.

1. 简单线性相关系数

假设已经获得的样本为 $(x_1,y_1),(x_2,y_2),\cdots,(x_n,y_n)$，样本的简单线性相关系数 r_{xy} 的计算表达式为

$$r_{xy}=\frac{\sum_{i=1}^{n}(x_i-\bar{x})(y_i-\bar{y})}{\sqrt{\sum_{i=1}^{n}(x_i-\bar{x})^2}\sqrt{\sum_{i=1}^{n}(y_i-\bar{y})^2}} \tag{6-1}$$

样本的简单线性相关系数通常简称为样本相关系数，并简记为 r.

若记 $l_{xy}=\sum_{i=1}^{n}(x_i-\bar{x})(y_i-\bar{y})$，$l_{xx}=\sum_{i=1}^{n}(x_i-\bar{x})^2$，$l_{yy}=\sum_{i=1}^{n}(y_i-\bar{y})^2$，则样本相关系数 r 可以表示为

$$r=\frac{l_{xy}}{\sqrt{l_{xx}l_{yy}}} \tag{6-2}$$

样本相关系数反映的是变量 x 和 y 之间具有线性关系的程度. 事实上，可以证明，样本相关系数 r 是总体相关系数 ρ 的一致性估计量，其中

$$\rho=\frac{\mathrm{Cov}(X,Y)}{\sqrt{\mathrm{Var}(X)}\sqrt{\mathrm{Var}(Y)}} \tag{6-3}$$

样本相关系数具有以下特点：

(1) 对称性：$r_{xy}=r_{yx}$.

(2) r 取值范围是：$-1\leqslant r\leqslant 1$，即 $|r|\leqslant 1$. r 的值越靠近 1，说明变量 x 和 y 之间的正相关程度越高，r 的值越靠近 -1，说明变量 x 和 y 之间的负相关程度越高，r 的值越靠近 0，说明变量 x 和 y 之间的线性相关程度越低. 通常判断的标准是：$|r|<0.3$ 称为微弱相关，$0.3\leqslant|r|<0.5$ 称为低度相关，$0.5\leqslant|r|<0.8$ 称为显著相关，$0.8\leqslant|r|<1$ 称为高度相关或强相关. 如果 $|r|=1$，则称变量 x 和 y 完全线性相关，当 $r=1$ 时，称为完全正相关，当 $r=-1$ 时，称为完全负相关.

(3) r 的值只能反映变量之间线性相关关系的程度，它不能反映变量之间的因果关系，也不能帮助人们确定变量的值靠近哪一条具体的直线. 当 $r=0$ 时，只能说明变量之间不存在线性关系，并不能表明变量之间是否存在其他的非线性关系.

例 6.3　利用例 6.1 所给的数据，计算煤样密度和煤样灰分的相关系数，并进行简要说明.

解　打开已经录入好数据的 Excel 表格，点击“工具”菜单，选择“数据分

析”(如果没有“数据分析”选项,则要先从“工具”菜单下的“加载宏”选项中进行添加),点击“相关系数”并点击“确定”,在弹出的相关系数对话框中填写相应的数据区域、分组方式、标志位信息、输出区域等内容(见图 6.7),然后点击“确定”,即可得到煤样密度和灰分的相关系数计算结果,如图 6.8 所示.

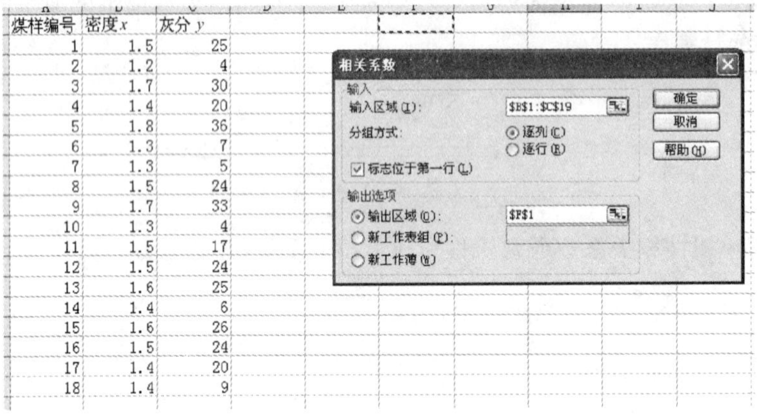

图 6.7　计算相关系数的对话框

	密度 x	灰分 y
密度 x	1	
灰分 y	0.921268	1

图 6.8　煤样密度和灰分的相关系数计算结果

从图 6.8 所示的相关系数计算结果可以看出,煤样密度和灰分的相关系数为 0.921 268,超过了 0.8,说明煤样的密度和灰分之间存在着高度相关性.

2. 正态总体假设下的相关系数检验

由于样本相关系数 r 是总体相关系数 ρ 的估计量,因而样本相关系数 r 从一定程度上反映了总体相关系数 ρ 的特征. 当总体为正态分布时,可以根据相关系数 r 的结果对总体相关系数 ρ 作进一步的假设检验,通常所使用的假设为

$$H_0:\rho=0,\quad H_1:\rho\neq 0$$

可以证明,一个与样本相关系数 r 有关的统计量 t 具有如下分布:

$$t=\frac{r\sqrt{n-2}}{\sqrt{1-r^2}}\sim t(n-2) \tag{6-4}$$

对于给定的显著水平 α,通过查表获得临界值 $t_{\alpha/2}(n-2)$. 如果 $|t|\geqslant t_{\alpha/2}(n-2)$,则拒绝 H_0,表明变量之间存在着显著的线性相关关系;如果 $|t|<t_{\alpha/2}(n-2)$,则接

受 H_0，表明变量之间的线性相关关系不显著.

例 6.4　利用例 6.1 所给的数据，在显著水平为 $\alpha=0.05$ 的情况下，对煤样密度和煤样灰分的相关系数进行检验，$H_0:\rho=0$，$H_1:\rho\neq 0$.

解　根据例 6.3 计算出来的相关系数值，可得检验统计量 t 的观测值为

$$t=\frac{r\sqrt{n-2}}{\sqrt{1-r^2}}=\frac{0.921\ 268\sqrt{18-2}}{\sqrt{1-0.921\ 268^2}}=9.474\ 938$$

在 Excel 任意空白单元格中输入"=TINV(0.05,16)"得到 $t_{0.025}(16)=2.119\ 905$，由于 $|t|\geqslant t_{\alpha/2}(n-2)$，因而拒绝 H_0.

6.1.3　Spearman 等级相关系数

通常而言，简单相关系数要求样本来自于正态总体，当变量不满足正态分布要求或不是数量型变量时，简单线性相关系数就不太适合了，此时可以用 Spearman 等级相关系数作相关性分析，Spearman 等级相关系数也称为 Spearman 秩相关系数.

对于样本容量为 n 的变量 x 和 y，如果取值都可以分为 n 个等级，而且样本的 n 个单位分别不重复地属于 x 和 y 的不同等级，没有两个单位取相同等级的情况，并且用 d_i 表示样本单位属于 x 的等级与 y 的等级的级差. Spearman 等级相关系数 r_s 的表达式为

$$r_s=1-\frac{6\sum_{i=1}^{n}d_i^2}{n(n^2-1)} \tag{6-5}$$

Spearman 等级相关系数的取值范围是[-1,1]. Spearman 等级相关系数的符号表示 x 和 y 之间联系的方向. 如果 y 随着 x 的增加而增加，那么 Spearman 秩相关系数是正的；反之，若 y 随着 x 的增加而减小，Spearman 秩相关系数就是负的. Spearman 秩相关系数为 0 表示随着 x 的增加，y 没有增大或减小的趋势. 随着 x 和 y 越来越接近严格单调的函数关系，Spearman 秩相关系数在数值上越来越大. 当 x 和 y 有严格单增的关系时，它们之间的 Spearman 秩相关系数为 1，反之，在 x 和 y 有严格单减的关系时，Spearman 秩相关系数为 -1.

Spearman 等级相关系数主要适用于取值表示为等级的变量，对于取值为数值的变量，可以按照数值从大到小进行排序，以次序值作为等级来处理.

例 6.5　某种产品产量和生产费用数据见表 6.3，试求产品产量和生产费用的 Spearman 秩相关系数.

表 6.3 某产品的产品产量和生产费用数据

序号	产品产量 x/kt	生产费用 y/ 万元
1	3.8	110
2	5	115
3	3.1	80
4	1.2	62
5	2	86
6	8	160
7	7.2	135
8	6.1	132

解 将表 6.3 的数据录入到 Excel 工作表中,然后利用其排序功能分别对产品产量和生产费用进行排序,得到相应的变量秩次,进而求出等级差,结果见表 6.4.

表 6.4 某产品的产品产量和生产费用数据等级级差计算

序号	产品产量 x/kt		生产费用 y/ 万元		等级级差	d_i^2
	变量值	秩次 q_i	变量值	秩次 s_i	$d_i = q_i - s_i$	
1	3.8	5	110	5	0	0
2	5	4	115	4	0	0
3	3.1	6	80	7	1	1
4	1.2	8	62	8	0	0
5	2	7	86	6	−1	1
6	8	1	160	1	0	0
7	7.2	2	135	2	0	0
8	6.1	3	132	3	0	0

依据表 6.4 计算得出 Spearman 等级相关系数为

$$r_s = 1 - \frac{6\sum_{i=1}^{n} d_i^2}{n(n^2-1)} = 1 - \frac{6 \times 2}{8 \times (8^2 - 1)} = 0.976\ 190$$

上述结果表明该产品的产量和生产费用之间存在着较强的正相关关系.

在计算 Spearman 等级相关系数过程中，如果某个变量存在着若干个相同的样本值，这些样本值必须具有相同的秩次. 处理的办法是：首先将该变量的所有样本值按从大到小的顺序排序，用相同样本值的序号均值作为他们的秩次，例如变量 x 的样本值分别为 0.8，1.2，1.2，3.4，6，从大到小排序后，两个 1.2 的次序分别为 3 和 4，则 1.2 的秩次均取为 3.5.

例 6.6　利用例 6.1 所给的数据，计算煤样密度和煤样灰分的 Spearman 等级相关系数.

解　利用 Excel 的排序功能分别对煤样密度和煤样灰分数据进行排序，得到相应的变量序号，重新计算相同数值的秩次，进而求出等级差，结果见表 6.5.

表 6.5　煤样密度灰分数据等级级差计算

煤样编号	密度 x		灰分 y		等级级差	d_i^2
	变量值	秩次 q_i	变量值	秩次 s_i	$d_i=q_i-s_i$	
1	1.5	8	25	5.5	2.5	6.25
2	1.2	18	4	17.5	0.5	0.25
3	1.7	2.5	30	3	−0.5	0.25
4	1.4	12.5	20	10.5	2	4
5	1.8	1	36	1	0	0
6	1.3	16	7	14	2	4
7	1.3	16	5	16	0	0
8	1.5	8	24	8	0	0
9	1.7	2.5	33	2	0.5	0.25
10	1.3	16	4	17.5	−1.5	2.25
11	1.5	8	17	12	−4	16
12	1.5	8	24	8	0	0
13	1.6	4.5	25	5.5	−1	1
14	1.4	12.5	6	15	−2.5	6.25
15	1.6	4.5	26	4	0.5	0.25
16	1.5	8	24	8	0	0
17	1.4	12.5	20	10.5	2	4
18	1.4	12.5	9	13	−0.5	0.25

依据表 6.5 计算得出 Spearman 等级相关系数为

$$r_s=1-\frac{6\sum_{i=1}^{n}d_i^2}{n(n^2-1)}=1-\frac{6\times 45}{18\times(18^2-1)}=0.953\ 560$$

该结果表明煤样的密度和灰分之间存在着较强的正相关关系.

6.2 一元线性回归分析

在相关分析中，我们借助于相关系数对变量之间的依存关系进行描述，但是相关分析并不能给出变量之间的具体关系类型，为了明确变量之间的数量规律，需要进行回归分析."回归"一词最早来自于英国生物学家高尔顿和他的学生们所进行的一项工作，他们注意到相对于父代的身高，子代的身高有向平均身高靠拢的趋势，他们将此现象称为回归，这就是回归的古典含义. 现在我们依然沿用"回归"这个说法，但是含义与其古典意义已经有了很大的区别，现代回归分析主要是指对于存在着一定依存关系的变量，用适当的数学模型近似地表达或估计变量之间的平均变化关系，进而完成预测、控制等工作.

回归分析根据变量之间关系的类型可分为线性回归分析、非线性回归分析等，根据自变量的个数又可分为一元回归分析、多元回归分析等. 一元线性回归分析是最为基础的一种情况.

6.2.1 一元线性回归分析的基本概念

对于自变量 x 和因变量 y，一元线性回归分析的数学模型为

$$y=\beta_0+\beta_1 x+\varepsilon \tag{6-6}$$

式中，β_0 是常数项，又称为截距；β_1 是回归系数，又称为斜率；ε 为随机误差，通常假定 $\varepsilon \sim N(0,\sigma^2)$，$\sigma>0$，$\sigma^2$ 称为误差方差. $y=\beta_0+\beta_1 x$ 称为回归方程.

在获得自变量 x 和因变量 y 的 n 对观测值 (x_1,y_1)，(x_2,y_2)，…，(x_n,y_n) 后，一元线性回归分析的主要任务有 3 个方面：

(1) 对未知参数 β_0，β_1 和 σ^2 进行估计，以便确定回归方程，进行误差分析.

(2) 对 β_1 和 β_0 进行检验，以确定将自变量 x 和因变量 y 之间的关系视为线性关系是否合适，以及常数项是否可以忽略，同时包括估计 β_1 和 β_0 的置信区间问题.

(3) 预测与控制. 预测是指给定自变量的取值 x_0，预测相应的因变量的取值 y_0 或因变量的取值范围，而控制则刚好相反，是通过因变量的取值范围来确定自变量的取值范围.

需要注意的是，在做一元线性回归分析之前，首先应该通过描绘散点图等方式对自变量 x 和因变量 y 之间的关系做初步分析，对于那些明显是非线性关系的情况，直接进行线性回归分析显然是不合适的.

6.2.2 β_0，β_1 和 σ^2 的估计及其性质

β_0 和 β_1 的估计方法有最小二乘估计法、最大似然估计法等多种，此处仅介绍

最为简单的最小二乘估计方法.

对于式(6-6)的一元线性回归模型,假设 β_0 和 β_1 的估计值已经求出,分别记为 $\hat{\beta}_0$ 和 $\hat{\beta}_1$,则回归方程为 $\hat{y}=\hat{\beta}_0+\hat{\beta}_1 x$,代入自变量 x 的值 x_i 可获得因变量 y 的估计值 $\hat{y}_i=\hat{\beta}_0+\hat{\beta}_1 x_i(i=1,2,\cdots,n)$,$\hat{y}_i$ 也称为预测值.我们很自然地希望 $\hat{y}_i$ 和 y_i 之间的偏差 $e_i=|y_i-\hat{y}_i|(i=1,2,\cdots,n)$ 越小越好,所以合理的 β_0 和 β_1 的估计值应使 $\sum_{i=1}^{n} e_i=\sum_{i=1}^{n}|y_i-\hat{y}_i|$ 达到最小,考虑到带绝对值不方便处理,故将其等价地转化为求解 β_0 和 β_1 的估计值使 $\sum_{i=1}^{n} e_i^2=\sum_{i=1}^{n}(y_i-\hat{y}_i)^2$ 达到最小.

记

$$Q(\beta_0,\beta_1)=\sum_{i=1}^{n}(y_i-\beta_0-\beta_1 x_i)^2 \tag{6-7}$$

称使得 $Q(\beta_0,\beta_1)$ 达到最小的 $\hat{\beta}_0$ 和 $\hat{\beta}_1$ 为 β_0 和 β_1 的最小二乘估计.

结合微积分中有关多元极值的方法可知,想使得 $Q(\beta_0,\beta_1)$ 达到最小,只须用 $Q(\beta_0,\beta_1)$ 分别对 β_0 和 β_1 求偏导并令偏导等于零即可,即

$$\left.\begin{aligned}\frac{\partial Q}{\partial \beta_0}&=-2\sum_{i=1}^{n}(y_i-\beta_0-\beta_1 x_i)=0\\ \frac{\partial Q}{\partial \beta_1}&=-2\sum_{i=1}^{n}(y_i-\beta_0-\beta_1 x_i)x_i=0\end{aligned}\right\} \tag{6-8}$$

对式(6-8)进行整理可得方程组

$$\left.\begin{aligned}n\beta_0+\beta_1\sum_{i=1}^{n}x_i&=\sum_{i=1}^{n}y_i\\ \beta_0\sum_{i=1}^{n}x_i+\beta_1\sum_{i=1}^{n}x_i^2&=\sum_{i=1}^{n}x_i y_i\end{aligned}\right\} \tag{6-9}$$

称式(6-9)为正规方程组,由于 $x_1,x_2,\cdots,x_n$ 不完全相等,该正规方程组的系数行列式不为零,从而该方程组存在唯一解.

记 $\bar{x}=\frac{1}{n}\sum_{i=1}^{n}x_i$,$\bar{y}=\frac{1}{n}\sum_{i=1}^{n}y_i$,则 β_0 和 β_1 的解分别为

$$\left.\begin{aligned}\hat{\beta}_1&=\frac{n\sum_{i=1}^{n}x_i y_i-\left(\sum_{i=1}^{n}x_i\right)\left(\sum_{i=1}^{n}y_i\right)}{n\sum_{i=1}^{n}x_i^2-\left(\sum_{i=1}^{n}x_i\right)^2}=\frac{\sum_{i=1}^{n}(x_i-\bar{x})(y_i-\bar{y})}{\sum_{i=1}^{n}(x_i-\bar{x})^2}\\ \hat{\beta}_0&=\bar{y}-\hat{\beta}_1\bar{x}\end{aligned}\right\} \tag{6-10}$$

与相关分析中的记号类似，记

$$\left.\begin{aligned} l_{xy} &= \sum_{i=1}^{n}(x_i-\bar{x})(y_i-\bar{y}) \\ l_{xx} &= \sum_{i=1}^{n}(x_i-\bar{x})^2 \\ l_{yy} &= \sum_{i=1}^{n}(y_i-\bar{y})^2 \end{aligned}\right\} \tag{6-11}$$

于是

$$\left.\begin{aligned} \hat{\beta}_1 &= \frac{l_{xy}}{l_{xx}} \\ \hat{\beta}_0 &= \bar{y}-\hat{\beta}_1\bar{x}=\bar{y}-\frac{l_{xy}}{l_{xx}}\bar{x} \end{aligned}\right\} \tag{6-12}$$

由于$Q(\beta_0,\beta_1)$为非负二次函数，因而上面解出的$\hat{\beta}_0$和$\hat{\beta}_1$必为$Q(\beta_0,\beta_1)$的最小值点. 利用$\hat{\beta}_0$和$\hat{\beta}_1$即可得回归方程$\hat{y}=\hat{\beta}_0+\hat{\beta}_1x$，同时，由$\hat{\beta}_0$的表达形式可知，回归方程还可以表示为$\hat{y}-\bar{y}=\hat{\beta}_1(x-\bar{x})$，这表明从几何意义上看，回归方程直线通过观测值$(x_1,y_1)$，$(x_2,y_2)$，…，$(x_n,y_n)$的几何重心$(\bar{x},\bar{y})$.

β_0和β_1的最小二乘估计$\hat{\beta}_0$和$\hat{\beta}_1$具有如下性质：

(1)$\hat{\beta}_0$和$\hat{\beta}_1$分别是β_0和β_1的无偏估计量；

(2)$\mathrm{Cov}(\bar{y},\hat{\beta}_1)=0$；

(3)$\mathrm{Cov}(\hat{\beta}_0,\hat{\beta}_1)=-\dfrac{\bar{x}}{l_{xx}}\sigma^2$；

(4)$\hat{\beta}_0\sim N\left[\beta_0,\sigma^2\sum\limits_{i=1}^{n}x_i^2/(nl_{xx})\right]$；

(5)$\hat{\beta}_1\sim N(\beta_1,\sigma^2/l_{xx})$；

(6)$\hat{y}=\hat{\beta}_0+\hat{\beta}_1x\sim N\left[\beta_0+\beta_1x,\left(\dfrac{1}{n}+\dfrac{(x-\bar{x})^2}{l_{xx}}\right)\sigma^2\right]$.

性质的证明此处从略. 从这些性质不难看出，要想使得估计值$\hat{\beta}_0$和$\hat{\beta}_1$更加精确，除了观测值的组数n要比较大以外，还应注意$x_1,x_2,\cdots,x_n$的取值越分散越好，即l_{xx}越大越好.

在一元线性回归模型中，σ^2是一个重要参数，它反映了模型误差和观测误差的大小. 记

$$\hat{\varepsilon}_i=y_i-\hat{y}_i=y_i-\hat{\beta}_0-\hat{\beta}_1x_i(i=1,2,\cdots,n)$$

称$\hat{\varepsilon}_i$为第i次观测的残差，它是x_i处观测值y_i与回归值$\hat{y}_i$的差，不难看出$\sum\limits_{i=1}^{n}\hat{\varepsilon}_i=$

0. 由于 $\sigma^2=\mathrm{Var}(\varepsilon)=E(\varepsilon^2)$，因此比较容易联想到用残差平方和来估计 σ^2. 残差平方和记为

$$\mathrm{RSS}=\sum_{i=1}^{n}\hat{\varepsilon}_i^2=\sum_{i=1}^{n}(y_i-\hat{y}_i)^2 \tag{6-13}$$

结合式(6-11)的记号，残差平方和还可以表示为

$$\mathrm{RSS}=l_{yy}-\hat{\beta}_1^2 l_{xx}=l_{yy}-\hat{\beta}_1 l_{xy}=l_{yy}-\frac{l_{xy}^2}{l_{xx}} \tag{6-14}$$

残差平方和 RSS 有时也记作 S_e. σ^2 的估计及其性质如下面定理所述.

定理 6.1　对于一元线性回归模型(6-6)，有

(1) $\hat{\sigma}^2=\dfrac{\mathrm{RSS}}{n-2}$ 是 σ^2 的无偏估计；

(2) $\dfrac{\mathrm{RSS}}{\sigma^2}=\dfrac{(n-2)\hat{\sigma}^2}{\sigma^2}\sim\chi^2(n-2)$；

(3) RSS 与 $\hat{\beta}_0,\hat{\beta}_1$ 相互独立.

本定理证明从略.

例 6.7　在硝酸钠($NaNO_3$)的溶解度试验中，测得在不同温度 x(单位:℃)下，溶解于100份水中的硝酸钠份数 y 的数据见表6.6，试求温度 x 和溶解份数 y 的回归方程，并对 σ^2 进行估计.

表 6.6　硝酸钠溶解度对照表

x/℃	0	4	10	15	21	29	36	51	68
y/份	66.7	71.0	76.3	80.6	85.7	92.9	99.4	113.6	125.1

解　首先将数据录入到 Excel 表格中，作温度 x 和溶解份数 y 的散点图，如图6.9所示.

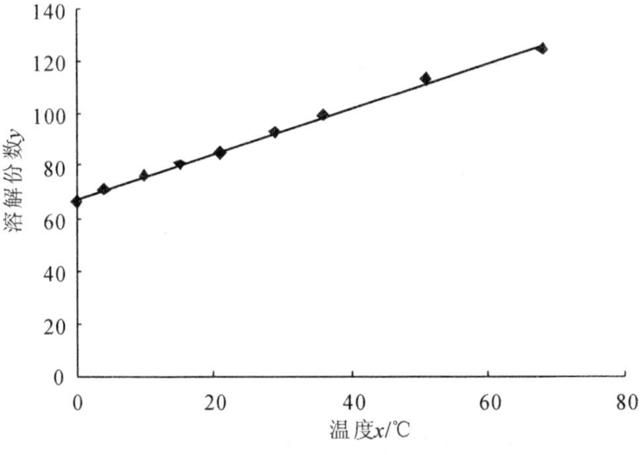

图 6.9　温度 x 和溶解份数 y 的散点图

从图 6.9 可以看出，这些观测值点都在一条直线附近，比较适合进行一元线性回归.

计算得 $\bar{x}=26$，$\bar{y}=90.1444$，表 6.7 列出了利用 Excel 计算 l_{xy}，l_{xx}，l_{yy} 的中间过程.

表 6.7　l_{xy}，l_{xx}，l_{yy} 的计算表

x_i	y_i	$x_i-\bar{x}$	$y_i-\bar{y}$	$(x_i-\bar{x})^2$	$(y_i-\bar{y})^2$	$(x_i-\bar{x})(y_i-\bar{y})$
0	66.7	−26	−23.444 4	676	549.639 9	609.554 4
4	71	−22	−19.144 4	484	366.508 1	421.176 8
10	76.3	−16	−13.844 4	256	191.667 4	221.510 4
15	80.6	−11	−9.544 4	121	91.095 6	104.988 4
21	85.7	−5	−4.444 4	25	19.752 7	22.222 0
29	92.9	3	2.755 6	9	7.593 3	8.266 8
36	99.4	10	9.255 6	100	85.666 1	92.556 0
51	113.6	25	23.455 6	625	550.165 2	586.390 0
68	125.1	42	34.955 6	1764	1221.894 0	1468.135 2

由表 6.7 可以算得

$$l_{xy}=\sum_{i=1}^{n}(x_i-\bar{x})(y_i-\bar{y})=3\ 534.8$$

$$l_{xx}=\sum_{i=1}^{n}(x_i-\bar{x})^2=4\ 060$$

$$l_{yy}=\sum_{i=1}^{n}(y_i-\bar{y})^2=3\ 083.982\ 2$$

进而得

$$\hat{\beta}_1=\frac{l_{xy}}{l_{xx}}=\frac{3\ 534.8}{4\ 060}=0.871\ 4$$

$$\hat{\beta}_0=\bar{y}-\hat{\beta}_1\bar{x}=90.144\ 4-0.871\ 4\times 26=67.488\ 0$$

$$\mathrm{RSS}=l_{yy}-\frac{l_{xy}^2}{l_{xx}}=3\ 083.982\ 2-\frac{3\ 534.8^2}{4\ 060}=6.442\ 5$$

所以回归方程为 $\hat{y}=67.488\ 0+0.871\ 4x$，$\sigma^2$ 的估计为 $\hat{\sigma}^2=\frac{\mathrm{RSS}}{n-2}=\frac{6.442\ 5}{9-2}=0.920\ 4$.

6.2.3　回归方程的显著性检验

前面的讨论是建立在自变量 x 和因变量 y 之间具有线性关系的基础上，对于实际问题而言，判断自变量 x 和因变量 y 之间是否具有线性关系，一方面可以利用相关的专业知识和经验，另一方面可以使用统计分析中的假设检验方法.

回归方程的检验包括回归方程中所含的每个参数的显著性检验和回归方程整体的显著性检验两个方面. 对于回归方程 $y=\beta_0+\beta_1 x$，参数的显著性检验主要形式为

$$H_{01}:\beta_0=0,\quad H_{11}:\beta_0\neq 0 \tag{6-15}$$

$$H_{02}:\beta_1=0,\quad H_{12}:\beta_1\neq 0 \tag{6-16}$$

公式(6-15)所列的假设主要考察回归方程的截距项 β_0 是否可以被忽略，或者说回归方程是否可以视为过原点；式(6.16)所列的假设主要考察回归系数 β_1 与零是否有显著差异，若 H_{02} 被接受，就意味着将自变量 x 和因变量 y 之间的关系看做线性关系是不合适的. 由于一元线性回归模型中只有一个自变量，因而回归方程整体的检验和式(6-16)的检验等价.

一、β_0 的显著性检验

前面关于 $\hat{\beta}_0$ 的性质描述中已经指出

$$\hat{\beta}_0\sim N\left[\beta_0,\sigma^2\sum_{i=1}^{n}x_i^2\Big/(nl_{xx})\right]$$

对 $\hat{\beta}_0$ 进行标准化可得

$$U=\frac{\hat{\beta}_0-\beta_0}{\sqrt{\sigma^2\sum_{i=1}^{n}x_i^2\Big/(nl_{xx})}}\sim N(0,1)$$

再结合定理 6.1 中所给的关于残差平方和的分布

$$V=\frac{\mathrm{RSS}}{\sigma^2}=\frac{(n-2)\hat{\sigma}^2}{\sigma^2}\sim\chi^2(n-2)$$

以及 RSS 与 $\hat{\beta}_0$ 相互独立等结论，利用 t 分布的定义可知

$$\frac{U}{\sqrt{V/(n-2)}}=\frac{\hat{\beta}_0-\beta_0}{\hat{\sigma}\sqrt{\sum_{i=1}^{n}x_i^2\Big/(nl_{xx})}}\sim t(n-2)$$

其中 $\hat{\sigma}=\sqrt{\dfrac{\mathrm{RSS}}{n-2}}=\sqrt{\dfrac{\sum_{i=1}^{n}(y_i-\hat{y}_i)^2}{n-2}}$.

当式(6-15)中的 H_{01} 为真时，检验统计量及其分布为

$$t_1=\frac{\hat{\beta}_0}{\hat{\sigma}\sqrt{\sum_{i=1}^{n}x_i^2\Big/(nl_{xx})}}\sim t(n-2) \tag{6-17}$$

对于给定的显著水平 α，可知

$$P(|t_1|\geqslant t_{\alpha/2}(n-2))=\alpha$$

当 $|t_1| \geq t_{\alpha/2}(n-2)$ 时，拒绝 H_{01}；当 $|t_1| < t_{\alpha/2}(n-2)$ 时，接受 H_{01}.

二、β_1 的显著性检验

与 β_0 的显著性检验类似，β_1 的显著性检验可以使用 t 检验法，同时也可以使用 F 检验法，二者在本质上是相同的，只是分析的出发点和具体的检验过程不同，下面分别介绍这两种方法.

1. t 检验法

利用 $\hat{\beta}_1$ 的性质描述中所给出的

$$\hat{\beta}_1 \sim N\left(\beta_1, \frac{\sigma^2}{l_{xx}}\right)$$

对 $\hat{\beta}_1$ 进行标准化可得

$$\frac{\hat{\beta}_1 - \beta_1}{\sqrt{\sigma^2 / l_{xx}}} \sim N(0,1)$$

再结合定理 6.1 中所给的关于残差平方和的分布

$$\frac{\text{RSS}}{\sigma^2} = \frac{(n-2)\hat{\sigma}^2}{\sigma^2} \sim \chi^2(n-2)$$

以及 RSS 与 $\hat{\beta}_1$ 相互独立等结论，由 t 分布的定义可得

$$\frac{(\hat{\beta}_1 - \beta_1)\sqrt{l_{xx}}}{\hat{\sigma}} \sim t(n-2)$$

当式(6－16) 中的 H_{02} 为真时，检验统计量及其分布为

$$t_2 = \frac{\hat{\beta}_1 \sqrt{l_{xx}}}{\hat{\sigma}} \sim t(n-2) \tag{6-18}$$

其中 $\hat{\sigma} = \sqrt{\dfrac{\text{RSS}}{n-2}} = \sqrt{\dfrac{\sum\limits_{i=1}^{n} (y_i - \hat{y}_i)^2}{n-2}}$.

对于给定的显著水平 α，可知

$$P(|t_2| \geq t_{\alpha/2}(n-2)) = \alpha$$

当 $|t_2| \geq t_{\alpha/2}(n-2)$ 时，拒绝 H_{02}；当 $|t_2| < t_{\alpha/2}(n-2)$ 时，接受 H_{02}.

2. F 检验法

F 检验法主要从观测值 $y_1, y_2, \cdots, y_n$ 之间的差异来源入手，对产生差异的原因进行分析. 这些差异可能的来源有两个方面：自变量 x 的不同和随机误差. 如果 $y_1, y_2, \cdots, y_n$ 之间的差异主要由随机误差引起，即与自变量 x 的值无关，则应有回归系数 $\beta_1 = 0$；如果 $y_1, y_2, \cdots, y_n$ 之间的差异主要由自变量 x 的取值不同而引起，即与自变量 x 的值有关，则应有回归系数 $\beta_1 \neq 0$.

为了研究观测值 $y_1, y_2, \cdots, y_n$ 之间的差异，记

$$S_T=\sum_{i=1}^{n}(y_i-\bar{y})^2 \tag{6-19}$$

称 S_T 为总偏差平方和，它描述了观测值与均值之间的偏差.

下面对 S_T 进行分解，

$$S_T=\sum_{i=1}^{n}(y_i-\bar{y})^2=\sum_{i=1}^{n}[(y_i-\hat{y}_i)+(\hat{y}_i-\bar{y})]^2=$$
$$\sum_{i=1}^{n}(y_i-\hat{y}_i)^2+\sum_{i=1}^{n}(\hat{y}_i-\bar{y})^2+2\sum_{i=1}^{n}(y_i-\hat{y}_i)(\hat{y}_i-\bar{y})$$

因为

$$\sum_{i=1}^{n}(y_i-\hat{y}_i)(\hat{y}_i-\bar{y})=\sum_{i=1}^{n}[y_i-\bar{y}-\hat{\beta}_1(x_i-\bar{x})][\hat{\beta}_1(x_i-\bar{x})]=$$
$$\hat{\beta}_1\sum_{i=1}^{n}(y_i-\bar{y})(x_i-\bar{x})-\hat{\beta}_1^2\sum_{i=1}^{n}(x_i-\bar{x})^2=$$
$$\frac{l_{xy}}{l_{xx}}l_{xy}-\left(\frac{l_{xy}}{l_{xx}}\right)^2 l_{xx}=0$$

所以

$$S_T=\sum_{i=1}^{n}(y_i-\hat{y}_i)^2+\sum_{i=1}^{n}(\hat{y}_i-\bar{y})^2$$

记

$$S_R=\sum_{i=1}^{n}(\hat{y}_i-\bar{y})^2$$
$$S_e=\sum_{i=1}^{n}(y_i-\hat{y}_i)^2$$

则 S_T 分解为

$$S_T=S_R+S_e \tag{6-20}$$

这里的 S_R 称为回归平方和，它反映了自变量 x 的变化而引起因变量 y 的变化的情况，其数值反映的是自变量 x 对因变量 y 线性影响的大小； S_e 称为剩余平方和，它反映了随机误差和模型误差所引起的因变量的变化，剩余平方和就是前面提到的残差平方和，二者只是记号不同.

结合式(6-11)的记号，S_R 和 S_e 还可以表示为

$$S_R=\hat{\beta}_1^2 l_{xx}=\hat{\beta}_1 l_{xy}=\frac{l_{xy}^2}{l_{xx}} \tag{6-21}$$

$$S_e=\mathrm{RSS}=l_{yy}-\hat{\beta}_1^2 l_{xx}=l_{yy}-\hat{\beta}_1 l_{xy}=l_{yy}-\frac{l_{xy}^2}{l_{xx}} \tag{6-22}$$

对于式(6-16)所给的假设，如果 S_R 在 S_T 中所占的比例比较大，则说明自变量 x 与因变量 y 之间的线性关系比较密切，此时倾向于拒绝 H_{02}；而当 S_e 在 S_T 中

所占的比例比较大时，说明 $y_1, y_2, \cdots, y_n$ 之间的差异主要来自于随机误差和模型误差，自变量 x 与因变量 y 之间的线性关系并不密切，此时倾向于接受 H_{02}. 为明确 F 检验法所需的检验统计量及其分布，首先给出以下定理.

定理 6.2 对于一元线性回归模型(6-6)，当式(6-16)中的 $H_{02}:\beta_1=0$ 为真时，有

(1) $\dfrac{S_R}{\sigma^2} \sim \chi^2(1)$；

(2) S_R 和 S_e 相互独立.

该定理证明从略.

利用定理 6.1 和定理 6.2，结合 F 分布的定义可得，当式(6-16)中的 $H_{02}:\beta_1=0$ 为真时，检验统计量及其分布为

$$F=\frac{(n-2)S_R}{S_e} \sim F(1,n-2) \tag{6-23}$$

对于给定的显著水平 α，由

$$P(F \geqslant F_\alpha(1,n-2))=\alpha$$

可知，当 $F \geqslant F_\alpha(1,n-2)$ 时，拒绝 H_{02}；当 $F < F_\alpha(1,n-2)$ 时，接受 H_{02}.

可以证明，对于式(6-16)的检验，t 检验法和 F 检验法是等价的. 导出 F 检验法的思想实质上是方差分析的思想.

对于一元线性回归效果的评判，除了 t 检验法和 F 检验法之外，还可以使用判定系数 R^2(coefficient of determination)，其定义为

$$R^2=\frac{S_R}{S_T}=1-\frac{S_e}{S_T} \tag{6-24}$$

判定系数 R^2 还可以表示为

$$R^2=\frac{S_R}{S_T}=\frac{l_{xy}^2}{l_{xx}l_{yy}} \tag{6-25}$$

实际上，判定系数 R^2 就是 6.1 节中所提到的样本相关系数 r 的平方.

显然 $0 \leqslant R^2 \leqslant 1$，$R^2$ 越大，说明自变量 x 与因变量 y 之间的线性关系越密切. 事实上，参考 6.1 节的内容，利用 R^2 也可以构造出对回归方程进行检验的方法，有兴趣的读者可以自行尝试，此处不再赘述.

例 6.8 对例 6.7 所得的回归方程，在显著水平为 $\alpha=0.05$ 的情况下，对下列假设进行检验：

$$H_{01}:\beta_0=0, \quad H_{11}:\beta_0 \neq 0$$
$$H_{02}:\beta_1=0, \quad H_{12}:\beta_1 \neq 0$$

对 β_1 的检验分别使用 t 检验法和 F 检验法，并计算判定系数 R^2.

解 (1) 检验 $H_{01}:\beta_0=0, H_{11}:\beta_0 \neq 0$.

首先计算出 $\sum_{i=1}^{n} x_i^2 = 10\ 144$，再由式(6－17) 可得检验统计量 t_1 的值为

$$t_1 = \frac{\hat{\beta}_0}{\hat{\sigma}\sqrt{\frac{\sum_{i=1}^{n} x_i^2}{n l_{xx}}}} = \frac{67.488\ 0}{\sqrt{\frac{0.920\ 4 \times 10\ 144}{9 \times 4\ 060}}} = 133.511\ 3$$

而 $t_{0.025}(7) = 2.364\ 6$，由于 $|t_1| > t_{0.025}(7)$，所以拒绝 H_{01}.

(2) 检验 $H_{02}:\beta_1 = 0, H_{12}:\beta_1 \neq 0$.

1)t 检验法：由式(6.18) 可得检验统计量 t_2 的值为

$$t_2 = \frac{\hat{\beta}_1 \sqrt{l_{xx}}}{\hat{\sigma}} = \frac{0.871\ 4 \times \sqrt{4\ 060}}{\sqrt{0.920\ 4}} = 57.875\ 2$$

因为 $|t_2| > t_{0.025}(7)$，所以拒绝 H_{02}.

2)F 检验法：根据式(6－21) 可得

$$S_R = \frac{l_{xy}^2}{l_{xx}} = \frac{3\ 534.8^2}{4\ 060} = 3\ 077.539\ 7$$

$$S_e = \mathrm{RSS} = l_{yy} - \frac{l_{xy}^2}{l_{xx}} = 6.442\ 5$$

由式(6－23) 得检验统计量的值为

$$F = \frac{(n-2)S_R}{S_e} = \frac{(9-2) \times 3\ 077.539\ 3}{6.442\ 5} = 3\ 343.853\ 3$$

而 $F_{0.05}(1,7) = 5.591\ 4$，因为 $F > F_{0.05}(1,7)$，所以拒绝 H_{02}.

(3) 判定系数的计算.

由式(6－25) 可得判定系数 R^2 为

$$R^2 = \frac{S_R}{S_T} = \frac{l_{xy}^2}{l_{xx} l_{yy}} = \frac{3\ 534.8^2}{4\ 060 \times 3\ 083.982\ 2} = 0.997\ 9$$

以上结果表明在硝酸钠($NaNO_3$) 的溶解度试验中，温度 x 与溶解份数 y 之间的线性关系是显著的.

6.2.4　回归方程中参数的区间估计

在完成回归方程的检验之后，如果回归效果是显著的，通常要对 β_0 和 β_1 做区间估计. 前面对回归方程进行检验的过程中，我们获得了有关 β_0 和 β_1 的分布分别为

$$\frac{\hat{\beta}_0 - \beta_0}{\hat{\sigma}\sqrt{\sum_{i=1}^{n} x_i^2 / (n l_{xx})}} \sim t(n-2) \quad 和 \quad \frac{(\hat{\beta}_1 - \beta_1)\sqrt{l_{xx}}}{\hat{\sigma}} \sim t(n-2)$$

所以,当置信度为 $1-\alpha$ 时,β_0 和 β_1 的置信区间分别为

$$\beta_0 \in \left(\hat{\beta}_0 - t_{\alpha/2}(n-2)\hat{\sigma}\sqrt{\sum_{i=1}^{n} x_i^2/(nl_{xx})}, \hat{\beta}_0 + t_{\alpha/2}(n-2)\hat{\sigma}\sqrt{\sum_{i=1}^{n} x_i^2/(nl_{xx})}\right) \tag{6-26}$$

$$\beta_1 \in \left(\hat{\beta}_1 - t_{\alpha/2}(n-2)\frac{\hat{\sigma}}{\sqrt{l_{xx}}}, \hat{\beta}_1 + t_{\alpha/2}(n-2)\frac{\hat{\sigma}}{\sqrt{l_{xx}}}\right) \tag{6-27}$$

例 6.9 根据 6.7 所给数据,在置信度为 95% 的情况下,分别求 β_0 和 β_1 的置信区间.

解 由式(6-26)可得 β_0 的置信区间为

$$\beta_0 \in \left(67.488\,0 \pm 2.364\,6 \times \sqrt{\frac{0.920\,4 \times 10\,144}{9 \times 4\,060}}\right) = (66.292\,7, 68.683\,3)$$

由式(6-27)可得 β_1 的置信区间为

$$\beta_1 \in \left[0.871\,4 \pm 2.364\,6 \times \frac{\sqrt{0.920\,4}}{\sqrt{4\,060}}\right] = (0.835\,8, 0.907\,0)$$

6.2.5 预测

预测是做回归分析的重要目的之一.在回归效果显著的情况下,对于给定的自变量 x 的取值 x_0,必存在与之对应的因变量 y 的取值 y_0,往往 x_0 的值比较容易获取,而 y_0 的值可能不太容易观测到,也可能 y_0 的值可以观测到,但是人们想提前一段时间知道大致结果,此时可以根据已经获得的回归方程来达到目的.预测有两个方面,一个是具体的预测值 $\hat{y}_0$ 的大小;另一个是 y_0 的置信区间.

假设已获得的回归方程为 $y=\hat{\beta}_0+\hat{\beta}_1 x$,则当 $x=x_0$ 时,预测值 $\hat{y}_0$ 为

$$\hat{y}_0 = \hat{\beta}_0 + \hat{\beta}_1 x_0 \tag{6-28}$$

可以证明(见参考文献[3])

$$\frac{y_0 - \hat{y}_0}{\sigma\sqrt{1+\frac{1}{n}+\frac{(\bar{x}-x_0)^2}{l_{xx}}}} \sim N(0,1) \tag{6-29}$$

结合定理 6.1 中指出的 $\frac{(n-2)\hat{\sigma}^2}{\sigma^2} \sim \chi^2(n-2)$,以及 $\hat{\sigma}^2$ 与 y_0 相互独立,利用 t 分布的定义可得

$$\frac{y_0 - \hat{y}_0}{\hat{\sigma}\sqrt{1+\frac{1}{n}+\frac{(\bar{x}-x_0)^2}{l_{xx}}}} \sim t(n-2) \tag{6-30}$$

从而，对于给定的置信度 $1-\alpha$，y_0 的置信区间为

$$y_0 \in \left(\hat{y}_0 \pm t_{\alpha/2}(n-2)\hat{\sigma}\sqrt{1+\frac{1}{n}+\frac{(\bar{x}-x_0)^2}{l_{xx}}}\right) \tag{6-31}$$

当 n 比较大，且 x_0 离 $\bar{x}$ 比较近时，由于 $\sqrt{1+\frac{1}{n}+\frac{(\bar{x}-x_0)^2}{l_{xx}}} \approx 1$，$t_{\alpha/2}(n-2) \approx u_{\alpha/2}$，$y_0$ 的置信区间可近似地表示为

$$y_0 \in (\hat{y}_0 - u_{\alpha/2}\hat{\sigma}, \hat{y}_0 + u_{\alpha/2}\hat{\sigma}) \tag{6-32}$$

例 6.10　利用例 6.7 所给数据，结合例 6.8 所得的回归方程，预测当温度为 80℃ 时，硝酸钠份数 y 的值及其 95% 置信度的置信区间.

解　在例 6.8 中得到的回归方程为

$$\hat{y} = 67.488\,0 + 0.871\,4x$$

代入 $x_0 = 80$，得预测值 $\hat{y}_0$ 为

$$\hat{y}_0 = 67.488\,0 + 0.871\,4 \times 80 = 137.2$$

y_0 的 95% 置信度的置信区间为

$$y_0 \in \left(137.2 \pm 2.364\,6 \times \sqrt{0.920\,4\left(1+\frac{1}{9}+\frac{(26-80)^2}{4\,060}\right)}\right) = (135.271\,1, 139.122\,9)$$

6.2.6　控制

控制也是回归分析的目的之一，它与预测刚好相反，指当给定因变量 y 的取值范围是 $1-\alpha$ 置信度的置信区间 (y_1, y_2) 时，寻求自变量 x 的 $1-\alpha$ 置信度的控制区间 (x_1, x_2).

由式(6-31)可知，y 的 $1-\alpha$ 置信度的置信区间为

$$y \in \left(\hat{y} \pm t_{\alpha/2}(n-2)\hat{\sigma}\sqrt{1+\frac{1}{n}+\frac{(\bar{x}-x)^2}{l_{xx}}}\right)$$

记

$$\delta(x) = t_{\alpha/2}(n-2)\hat{\sigma}\sqrt{1+\frac{1}{n}+\frac{(\bar{x}-x)^2}{l_{xx}}}$$

则 y 的置信区间为

$$(\hat{y}-\delta(x), \hat{y}+\delta(x))$$

要想求 x 的控制区间 (x_1, x_2)，只须令

$$\left.\begin{aligned} y_1 &= \hat{y} - \delta(x) \\ y_2 &= \hat{y} + \delta(x) \end{aligned}\right\} \tag{6-33}$$

然后从式(6-33)中解出相应的 x_1 和 x_2 即可. 但是由于 $\delta(x)$ 很复杂，式(6-33)的

求解是非常困难的.当 n 比较大,且 x_0 离 $\bar{x}$ 比较近时,$\delta(x) \approx u_{\alpha/2}\hat{\sigma}$,于是式(6-33)近似地表示为

$$\left.\begin{aligned} y_1 &= \hat{\beta}_0 + \hat{\beta}_1 x - u_{\alpha/2}\hat{\sigma} \\ y_2 &= \hat{\beta}_0 + \hat{\beta}_1 x + u_{\alpha/2}\hat{\sigma} \end{aligned}\right\} \tag{6-34}$$

由式(6-34)解得

$$\left.\begin{aligned} x_1 &= \frac{1}{\hat{\beta}_1}(y_1 + u_{\alpha/2}\hat{\sigma} - \hat{\beta}_0) \\ x_2 &= \frac{1}{\hat{\beta}_1}(y_2 - u_{\alpha/2}\hat{\sigma} - \hat{\beta}_0) \end{aligned}\right\} \tag{6-35}$$

当 $\hat{\beta}_1 > 0$ 时,x 的 $1-\alpha$ 置信度的控制区间为 (x_1, x_2);当 $\hat{\beta}_1 < 0$ 时,x 的 $1-\alpha$ 置信度的控制区间为 (x_2, x_1).

例 6.11 利用例 6.7 所给数据,结合例 6.8 所得的回归方程,如果想使得硝酸钠的溶解份数介于 85 ~ 95 之间,温度应该如何控制(取 $1-\alpha=0.95$)?

解 将 $y_1=85, y_2=95, u_{0.025}=1.96$ 代入式(6-35)得

$$\begin{cases} x_1 = \dfrac{1}{0.871\,4}(85 + 1.96 \times \sqrt{0.920\,4} - 67.488\,0) = 22.254\,3 \\ x_2 = \dfrac{1}{0.871\,4}(95 - 1.96 \times \sqrt{0.920\,4} - 67.488\,0) = 29.414\,3 \end{cases}$$

所以温度应该控制在(22.254 3,29.414 3)范围内.需要说明的是,由于例 6.7 所给的数据量不是很大,因此直接代入式(6-35)进行计算的效果未必很理想,此处仅仅是为了说明求解控制区间的运算过程而已.

6.2.7 用 Excel 进行回归分析的操作及其说明

在本节的最后,我们将用一个实例来完整地说明如何利用 Excel 进行一元线性回归分析,对 Excel 输出的各项结果进行解释.

例 6.12 为了研究家庭月收入与食品支出的关系(单位:元),随机抽取 10 个家庭的样本,得到数据见表 6.8,记家庭收入为自变量 x,食品支出为因变量 y,试做回归分析.

表 6.8 家庭月收入与食品支出数据 单位:元

家庭序号	收入 x	支出 y
1	2 000	720
2	3 000	890
3	3 300	860

续 表

家庭序号	收入 x	支出 y
4	4 000	1 150
5	1 500	470
6	1 300	410
7	2 600	800
8	3 800	980
9	3 500	900
10	4 300	1 100

解　首先利用Excel绘制散点图的功能绘制家庭月收入 x 和食品支出 y 的散点图，如图 6.10 所示.

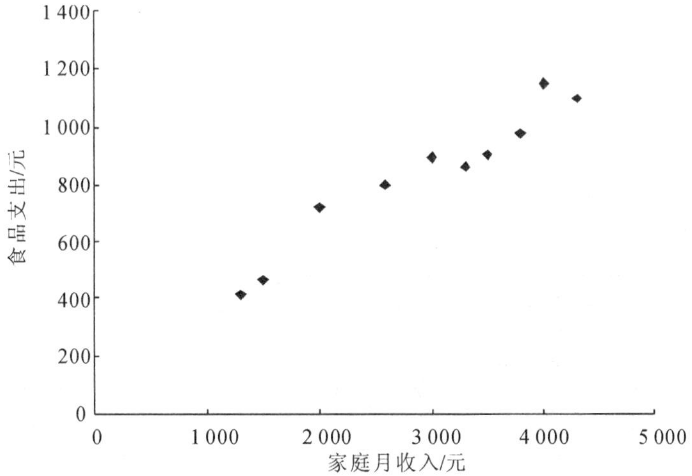

图 6.10　家庭月收入和食品支出散点图

从图 6.10 可以看出，家庭月收入和食品支出之间存在着较为密切的线性关系. 比较适合做一元线性回归分析.

点击 Excel 的“工具”菜单下的“数据分析”，然后选择“回归”并点击“确定”，在接下来的对话框中填入变量所在区域、输出区域等信息，如图 6.11 所示.

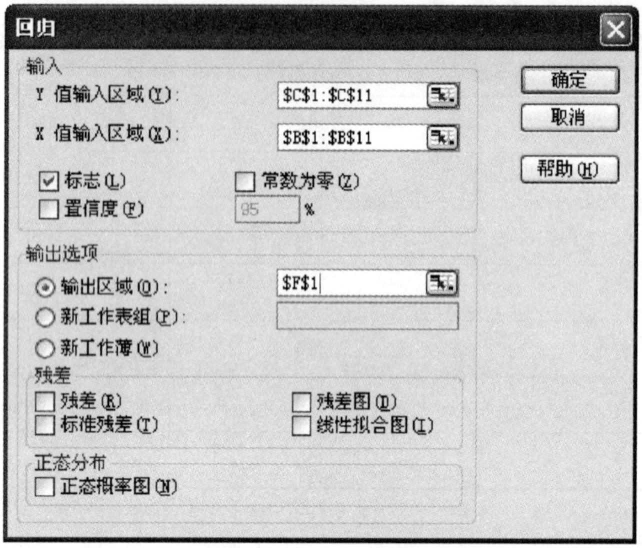

图 6.11　回归分析对话框

点击“确定”之后,输出结果如图 6.12 所示.

SUMMARY OUTPUT								
回归统计								
Multiple R	0.967113							
R Square	0.935307							
Adjusted R Square	0.92722							
标准误差	65.22943							
观测值	10							
方差分析								
	df	SS	MS	F	Significance F			
回归分析	1	492121	492121	115.6604	4.91875E-06			
残差	8	34039.03	4254.879					
总计	9	526160						
	Coefficien	标准误差	t Stat	P-value	Lower 95%	Upper 95%	下限 95.0%	上限 95.0%
Intercept	175.4319	64.08857	2.737335	0.025554	27.64339758	323.220427	27.64339758	323.220427
收入x	0.222719	0.020709	10.75455	4.92E-06	0.174963704	0.27047526	0.174963704	0.27047526

图 6.12　家庭月收于与食品支出的回归分析结果

从图 6.12 可以看出,Excel 给出的回归分析结果共分为 3 个部分,分别是回归统计、方差分析和回归参数信息.下面对这 3 部分分别进行介绍.

回归统计这部分包含的结果见表 6.9.

表 6.9　回归统计表

Multiple R	0.967 113
R Square	0.935 307
Adjusted R Square	0.927 22
标准误差	65.229 43
观测值	10

其中的第一项“Multiple R”指的是复相关系数，即 6.1 节中提到的简单相关系数 r；第二项“R Square”指的是(6-24)中一元线性回归分析中的判定系数 R^2，它是第一项 r 的平方；第三项“Adjusted R Square”指的是修正的 R^2，此项对一元线性回归来说没有太多实际价值，其计算公式为

$$R_a^2=1-\frac{(n-1)(1-R^2)}{n-m-1}$$

式中，n 为样本数；m 为变量个数(在一元线性回归中 $m=1$)；R^2 为第二项提到的判定系数；第四项“标准误差”给出的是定理 6.1 所提到的 $\hat{\sigma}$ 的值；最后一项指的是观测值的个数，即 n 的值.

方差分析给出了一元线性回归分析中关于回归系数 β_1 的 F 检验法的相关信息，这部分包含的内容见表 6.10.

表 6.10　方差分析表

	df	SS	MS	F	Significance F
回归分析	1	492 121	492 121	115.660 4	4.918 75E-06
残差	8	34 039.03	4 254.879		
总计	9	526 160			

表 6.9 中的“df”指的是自由度；“SS”指的是平方和，回归分析的 SS 即为(6-20)中的回归平方和 S_R，自由度为 1，残差的 SS 即为(6-20)中的剩余平方和 S_e，同时也是定理 6.1 中提到的 RSS 的值，自由度为 $n-2$；“MS”指的是均方(即 SS/df)；“F”指的是(6-23)中提到的回归分析中关于 β_1 的检验统计量 F 值，是前一列中所给的两个值的商；“Significance F”指的是显著性检验的概率值 $P(F(1,n-2)\geqslant F)$，当 Significance F 的值小于等于显著水平时，拒绝(6-16)中的 H_{02}，当 Significance F 的值大于显著水平时，接受(6-16)中的 H_{02}.

最后一部分给出的是回归参数的相关信息，见表 6.11.

表 6.11　回归参数信息表

	Coefficients	标准误差	t Stat	P - value
Intercept	175.431 9	64.088 57	2.737 335	0.025 554
收入 x	0.222 719	0.020 709	10.754 55	4.92E－06
	Lower 95%	Upper 95%	下限 95.0%	上限 95.0%
Intercept	27.643 397 58	323.220 427	27.643 397 58	323.220 427
收入 x	0.174 963 704	0.270 475 26	0.174 963 704	0.270 475 26

表 6.11 中的"Coefficients"指的是系数，Intercept 的 Coefficients 指的是截距 β_0 的估计值，从表中的数据可以看出本例中回归方程的截距项(常数项)的估计值为 $\hat{\beta}_0=175.431\ 9$，而收入 x 的 Coefficients 指的是 β_1 的估计值，本例的估计值为 $\hat{\beta}_1=0.222\ 71$，所以回归方程为 $\hat{y}=0.222\ 719x+175.431\ 9$；Intercept 的标准误差指(6－26)中包含的 $\hat{\sigma}\sqrt{\sum_{i=1}^{n}x_i^2/(nl_{xx})}$，其值为 64.088 57，收入 x 的标准误差指的是式(6－27)中包含的 $\frac{\hat{\sigma}}{\sqrt{l_{xx}}}$，其值为 0.020 709；"$t$ Stat"指的是对回归参数进行检验过程中涉及的检验统计量的数值，Intercept 的 t Stat 是检验式(6－15)的检验统计量 t_1 的值，本例为 2.737 335，收入 x 的 t Stat 是检验式(6－16)的检验统计量 t_2 的值，本例为 10.754 55；"P - value"指的是显著性检验的概率值，Intercept 的 P - value 指的是 $P(|t(n-2)|\geqslant|t_1|)$，收入 x 的 P - value 指的是 $P(|t(n-2)|\geqslant|t_2|)$，当这些概率值小于等于显著水平的时候，拒绝相应的原假设，当这些概率值大于显著水平的时候，接受相应的原假设，本例中的两个 P - value 均小于 0.05，说明在显著水平为 0.05 的情况下，β_0 和 β_1 都显著地不为零；"Lower 95%"和"Upper 95%"指的是式(6－26)和式(6－27)所给的置信度为 95% 的置信区间下限和上限，这是微软特意设置的输出结果，无论操作者指定的置信度是多少，这个 95% 置信度的置信区间总是会给出的；"下限 95.0%"和"上限 95.0%"也是根据式(6－26)和式(6－27)所给的置信区间表达式计算出的置信区间下限和上限，但是这个区间的置信度是由操作者指定的，如果操作者在如图 6.11 所示的对话框中指定了置信度为 90%，则此处将显示"下限 90.0%"和"上限 90.0%"，当然置信区间上、下限的数值也会随之而改变.

6.3　其他线性回归分析简介

在实际工作中,除了一元线性回归分析之外,还经常遇到一些其他类型的回归分析问题,例如,自变量 x 和因变量 y 之间呈现出明显的非线性关系,此时可以利用适当的变换,将非线性关系转换为线性关系进行分析,之后再把结果还原回去.在另外一些场合中,自变量的个数可能不止一个,这些自变量和因变量之间呈现出线性关系时,可以进行多元线性回归分析.这些问题的分析方法和处理过程与一元线性回归分析是类似的,下面针对这些问题结合一些实例分别进行简要介绍.

6.3.1　可线性化的一元非线性回归

例 6.13　某种昆虫的产卵个数 y 与温度 x(单位:℃)有一定关系,经观测获得数据见表 6.12.

表　6.12

序号	1	2	3	4	5	6	7
温度 /℃	21	23	25	27	29	32	35
产卵数 / 个	7	11	21	24	66	115	325

试对产卵个数 y 和温度 x 做回归分析.

解　首先将数据录入到 Excel 中,利用 Excel 绘制产卵个数 y 和温度 x 的散点图,如图 6.13 所示.

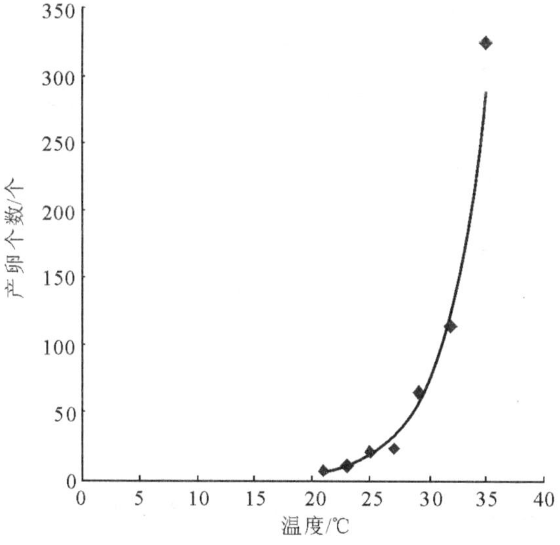

图 6.13　产卵个数和温度的散点图

从图 6.13 可以看出，产卵个数 y 和温度 x 之间的关系明显是非线性的，比较接近指数曲线 $y=\beta_0 e^{\beta_1 x}$ 的形式，此时可以采用取对数的方式将其转化为线性关系.

对 $y=\beta_0 e^{\beta_1 x}$ 两端取对数可得 $\ln y=\ln\beta_0+\beta_1 x$，令 $Y=\ln y, a=\ln\beta_0, b=\beta_1$，则

$$Y=a+bx$$

此时 Y 与 x 之间为线性关系.

将题目中所给数据重新进行处理，见表 6.13.

表 6.13　变换后的数据

序号	1	2	3	4	5	6	7
x	21	23	25	27	29	32	35
y	7	11	21	24	66	115	325
$Y=\ln y$	1.945 910 149	2.397 895 3	3.044 522 4	3.178 053 8	4.189 654 7	4.744 932 1	5.783 825 2

对 Y 和 x 进行一元线性回归分析，其结果如图 6.14 所示.

SUMMARY OUTPUT

回归统计	
Multiple R	0.992595029
R Square	0.985244891
Adjusted R	0.98229387
标准误差	0.180940577
观测值	7

方差分析

	df	SS	MS	F	Significance F
回归分析	1	10.93059	10.93059	333.8657	9.02687E-06
残差	5	0.163697	0.032739		
总计	6	11.09429			

	Coefficients	标准误差	t Stat	P-value	Lower 95%	Upper 95%	下限 95.0%	上限 95.0%
Intercept	-3.84917457	0.414033	-9.29678	0.000242	-4.913479961	-2.78487	-4.91348	-2.78487
x	0.272026124	0.014888	18.27199	9.03E-06	0.233756327	0.310296	0.233756	0.310296

图 6.14　Y 和 x 的回归分析结果

从图 6.14 中可以看出，截距项为 $\hat{a}=-3.849\ 2$，回归系数为 $\hat{b}=0.272\ 0$，从 P-value 和 Significance F 的值可以看出回归效果是显著的，由

$$\hat{\beta}_0=e^{\hat{a}}=e^{-3.849\ 2}=0.021\ 3 \quad \text{和} \quad \hat{\beta}_1=\hat{b}=0.272\ 0$$

可得产卵个数 y 和温度 x 的回归方程为

$$\hat{y}=0.021\ 3e^{0.272\ 0x}$$

例 6.13 展示了一种可线性化的一元非线性回归分析基本过程，常用可线性化的一元非线性回归分析问题大约有 6 种形式，见表 6.14，相应的图形如图6.15 至图 6.20 所示.

表 6.14　常用的可线性化的一元非线性形式

序　号	曲线类型	曲线方程	变换方式	变换后的线性形式
1	双曲函数	$y=\dfrac{x}{ax+b}$	$Y=\dfrac{1}{y},X=\dfrac{1}{x}$	$Y=a+bX$
2	幂函数	$y=ax^{b}$	$Y=\ln y,X=\ln x$	$Y=\ln a+bX$
3	指数函数	$y=ae^{bx}$	$Y=\ln y$	$Y=\ln a+bx$
4	对数函数	$y=a+b\ln x$	$X=\ln x$	$y=a+bX$
5	倒指数函数	$y=ae^{\frac{b}{x}}$	$Y=\ln y,X=\dfrac{1}{x}$	$Y=\ln a+bX$
6	S 型曲线	$y=\dfrac{1}{a+be^{-x}}$	$Y=\dfrac{1}{y},X=e^{-x}$	$Y=a+bX$

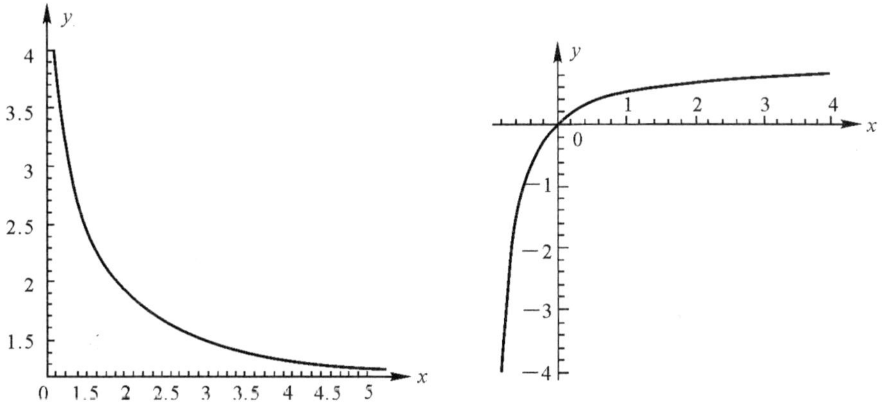

图 6.15　双曲线图形示例

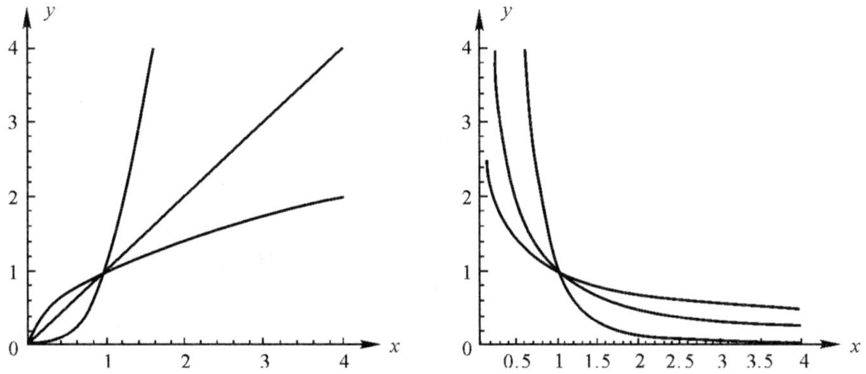

图 6.16　幂函数曲线图形示例

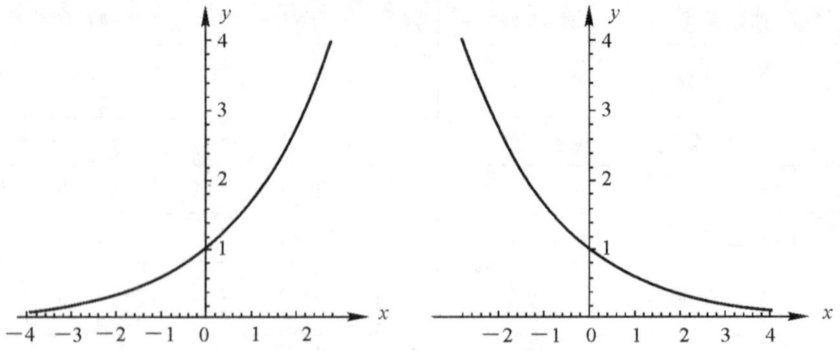

图 6.17　指数曲线图形示例

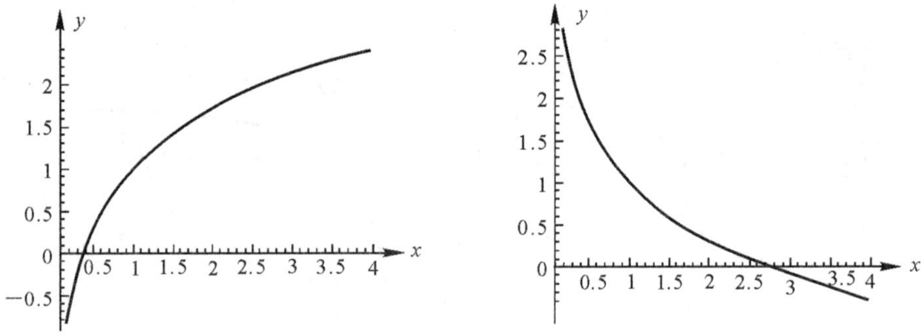

图 6.18　对数曲线图形示例

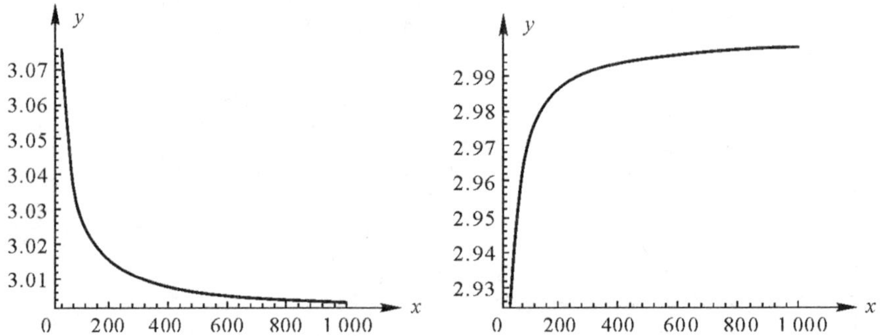

图 6.19　倒指数曲线图形示例

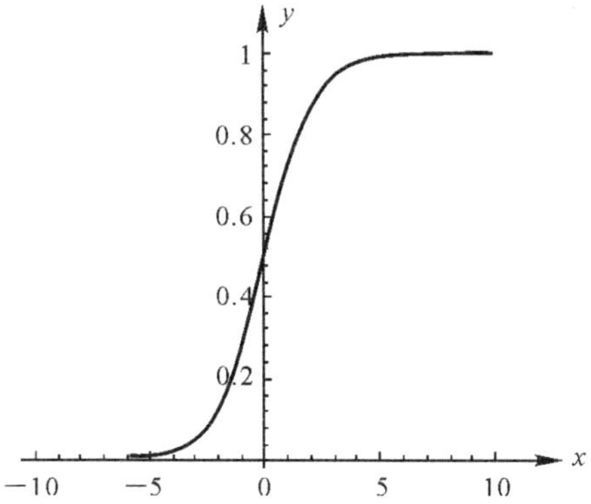

图 6.20　S 形曲线图形示例

6.3.2　多元线性回归

当自变量不止一个时，如果因变量和自变量之间为线性关系，可以做多元线性回归分析，设有 m 个自变量，多元线性回归的模型为

$$y=\beta_0+\beta_1 x_1+\cdots+\beta_m x_m+\varepsilon \tag{6-36}$$

式中，ε 代表随机误差，通常假定 $\varepsilon \sim N(0,\sigma^2)$.

多元线性回归分析的思想与一元线性回归分析是类似的，但是多元线性回归分析的处理过程要比一元线性回归分析复杂得多，有兴趣的读者可以参考多元统计学方面的教材，此处对其过程不做详细描述. 下面以一个实例对多元线性回归分析作简要说明.

例 6.14　某种水泥在凝固时放出的热量 y(单位:J/g) 与水泥中的下列四种成分有关：

x_1：$3CaO \cdot Al_2O_3$ 的成分(%)；x_2：$3CaO \cdot SiO_2$ 的成分(%)；

x_3：$4CaO \cdot Al_2O_3 \cdot Fe_2O_3$ 的成分(%)；x_4：$4CaO \cdot SiO_2$ 的成分(%)；

实验数据见表 6.15. 试对 y 和 x_1,x_2,x_3,x_4 做线性回归分析.

表 6.15　水泥凝固释放热量与各成分实验数据

序　号	x_1	x_2	x_3	x_4	y
1	7	26	6	60	78.5
2	1	29	15	52	74.3
3	11	56	8	20	104.3
4	1	31	8	47	87.6

续 表

序　号	x_1	x_2	x_3	x_4	y
5	7	52	6	33	95.9
6	11	55	9	22	109.2
7	3	71	17	6	102.7
8	1	31	22	44	72.5
9	2	54	18	22	93.1
10	21	47	4	26	115.9
11	1	40	23	34	83.8
12	11	66	9	12	113.3
13	10	68	8	12	109.4

解　将表 6.15 的数据录入到 Excel 中，点击“工具”菜单下的“数据分析”，选择回归，然后确定，在对话框中填好相应的自变量和因变量的数据存储区域、置信度、输出位置等信息，点击确定之后得到的回归分析结果如图 6.21 所示.

SUMMARY OUTPUT

回归统计	
Multiple	0.989928
R Square	0.979957
Adjusted	0.969936
标准误差	2.608421
观测值	13

方差分析

	df	SS	MS	F	gnificance F
回归分析	4	2661.332	665.3331	97.7876	7.94E-07
残差	8	54.43087	6.803859		
总计	12	2715.763			

	Coefficien	标准误差	t Stat	P-value	Lower 95%	Upper 95%	下限 95.0%	上限 95.0%
Intercept	171.2531	26.86812	6.373839	0.000215	109.2951	233.2111	109.2951	233.2111
x1	0.448255	0.265574	1.687876	0.129914	-0.16416	1.06067	-0.16416	1.06067
x2	-0.61568	0.300271	-2.05041	0.074461	-1.30811	0.076748	-1.30811	0.076748
x3	-1.0648	0.263585	-4.03969	0.003737	-1.67263	-0.45697	-1.67263	-0.45697
x4	-1.22169	0.296243	-4.12394	0.003326	-1.90483	-0.53855	-1.90483	-0.53855

图 6.21　回归分析结果

从图 6.21 可以看出回归方程为

$$\hat{y}=171.2531+0.4483x_1-0.6157x_2-1.0648x_3-1.2217x_4$$

由方差分析中的 Significant F 值可以看出回归方程整体是显著的，但是 P - value 表明在显著水平为 0.05 的情况下，并不是每一个回归系数都是显著的，其中 x_1 和 x_2 的系数就是不显著的，即 x_1 和 x_2 的系数可以视为零，遇到这种情况，往往需要利用逐步回归等方法作进一步处理.

6.3.3　多项式回归

多项式回归属于一种可线性化的多元非线性回归形式，其模型为

$$y=\beta_0+\beta_1x+\cdots+\beta_mx^m+\varepsilon \tag{6-37}$$

式中，ε 代表随机误差，通常假定 $\varepsilon\sim N(0,\sigma^2)$.

对模型(6-37)，可以令 $x_1=x, x_2=x^2, \cdots, x_m=x^m$，将其化为多元线性回归的形式

$$y=\beta_0+\beta_1x_1+\cdots+\beta_mx_m$$

然后利用多元线性回归方法来求解回归方程.

例 6.15　某种产品的不合格率 y 与它的某种化学成分所占的百分比 x 有关，由经验知它们之间的关系为

$$y=\beta_0+\beta_1x+\beta_2x^2$$

表 6.16 给出了 16 组观测数据，试求其回归方程.

表 6.16　不合格率与某化学成分百分比的观测数据

序　号	1	2	3	4	5	6	7	8
x	34	36	37	38	39	39	39	40
y	1.30	1.00	0.73	0.90	0.81	0.70	0.60	0.50
序　号	9	10	11	12	13	14	15	16
x	40	41	42	43	43	45	47	48
y	0.44	0.56	0.30	0.42	0.35	0.40	0.41	0.60

解　令 $x_1=x, x_2=x^2$，对观测数据进行变换，结果如表 6.17 所示.

表 6.17　变换后的数据

序　号	1	2	3	4	5	6	7	8
x_1	34	36	37	38	39	39	39	40
x_2	1 156	1 296	1 369	1 444	1 521	1 521	1 521	1 600
y	1.30	1.00	0.73	0.90	0.81	0.70	0.60	0.50

续 表

序　号	9	10	11	12	13	14	15	16
x_1	40	41	42	43	43	45	47	48
x_2	1 600	1 681	1 764	1 849	1 849	2 025	2 209	2 304
y	0.44	0.56	0.30	0.42	0.35	0.40	0.41	0.60

然后利用 Excel 对 y 和 x_1，x_2 做多元线性回归分析，结果如图 6.22 所示.

SUMMARY OUTPUT

回归统计	
Multiple	0.938729
R Square	0.881213
Adjusted	0.862938
标准误差	0.100173
观测值	16

方差分析

	df	SS	MS	F	gnificance F
回归分析	2	0.967726	0.483863	48.21963	9.68E-07
残差	13	0.130449	0.010035		
总计	15	1.098175			

	Coefficien	标准误差	t Stat	P-value	Lower 95%	Upper 95%	下限 95.0%	上限 95.0%
Intercept	18.26422	2.62024	6.97044	9.76E-06	12.60354	23.92491	12.60354	23.92491
x1	-0.80974	0.127482	-6.35178	2.53E-05	-1.08514	-0.53433	-1.08514	-0.53433
x2	0.00917	0.001542	5.947429	4.84E-05	0.005839	0.012501	0.005839	0.012501

图 6.22　y 和 x_1，x_2 的回归分析结果

从图 6.22 中可以看出，该产品不合格率 y 与它的某种化学成分所占的百分比 x 之间的回归方程为 $\hat{y} = 18.264\ 2 - 0.809\ 7x + 0.009\ 2x^2$，方差分析中的 Significant F 值表明回归方程整体是显著的，P - value 的值表明回归方程中的每个参数都是显著的.

习　题　6

1. 在血脂检验中，测定了 8 例 β 脂蛋白 y 与光密度 x 的数据见表 6.18.

表 6.18　β 脂蛋白与光密度对照表

样本号	1	2	3	4	5	6	7	8
光密度	0.165	0.225	0.210	0.285	0.270	0.470	0.450	0.630
β 脂蛋白 /(mg/dl)	320	451	425	558	552	951	950	1 298

绘制β脂蛋白y与光密度x的散点图,计算两者的简单相关系数,并在显著水平为 0.05 的情况下,对相关系数进行检验.

2. 10 名 20 岁男青年的身高与前臂长度见表 6.19.

表 6.19　身高与前臂长度对照表

序　号	1	2	3	4	5	6	7	8	9	10
身高 /cm	170	173	160	155	173	188	178	183	180	165
前臂长 /cm	47	42	44	41	47	50	47	46	49	43

计算身高与前臂长度的简单相关系数和 Spearman 等级相关系数.

3. 10名糖尿病人血糖水平(单位:mmol/L)与胰岛素水平(单位:mU/L)的测定值见表 6.20.

表 6.20　血糖水平与胰岛素水平测定值表

病例号	1	2	3	4	5	6	7	8	9	10
血糖 /($mmol \cdot L^{-1}$)	12.21	12.27	7.88	10.43	19.59	6.44	10.16	8.49	11.38	12.49
胰岛素 /($mU \cdot L^{-1}$)	15.2	11.9	19.8	17.0	5.9	25.1	22.0	23.2	16.8	13.7

试以血糖为因变量y,胰岛素为自变量x建立回归方程,并对回归方程进行假设检验.现已知一名糖尿病人的胰岛素水平为$15mU \cdot L^{-1}$,试预测其血糖水平的 95% 置信度的置信区间.

4. 钢的强度和硬度都是反映钢质量的指标。现在炼 20 炉中碳钢,它们的抗拉强度y与硬度x的 20 对实验值见表 6.21.

表　6.21

编号	x	y	编号	x	y	编号	x	y	编号	x	y
1	277	103	6	268	98	11	286	108	16	255	94
2	257	99.5	7	285	103.5	12	269	100	17	269	99
3	255	93	8	286	103	13	246	96.5	18	297	109
4	278	105	9	272	104	14	255	92	19	257	95.5
5	306	110	10	285	103	15	253	94	20	250	91

假设抗拉强度y与硬度x之间的关系为$y=\beta_0+\beta_1 x$,则

(1) 求β_0,β_1,σ^2的估计值和回归方程;

(2) 对β_0,β_1的显著性进行检验(显著水平为 0.05);

(3) 求判定系数 R^2 的值，以及 β_0，β_1 的置信度为 90% 的置信区间.

5. 出钢时所用的盛钢水的钢包，由于钢水对耐火材料的浸蚀，容积不断增大. 由以往的经验知，钢包的使用次数 x 和增大的容积 y 之间具有以下类型的关系：

$$y = ae^{\frac{b}{x}}$$

对一钢包做试验，测得数据见表 6.22，求该曲线回归方程.

表 6.22

使用次数 x	增大容积 y	使用次数 x	增大容积 y	使用次数 x	增大容积 y
2	6.42	7	10.00	12	10.60
3	8.20	8	9.93	13	10.80
4	9.58	9	9.99	14	10.60
5	9.50	10	10.49	15	10.90
6	9.70	11	10.59	16	10.76

6. 在酿酒工艺的无芽酶试验中，发现吸氨量 y 与吸氨时间 x_1 及底水 x_2 都有关系。根据经验，y 与 x_1 和 x_2 之间的关系可描述为

$$y = \beta_0 + \beta_1 x_1 + \beta_2 x_2$$

试根据表 6.23 数据求此回归方程.

表 6.23

x_1	215	250	180	250	180	215	180	215	250	215	215
x_2	136.5	136.5	136.5	138.5	139.5	138.5	140.5	140.5	140.5	138.5	138.5
y	6.2	7.5	4.8	5.1	4.6	4.6	2.8	3.1	4.3	4.9	4.1

7. 已知男性年龄和头发粗细的 6 组观测值见表 6.24.

表 6.24　头发粗细表

序　号	1	2	3	4	5	6
年龄 x/岁	20	30	40	50	60	70
头发粗度 y/μm	101	98	96	94	86	80

有人认为年龄 x 和头发粗度 y 之间的关系大约为

$$y = \beta_0 + \beta_1 x + \beta_2 x^2$$

试求该回归方程并进行评价.

第 7 章　时间序列分析与预测

很多社会经济现象总是随着时间的推移不断发展变化的，为了探索现象随时间而发展变化的规律性，不仅要从静态上分析现象的特征、内部结构以及相互关联的数量关系，而且应着眼于现象随时间演变的过程，从动态上去研究其发展变化的过程和规律. 按时间顺序观测的系列数据，表现了现象发展变化的过程，包含了十分丰富的信息，科学的分析这些随时间而变化的信息，有利于认识客观事物发展变化的规律性，有利于对事物发展变化的趋势作出合理的决策. 显然，我们需要有一些专门研究按时间顺序观测的系列数据的统计分析方法，这就是统计学中的时间序列分析. 时间序列分析的目的是研究事物随时间推移的演变状况，分析事物随时间而变化的规律性，预测事物未来发展变化的趋势.

7.1　时间序列分析的相关概念

7.1.1　时间序列的含义

时间序列是指反映客观现象的同一指标在不同时间上的数值，按时间先后顺序排列而形成的序列，它由两个基本要素组成：一个是现象的所属时间；另一个是反映该现象的同一指标在不同时间条件下的具体数值，也称为时间数列，或动态数列. 时间序列的一般形式为(见表 7.1).

表 7.1　时间序列的一般形式

时间顺序	t_0	t_1	t_2	…	t_{n-1}	t_n
指标数值	a_0	a_1	a_2	…	a_{n-1}	a_n

表 7.2 是国内生产总值的部分指标的时间序列统计表.

表 7.2　我国 1992－2002 年的 4 个指标

年　份	国内生产总值 亿元	人均国内生产总值 元／人	年末总人口 万人	人均粮食产量 kg
1992 年	26 638.1	2 287	117 171	379.97
1993 年	34 634.4	2 939	118 517	387.37
1994 年	46 759.4	3 923	119 850	373.46
1995 年	58 478.1	4 854	121 121	387.28
1996 年	67 884.6	5 576	122 389	414.39
1997 年	74 462.6	6 054	123 626	401.74
1998 年	78 345.2	6 038	124 761	412.42
1999 年	82 067.5	6 551	125 786	405.55
2000 年	89 468.1	7 086	126 743	366.04
2001 年	97 314.8	7 651	127 627	355.89
2002 年	104 790.6	8 184	128 453	356.97

对时间序列进行分析的目的一是描述事物在过去的时间状态，分析其随时间推移的发展趋势；二是揭示事物发展变化的规律性；三是预测事物在未来时间的数量.

编制时间序列的目的，是为了通过对各时间的变量数值进行对比，研究现象发展变化的过程和规律.因此，保证序列中各变量数值在所属时间、总体范围、经济内容、计算方法等方面具有充分可比性，是编制时间序列的基本原则.

7.1.2　时间序列的构成因素

客观事物随着时间的推移而发展变化，是受多种因素共同影响的结果.在诸多影响因素中，有的是长期起作用的，对事物的变化发挥着决定性作用；有的只是短期起作用，或者偶尔发挥非决定性的作用.例如，公司产品的销售量受经济增长、企业经营不断改进等长期稳定因素影响，同时也可能受偶然自然灾害、新的政策出台等非长期因素影响.在分析时间序列的变动规律时，实际中不可能将每一个影响因素都一一划分开来，分别去精确分析.但是可以按照对现象变化影响的类型，将众多影响因素划分为若干种时间序列的构成要素，然后对这几类构成要素分别进行分析，以揭示时间序列的变动规律性.影响时间序列的构成要素通常可归纳为 4 种：长期趋势(secular trend)、季节变动(seasonar fluctuation)、循环变动(cyclical variation)、不规则变动(irregular variation).

包含了长期趋势、季节变动、循环变动、不规则变动的时间序列，如图 7.1 所示.

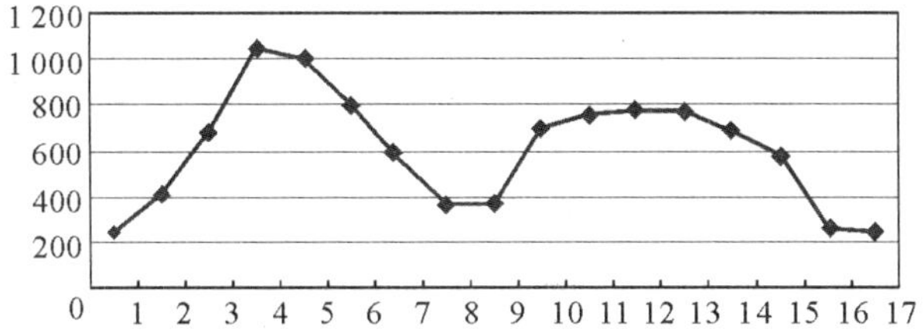

图 7.1　包含四个因素的时间序列图形

1. 长期趋势(trend)

长期趋势是指现象在一段相当长的时期内所表现的沿着某一方向的持续发展变化. 长期趋势可能呈现不断增长的趋势,也可能呈现为不断下降的趋势,还可能呈现为水平趋势. 长期趋势是受某种长期起根本性作用的因素影响的结果. 例如,中国改革开放以来经济持续增长,表现为国内生产总值逐年增长的趋势;又如,人口总量的变化通常呈现出某种长期的趋势. 通常以 T 表示.

2. 季节变动(seasonal variation)

季节变动是指现象在一年内,由于受到自然条件或社会条件的影响而形成的以一定时期为周期(通常指一个月或季)的有规则的重复变动,通常以 S 表示. 如时令商品的产量与销售量、旅行社的旅游收入等都会受到季节的影响. 应注意的是,在这里提到的"季节"并非通常意义上的"四季",季节变动中所提及的为广义的概念,可以理解为一年中的某个时间段,如一个月、一个季度或任何一个周期. 如图 7.2 所示为一年内的季节变动趋势图.

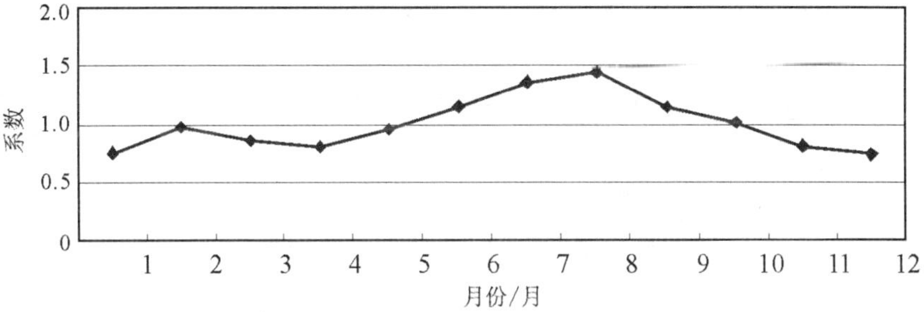

图 7.2　季节变动的图形

3. 循环变动(cyclical variation)

循环变动是指现象持续若干年的周期变动,通常以 C 表示. 循环变动的周期长短不一,没有规律,而且通常周期较长,不像季节变动有明显的变动周期(小于一年). 循环变动的规律性不甚明显,通常隐藏在长期趋势中,较难以识别. 循环变动不同于长期趋势的单一方向的持续变动,而是涨落相间的交替波动,如经济周期.

4. 不规则变动(irregular random variation)

不规则变动是时间序列分离了长期趋势、季节变动、循环变动以后的波动. 不规则变动是由那些影响时间序列的短期的、不可预期的和不重复出现的众多偶然因素引起的,呈现为无规则的随机变动.

时间序列的变动一般都是由以上 4 种构成要素或其中一部分要素形成的. 时间序列分析的任务之一,就是对序列中的这几种要素进行统计测定和分析,从中划分出各种要素的具体作用,揭示其变动的规律和特征,为认识和预测事物的发展提供依据.

7.1.3 时间序列构成要素的组合模型

形成时间序列变动的 4 类构成要素,按照他们影响方式的不同,可以设定为不同的组合模型,其中最常用的是乘法模型和加法模型. 以 Y 表示时间序列的变量数值;T 表示长期趋势成分;S 表示季节变动成分;C 表示循环变动成分;I 表示不规则变动成分.

加法模型为

$$Y=T+S+C+I \tag{7-1}$$

使用加法模型的基本假设前提是各个影响因素对时间序列的影响是可加的,并且相互独立.

乘法模型为

$$Y=T\times S\times C\times I \tag{7-2}$$

使用乘法模型的基本假设前提是各影响因素对时间序列的影响是相互不独立的.

时间序列组合模型中包含了 4 类要素,这是时间序列的完备模式,但是并不是在每个时间序列中这 4 类因素都同时存在. 一般来说,在时间序列中长期趋势是经常存在的,季节变动因素和循环变动因素则不一定存在. 当季节变动成分或循环变动成分不存在时,在乘法模型中的 S 或 C 取值为 1,在加法模型中的 S 或 C 取值为 0. 有时也把长期趋势和循环变动合并称为趋势-循环因素.

7.2 时间序列的速度分析

为了研究时间序列随时间而变化的速率,经常需要分析其发展速度和增长速度.

给定一个时间序列,各个时间上的发展水平按照时间记作 $a_0, a_1, \cdots, a_{n-1}, a_n$,在对各时间的发展水平进行比较时,把作为比较基础的那个时期称为基期,相应的发展水平称为基期水平;把所考察的那个时期称为报告期,相应的发展水平称为报告期水平.

1. 发展速度

时间序列中报告期水平与基期水平之比,称为发展速度,说明报告期水平较基期水平的相对发展程度.其计算公式为

$$发展速度=\frac{报告期水平}{基期水平}$$

由于所选的基期不同,发展速度有环比发展速度和定基发展速度两种.

环比发展速度是指报告期水平与其前一期水平对比而得到的结果,反映现象逐期发展的程度.其计算公式为

$$环比发展速度=\frac{a_i}{a_{i-1}}\quad (i=1,2,\cdots,n) \tag{7-3}$$

定基发展速度是指报告期水平与某一固定时期水平对比而得到的结果,反映现象在一段较长时期内总的发展程度,又称为"总速度".其计算公式为

$$定基发展速度=\frac{a_i}{a_0}\quad (i=1,2,\cdots,n) \tag{7-4}$$

环比发展速度与定基发展速度之间存在如下数量关系:

(1) 各环比发展速度的连乘积等于定基发展速度,即

$$\frac{a_1}{a_0}\times\frac{a_2}{a_1}\times\cdots\times\frac{a_n}{a_n-1}=\frac{a_n}{a_0} \tag{7-5}$$

(2) 相邻两个定基发展速度之商,等于相应的环比发展速度,即

$$\frac{a_i}{a_0}\div\frac{a_{i-1}}{a_0}=\frac{a_i}{a_{i-1}}\quad (i=0,1,2,\cdots,n) \tag{7-6}$$

2. 平均发展速度

平均发展速度是对各环比发展速度计算的一种序时平均数,反映现象在一个较长时期内速度变化的平均程度.平均发展速度指标在经济分析中应用非常广泛,它在对现象的发展作趋势速度预测和编制长远规划中起着重要作用.

平均发展速度的计算有多种方法,我们介绍其中一种 —— 几何平均法.

由于发展的总速度不等于各环比发展速度之和,而等于各环比发展速度的连乘积.因此,在计算平均发展速度时,不能用算术平均法,而需要用几何平均法.

根据总速度与各环比发展速度的关系及其符号表示法,计算平均发展速度的公式还可以表示为

$$\bar{x}=\sqrt[n]{\frac{a_1}{a_0}\times\frac{a_2}{a_1}\times\cdots\times\frac{a_n}{a_{n-1}}} \tag{7-7}$$

或

$$\bar{x}=\sqrt[n]{\frac{a_n}{a_0}} \tag{7-8}$$

3. 增长速度

由增长量与基期水平对比可计算增长速度，说明报告期水平较基期水平增长的相对程度. 增长速度为发展速度减 1，即

$$增长速度 = \frac{增长量}{基期水平} = \frac{报告期水平 - 基期水平}{基期水平} = 发展速度 - 1$$

前面已指出，发展速度分为环比发展速度和定基发展速度，相应地，增长速度也可分为环比增长速度和定基增长速度，其关系为

$$环比增长速度 = 环比发展速度 - 1$$

$$定基增长速度 = 定基发展速度 - 1$$

与发展速度不同，增长速度说明报告期水平在扣除了基期数据以后，较基期增长的相对程度. 显然，当增长速度为正值时，表示报告期水平在基期水平基础上的增长的程度；当增长速度为负值时，表示报告期水平在基期水平基础上降低的程度.

环比增长速度连乘并不等于相应时期的定基增长速度. 所以与环比发展速度和定基发展速度的换算不同，若要由环比增长速度计算定基增长速度，先将环比增长速度加 1 转换为环比发展速度，通过环比发展速度连乘计算定基发展速度再减 1，才能求得定基增长速度.

4. 平均增长速度

平均速度是指各个时期环比速度的序时平均数. 平均发展速度是现象逐期发展的平均程度，相对应地，平均增长速度是现象逐期增长的平均程度，二者的关系是

$$平均增长速度 = 平均发展速度 - 1$$

根据平均发展速度的计算公式，有以下计算平均增长速度的公式：

$$\bar{x}^* = \bar{x} - 1 = \sqrt[n]{\frac{a_1}{a_0} \times \frac{a_2}{a_2} \times \cdots \times \frac{a_n}{a_{n-1}}} - 1 = \sqrt[n]{\frac{a_n}{a_0}} - 1 \qquad (7-9)$$

平均增长速度可能为正值，也可能为负值，为正值时表明现象在该段时间内平均来说是递增的；为负值时表明现象在该段时间内平均来说是递减的. 时间序列水平和速度指标汇总见表 7.3.

表 7.3　一些时间序列水平和速度指标汇总

时间顺序 t_i	t_0	t_1	t_2	…	t_n
数据(发展水平)	a_0	a_1	a_2	…	a_n
定基发展速度 /(%)		$\frac{a_1}{a_0}$	$\frac{a_2}{a_0}$	…	$\frac{a_n}{a_0}$
环比发展速度 /(%)		$\frac{a_1}{a_0}$	$\frac{a_2}{a_1}$	…	$\frac{a_n}{a_{n-1}}$

续 表

时间顺序 t_i	t_0	t_1	t_2	…	t_n
定基增长速度 /(%)		$\frac{a_1-a_0}{a_0}$	$\frac{a_2-a_0}{a_0}$	…	$\frac{a_n-a_0}{a_0}$
环比增长速度 /(%)	—	$\frac{a_1-a_0}{a_0}$	$\frac{a_2-a_1}{a_1}$	…	$\frac{a_n-a_{n-1}}{a_{n-1}}$

例 7.1　某商品市场 2000—2005 年的商品销售额数据见表 7.4，表中，已经计算了时间序列水平和速度的一些基础指标，从表中我们也可以看出，定基发展速度和定基增长速度，以及环比发展速度与环比增长速度的关系，试计算商品销售额的平均发展速度和平均增长速度.

表 7.4　某商品市场 2000—2005 年商品销售额及增长情况

年　份	符号	商品销售总额/万元	定基发展速度/%	环比发展速度/%	定基增长速度/%	环比增长速度/%
2000 年	a_0	400				
2001 年	a_1	500	125.00	125.00	25	25
2002 年	a_2	615	153.75	123.00	53.75	23
2003 年	a_3	736	184.00	119.67	84	19.67
2004 年	a_4	852	213.00	115.76	113	15.76
2005 年	a_5	970	242.50	113.85	142	13.85

解　根据式(7－8)和式(7－9)，并利用表格中已有的数据，可得

$$平均发展速度\ \bar{x}=\sqrt[n]{\frac{a_n}{a_0}}=\sqrt[5]{\frac{970}{400}}=\sqrt[5]{2.425}=1.194$$

平均增长速度为　$\bar{x}^*=\bar{x}-1=0.194$

7.3　时间序列的长期趋势分析

时间序列的长期趋势是就一个较长的时期而言的，一般来说，分析长期趋势所选的时期越长越好. 对长期趋势的测定和分析，是时间序列分析的重要工作，其主要目的有三个：一是为了认识现象随时间发展变化的趋势和规律性；二是为了对现象未来的发展趋势作出预测；三是为了从时间序列中剔除长期趋势成分，以便于分

解出其他类型的影响因素.时间序列线性趋势的测定方法有很多种,最常用的有移动平均法、指数平滑法和趋势模型法.

7.3.1 测定长期趋势的移动平均法

移动平均法是对原时间序列采用逐期递推移动的方法计算一系列扩大时距的序时平均数,从而形成一个新的派生的时间序列,以消除偶然因素的影响,使现象的基本趋势得以呈现.所谓移动平均,是选择一定的用于平均的时距项数 K,采用对序列逐项递移的方式,对原序列递移的 K 项计算一系列序时平均数,由这些序时平均数所形成的新序列,一定程度上消除或削弱了原序列中由于短期偶然因素引起的不规则变动和其他成分,对原序列的波动起到一定的修匀作用,从而呈现出现象在较长时期的发展趋势.这种移动平均值也是对现象发展趋势的预测值.

例 7.2 表 7.5 为某市某客运站运输量及其 3 次移动平均和 5 次移动平均的计算结果:

表 7.5 某市客运站旅客运输量 单位:万人·千米

年份	季度	客运量	三次移动平均		五次移动平均	
			指标值	逐期增长	指标值	逐期增长
2005 年	1	100.00				
	2	95.00	97.00			
	3	98.00	100.00	3.00	102.00	
	4	107.00	105.00	5.00	103.00	1.00
2006 年	1	110.00	107.30	2.30	105.40	2.40
	2	105.00	107.30	0.00	108.80	3.40
	3	107.00	109.00	1.70	112.00	3.20
	4	115.00	115.00	8.00	113.00	2.00
2007 年	1	123.00	117.70	2.70	116.00	3.00
	2	115.00	119.30	1.60	119.60	3.60
	3	120.00	120.00	0.70		
	4	125.00				

在表 7.5 中,3 项移动平均值和 5 项移动平均值的结果都表现出一定的周期性波动,这是因为移动平均值序列还受季节波动的影响.为消除季节变动,可对表7.5

中的序列作出 4 次移动平均，结果见表 7.6.

表 7.6　某客运站旅客运输量四次移动平均计算表

单位：万人 · 千米

年　份	季　度	客运量	4 次移动平均	移正平均	逐期增长
2005 年	1	100.00			
	2	95.00	100.00		
	3	98.00	102.50	101.25	
	4	107.00	105.00	103.75	2.50
2006 年	1	110.00	107.25	106.13	2.38
	2	105.00	109.25	108.25	2.12
	3	107.00	112.50	110.88	2.63
	4	115.00	115.00	113.75	2.88
2007 年	1	123.00	118.25	116.63	2.88
	2	115.00	120.75	119.50	2.87
	3	120.00			
	4	125.00			

利用 Excel 可以方便地计算移动平均数，方法是在 Excel 工作表中输入客运量数据（如 C2:C13 中），在“工具”中的“数据分析”点击“移动平均”，输入数据区域“C2:C13”，若是 4 次移动平均，在“间隔”中输入“4”，在“输出区域”中输入指定的区域（如 D12），点击“确定”，即得到 4 次移动平均的结果. 要作移正平均，只须对 4 次移正平均的结果再做“间隔”为“2”的移动平均即可.

用 Excel 作 4 次移动平均的窗口如图 7.3 所示.

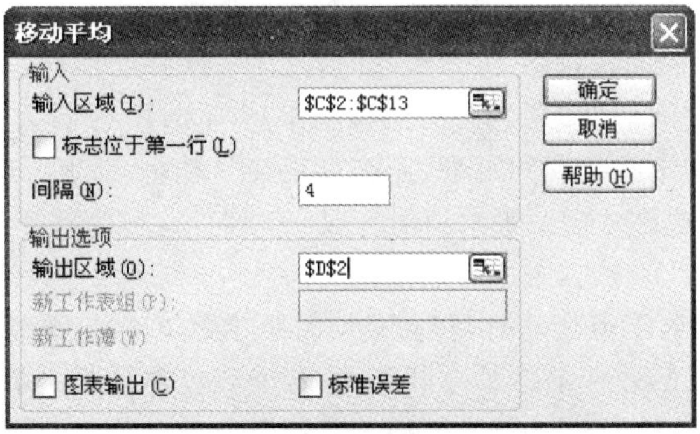

图 7.3　Excel 四次移动平均对话框

Excel 作 4 次移动平均的输出形式见表 7.7 所示.

表 7.7 Excel 4 次移动平均输出结果 单位:万人・千米

年 份	季 度	客运量		
2005 年	1	100.00		
	2	95.00		
	3	98.00		
	4	107.00	100.00	
2006 年	1	110.00	102.50	101.25
	2	105.00	105.00	103.75
	3	107.00	107.25	106.13
	4	115.00	109.25	108.25
2007 年	1	123.00	112.50	110.88
	2	115.00	115.00	113.75
	3	120.00	118.25	116.63
	4	125.00	120.75	119.50

注意 Excel 中的移动平均值和移正平均值不是被放在移动平均的中间时期的位置,而是为了预测的需要放在被平均数据的最后一期,应将其移动到适当的位置,使其上下对称.

由例 7.2 可以看出,移动平均法具有如下特点:

(1) 移动平均对原序列具有修匀或平滑的作用,使得原序列的上下波动被削弱了,而且平均的时距项数 K 越大,对数列的修匀作用越强.如表 7.6 中 3 年移动平均的不规则变动较原序列明显削弱了,但平均值的逐期增长量还不是很规则;5 年移动平均进一步削弱了不规则变动,逐期增长量更接近于一个常数.

(2) 移动平均的时距项数 K 为奇数时,只需一次移动平均,其移动平均值作为移动平均项数的中间一期的数值;而当移动平均项数 K 为偶数时,移动平均值代表的是这偶数项的中间位置的水平,无法对正某一时期,则须再进行一次相邻两平均值的移动平均,这样才能使平均值对正某一时期,这称为移正平均,也称中心化的移动平均数.

(3) 当序列包含季节变动时,移动平均时距项数 K 应与季节变动长度一致(如 4 个季度或 12 个月),才能消除其季节变动;若季节包含周期变动时,平均时距项数 K 应和周期长度基本一致,才能较好地消除周期波动.

(4) 移动平均以后，其序列的项数较原序列减少，当 K 为奇数时，新序列首尾各减少 $(K-1)/2$ 项；K 为偶数时，首尾各减少 $K/2$ 项. 所以移动平均会使原序列失去部分信息，而且平均项数越大，失去的信息越多. 因此，移动平均的项数不宜过大.

7.3.2　测定长期趋势的指数平滑法

移动平均对消除季节等影响有独到的作用，所以趋势值比以某种函数形式所代表的趋势更能反应现象本身的趋势特征. 但是移动平均也有不足，主要是对不含季节因素的趋势序列，每一项的移动平均值实际上都只包含了 K 个数据的信息，而没有将历史数据信息充分反映到趋势值或预测值中. 指数平滑法可以弥补移动平均法的不足，能够充分利用所有的数据信息，同时又体现近期数据对未来预测影响作用更大的特点.

指数平滑法通过计算一系列指数平滑值消除不规则变动，揭示现象的基本趋势. 用指数平滑法确定趋势估计值的基本思想是：如果第 t 期趋势估计值与第 t 期实际值完全一致，二者之间没有误差，则可以将第 t 期趋势估计值直接作为第 $(t+1)$ 期的趋势估计值；如果二者之间有误差，则这种误差可理解为由两部分组成：一部分是不规则随机误差，另一部分是现象从第 $(t-1)$ 期到第 t 期的实质性变化. 为了合理估计趋势值，就要剔除不规则随机误差，反应现象的实质性变化. 误差中属于现象实质性变化的部分的比例可由平滑系数 α 决定，α 的值越大，即认为误差中现象实质性变化的比例越大，在下期的趋势估计中本期的误差就保留得越多；反之，α 的值越小，则认为误差中不规则随机因素引起的随机误差所占比例越大，在下期的趋势估计中本期的误差就剔除得越多. 指数平滑法又分为一次指数平滑、二次指数平滑、三次指数平滑等，这里只介绍一次指数平滑法.

一次指数平滑值(如用 E_t 表示) 的计算公式是

$$E_t = E_{t-1} + \alpha(y_t - E_{t-1}), \quad t = 1, 2, \cdots, n \tag{7-10}$$

式中，E_t 为第 t 期指数平滑值；E_{t-1} 为第 $(t-1)$ 期的指数平滑值；y_t 为第 t 期的实际观测值；α 为平滑系数，其值介于 0 与 1 之间.

指数平滑值具有递推性质，各期指数平滑值在上期平滑值的基础上递推而求得. 由公式递推公式可知：第 t 期指数平滑值 E_t 是在第 $(t-1)$ 期的指数平滑值 E_{t-1} 的基础上，再加上第 t 期的实际观测值 y_t 与作为第 t 期趋势估计值的第 $(t-1)$ 期指数平滑值 E_{t-1} 之间误差的一部分组合而成. 由此，递推公式也可以改写为

$$E_t = \alpha y_t + (1-\alpha)E_{t-1}, \quad t = 1, 2, \cdots, n \tag{7-11}$$

将公式(7 - 11) 展开，可得

$$
\begin{aligned}
E_t = \alpha y_t + (1-\alpha)E_{t-1} = \alpha y_t + (1-\alpha)[\alpha y_{t-1} + (1-\alpha)E_{t-2}] = \\
\alpha y_t + \alpha(1-\alpha)y_{t-1} + (^1-\alpha)2E_{t-2} = \\
\alpha y_t + \alpha(1-\alpha)y_{t-1} + (1-\alpha)^2[\alpha y_{t-2} + (1-\alpha)E_{t-3}] = \\
\alpha y_t + \alpha(1-\alpha)y_{t-1} + \alpha(1-\alpha)^2 y_{t-2} + (1-\alpha)^3 E_{t-3} = \\
\alpha y_t + \alpha(1-\alpha)y_{t-1} + \alpha(1-\alpha)^2 y_{t-2} + \cdots \\
+ \alpha(1-\alpha)^{t-1} y_1 + (1-\alpha)^t E_0
\end{aligned}
$$

式中，E_0 称为原始值，序列项数较多时，初始值对平滑值的影响不大，故可设定为 $E_0 = y_1$.

α 是介于 0 与 1 之间的小数，随着时间 t 增大，最后一项系数 $(1-\alpha)^t$ 几乎为零，因此可以将其略去，则上面的递推公式变为

$$
E_t = \alpha \sum_{j=0}^{t-1} (1-\alpha)^j y_{t-j} \tag{7-12}
$$

在指数平滑法中，α 的取值不同，计算出的平滑值会有较大差异. 平滑系数 α 值的选择没有固定的模式，α 值的选择应视研究的目的、任务和对象的性质去决定.

一般来说，平滑系数 α 的选择须考虑以下几个方面：

(1)α 值越小，对序列的平滑作用越强，对时间序列的变化反应越慢. 因而当数列中随机波动较大时，为了消除随机波动的影响，可选择较小的 α，使序列较少受到随机波动的影响；α 值越大，对序列的作用越弱，对时间序列的变化反应越快，因而为了反映出序列的变动情况，可选择较大的 α，使数据的变化很快反应出来.

(2) 如果对将来趋势的估计主要依靠近期信息，α 宜选择得大一些；如果希望充分尊重历史信息，α 值宜选择得小一些.

(3) 看对初始值的重视程度. 若对初始值的正确性把握不大，希望减小初始值的影响，则 α 值宜大些；反之，对初始值正确性把握较大，希望突出初始值的影响，则 α 值宜小些.

通常可选择几种不同的 α 值进行比较，最后选择实际值和估计值均方误差最小的 α.

例 7.3 对表 7.5 中某市某客运站旅客运输量作指数平滑，指数平滑的计算可利用 Excel 中的"数据分析". 方法是：进入 Excel 工作薄，点击"工具"→"数据分析"→"指数平滑"，根据对话框提示输入源数据区域、阻尼系数（这里的阻尼系数指 $(1-\alpha)$）、输出区域等即可. 注：Excel 中第 t 期指数平滑值计算中采用第 $t-1$ 期的实际观测值 y_{t-1} 代替第 t 期的实际观测值进行处理，即

$$
E_t = \alpha y_{t-1} + (1-\alpha)E_{t-1}
$$

分别取 α 为 0.1，0.3 和 0.7，计算客运量指数平滑值见表 7.8.

表 7.8　某客运站旅客运输量指数平滑值计算结果

单位:万人·千米

年　份	季　度	客运量	客运量指数平滑值		
			$a=0.1$	$a=0.3$	$\alpha=0.7$
2005 年	1	100.00			
	2	95.00	100	100	100
	3	98.00	99.5	98.5	96.5
	4	107.00	99.35	98.35	97.35
2006 年	1	110.00	100.12	100.95	104.17
	2	105.00	101.1	103.66	108.25
	3	107.00	101.49	104.06	105.97
	4	115.00	102.04	104.94	106.69
2007 年	1	123.00	103.34	107.96	112.51
	2	115.00	105.31	112.47	119.85
	3	120.00	106.27	113.23	116.46
	4	125.00	107.65	115.26	118.94

3 种不同平滑系数修匀的作用的比较如图 7.4 所示.

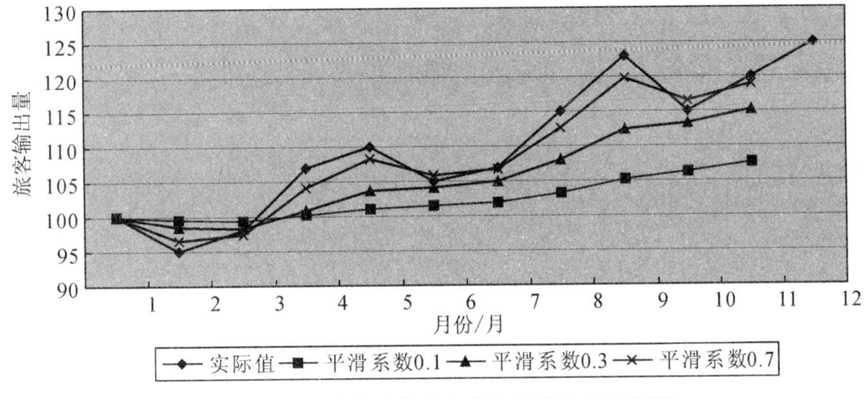

图 7.4　不同平滑系数对序列的平滑作用示意图

7.3.3 测定长期趋势的模型法

时间序列的长期趋势可分为线性趋势和非线性趋势. 当时间序列的长期趋势近似呈现为直线,每期的增减数量大致相同时,则称时间序列具有线性趋势. 线性趋势的特点是其变化率或趋势线的斜率基本保持不变. 当时间序列在各时期的变动随时间而异,各时期的变化率或趋势线的斜率有明显变动但又有一定规律时,现象的长期趋势将不再是线性的,这时现象的长期趋势可能是非线性趋势. 线性趋势和非线性趋势可以分别用不同的模型去拟合.

1. 线性趋势的模型法

线性趋势的模型法,是利用线性回归的方法对原时间序列拟合线性方程,消除其他成分变动,从而揭示出序列长期线性趋势的方法. 线性趋势方程的一般形式为

$$\hat{y}=a+bt \tag{7-13}$$

式中,$\hat{y}$ 表示时间序列 y 的长期趋势值;t 为时间标号;a,b 为待定参数.

两个待定参数可以通过最小二乘法求出. 根据最小二乘原理,对时间序列配合一条趋势线,使之满足:$\sum(y-\hat{y})^2=\min$. 由此条件,可以推导出 a,b 的计算公式:

$$\sum(y-\hat{y})^2=\min$$

$$\sum(y-\hat{y})^2=\sum(y-a-bt)^2$$

$$\frac{\partial\sum(y-a-bt)^2}{\partial a}=-2\sum(y-a-bt)=0$$

$$\frac{\partial\sum(y-a-bt)^2}{\partial b}=-2\sum(y-a-bt)t=0$$

$$\sum y=na+b\sum t$$

$$\sum ty=a\sum t+b\sum t^2$$

由此可得

$$\hat{b}=\frac{n\sum ty-\sum t\sum y}{n\sum t^2-(\sum t)^2} \tag{7-14}$$

$$\hat{a}=\bar{y}-\hat{b}\bar{t}$$

用时间序列数据估计的线性趋势方程及参数,还应当对线性回归方程的检验方法去检验其统计显著性.

例 7.4 对表 7.5 中旅客运输量,可作线性趋势方程拟合. 由公式(7-14)可得

$$\hat{b}=\frac{n\sum ty-\sum t\sum y}{n\sum t^2-(\sum t)^2}=\frac{12\times 8\ 938-78\times 1\ 320}{12\times 650-78^2}=2.503\ 497$$

$$\hat{a}=\bar{y}-\hat{b}\bar{t}=\frac{1\ 320}{12}-2.503\ 497\times\frac{78}{12}=93.727\ 27$$

所以，线性趋势方程为

$$\hat{y}=a+bt=93.727\ 27+2.503\ 497t$$

线性趋势方程拟合的计算也可以用 Excel 去实现，在 Excel 工作表中(如在 B2:B13) 输入客运量数据 y，并输入时间序号 t(如在 A2:A13 中输入 1,2,…,12)，在“工具”的“数据分析”中点击“回归”，在对话框“y 值输入区域”中输入“B2:B13”，在“x 值输入区域”输入“A2:A13”，在“输出区域”中输入指定位置(如 D1)，点击“确定”即可得到回归结果，输出的结果见表 7.9.

表 7.9　Excel 趋势方程拟合结果

SUMMARY OUTPUT								
回归统计								
Multiple *R*	0.921 262							
R Square	0.848 723							
Adjusted *R* Square	0.833 596							
标准误差	3.996 852							
观测值	12							
方差分析								
	df	SS	MS	*F*	Significance *F*			
回归分析	1	896.251 7	896.251 7	56.104 01	2.09*E*-05			
残差	10	159.7483	15.974 83					
总计	11	1 056						
	Coefficients	标准误差	*t* Stat	*P*-value	Lower 95%	Upper 95%	下限 95.0%	上限 95.0%
Intercept	93.727 27	2.459 892	38.102 19	3.7E-12	88.246 29	99.208 25	88.246 29	99.208 25
XVariable 1	2.503 497	0.334 234	7.490 261	2.09E-05	1.758 778	3.248 215	1.758 778	3.248 215

2. 非线性趋势的方程拟合法

事实上，现象的长期趋势并不一定呈现为线性趋势，也就是说，现象变动的变化率或趋势线的斜率在一个较长的时期中不一定保持不变. 有规律的非线性趋势，常呈现为某种形态的曲线变化，又称为曲线趋势.

非线性趋势变动的形式多种多样，例如，可能为抛物线型、指数曲线型、修正指数曲线型、Gomperte 曲线型、Logistic 曲线型等，各种类型曲线的拟合方法各不相同. 这里只介绍较常用的抛物线型和指数曲线型.

(1) 抛物线型. 如果现象满足二级增减量大体相同的条件，利用二次抛物线模型进行配合.

其趋势方程为

$$\hat{y}_t = a + bt + ct^2 \tag{7-15}$$

方程中有 3 个待估参数 a,b,c，仍按最小平方法求解，建立 3 个标准方程：

$$\begin{aligned} \sum y &= na + b\sum t + c\sum t^2 \\ \sum ty &= a\sum t + b\sum t^2 + c\sum t^3 \\ \sum t^2 y &= a\sum t^2 + b\sum t^3 + c\sum t^4 \end{aligned} \tag{7-16}$$

例 7.5 某企业 8 年间的产值资料见表 7.10，针对所给数据，给出产值随时间变化的抛物线拟合方程，并根据方程，对于第 9 年的产值，做出合理预测.

表 7.10 某企业 8 年间的产值资料

时间 / 年	产值 / 万元	逐期增减量 / 万元	二级增减量 / 万元
1	240		
2	290	50	
3	360	70	20
4	450	90	20
5	560	110	20
6	690	130	20
7	840	150	20
8	1 008	168	18

解 利用原序列计算出有关数据代入式(7-16)，解三元一次方程组就可得出趋势方程所需要的 a,b,c 的估计值，并带入公式(7-15)，得到趋势方程为

$$\hat{y}_t = 502.688\,9 + 54.916\,6t + 2.479\,1t^2$$

若要求预测第 9 年的产值，将 $t=9$ 代入，得出：

$$\hat{y}_t = 502.6889 + 54.9166 \times 9 + 2.4791 \times 9^2 = 1\,198 \text{（万元）}$$

（2）**指数曲线型**. 当现象的长期趋势每期大体上按相同的增长速度递增或递减变化时，长期趋势模型可拟合为如下指数曲线方程：

$$\hat{y}_t = ab^t \tag{7-17}$$

式中，$\hat{y}_t$ 为时间序列 y_t 的趋势值；t 为时间的标号；a，b 为参数.

为了估计参数 a，b，可将公式(7－17)两端取对数，得

$$\lg\hat{y}_t = \lg a + t\lg b$$

设定 $y' = \lg\hat{y}_t$，$A = \lg a$，$B = \lg b$，则有

$$y' = A + tB$$

利用时间序列的数据，运用最小二乘估计法可估计出 A 和 B，即可解出参数 a，b 的估计值.

例 7.6　表 7.11 为某市年末人口数量变化，可以看出其环比增长率近似于常数，用指数曲线方程拟合其长期趋势. 为说明其计算过程，把有关数据列在表中.

表 7.11　某市年末人口数量变化

序号 t	年　份	年末人口数 y_t/ 万人	环比增长率 /(%)	$y' = \ln y$
1	1994 年	58		4.060 4
2	1995 年	59.45	2.5	4.085 1
3	1996 年	60.92	2.47	4.109 6
4	1997 年	62.4	2.43	4.133 6
5	1998 年	93.93	2.45	4.157 8
6	1999 年	65.5	2.46	4.182 1
7	2000 年	67.09	2.43	4.206
8	2001 年	68.73	2.44	4.230 2
9	2002 年	70.42	2.45	4.254 5
10	2003 年	72.13	2.43	4.278 5
11	2004 年	73.91	2.46	4.302 8
12	2005 年	75.71	2.44	4.326 9
13	2006 年	77.6	2.5	4.351 6

用回归分析的方法计算可得回归系数的估计结果：

$$\hat{A}=4.036\ 654,\quad \hat{B}=0.024\ 204$$

解出

$$\hat{a}=56.636\ 5,\quad \hat{b}=1.042\ 5$$

所得趋势方程为

$$\lg\hat{y}_t=4.036\ 654+0.024\ 204t \quad 或者 \quad \hat{y}_t=56.636\ 5\times 1.024\ 5^t$$

长期趋势模型的拟合,需要判断现象发展的基本规律和态势,要求选择最合适的函数形式,事实上这是比较困难的. 在对实际的时间序列拟合其长期趋势方程时,通常可参考以下做法:

(1) 进行定性分析. 对所研究的现象的客观性质进行研究,分析其一般的发展规律,从而对现象长期趋势的性质作出基本的判断.

(2) 描绘散点图. 根据时间序列的观测值描绘散点图,从散点图的基本态势判断现象随时间变化的大体类型.

(3) 分析序列的数据特征. 如果序列各项数据的 K 次方大致差一个常数,一般来说,可考虑配合 K 次曲线;若序列的环比发展速度大体为一个常数,或序列的对数一次差大体为一个常数,可考虑配合指数曲线.

(4) 分段拟合. 现象的实际变化可能非常复杂,各个阶段可能有不同的变化规律,这时可将序列分段考察,分别拟合不同的曲线趋势.

(5) 最小偏差分析. 当序列有多种曲线可供选择时,可将多种曲线的拟合结果加以比较,分别计算各种曲线的偏差或估计的均方误差,以估计的均方误差最小的曲线为宜. 计算估计的均方误差的公式为

$$s^2=\frac{\sum(y_t-\hat{y}_t)^2}{n-k} \tag{7-18}$$

式中,n 为序列项数;k 为曲线参数的个数;y_t 为序列观测值;$\hat{y}_t$ 为估计的趋势值.

7.4 时间序列的季节变动分析

季节变动是指客观现象因受自然因素或社会因素的影响,而形成的在一年内有规则的周期性变动. 季节变动在现实生活中经常会遇到,如商业活动中的“销售旺季”和“销售淡季”、农产品和以农产品为原料的某些工业产品的产量和销售量、旅游业的“旅游旺季”和“旅游淡季”等. 所谓季节变动不仅仅是指随一年中四季而变动,而是泛指一年内有规律的、按一定周期(年、季、月、周、日)重复出现的变化. 季节变动的原因通常与自然条件有关,同时也可能是由生产条件、节假日、风俗习惯等社会经济因素所致. 季节变动常会给人们的社会经济生活带来某种影响,如会影响某些商品的生产、销售与库存.

测定季节变动的意义主要在于通过分析与测定过去的季节变动规律,为当前

的决策提供依据；此外，也是为了对未来季节变动现象作出预测，以便提前作出合理的安排；同时，当需要不包含季节变动因素的数据时，能够消除季节变动对时间序列的影响，以便更好地分析其他因素.

7.4.1　季节变动分析的原始资料平均法

测定季节变动的方法很多，从是否考虑长期趋势的影响看可分为两种：一是不考虑长期趋势的影响，根据原时间序列直接去测定季节变动；二是根据剔除长期趋势后的数据测定季节变动.

当时间序列的长期趋势近似于水平趋势时，测定季节变动时可以不考虑长期趋势的影响，直接用原始资料平均法. 原始资料平均法也称为同期（月或季）平均法. 步骤如下：

(1) 计算各年同期（月或季）的平均数 $\bar{y}_i$（i 表示月份，则 $i=1,2\cdots,12$，；i 表示季度，则 $i=1,2,3,4$），其目的是消除各年同一时期数据上的不规则变动.

(2) 计算全部数据的总平均数 $\bar{y}$，找出整个序列的水平趋势.

(3) 计算季节比率 S_i，即

$$S_i=\frac{\bar{y}_i}{\bar{y}} \tag{7-19}$$

在乘法模型中，季节比率有一个特性，其总和等于周期 L（$=12$ 或 4），或平均等于 1，即

$$\sum S_i=L \quad 或 \quad \bar{S}=\frac{\sum S_i}{L}=1$$

例 7.7　美国 Magnavox 牌彩电 1976—1983 年月度销售量资料见表 7.12. 试用平均法求季节指数.

表 7.12　按季(月)平均法计算表

年份＼月份/月	1	2	3	4	5	6	7	8	9	10	11	12	合计
1976 年	16.1	14.4	14.2	15.1	15.5	14.3	13.8	14.7	17.2	18.4	20.2	19.9	193.8
1977 年	16.2	15.0	15.1	14.2	13.4	13.7	14.5	15.6	17.5	17.9	18.7	19.0	190.8
1978 年	16.7	16.3	15.3	14.5	14.5	13.9	14.6	15.8	18.0	19.3	21.4	20.3	200.6
1979 年	17.0	17.8	16.7	16.3	15.6	15.2	15.9	17.1	18.4	20.0	21.6	19.6	211.2
1980 年	17.1	17.3	16.5	16.4	15.6	15.7	16.2	17.4	18.8	20.3	21.9	19.8	213.0
1981 年	17.4	16.1	15.2	15.4	15.0	14.3	13.2	12.8	14.2	16.3	17.8	17.5	185.2

续 表

年份 \ 月份/月	1	2	3	4	5	6	7	8	9	10	11	12	合计
1982 年	14.8	15.0	15.1	14.8	14.6	15.3	14.9	15.5	16.2	17.0	17.8	17.8	188.8
1983 年	13.6	13.2	12.7	13.1	13.6	13.0	14.2	14.7	15.6	17.2	18.2	18.1	177.2
合计	128.9	125.1	120.8	119.8	117.8	115.4	117.3	123.6	135.9	146.4	157.6	152.0	1 560.6
季节平均数	16.11	15.64	15.1	14.98	14.73	14.43	14.66	15.45	16.99	18.3	19.7	19	16.26
季节指数/(%)	99.1	96.2	92.9	92.1	90.6	88.8	90.1	95	104.5	112.6	121.2	116.9	1 200

解 (1) 计算同月的平均数,计算结果见表 7.12"季节平均数"一栏.

(2) 计算全部数据的总月平均数,即 $\frac{1\ 560.6}{8\times 12}=16.26$.

(3) 计算季节指数,计算结果见上表"季节指数"一栏.

从季节指数上可以判断该彩电在 9～12 月份是销售旺季,尤其在后 3 个月,而 6 月份是销售淡季.季节指数的变动图形如图 7.5 所示.

注:若季节指数之和不等于 400% 或 1 200%,就需要调整,调整的方法是首先计算调整系数$\frac{L}{\sum S_i}$,然后用调整系数分别乘以各月(季)季节指数,即得调整后的季节指数.

原始资料平均法计算比较简单,但应当注意,运用此方法的基本假定前提是原时间序列没有明显的长期趋势和循环变动.通过各年同期数据的平均,可以消除不规则变动,而且当平均的期间与循环周期基本一致时,也在一定程度上消除了循环变动.当时间序列存在明显的长期趋势时,会使季节变动的分析不准确.如存在明显的上升趋势时,年末的季节变动比率会远高于年初的季节变动比率;如存在明显的下降趋势时,年末的季节变动比率又会远低于年初的季节变动比率.

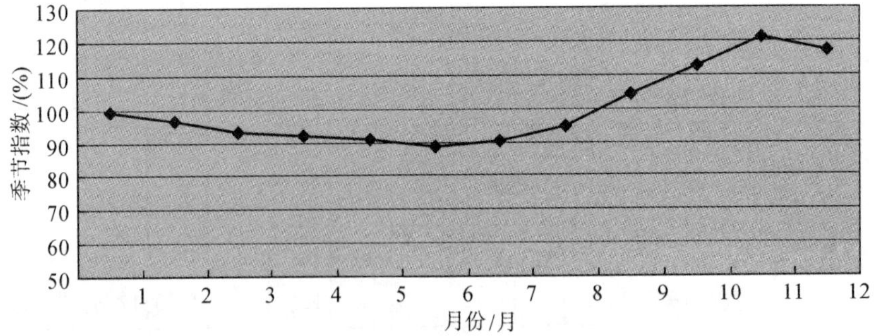

图 7.5　季节指数变动图形

7.4.2　季节变动分析的趋势 —— 循环剔除法

当时间序列包含长期趋势和循环变动时，用按季平均法计算季节指数就不够准确，应采用趋势剔除法. 假定时间序列各影响因素以乘法模型形式存在，趋势剔除法的基本步骤如下：

(1) 对原序列计算平均项数等于季节周期 L(如 12 个月或 4 个季度) 的中心化移动平均数，以消除季节变动 S 和不规则变动 I，所得移动平均的结果若以 M 表示，M 只包含了趋势变动 T 和循环变动 C.

(2) 为了剔除原序列中的趋势变动 T 和循环变动 C，将原序列各项数据除以移动平均序列对应时间的各项数据 M，即消除趋势变动和循环变动的序列为

$$\frac{Y}{M}=\frac{T\times C\times S\times I}{T\times C}=S\times I \tag{7-20}$$

(3) 各影响因素是以乘法模型组合的，所以 $S\times I$ 是比率，而不是绝对量. 将消除趋势变动和循环变动的序列各年同月(或同季) 的比率数据平均，以消除不规则变动 I，再分别除以全部 $S\times I$ 数据的总平均数，即得到季节变动比率(也称季节指数)S.

(4) 对季节比率的调整. 季节比率的总和 $\sum S_i$ 应当等于季节周期的长度 L，如果计算的季节比率的总和接近于季节周期长度 L，则不必调整. 但是，计算的季节比率的总和有时不一定等于 L，这时需要对其进行调整. 调整的方法是以 $\dfrac{L}{\sum S_i}$ 作为调整系数，将其误差分摊到各期的季节比率中去，经调整的季节比率为 S_i^*，则

$$S_i^* = S_i \times \frac{L}{\sum S_i} \tag{7-21}$$

例 7.8　我国某地区 1998 — 2003 年各季度的农业生产资料零售额(单位：万元) 资料见表 7.13，试用趋势剔除法求季节指数.

表 7.13　某地区 1998 — 2003 年生产资料零售额

年份. 季度	农业生产资料零售额 Y/ 万元	趋势值 TC	Y/TC
1998.1	82.40		
1998.2	108.00		
1998.3	99.90	94.34	105.90
1998.4	83.00	94.95	87.41
1999.1	90.50	95.75	94.52

续 表

年份.季度	农业生产资料零售额 Y/万元	趋势值 TC	Y/TC
1999.2	104.80	97.65	107.32
1999.3	109.50	99.01	110.59
1999.4	88.60	102.83	86.17
2000.1	95.80	106.96	89.56
2000.2	130.00	107.90	120.48
2000.3	117.40	107.86	108.84
2000.4	88.20	107.38	82.14
2001.1	95.90	106.75	89.84
2001.2	126.00	106.94	117.83
2001.3	116.40	108.41	107.37
2001.4	90.70	111.34	81.46
2002.1	105.20	114.71	91.71
2002.2	140.10	117.30	119.44
2002.3	129.30	118.41	109.19
2002.4	98.50	120.31	81.87
2003.1	106.30	122.94	86.47
2003.2	154.20	125.28	123.09
2003.3	136.20		
2003.4	110.30		

解 首先利用4项移动平均法求得该序列的长期趋势值 T 和循环 C,并将长期趋势从时间序列中剔除,求得 Y/TC,计算结果见表7.13;其次将表中 Y/TC 重新排列,利用按季平均法求得季节指数见表7.14.

从季节指数上判断该地区每年2季度、3季度零售额高于1,4季度.

表7.14 趋势剔除法求季节指数计算表

季度 年份	1	2	3	4	合计
1998年			105.90	87.41	193.31
1999年	94.52	107.32	110.59	86.17	398.6
2000年	89.56	120.48	108.84	82.14	401.02
2001年	89.84	117.83	107.37	81.46	396.5

续 表

季度 年份	1	2	3	4	合计
2002 年	91.71	119.44	109.19	81.87	402.21
2003 年	86.47	123.09			209.56
合计	452.1	588.16	541.89	419.05	2001.2
季节平均数	90.42	117.632	108.378	83.81	100.06
季节指数 /(%)	90.37	117.56	108.31	83.76	400

7.5　时间序列的循环变动分析

循环变动往往存在于一个较长的时期内，是一种周而复始的近乎规律性的变动. 循环变动不同于季节变动，季节变动也是交替变动，但季节变动有比较固定的规律性，而且变动周期一般是一年. 循环变动的规律不那么固定，变动的周期通常在一年以上，周期的长短、变动形态、波动的大小也不太固定. 例如，产品通常有导入期、成长期、成熟期、衰退期、替代期等经济寿命周期，人口的增长变动从长远来看也有一定的周期；又如，由于受周期性因素的影响，宏观经济的增长率可能会呈现周期性波动.

测定和分析现象的循环变动的目的：一是从数量上揭示事物循环变动的规律性；二是深入研究不同事物周期性循环波动的内在联系，有助于分析引起循环变动原因；三是通过对循环规律的认识，对事物今后发展作出科学的预测，为制定有效遏制循环变动不利影响的决策方案提供依据.

由于循环变动通常隐匿在一个较长的变动过程中，成因较为复杂，而且其波动幅度和周期长度等规律不是很固定，因而在时间序列的成分分析中，循环变动的测定是比较困难的. 对许多社会经济现象循环变动的测定，不仅要依赖于统计分析，而且要靠深入的经济分析.

在实际工作中，测定循环变动的方法有多种，而且不同方法得到的结论很可能有一定差异. 各种测定循环变动的方法的基本思想，都是首先设法消除序列中的趋势变动和季节变动，然后再用移动平均等方法消除不规则变动，从而揭示出循环变动的规律. 测定循环变动的常用方法主要有直接法和剩余法.

1. 直接法

直接法测定循环变动是通过计算序列的年距发展速度或年距增长速度，以消

除或减弱趋势变动和季节变动.具体可用以下两种方式:

一种是将每年各月(或季)数值与上一年同期数值对比,所求得的年距发展速度序列大体可消除长期趋势和季节变动,即

$$CI_{t,i}=\frac{y_{t,i}}{y_{t-1,i}},\quad i=1,2,\cdots,12 \text{ 或 } i=1,2,3,4 \tag{7-22}$$

式中,t 为年份;i 为月份或季度.

另一种方式是将各年每月(或季)数值较上年同期增长部分除以前一年对应月份(或季度)数值,得出年距增长速度序列,也可以大致消除长期趋势和季节变动,表示循环变动,即

$$CI_{t,i}=\frac{y_{t,i}-y_{t-1,i}}{y_{t-1,i}},\quad i=1,2,\cdots,12 \text{ 或 } i=1,2,3,4 \tag{7-23}$$

直接法用"年距发展速度"或"年距增长速度"去消除趋势变动和季节变动,方法较为简单易行,有利于大体上观察循环变动的态势.但是这种方法的理论依据并不充分,所得结果不一定能准确描述循环变动的真实状态.另外,用直接法去消除时间序列的长期趋势的同时,也相对地放大了年度发展水平的影响,当某一期发展水平偏低时,一方面会使得本期的 CI 值偏低,另一方面又会使的下一年同期的 CI 值偏高,从而可能使循环波动的幅度被拉大.因此用直接法测定的循环变动,其波动的程度在方法上可能产生一定的水平位差.

2. 剩余法

假定时间序列各影响因素满足乘法模型 $Y=T\times S\times C\times I$,剩余法的基本步骤如下:

(1) 计算季节指数(S),用 Y 除以季节指数 S,得无季节变动数据 $T\times C\times I$;

(2) 求长期趋势 T;

(3) 用($T\times C\times I$)除以 T,得无季节无长期趋势的数据($C\times I$);

(4) 利用移动平均法来消除 I,得循环变动 C.

例 7.9 根据表 7.15 的数据进行循环波动分析.

表 7.15 循环变动计算表

年份.季度	标号 t	零售额 Y/万元	季节指数 S/(%)	Y/S/(%)	趋势值 T	C×I/(%)	C/(%)
1998.1	1	82.40	90.37	91.18	91.05	100.14	
1998.2	2	108.00	117.56	91.87	92.58	99.23	
1998.3	3	99.90	108.31	92.24	94.11	98.01	100.61
1998.4	4	83.00	83.76	99.09	95.64	103.61	99.87

续 表

年份.季度	标号 t	零售额 Y/万元	季节指数 S/(%)	Y/S/(%)	趋势值 T	$C\times I$/(%)	C/(%)
1999.1	5	90.50	90.37	100.14	97.17	103.06	99.11
1999.2	6	104.80	117.56	89.15	98.70	90.32	99.51
1999.3	7	109.50	108.31	101.10	100.22	100.87	99.50
1999.4	8	88.60	83.76	105.78	101.75	103.96	101.35
2000.1	9	95.80	90.37	106.01	103.28	102.64	103.38
2000.2	10	130.00	117.56	110.58	104.81	105.51	102.72
2000.3	11	117.40	108.31	108.39	106.34	101.93	101.22
2000.4	12	88.20	83.76	105.30	107.87	97.62	99.40
2001.1	13	95.90	90.37	106.12	109.40	97.00	97.50
2001.2	14	126.00	117.56	107.18	110.93	96.62	96.37
2001.3	15	116.40	108.31	107.47	112.46	95.57	96.52
2001.4	16	90.70	83.76	108.29	113.99	95.00	97.64
2002.1	17	105.20	90.37	116.41	115.51	100.78	98.93
2002.2	18	140.10	117.56	119.17	117.04	101.82	99.93
2002.3	19	129.30	108.31	119.38	118.57	100.68	99.79
2002.4	20	98.50	83.76	117.60	120.10	97.92	99.87
2003.1	21	106.30	90.37	117.63	121.63	96.71	100.47
2003.2	22	154.20	117.56	131.17	123.16	106.50	101.30
2003.3	23	136.20	108.31	125.75	124.69	100.85	
2003.4	24	110.30	83.76	131.69	126.22	104.33	

解　(1) 先消去季节变动,得无季节变动资料.见表 7.15 中“Y/S”栏;

(2) 利用原始资料建立的趋势方程:$\hat{y}=89.521+1.529t$,将 $t=1,2,\cdots,24$ 代入方程得“趋势值 T”;

(3) 将前两项结果相除即得无季节无趋势资料,见表中“$C\times I$”栏;

(4) 最后通过移动平均消除不规则变动,得循环波动值,即表中的最后一栏;

将循环波动值绘图,如图 7.6 所示.

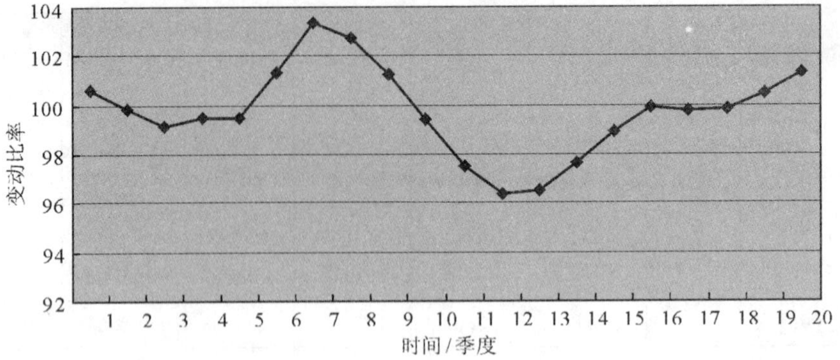

图 7.6 循环波动值图

习 题 7

1. 某地区社会商品零售额 1993—1997 年期间(1992 年为基期) 每年平均增长 10%,1998—2002 年期间每年平均增长 8.2%,2003—2008 年期间每年平均增长 6.8%. 问 2008 年与 1992 年相比,该地区社会商品零售额共增长多少? 年平均增长速度是多少? 若 2002 年社会商品零售额为 30 亿元,按此平均增长速度,2009 年的社会商品零售额应为多少?

2. 我国 1994－2003 年的财政收入见表 7.16.

表 7.16 财政收入表 单位:亿元

年份	财政收入	年份	财政收入
1994 年	5 128.10	1999 年	11 444.08
1995 年	6 242.20	2000 年	13 395.23
1996 年	7 407.99	2001 年	16 386.04
1997 年	8 651.14	2002 年	18 903.64
1998 年	9 875.95	2003 年	21 715.25

资料来源:《中国统计年鉴 2004》(电子版)

根据表 7.16 资料计算 1995—2003 年期间财政收入的:

(1) 逐期增长量与累计增长量;

(2) 环比发展速度与定基发展速度;

(3) 环比增长速度与定基增长速度;

(4) 平均增长量;

(5) 平均发展速度与平均增长速度;

(6) 增长 1% 的绝对值.

此外,利用计算的平均增长率预测 2005 年和 2006 年的财政收入.

3. 新华印刷厂 1995—2009 年的利润资料见表 7.17. 试用移动平均法对该时间序列进行修匀,以反映利润的长期趋势(注:分别作 3 项和 4 项移动平均).

表 7.17　印刷厂利润表　　单位:万元

年　份	利润	年份	利润	年份	利润
1995 年	54	2000 年	152	2005 年	187
1996 年	47	2001 年	142	2006 年	213
1997 年	54	2002 年	175	2007 年	256
1998 年	103	2003 年	182	2008 年	273
1999 年	170	2004 年	159	2009 年	292

4. 某县 2005—2008 年各季度鲜蛋销售量数据见表 7.18.

表 7.18　某县 2005—2008 年各季度鲜蛋销售量　　单位:万千克

年　份	1 季度	2 季度	3 季度	4 季度
2005 年	13.1	13.9	7.9	8.6
2006 年	10.8	11.5	9.7	11
2007 年	14.6	17.5	16	18.2
2008 年	18.4	20	16.9	18

(1) 用移动平均法消除季节变动;

(2) 用指数平滑法预测长期趋势;

(3) 用拟合线性模型测定长期趋势;

(4) 预测 2009 年各季度鲜蛋销售量.

5. 某企业 2001—2004 年各季度的产值资料见表 7.19.

表 7.19　2001 − 2004 各季度产值表　　单位:万元

季度 / 年份	1	2	3	4	全年合计
2001 年	673	805	753	805	3 036
2002 年	803	912	876	931	3 522
2003 年	970	1 135	1 128	1 185	4 418
2004 年	1 074	1 401	1 062	1 257	4 794

试分别用简单平均法和移动平均剔除法求季节指数.

6.某地区2005—2008年各月工业增加值见表7.20.

表7.20 某地区2005—2008年各月工业增加值 单位:亿元

年份＼月份	1	2	3	4	5	6	7	8	9	10	11	12
2005年	4.78	3.97	5.07	5.12	5.27	5.45	4.95	5.03	5.37	5.34	5.54	5.44
2006年	5.18	4.61	5.69	5.71	5.9	6.05	5.65	5.76	6.14	6.14	6.47	6.55
2007年	6.46	5.62	6.96	7.12	7.23	7.43	6.78	6.76	7.03	6.85	7.03	7.22
2008年	6.82	5.68	7.38	7.4	7.6	7.95	7.19	7.35	7.76	7.83	8.17	7.47

(1)用原始资料平均法计算季节比率;

(2)用移动平均法分析其长期趋势;

(3)用指数平滑法分析其长期趋势.

7.我国1990—2003年的人口资料见表7.21.

表7.21 人口调查资料表 单位:万人

年份	人口数	年份	人口数
1990年	114 333	1997年	123 626
1991年	115 823	1998年	124 761
1992年	117 171	1999年	125 786
1993年	118 517	2000年	126 743
1994年	119 850	2001年	127 627
1995年	121 121	2002年	128 453
1996年	122 389	2003年	129 227

资料来源:《中国统计年鉴2004》(电子版).

(1)分别以最小平方法配合直线趋势方程、二次曲线趋势方程和指数曲线趋势方程;

(2)利用各种趋势方程预测我国2005年和2006年的人口数量.

第 8 章　统计计算的软件应用

在统计方法的实际应用中，如果样本的数据量比较小，通常利用计算器等工具就可以帮助完成相应的统计计算. 但是很多情况下，样本的数据量往往都比较大，而且有的统计分析方法本身也涉及比较复杂的数学运算，这就需要借助一些计算机软件来帮助完成相应的统计分析工作. 事实上，计算机技术的进步和统计分析方法的发展有很大的相互促进作用. 在没有计算机的时代，很多统计分析方法由于计算过程非常复杂，无法对应用实例进行分析，只是停留在理论阶段，而当计算机出现之后，统计学家们的很多思想方法才得以实现，同时，统计分析中的这些复杂运算需求也在推动着计算机技术的向前发展. 现在，统计工作者已形成一种共识，那就是具有一定的计算机应用能力是做好统计分析工作的重要基础.

目前有很多专门的统计分析软件，例如著名的 SAS,SPSS,Minitab,R,S - Plus 等，有很多通用数学软件也具有统计计算功能，例如 Matlab,Maple 等. 这些软件所针对的用户群体不同，各自具有不同的优势，在使用方法上也有较大差异，对于普通用户而言，没必要把所有的软件都一一学一遍，深入学习一下其中的一两个，能帮助自己完成所需的统计分析工作即可.

本章将选择 Matlab 和 R 这两个软件进行介绍，通过一些具体的实例使读者初步掌握这两个软件的基本使用方法.

Matlab 是一个通用的数学软件，很多学习理工科专业的读者对它都不陌生，在很多学科的资料中都可以见到 Matlab 的身影，这是我们选择 Matlab 进行介绍的一个重要原因. Matlab 具有矩阵运算、微分方程求解、最优化计算、小波分析、数字图像分析、模拟仿真等很多功能，当然，借助于 Matlab 封装的各种统计函数，我们就可以进行相应的统计分析. Matlab 早期的版本是以版本序号命名的，例如 5.0 版、6.0 版等，后来的版本则以年份命名，目前每年出两个版本，上半年 3 月份左右和下半年 9 月份左右各出一个，上半年出的命名为 a 版本，下半年出的命名为 b 版本，例如 2012 年 3 月份推出的版本命名为 2012a. 本章将假定读者对 Matlab 已经具有初步的认识，了解 Matlab 基本的操作和函数调用的基本规则，如果读者尚不具备这方面的基础知识，可以通过互联网、图书馆藏书或者书店在售图书等途径自行学习.

R软件是一个专门的统计分析软件，对于普通的理工科工作者可能比较陌生，但是它在统计学界却具有较高的知名度，这一方面得益于R强大的功能，另一方面则是由于R软件是免费的开源软件.任何人都可以从www.r－project.org下载到R软件及其源代码，也可以从该网站获得大量的有关该软件的使用资料，当然这些资料也是免费的，这也是选择R软件进行介绍的一个主要原因.

需要提醒读者注意的是，像Matlab，R等成熟的软件，其本身都具有完善的联机帮助系统，利用好这些帮助文档可以取得事半功倍的学习效果.

本章所介绍的内容分别基于Matlab 2012a版本和R 2.15.0版本.

8.1 Matlab的基本统计分析功能

8.1.1 有关概率的计算

一、排列与组合

通过学习概率论的知识，大家已经知道有关古典概型的计算经常用到排列和组合这两种运算，Matlab提供的排列与组合函数主要有perms，combnk，factorial，prod，cumprod，nchoosek等，下面逐一介绍.

(1)perms函数的调用格式为：perms(n:m)或perms(V).

perms(n:m)用于列出所有从n到m的整数的全排列结果.

perms(V)用于列出向量V中所有元素的全排列结果.

例如列出从4到6的所有整数的排列，可以在Matlab的命令窗口(Command Window)中的提示符“>>”后面输入perms(4:6)并回车，运行结果为

```
>> perms(4:6)
ans =
     6     5     4
     6     4     5
     5     6     4
     5     4     6
     4     5     6
     4     6     5
```

也可以首先定义向量V＝[4,5,6]，然后用perms列出全排列结果.

```
>> V = [4,5,6];
>> perms(V)
```

(2)combnk函数的调用格式为：combnk(V,K)，其返回结果为从向量V中

选择 K 个元素的所有组合.

例如从“abcd”中任选 2 个元素，指令为

```
>> V = ['abcd'];
>> combnk(V,2)
```

(3)factorial 函数的调用格式为：factorial(N)，其返回结果为 N 的阶乘.

例如计算 23 的阶乘，指令和运行结果为

```
>> factorial(23)
ans =
    2.5852e+22
```

Matlab 中并未提供计算排列数 A_N^K 的函数，可以利用 factorial 函数将排列数 A_N^K 转化为 $\frac{N!}{(N-K)!}$ 来计算.

例如，计算排列数 A_{10}^3 的指令和运行结果为

```
>> factorial(10)/factorial(10 - 3)
ans = 720
```

此外，还可以利用 gamma 函数来计算阶乘，利用的是 Γ 函数的性质 $\Gamma(n)=(n-1)!$，例如计算 5!，可以利用 gamma(6) 指令，运行结果为

```
>> gamma(6)
ans = 120
```

(4)prod 函数的调用格式为：prod(X)，如果 X 为向量，则返回该向量的所有元素的乘积；如果 X 为矩阵，则返回每一列元素的乘积.

当 X 为矩阵时，prod 函数的另一个调用格式为：prod(X, DIM)，当 DIM = 1 时，返回结果为 X 矩阵的每一列元素的乘积；当 DIM = 2 时，返回结果为每一行元素的乘积.

例如，计算 $4\times5\times8\times9$ 的指令和运行结果为

```
>> X = [4,5,8,9];
>> prod(X)
ans = 1440
```

计算 10!! 的指令和运行结果为

```
>> X = [2:2:10];
>> prod(X)
ans = 3840
```

(5)cumprod 函数的调用格式为：cumprod(X)，如果 X 为向量，则返回该向量从第一个元素开始的每一个元素的累积乘积结果；如果 X 为矩阵，则返回每一列从第一个元素开始的每一个元素的累积乘积结果.

当 X 为矩阵时，cumprod 函数的另一个调用格式为：cumprod(X,DIM)，当 DIM＝1 时，则返回每一列从第一个元素开始的每一个元素的累积乘积结果；当 DIM＝2 时，则返回每一行从第一个元素开始的每一个元素的累积乘积结果.

例如，计算向量[4,5,8,9] 从第一个元素开始的累积乘积 4，4×5，4×5×8，4×5×8×9 的指令和运行结果为

```
>> X = [4,5,8,9];
>> cumprod(X)
ans = 4        20        160        1440
```

(6)nchoosek 函数的调用格式为：nchoosek(N,K)，其返回结果为组合数 C_N^K 的值，即 $\frac{N!}{K!\ (N-K)!}$ 的值.

例如，计算 C_{10}^3 的指令和运行结果为

```
>> nchoosek(10,3)
ans = 120
```

下面通过一些实例来说明上述指令在计算一些概率问题时的用法.

例 8.1 一套书共有 3 卷，其中第一卷有 2 册，第二卷有 3 册，第三卷有 2 册，现将这套书随意放在书架上，求同一卷书恰好都在一起的概率.

解 这套书的 7 册的全排列共有 $A_7^7=7!$ 种，而同一卷书恰好都在一起的排法共有 $(C_3^1A_2^2)(C_2^1A_3^3)(C_1^1A_2^2)$ 种，因此所求概率为

$$p=\frac{(C_3^1A_2^2)(C_2^1A_3^3)(C_1^1A_2^2)}{A_7^7}=\frac{2!\ 3!\ 2!\ 3!}{7!}$$

利用 factorial 指令求解结果为

```
p = factorial(2) * factorial(3) * factorial(2) * factorial(3)/factorial(7)
p = 0.0286
```

例 8.2 一批产品共有 100 件，其中有 20 件次品，从中任取 30 件，求恰好有 10 件次品的概率和次品数不多于 10 件的概率.

解 假设任取的 30 件产品中所包含的次品数为 X，则 X 服从超几何分布，其分布律为

$$P(X=k)=\frac{C_{20}^{k}C_{80}^{30-k}}{C_{100}^{30}},\quad k=0,1,2,\cdots,20$$

恰好有 10 件次品的概率为

$$p_1=P(X=10)=\frac{C_{20}^{10}C_{80}^{20}}{C_{100}^{30}}$$

次品数不多于 10 件的概率为

$$p_2=P(X\leqslant 10)=\sum_{k=0}^{10}P(X=k)=\sum_{k=0}^{10}\frac{C_{20}^{k}C_{80}^{30-k}}{C_{100}^{30}}$$

p_1 的求解指令和结果为

```
p1 = nchoosek(20,10) * nchoosek(80,20)/nchoosek(100,30)
p1 = 0.0222
```

运行过程中 Matlab 会给出一些警告信息，提示由于数字比较大，计算的结果并非是精确值.

p_2 的求解指令比较多，此时先新建一个脚本编辑器窗口，在里面编写求解程序，然后再运行该程序来求解，求解程序为

```
p2 = 0;
for k = 0:10
    p2 = p2 + nchoosek(20,k) * nchoosek(80,30 - k)/nchoosek(100,30);
end
p2
```

按 F5 保存程序并运行，运行结果为

```
p2 = 0.9915
```

对于比较复杂的问题，推荐使用这种方式来求解，修改起来要方便很多.

例 8.3　某厂家搞产品促销活动，在每套产品中随机放入一张卡片，卡片上印有"恭""喜""发""财"这 4 个字其中的一个，在全部产品中这 4 个字的比例为 1∶2∶3∶4，如果收集到全部四个字，则可兑换奖品. 某人购买了 20 套这种产品，求此人可以兑奖的概率.

解　利用多项分布的知识不难得到，此人手里的 20 张卡片恰好有 k_1 张"恭"、k_2 张"喜"、k_3 张"发"、k_4 张"财" 的的概率为

$$\frac{20!}{k_1!\ k_2!\ k_3!\ k_4!}(0.1)^{k_1}(0.2)^{k_2}(0.3)^{k_3}(0.4)^{k_4},\ (k_1+k_2+k_3+k_4=20)$$

此人可以兑奖的概率为

$$p=\sum_{\substack{k_1,k_2,k_3,k_4\geqslant 1\\ k_1+k_2+k_3+k_4=20}}\frac{20!}{k_1!\ k_2!\ k_3!\ k_4!}(0.1)^{k_1}(0.2)^{k_2}(0.3)^{k_3}(0.4)^{k_4}$$

Matlab 的求解程序为

```
p = 0;
for k1 = 1:20
    for k2 = 1:20
        for k3 = 1:20
            for k4 = 1:20
                if k1 + k2 + k3 + k4 == 20
                    p = p + (factorial(20)/(factorial(k1) * …,
                        factorial(k2) * factorial(k3) * …,
```

```
                    factorial(k4))) * power(0.1,k1) * …,
                    power(0.2,k2) * power(0.3,k3) * power(0.4,k4);
                end
            end
        end
    end
end
p
```

运行结果为

```
p = 0.8669
```

二、概率分布函数

在 Matlab 中提供了 5 种与概率分布有关的函数类型，分别是：

pdf：概率密度函数，用于计算概率密度的值，这里所说的概率密度包括离散型随机变量的分布律和连续型随机变量的密度函数；

cdf：累积分布函数，用于计算分布函数的值，分布函数指的是 $F(x)=P(X\leqslant x)$；

inv：逆累积分布函数，是 cdf 的逆运算，通常用于求分位点，这里所说的分位点指的是下分位点，即 $P(X\leqslant x_\alpha)=\alpha$；

stat：期望与方差计算函数，用于计算相关分布的期望和方差；

rnd：随机数生成函数，用于从指定分布中产生随机数.

Matlab 通过"分布名称＋函数类型"的方式形成具体的概率分布计算函数，例如，假设 $X\sim N(2,3^2)$，其密度函数为 $f(x)=\dfrac{1}{3\sqrt{2\pi}}e^{-\frac{(x-2)^2}{2\times 3^2}}$，计算 $f(2.1)$，$P(X<3.5)$ 以及期望与方差的指令和运行结果分别为

```
>> normpdf(2.1,2,3)
ans = 0.1329
>> normcdf(3.5,2,3)
ans = 0.6915
>> [Mean,Var] = normstat(2,3)
Mean = 2
Var = 9
```

下面对于常见的概率分布的各种计算函数分别加以说明. 值得注意的是，为了避免在调用这些函数时产生误解，此处采用的密度函数和分布律的形式与 Matlab 所使用的形式是一致的，而这些形式与一些概率统计教科书上采用的形式稍有不同.

1. β 分布 $Be(\alpha,\beta)$

密度函数为

$$f(x)=\begin{cases}\dfrac{1}{B(\alpha,\beta)}x^{\alpha-1}(1-x)^{\beta-1}, & 0<x<1\\ 0, & x\leqslant 0, x\geqslant 1\end{cases}$$

其中，$B(\alpha,\beta)$ 代表 β 函数.

概率分布函数及其调用格式为：

betapdf 的调用格式为：Y＝betapdf(X,A,B)，X 可以为数值，也可为向量或者矩阵，A 代表参数 α 的值，B 代表参数 β 的值，其返回值 Y 的类型与 X 类型相同；

betacdf 的调用格式为：P＝betacdf(X,A,B)，X，A，B 的说明与 betapdf 相同；

betainv 的调用格式为：X＝betainv(P,A,B)，P 代表指定的概率值，返回值 X 的类型与 P 的类型相同；

betastat 的调用格式为：[M,V]＝betastat(A,B)，返回值 MN 代表期望，V 代表方差；

betarnd 的调用格式为：R＝betarnd(A,B) 和 R＝betarnd(A,B,M,N,…)，前者的返回值 R 是参数为 A 和 B 的单个 β 分布随机数，后者返回值 R 是指定了行数 M 和列数 N 以及更高维维数信息的参数为 A 和 B 的 β 分布多维随机数矩阵.

例如，对于服从 β 分布 $Be(1,2)$ 的随机变量 X，分别计算下列结果：密度函数值 $f(0.2)$、概率值 $P(0.1<X<0.4)$，上侧分位点 $x_{0.05}$（即 $P(X\geqslant x_{0.05})=0.05$）、期望与方差、产生 5 个该分布的随机数.

计算指令分别为

```
>> Y = betapdf(0.2,1,2)
>> P = betacdf(0.4,1,2) - betacdf(0.1,1,2)
>> x005 = betainv(1 - 0.05,1,2)
>> [MN,V] = bctastat(1,2)
>> R = betarnd(1,2,1,5)
```

2. 二项分布 $B(n,p)$

分布律为

$$P(X=k)=C_n^k p^k(1-p)^{n-k},\quad k=0,1,2,\cdots,n$$

概率分布函数及其调用格式为：

binopdf 的调用格式为：Y＝binopdf(X,N,P)，X 可以为单个数值，也可以为向量或矩阵，返回值 Y 的类型与 X 相同，N 和 P 为二项分布的参数；

binocdf 的调用格式为：Y＝binocdf(X,N,P)，参数含义同上；

binoinv 的调用格式为：X＝binoinv(Y,N,P)，参数 Y 代表指定的概率值，由于二项分布是离散型的，所以返回值 X 为满足概率值大于等于指定概率值 Y 的最小整数值；

binostat 的调用格式为：[M,V]＝binostat(N,P)，返回值 M 代表期望，V 代

表方差；

binornd 的调用格式为：R＝binornd(N,P,MM,NN) 和 R＝binornd(N,P,MM,NN,…)，前者的返回值 R 是 MM 行 NN 列的参数为 N 和 P 的二项分布随机数矩阵，如果省略 MM 和 NN，则返回单个随机数，后者的返回值 R 是指定了行数 MM 和列数 NN 以及更高维维数信息的参数为 N 和 P 的二项分布多维随机数矩阵.

例如，对于服从二项分布 B(20,0.2) 的随机变量 X，分别计算下列结果：概率值 $P(X=5)$、累积概率值 $P(X\leqslant 6)$、上侧分位点 $x_{0.05}$（即 $P(X\geqslant x_{0.05})=0.05$）、期望与方差、产生 5 个该分布的随机数.

计算指令分别为

```
>> Y = binopdf(5,20,0.2)
>> P = binocdf(6,20,0.2)
>> x005 = binoinv(1 - 0.05,20,0.2)
>> [M,V] = binostat(20,0.2)
>> R = binornd(20,0.2,1,5)
```

3. χ^2 分布 $\chi^2(n)$

密度函数为

$$f(x)=\begin{cases}\dfrac{1}{2^{n/2}\Gamma\left(\dfrac{n}{2}\right)}x^{\frac{n}{2}-1}\mathrm{e}^{-\frac{x}{2}}, & x\geqslant 0\\ 0, & x<0\end{cases}$$

概率分布函数及其调用格式为：

chi2pdf 的调用格式为：Y＝chi2pdf(X,V)，X 可以为单个数值，也可以为向量或矩阵，返回值 Y 的类型与 X 相同，V 为 χ^2 分布的自由度；

chi2cdf 的调用格式为：P＝chi2cdf(X,V)，参数含义同上；

chi2inv 的调用格式为：X＝chi2inv(P,V)，P 代表指定的概率值，返回值 X 的类型与 P 的类型相同；

chi2stat 的调用格式为：[M,V]＝binostat(N,P)，返回值 M 代表期望，V 代表方差；

chi2rnd 的调用格式为：R＝chi2rnd(V) 和 R＝chi2rnd(V,M,N,…)，前者的返回值 R 是自由度为 V 的单个 χ^2 分布随机数，后者的返回值 R 是指定了行数 M 和列数 N 以及更高维维数信息的自由度为 V 的 χ^2 分布多维随机数矩阵.

例如，对于服从 χ^2 分布 $\chi^2(10)$ 的随机变量 X，分别计算下列结果：密度函数值 $f(3.5)$、累积概率值 $P(X\leqslant 4.6)$、上侧分位点 $x_{0.05}$（即 $P(X\geqslant x_{0.05})=0.05$）、期望与方差、产生 5 个该分布的随机数.

计算指令分别为

```
>> Y = chi2pdf(3.5,10)
>> P = chi2cdf(4.6,10)
>> x005 = chi2inv(1 - 0.05,10)
>> [M,V] = chi2stat(10)
>> R = chi2rnd(10,1,5)
```

4. 指数分布 $E(\mu)$

密度函数为

$$f(x)=\begin{cases}\dfrac{1}{\mu}e^{-\frac{1}{\mu}x}, & x>0\\ 0, & x\leqslant 0\end{cases}$$

概率分布函数及其调用格式为：

exppdf 的调用格式为：Y＝exppdf(X,MU)，X 可以为单个数值，也可以为向量或矩阵，返回值 Y 的类型与 X 相同，MU 为指数分布的参数；

expcdf 的调用格式为：P＝expcdf(X,MU)，参数含义同上；

expinv 的调用格式为：X＝expinv(P,MU)，P 代表指定的概率值，返回值 X 的类型与 P 的类型相同；

expstat 的调用格式为：[M,V] = expstat(MU)，返回值 MN 代表期望，V 代表方差；

exprnd 的调用格式为：R＝exprnd(MU) 和 R＝exprnd(MU,M,N,…)，前者的返回值 R 是参数为 MU 的单个指数分布随机数，后者的返回值 R 是指定了行数 M 和列数 N 以及更高维维数信息的参数为 MU 的指数分布多维随机数矩阵.

例如，对于服从指数分布 $E(0.5)$ 的随机变量 X，分别计算下列结果：密度函数值 $f(1.5)$、累积概率值 $P(X\leqslant 2.6)$，上侧分位点 $x_{0.05}$（即 $P(X\geqslant x_{0.05})=0.05$）、期望与方差、产生 5 个该分布的随机数.

计算指令分别为

```
>> Y = exppdf(1.5,0.5)
>> P = expcdf(2.6,0.5)
>> x005 = expinv(1 - 0.05,0.5)
>> [M,V] = expstat(0.5)
>> R = exprnd(0.5,1,5)
```

5. F 分布 $F(n_1,n_2)$

密度函数为

$$f(x)=\begin{cases}\dfrac{\Gamma\left(\dfrac{n_1+n_2}{2}\right)}{\Gamma\left(\dfrac{n_1}{2}\right)\Gamma\left(\dfrac{n_2}{2}\right)}\left(\dfrac{n_1}{n_2}\right)^{\frac{n_1}{2}}x^{\frac{n_1}{2}-1}\left(1+\dfrac{n_1}{n_2}x\right)^{-\frac{n_1+n_2}{2}}, & x\geqslant 0\\ 0, & x<0\end{cases}$$

概率分布函数及其调用格式为：

fpdf 的调用格式为：Y＝fpdf(X，V1，V2)，X 可以为单个数值，也可以为向量或矩阵，返回值 Y 的类型与 X 相同，V1 和 V2 分别为 F 分布的第一自由度和第二自由度，也称为分子自由度和分母自由度；

fcdf 的调用格式为：P＝fcdf(X，V1，V2)，参数含义同上；

finv 的调用格式为：X＝finv(P，V1，V2)，P 代表指定的概率值，返回值 X 的类型与 P 的类型相同；

fstat 的调用格式为：[M，V]＝fstat(V1，V2)，返回值 M 代表期望，V 代表方差；

frnd 的调用格式为：R＝frnd(V1，V2) 和 R＝frnd(V1，V2，M，N，…)，前者的返回值 R 是参数为 V1 和 V2 的单个 F 分布随机数，后者的返回值 R 是指定了行数 M 和列数 N 以及更高维维数信息的参数为 V1 和 V2 的 F 分布多维随机数矩阵.

例如，对于服从 F 分布 $F(10,15)$ 的随机变量 X，分别计算下列结果：密度函数值 $f(4.2)$、累积概率值 $P(X\leqslant 3.3)$，上侧分位点 $x_{0.05}$（即 $P(X\geqslant x_{0.05})=0.05$）、期望与方差、产生 5 个该分布的随机数.

计算指令分别为

```
>> Y = fpdf(4.2,10,15)
>> P = fcdf(3.3,10,15)
>> x005 = finv(1 - 0.05,10,15)
>> [M,V] = fstat(10,15)
>> R = frnd(10,15,1,5)
```

6. Γ 分布 $Ga(a,b)$

密度函数为

$$f(x)=\begin{cases}\dfrac{1}{b^a\Gamma(a)}x^{a-1}\mathrm{e}^{-\frac{x}{b}}, & x>0\\ 0, & x\leqslant 0\end{cases}$$

概率分布函数及其调用格式为：

gampdf 的调用格式为：Y＝gampdf(X，A，B)，X 可以为单个数值，也可以为向量或矩阵，返回值 Y 的类型与 X 相同，A 和 B 分别为 Γ 分布两个参数；

gamcdf 的调用格式为：P＝gamcdf(X，A，B)，参数含义同上；

gaminv 的调用格式为:X=gaminv(P,A,B),P 代表指定的概率值,返回值 X 的类型与 P 的类型相同;

gamstat 的调用格式为:[M,V]=gamstat(A,B),返回值 M 代表期望,V 代表方差;

gamrnd 的调用格式为:R=gamrnd(A,B) 和 R=gamrnd(A,B,M,N,…),前者的返回值 R 是参数为 A 和 B 的单个 Γ 分布随机数,后者的返回值 R 是指定了行数 M 和列数 N 以及更高维维数信息的参数为 A 和 B 的 Γ 分布多维随机数矩阵.

例如,对于服从 Γ 分布 $Ga(3,4)$ 的随机变量 X,分别计算下列结果:密度函数值 $f(2.7)$、累积概率值 $P(X\leqslant 3.3)$,上侧分位点 $x_{0.05}$(即 $P(X\geqslant x_{0.05})=0.05$)、期望与方差、产生 5 个该分布的随机数.

计算指令分别为

```
>> Y = gampdf(2.7,3,4)
>> P = gamcdf(3.3,3,4)
>> x005 = gaminv(1 - 0.05,3,4)
>> [M,V] = gamstat(3,4)
>> R = gamrnd(3,4,1,5)
```

7. 几何分布 $Ge(p)$

分布律为

$$P(X=k)=p\,(1-p)^k,\quad k=0,1,2,\cdots$$

概率分布函数及其调用格式为:

geopdf 的调用格式为:Y=geopdf(X,P),X 可以为单个数值,也可以为向量或矩阵,返回值 Y 的类型与 X 相同,P 为几何分布的参数;

geocdf 的调用格式为:Y=geocdf(X,P),参数含义同上;

geoinv 的调用格式为:X=geoinv(Y,P),Y 代表指定的概率值,返回值 X 的类型与 Y 的类型相同,由于几何分布为离散型分布,返回值是满足概率大于等于指定概率值 Y 的最小整数;

geostat 的调用格式为:[M,V]=geostat(P),返回值 M 代表期望,V 代表方差;

geornd 的调用格式为:R=geornd(P) 和 R=geornd(P,M,N,…),前者的返回值 R 是参数为 P 的单个几何分布随机数,后者的返回值 R 是指定了行数 M 和列数 N 以及更高维维数信息的参数为 P 的几何分布多维随机数矩阵.

例如,对于服从几何分布 $Ge(0.2)$ 的随机变量 X,分别计算下列结果:概率值 $P(X=4)$、累积概率值 $P(X\leqslant 5)$,上侧分位点 $x_{0.05}$(即 $P(X\geqslant x_{0.05})=0.05$)、期望与方差、产生 5 个该分布的随机数.

计算指令分别如下：

```
>> Y = geopdf(4,0.2)
>> P = geocdf(5,0.2)
>> x005 = geoinv(1 - 0.05,0.2)
>> [M,V] = geostat(0.2)
>> R = geornd(0.2,1,5)
```

8. 超几何分布 $H(M,K,n)$

分布律为

$$P(X=k)=\frac{C_K^k C_{M-K}^{n-k}}{C_M^n},\quad k=0,1,2,\cdots,n$$

概率分布函数及其调用格式为：

hygepdf 的调用格式为：Y＝hygepdf(X,M,K,N)，X 可以为单个数值，也可以为向量或矩阵，返回值 Y 的类型与 X 相同，M,K,N 为超几何分布的参数；

hygecdf 的调用格式为：P＝hygecdf(X,M,K,N)，参数含义同上；

hygeinv 的调用格式为：X＝hygeinv(P,M,K,N)，P 代表指定的概率值，返回值 X 的类型与 P 的类型相同，由于超几何分布为离散型分布，返回值是满足概率大于等于指定概率值 P 的最小整数；

hygestat 的调用格式为：[MN,V]＝hygestat(M,K,N)，返回值 MN 代表期望，V 代表方差；

hygernd 的调用格式为：R＝hygernd(M,K,N) 和 R＝hygernd(M,K,N,MM,NN,…)，前者的返回值 R 是参数为 M,K,N 的单个超几何分布随机数，后者的返回值 R 是指定了行数 M 和列数 N 以及更高维维数信息的参数为 M,K,N 的超几何分布多维随机数矩阵.

例如，对于服从超几何分布 $H(100,20,30)$ 的随机变量 X，分别计算下列结果：概率值 $P(X=10)$、累积概率值 $P(X\leqslant 10)$，上侧分位点 $x_{0.05}$（即 $P(X\geqslant x_{0.05})=0.05$）、期望与方差、产生 5 个该分布的随机数.

计算指令分别如下：

```
>> Y = hygepdf(10,100,20,30)
>> Y = hygecdf(10,100,20,30)
>> x005 = hygeinv(1 - 0.05,100,20,30)
>> [MN,V] = hygestat(100,20,30)
>> R = hygernd(100,20,30,1,5)
```

实际上本例的 Y 值和 P 值就是前面例 8.1 中计算的两个概率值.

9. 正态分布（高斯分布）$N(\mu,\sigma^2)$

密度函数为

$$f(x)=\frac{1}{\sigma\sqrt{2\pi}}e^{-\frac{(x-\mu)^2}{2\sigma^2}}$$

概率分布函数及其调用格式为：

normpdf 的调用格式为：Y=normpdf(X,MU,SIGMA)，X 可以为单个数值，也可以为向量或矩阵，返回值 Y 的类型与 X 相同，MU 和 SIGMA 分别为正态分布的两个参数，缺省情况下 MU 的值为 0，SIGMA 的值为 1；

normcdf 的调用格式为：P=normcdf(X,MU,SIGMA)，参数含义同上；

norminv 的调用格式为：X=norminv(P,MU,SIGMA)，P 代表指定的概率值，返回值 X 的类型与 P 的类型相同，缺省情况下 MU 的值为 0，SIGMA 的值为 1；

normstat 的调用格式为：[M,V]=normstat(MU,SIGMA)，返回值 M 代表期望，V 代表方差；

normrnd 的调用格式为：R=normrnd(MU,SIGMA) 和 R=normrnd(MU,SIGMA,M,N,…)，前者的返回值 R 是参数为 MU 和 SIGMA 的单个正态分布随机数，后者的返回值 R 是指定了行数 M 和列数 N 以及更高维维数信息的参数为 MU 和 SIGMA 的正态分布多维随机数矩阵.

例如，对于服从正态分布 $N(1,3^2)$ 的随机变量 X，分别计算下列结果：密度函数值 $f(1.5)$、累积概率值 $P(X\leqslant 2.6)$、上侧分位点 $x_{0.05}$（即 $P(X\geqslant x_{0.05})=0.05$）、期望与方差、产生 5 个该分布的随机数.

计算指令分别为

```
>> Y = normpdf(1.5,1,3)
>> P = normcdf(2.6,1,3)
>> x005 = norminv(1 - 0.05,1,3)
>> [M,V] = normstat(1,3)
>> R = normrnd(1,3,1,5)
```

10. 对数正态分布 $LN(\mu,\sigma^2)$

密度函数为

$$f(x)=\begin{cases}\frac{1}{x\sigma\sqrt{2\pi}}e^{-\frac{(\ln x-\mu)^2}{2\sigma^2}}, & x>0\\ 0, & x\leqslant 0\end{cases}$$

概率分布函数及其调用格式为：

lognpdf 的调用格式为：Y=lognpdf(X,MU,SIGMA)，X 可以为单个数值，也可以为向量或矩阵，返回值 Y 的类型与 X 相同，MU 和 SIGMA 分别为对数正态分布的两个参数，缺省情况下 MU 的值为 0，SIGMA 的值为 1；

logncdf 的调用格式为：P=logncdf(X,MU,SIGMA)，参数含义同上；

logninv 的调用格式为：X＝logninv(P,MU,SIGMA)，P 代表指定的概率值，返回值 X 的类型与 P 的类型相同，缺省情况下 MU 的值为 0，SIGMA 的值为 1；

lognstat 的调用格式为：[M,V]＝lognstat(MU,SIGMA)，返回值 M 代表期望，V 代表方差；

lognrnd 的调用格式为：R＝lognrnd(MU,SIGMA) 和 R＝lognrnd(MU,SIGMA,M,N,…)，前者的返回值 R 是参数为 MU 和 SIGMA 的单个对数正态分布随机数，后者的返回值 R 是指定了行数 M 和列数 N 以及更高维维数信息的参数为 MU 和 SIGMA 的对数正态分布多维随机数矩阵.

例如，对于服从对数正态分布 $LN(1,3^2)$ 的随机变量 X，分别计算下列结果：密度函数值 $f(1.5)$、累积概率值 $P(X\leqslant 2.6)$，上侧分位点 $x_{0.05}$（即 $P(X\geqslant x_{0.05})=0.05$）、期望与方差、产生 5 个该分布的随机数.

计算指令分别为

```
>> Y = lognpdf(1.5,1,3)
>> P = logncdf(2.6,1,3)
>> x005 = logninv(1 - 0.05,1,3)
>> [M,V] = lognstat(1,3)
>> R = lognrnd(1,3,1,5)
```

11. 负二项分布 $Nb(n,p)$

分布律为

$$P(X=k)=C_{n+k-1}^{k}p^{n}(1-p)^{k},\quad k=0,1,2,\cdots$$

概率分布函数及其调用格式为：

nbinpdf 的调用格式为：Y＝nbinpdf(X,R,P)，X 可以为单个数值，也可以为向量或矩阵，返回值 Y 的类型与 X 相同，R 和 P 为负二项分布的参数；

nbincdf 的调用格式为：Y＝nbincdf(X,R,P)，参数含义同上；

nbininv 的调用格式为：X＝nbininv(Y,R,P)，Y 代表指定的概率值，返回值 X 的类型与 Y 的类型相同，由于负二项分布为离散型分布，返回值是满足概率大于等于指定概率值 Y 的最小整数；

nbinstat 的调用格式为：[M, V]＝nbinstat(R,P)，返回值 M 代表期望，V 代表方差；

nbinrnd 的调用格式为：RND＝nbinrnd(R,P,M,N) 和 RND＝nbinrnd(R,P,M,N,…)，前者的返回值 RND 是参数为 R,P 的单个负二项分布随机数，后者的返回值 RND 是指定了行数 M 和列数 N 以及更高维维数信息的参数为 R,P 的负二项分布多维随机数矩阵.

例如，对于服从负二项分布 $Nb(5,0.3)$ 的随机变量 X，分别计算下列结果：概

率值 $P(X=15)$、累积概率值 $P(X\leqslant 15)$，上侧分位点 $x_{0.05}$（即 $P(X\geqslant x_{0.05})=0.05$）、期望与方差、产生 5 个该分布的随机数.

计算指令分别为

```
>> Y = nbinpdf(15,5,0.3)
>> P = nbincdf(15,5,0.3)
>> x005 = nbininv(1-0.05,5,0.3)
>> [M,V] = nbinstat(5,0.3)
>> RND = nbinrnd(5,0.3,1,5)
```

12. 泊松分布 $P(\lambda)$

分布律为

$$P(X=k)=\frac{\lambda^k}{k!}e^{-\lambda},\quad k=0,1,2,\cdots$$

概率分布函数及其调用格式为：

poisspdf 的调用格式为：Y＝poisspdf(X,LAMBDA)，X 可以为单个数值，也可以为向量或矩阵，返回值 Y 的类型与 X 相同，LAMBDA 为泊松分布的参数；

poisscdf 的调用格式为：P＝poisscdf(X,LAMBDA)，参数含义同上；

poissinv 的调用格式为：X＝poissinv(P,LAMBDA)，P 代表指定的概率值，返回值 X 的类型与 P 的类型相同，由于泊松分布为离散型分布，返回值是满足概率大于等于指定概率值 P 的最小整数；

poisstat 的调用格式为：[M,V]＝poisstat(LAMBDA)，返回值 M 代表期望，V 代表方差，值得注意的是该指令并非是“poiss + stat”形式，而少了一个字母“s”；

poissrnd 的调用格式为：R = poissrnd(LAMBDA) 和 R = poissrnd(LAMBDA,M,N,…)，前者的返回值 R 是参数为 LAMBDA 的单个泊松分布随机数，后者的返回值 R 是指定了行数 M 和列数 N 以及更高维维数信息的参数为 LAMBDA 的泊松分布多维随机数矩阵.

例如，对于服从泊松分布 $P(8)$ 的随机变量 X，分别计算下列结果：概率值 $P(X=7)$、累积概率值 $P(X\leqslant 10)$、上侧分位点 $x_{0.05}$（即 $P(X\geqslant x_{0.05})=0.05$）、期望与方差、产生 5 个该分布的随机数.

计算指令分别为

```
>> Y = poisspdf(7,8)
>> P = poisscdf(10,8)
>> x005 = poissinv(1-0.05,8)
>> [M,V] = poisstat(8)
>> R = poissrnd(8,1,5)
```

13. t 分布 $t(n)$

密度函数为

$$f(x)=\frac{\Gamma\left(\frac{n+1}{2}\right)}{\sqrt{n\pi}\,\Gamma\left(\frac{n}{2}\right)}\left(1+\frac{x^2}{n}\right)^{-\frac{n+1}{2}}$$

概率分布函数及其调用格式为：

tpdf 的调用格式为：Y = tpdf(X,V)，X 可以为单个数值，也可以为向量或矩阵，返回值 Y 的类型与 X 相同，V 为 t 分布的自由度参数；

tcdf 的调用格式为：P = tcdf(X,V)，参数含义同上；

tinv 的调用格式为：X = tinv(P,V)，P 代表指定的概率值，返回值 X 的类型与 P 的类型相同；

tstat 的调用格式为：[MN,V] = tstat(NU)，返回值 MN 代表期望，V 代表方差；

trnd 的调用格式为：R = trnd(V) 和 R = trnd(V,M,N,…)，前者的返回值 R 是参数为 V 的单个 t 分布随机数，后者的返回值 R 是指定了行数 M 和列数 N 以及更高维维数信息的参数为 V 的 t 分布多维随机数矩阵.

例如，对于服从 t 分布 $t(10)$ 的随机变量 X，分别计算下列结果：密度函数值 $f(2.5)$、累积概率值 $P(X\leqslant 2.5)$，上侧分位点 $x_{0.05}$（即 $P(X\geqslant x_{0.05})=0.05$）、期望与方差、产生 5 个该分布的随机数.

计算指令分别为

```
>> Y = tpdf(2.5,10)
>> P = tcdf(2.5,10)
>> x005 = tinv(1-0.05,10)
>> [MN,V] = tstat(10)
>> R = trnd(10,1,5)
```

14. 离散型均匀分布

分布律为

$$P(X=k)=\frac{1}{N},\quad k=1,2,3,\cdots,N$$

概率分布函数及其调用格式为：

unidpdf 的调用格式为：Y = unidpdf(X,N)，X 可以为单个数值，也可以为向量或矩阵，返回值 Y 的类型与 X 相同，N 为离散型均匀分布的参数；

unidcdf 的调用格式为：P = unidcdf(X,N)，参数含义同上；

unidinv 的调用格式为：X = unidinv(P,N)，P 代表指定的概率值，返回值 X 的类型与 Y 的类型相同，由于离散型均匀分布为离散型分布，返回值是满足概率大于等于指定概率值 P 的最小整数；

unidstat 的调用格式为：[M,V]= unidstat(N)，返回值 M 代表期望，V 代表方差；

unidrnd 的调用格式为：R＝unidrnd(N) 和 R＝unidrnd(N,MM,NN,…)，前者的返回值 R 是参数为 N 的单个离散型均匀分布随机数，后者的返回值 R 是指定了行数 MM 和列数 NN 以及更高维维数信息的参数为 N 的离散型均匀分布多维随机数矩阵.

例如，对于服从参数为 20 的离散型均匀分布的随机变量 X，分别计算下列结果：概率值 $P(X=15)$、累积概率值 $P(X\leqslant 15)$、上侧分位点 $x_{0.05}$（即 $P(X\geqslant x_{0.05})=0.05$）、期望与方差、产生 5 个该分布的随机数.

计算指令分别为

```
>> Y = unidpdf(15,20)
>> P = unidcdf(15,20)
>> x005 = unidinv(1 - 0.05,20)
>> [M,V] = unidstat(20)
>> R = unidrnd(20,1,5)
```

15. 连续型均匀分布 $U(a,b)$

密度函数为

$$f(x)=\begin{cases}\dfrac{1}{b-a}, & a\leqslant x\leqslant b\\ 0, & x<a,x>b\end{cases}$$

概率分布函数及其调用格式为：

unifpdf 的调用格式为：Y＝unifpdf(X,A,B)，X 可以为单个数值，也可以为向量或矩阵，返回值 Y 的类型与 X 相同，A,B 为连续型均匀分布的参数；

unifcdf 的调用格式为：P＝unifcdf(X,A,B)，参数含义同上；

unifinv 的调用格式为：X＝unifinv(P,A,B)，P 代表指定的概率值，返回值 X 的类型与 P 的类型相同；

unifstat 的调用格式为：[M,V]= unifstat(A,B)，返回值 M 代表期望，V 代表方差；

unifrnd 的调用格式为：R＝unifrnd(A,B) 和 R＝unifrnd(A,B,M,N,…)，前者的返回值 R 是参数为 A,B 的单个连续型均匀分布随机数，后者的返回值 R 是指定了行数 M 和列数 N 以及更高维维数信息的参数为 A,B 的连续性均匀分布多维随机数矩阵.

例如，对于服从连续型均匀分布 $U(1,6)$ 的随机变量 X，分别计算下列结果：密

度函数值 $f(2.5)$、累积概率值 $P(X \leqslant 2.5)$，上侧分位点 $x_{0.05}$（即 $P(X \geqslant x_{0.05}) = 0.05$）、期望与方差、产生 5 个该分布的随机数.

计算指令分别为

```
>> Y = unifpdf(2.5,1,6)
>> P = unifcdf(2.5,1,6)
>> x005 = unifinv(1 - 0.05,1,6)
>> [M,V] = unifstat(1,6)
>> R = unifrnd(1,6,1,5)
```

除了以上介绍的这些分布之外，Matlab 还提供了韦布尔分布(wbl)、非中心 F 分布(ncf)、非中心卡方分布(ncx2)、非中心 t 分布(nct) 等多种概率分布函数，其调用方法与前面所介绍的完全类似，读者可以通过联机帮助查看详细的说明，例如查看韦布尔分布计算密度函数值的帮助信息，可以在 Matlab 的命令窗口键入"help wblpdf"并回车，Matlab 会将该指令的简要介绍直接显示在命令窗口中，如果键入"doc wblpdf"并回车，Matlab 将在专门的帮助窗口显示该指令的详细说明，当然，这些操作的前提是在安装 Matlab 系统时选择了安装帮助文件.

例 8.4 某商店出售某种商品. 根据经验，此商品的月销售量 X 服从 $\lambda = 20$ 的泊松分布. 问在月初进货时要库存多少件此种商品，才能以 99% 的概率不脱销？下个月至少销售此商品 15 件的概率有多大？

解 设月初库存 M 件，按题目要求应有

$$P(X \leqslant M) \geqslant 0.99$$

下个月至少销售 15 件的概率为

$$P(X \geqslant 15) = 1 - P(X \leqslant 14)$$

利用 poissinv 指令和 poisscdf 指令求解结果为

```
>> M = poissinv(0.99,20)
M = 31
>> P = 1 - poisscdf(14,20)
P = 0.8951
```

所以月初的进货量应为 31 件，而下个月至少卖出 15 件的概率为 0.895 1.

例 8.5 假设总体 X 服从正态分布 $N(\mu,\sigma^2)$，从中抽取容量为 16 的一个样本，求以下概率：(1) $P\left(\frac{\sigma^2}{2} \leqslant \frac{1}{n}\sum_{i=1}^{n}(X_i - \mu)^2 \leqslant 2\sigma^2\right)$；(2) $P\left(\frac{\sigma^2}{2} \leqslant \frac{1}{n}\sum_{i=1}^{n}(X_i - \bar{X})^2 \leqslant 2\sigma^2\right)$.

解 由统计抽样定理可知，

$$\frac{1}{\sigma^2}\sum_{i=1}^{n}(X_i - \mu)^2 \sim \chi^2(n)$$

$$\frac{1}{\sigma^2}\sum_{i=1}^{n}(X_i-\overline{X})^2\sim\chi^2(n-1)$$

因此所求概率为

$$p_1=P\left(\frac{\sigma^2}{2}\leqslant\frac{1}{n}\sum_{i=1}^{n}(X_i-\mu)^2\leqslant 2\sigma^2\right)=P\left(8\leqslant\frac{1}{\sigma^2}\sum_{i=1}^{16}(X_i-\mu)^2\leqslant 32\right)=$$
$$P(8\leqslant\chi^2(16)\leqslant 32)=P(\chi^2(16)\leqslant 32)-P(\chi^2(16)\leqslant 8)$$

$$p_2=P\left(\frac{\sigma^2}{2}\leqslant\frac{1}{n}\sum_{i=1}^{n}(X_i-\overline{X})^2\leqslant 2\sigma^2\right)=P\left(8\leqslant\frac{1}{\sigma^2}\sum_{i=1}^{16}(X_i-\overline{X})^2\leqslant 32\right)=$$
$$P(\chi^2(15)\leqslant 32)-P(\chi^2(15)\leqslant 8)$$

利用 chi2cdf 指令进行求解，结果为

```
>> P1 = chi2cdf(32,16) - chi2cdf(8,16)
P1 =
      0.9389
>> P1 = chi2cdf(32,15) - chi2cdf(8,15)
P1 =
      0.9173
```

例 8.6　在同一个坐标系下面画出 $t(5)$，$F(5,5)$，$\chi^2(5)$ 的曲线示意图.

解　相应的 Matlab 程序如下，运行结果如图 8.1 所示.

```
clear
clf
hold on
X = [-10:0.1:10];
YT = tpdf(X,5);
YF = fpdf(X,5,5);
YCHI2 = chi2pdf(X,5);
xlabel('\fontsize{20}x')
ylabel('\fontsize{20}f(x)')
plot(X,YF,'m','LineWidth',2)
text(X(110),YF(110),'\fontsize{20} ← F(5,5)')
plot(X,YCHI2,'g','LineWidth',2)
text(X(150),YCHI2(150),'\fontsize{20} ← X^2(5)')
plot(X,YT,'b','LineWidth',2)
text(X(80),YT(80),'\fontsize{20} ← t(5)')
hold off
```

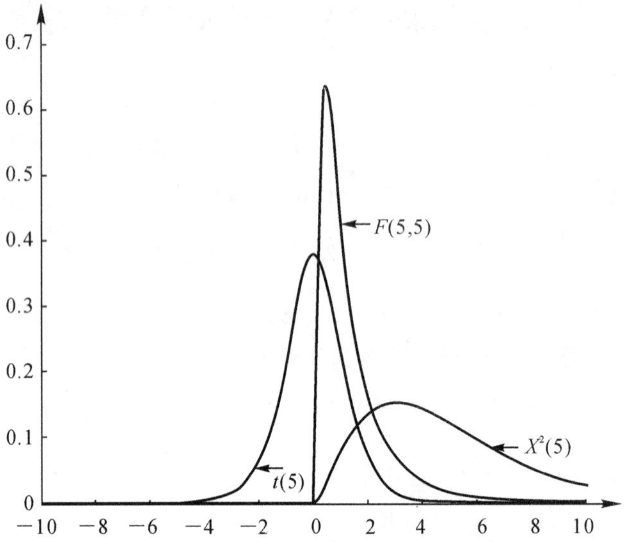

图 8.1　程序运行结果

8.1.2　有关样本的计算

假设 $X_1,\cdots,X_n$ 是来自总体 X 的独立同分布样本，常用的有关样本的计算有：

1. 样本均值

其定义为

$$\overline{X}=\frac{1}{n}\sum_{i=1}^{n}X_i$$

计算样本均值的指令为 mean，调用格式为：mean(X) 和 mean(X,DIM)，其中 X 代表样本向量或者样本矩阵. 如果 X 为向量，则 mean(X) 返回该组向量值的算术平均值；如果 X 为矩阵，则 mean(X) 返回该矩阵按列求算术平均所形成的行向量. 当 X 为矩阵时，DIM＝1，则 mean(X,DIM) 返回该矩阵按列求算术平均所形成的行向量；DIM＝2，则 mean(X,DIM) 返回该矩阵按行求算术平均所形成的列向量.

2. 样本方差

其定义为

$$S^2=\frac{1}{n-1}\sum_{i=1}^{n}(X_i-\overline{X})^2$$

计算样本方差的指令为 var，调用格式为：var(X) 和 var(X,W,DIM)，其中 X 代表样本向量或者样本矩阵. 如果 X 为向量，则 var(X) 返回该组向量值的样本方差,如果X为矩阵,则var(X)返回该矩阵按列求样本方差所形成的行向量. W代表权重向量,W=0意味着计算样本方差时的表达式为$\frac{1}{n-1}\sum_{i=1}^{n}(X_i-\overline{X})^2$;W=1则意味着计算样本方差时的表达式为$\frac{1}{n}\sum_{i=1}^{n}(X_i-\overline{X})^2$. 当X为矩阵时,如果W=0且DIM=1,则var(X,W,DIM)返回该矩阵按列求样本方差所形成的行向量,而W=0且DIM=2,则var(X,W,DIM)返回该矩阵按行求样本方差所形成的列向量.

3. *样本标准差*

其定义为

$$S=\sqrt{S^2}=\sqrt{\frac{1}{n-1}\sum_{i=1}^{n}(X_i-\overline{X})^2}$$

计算样本标准差的指令为std,调用格式为:std(X)和std(X,FLAG,DIM),其中X代表样本向量或者样本矩阵. 如果X为向量,则std(X)返回该组向量值的样本标准差,如果X为矩阵,则std(X)返回该矩阵按列求样本标准差所形成的行向量. FLAG代表标志位,FLAG = 0,则意味着计算样本标准差的表达式为$\sqrt{\frac{1}{n-1}\sum_{i=1}^{n}(X_i-\overline{X})^2}$,而FLAG = 0,则意味着计算样本标准差的表达式为$\sqrt{\frac{1}{n}\sum_{i=1}^{n}(X_i-\overline{X})^2}$. 当X为矩阵时,如果FLAG=0且DIM=1,则std(X,FLAG,DIM)返回该矩阵按列求样本标准差所形成的行向量;而FLAG=0且DIM=2,则std(X,FLAG,DIM)返回该矩阵按行求样本标准差所形成的列向量.

4. *样本的k阶原点矩*

其定义为

$$A_k=\frac{1}{n}\sum_{i=1}^{n}X_i^k,\quad k=1,2,3,\cdots$$

其中一阶原点矩即为样本均值.

Matlab中并未提供直接计算样本k阶原点矩的函数,可以通过mean指令来构造,调用方法为:mean(X.^k),其中的“.^”代表对X向量或矩阵里面的每一个元素进行乘幂操作.

5. *样本的k阶中心矩*

其定义为

$$C_k=\frac{1}{n}\sum_{i=1}^{n}(X_i-\overline{X})^k,\quad k=1,2,3,\cdots$$

不难发现$C_1=0$.

计算样本的 k 阶中心矩的指令为 moment，调用格式为：moment(X, ORDER) 和 moment(X,ORDER,DIM)，其中 X 代表样本向量或者样本矩阵，ORDER 代表阶数. 如果 X 为向量，则 moment(X, ORDER) 返回该组向量值的样本中心矩；如果 X 为矩阵，则 moment(X, ORDER) 返回该矩阵按列求样本中心矩所形成的行向量. 当 X 为矩阵时，DIM＝1，则 moment(X, ORDER,DIM) 返回该矩阵按列求中心矩所形成的行向量；DIM＝2，则 moment(X, ORDER,DIM) 返回该矩阵按行求中心矩所形成的列向量.

6. 次序统计量的计算

假设 $X_1,\cdots,X_n$ 是来自总体 X 的独立同分布样本，$X_{(1)},\cdots,X_{(n)}$ 为相应的次序统计量，其中 $X_{(1)}=\min\{X_1,\cdots,X_n\}$ 称为最小次序统计量，$X_{(n)}=\max\{X_1,\cdots,X_n\}$ 称为最大次序统计量，而 $X_{(n)}-X_{(1)}$ 称为极差，$X_{(\frac{n+1}{2})}$ 或 $\frac{1}{2}(X_{(\frac{n}{2})}+X_{(\frac{n}{2}+1)})$ 称为中位数（如果 n 是奇数则为前者，n 是偶数则为后者）.

求最小次序统计量的指令为 min，调用格式为：min(X)，其中 X 代表样本向量或者样本矩阵，如果 X 为矩阵，则可利用 min(X,[],1) 来按列求最小次序统计量，利用 min(X,[],2) 来按行求最小次序统计量.

求最大次序统计量的指令为 max，调用格式为：max(X)，其中 X 代表样本向量或者样本矩阵，如果 X 为矩阵，则可利用 max (X,[],1) 来按列求最大次序统计量，利用 max (X,[],2) 来按行求最大次序统计量.

计算极差的指令为 range，调用格式为：range(X) 和 range(X,DIM)，其中 X 代表样本向量或者样本矩阵. 如果 X 为矩阵，DIM＝1，则 range(X,DIM) 返回按列求极差的结果，DIM＝2，则返回按行求极差的结果.

利用 sort 指令可以对样本值进行从小到大排序，调用格式为：sort(X). 如果 X 为矩阵，则可利用 sort(X,1) 对其进行按列排序，利用 sort(X,2) 对其进行按行排序.

计算中位数的指令为 median，调用格式为：median(X) 和 median(X,DIM)，其中，X 代表样本向量或者样本矩阵. 如果 X 为矩阵，median(X,1) 返回按列求中位数的结果，median(X,2) 返回按行求中位数的结果.

7. 样本相关系数

假设 $(X_1,Y_1),\cdots,(X_n,Y_n)$ 为来自于二维总体 (X,Y) 的样本，样本相关系数的定义为

$$R=\frac{\sum_{i=1}^{n}(X_i-\overline{X})(Y_i-\overline{Y})}{\sqrt{\sum_{i=1}^{n}(X_i-\overline{X})^2}\sqrt{\sum_{i=1}^{n}(Y_i-\overline{Y})^2}}$$

计算样本相关系数的指令为 corrcoef，调用格式为：corrcoef(X) 和 corrcoef(X,Y). 如果将样本值存储在一个 n 行 2 列的矩阵中，每一行代表一组观测值，每一列代表同一个变量的观测值，则可利用 corrcoef(X) 来计算样本相关系数. 如果将两个变量的观测值分别存储到列向量 X 和 Y 中，则可使用 corrcoef(X,Y) 来计算样本相关系数. corrcoef 的返回结果是一个对称矩阵，主对角线上的元素为 1，其他元素为相关系数的值.

8. 频数表

对于存储为向量的样本值 X，Matlab 提供了 tabulate 指令来统计每一个样本值的频数，调用格式为 tabulate(X)，其中 X 可以是行向量，也可以是列向量.

除了上述指令之外，Matlab 还提供了计算几何均值的指令 geomean、计算调和均值的指令 harmmean、计算均值绝对差的指令 mad、计算内四分位数间距的指令 iqr、计算结尾均值的指令 trimmean、计算峰度的指令 kurtosis、计算偏度的指令 skewness、计算百分位数的指令 prctile、计算协方差矩阵的指令 cov 以及包含缺失值的统计量计算指令等很多指令，详细信息可以通过命令手册或联机帮助获得，此处不再赘述.

例 8.7　已知一组容量为 60 的样本数据如下：

152.2	156.9	157.3	160.9	159.5
160.4	158.5	154.2	155.1	156.9
159.1	151.6	162.3	160.4	152.9
156.1	160.4	162.7	156.3	160.1
149.1	154.2	156.5	159.9	159.9
156.1	157.7	152.5	157.7	155.0
155.5	155.5	165.5	155.1	155.7
163.8	154.8	152.9	160.9	152.6
155.5	161.9	158.3	155.2	162.8
148.6	160.2	152.0	160.7	156.5
153.5	153.6	164.7	151.8	152.5
154.9	154.7	148.1	160.2	165.5

试计算该组样本的样本均值、样本方差、样本标准差、样本的 4 阶原点矩、样本的 3 阶中心矩、最小次序统计量、最大次序统计量、中位数、极差等统计量的值，并列出样本的频数统计表.

解　由于样本容量较大，直接在 Matlab 中定义向量或矩阵并不方便，所以首先将样本数据存储到名为 data0.txt 的文本文档中，并将该文档置于 Matlab 的当前工作路径下，利用 load 指令将数据读入到矩阵 X 中，然后再利用上面介绍过的

指令来计算相关的统计量.具体的程序如下:

```
A=load('data0.txt');
X=A(:).';                %把矩阵转换为行向量
avg=mean(X)              %求样本均值
VAR=var(X)               %计算样本方差
STD=std(X)               %计算样本标准差
A4=mean(X.^4)            %计算 4 阶原点矩
C3=moment(X,3)           %计算 3 阶中心矩
X1=min(X)                %计算最小次序统计量
Xn=max(X)                %计算最大次序统计量
R=range(X)               %计算极差
M=median(X)              %计算中位数
tab=tabulate(X)          %列出频数统计表
```

运行结果如下:

```
avg =156.9317
VAR =16.9290
STD =4.1145
A4 =6.0898e+08
C3 =6.3927
X1 =148.1000
Xn =165.5000
R =17.4000
M =156.4000
tab =
    148.1000    1.0000    1.6667
    148.6000    1.0000    1.6667
    149.1000    1.0000    1.6667
    151.6000    1.0000    1.6667
    151.8000    1.0000    1.6667
    152.0000    1.0000    1.6667
    152.2000    1.0000    1.6667
    152.5000    2.0000    3.3333
    152.6000    1.0000    1.6667
    152.9000    2.0000    3.3333
    153.5000    1.0000    1.6667
```

……

由于最后的频数统计表内容较多，此处仅列出部分结果. 频数统计表的第一列为样本值(输出结果自动按从小到大排列)，第二列为样本值出现的频数，第三列为样本值出现的频率(百分比).

例 8.8　已知二维总体(X,Y)的样本见表 8.1，试计算样本相关系数.

表　8.1

X	5	9	15	12	5	0	2	11	7	14
Y	15	20	20	15	15	13	17	0	19	18

解　利用 corrcoef 指令即可，结果如下：

```
>> X=[5 9151250211714]';
>> Y=[15 20201515131701918]';
>> R=corrcoef(X,Y)
R =
     1.0000     0.0489
     0.0489     1.0000
```

从结果可以看出，样本相关系数为 0.048 9.

8.1.3　散点图、频率直方图和经验分布函数图

在 Matlab 中，可以利用 plot 指令画散点图，例如 X 和 Y 的数据见表 8.2.

表　8.2

X	1.5	1.2	1.7	1.4	1.8	1.3	1.3	1.5	1.7	1.3	1.5	1.5	1.6	1.4	1.6	1.5	1.4	1.4
Y	25	4	30	20	36	7	5	24	33	4	17	24	25	6	26	24	20	9

绘制 X,Y 散点图的指令为

```
X=[1.5  1.2  1.7  1.4  1.8  1.3  1.3  1.5  1.7  1.3  1.5  1.5
1.6  1.4  1.6  1.5  1.4  1.4];
Y=[25  4  30  20  36  7  5  24  33  4  17  24  25  6  26  24  20  9];
plot(X,Y,'.')   %参数'.'用于指定图形中使用实心点来画图
```

绘制出的散点图如图 8.2 所示.

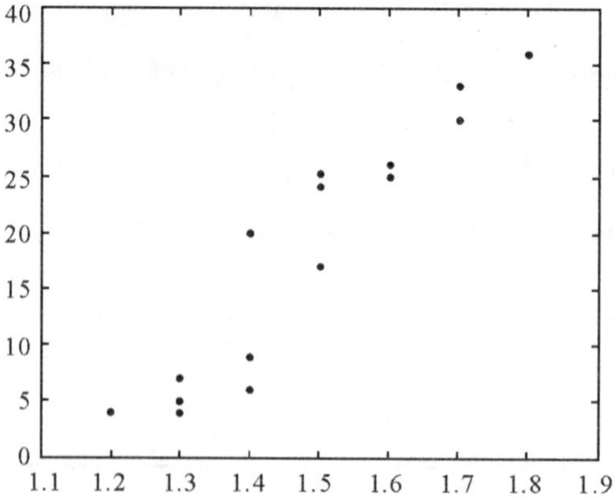

图 8.2　散点图绘制实例

对于给定的样本数据，首先要决定分组数，然后根据分组数来统计样本值落入每组的频数，再用频数除以样本容量获得样本数据落入每组的频率，然后根据分组情况和频率值即可绘制频率直方图，例如，对于例 8.7 所给的数据，绘制频率直方图的程序如下：

```
clear
A=load('data0.txt');                          %读入数据,并将数据赋给矩阵 A
X=A(:);                                       %将 A 拉直为向量,并将结果赋给 X
[ni,ak]=hist(X,7)                             %假设分组数为 7,用 hist 指令统计落入每组的
                                                频数,输出值 ni 为频数,ak 为每组的组中值
fi=ni/length(X);                              %用 fi 表示每组的频率
h=bar(ak,fi,1)                                %画出频率直方图,并将图形句柄赋给 h
set(h,'FaceColor','c','EdgeColor','b')        %对图形进行修饰,设置填充颜色和边界颜色
```

上述程序运行结果如图 8.3 所示.

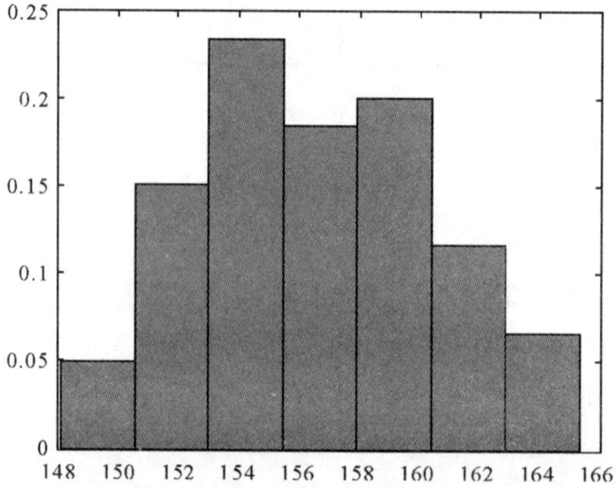

图 8.3　利用例 8.7 的数据绘制的频率直方图

实际上,用 hist 指令也可以绘制直方图,但是 hist 指令绘制的直方图是用频数作为高度值的,所以此处选择了 bar 指令来绘制频率直方图.

从格里汶科定理可以看出,经验分布函数对于统计推断有着重要意义,在 Matlab 可以使用 cdfplot 指令来绘制经验分布函数图,以例 8.7 提供的样本数据为例,绘制经验分布函数图的程序如下:

```
clear
A=load('data0.txt');
X=A(:);
[h,stats]=cdfplot(X)    %h代表图形句柄,stats为一些统计量的结果
```

运行后的输出结果为

```
h =
  174.0511
stats =
         min: 148.1000
         max: 165.5000
        mean: 156.9317
      median: 156.4000
         std: 4.1145
```

绘制出的经验分布函数图如图 8.4 所示.

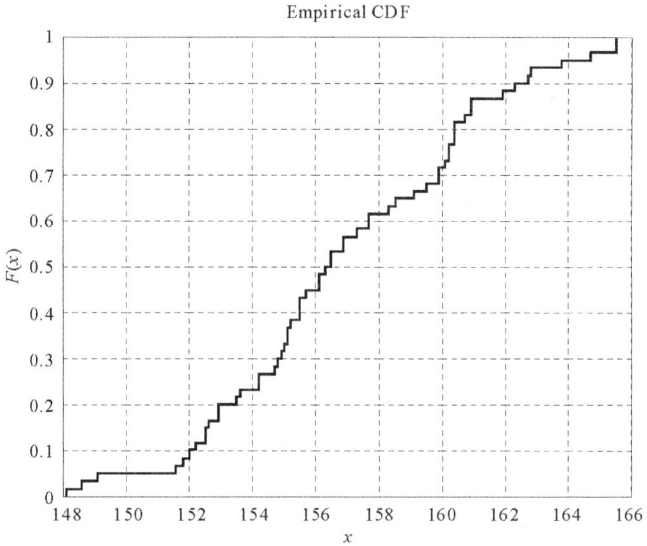

图 8.4　例 8.7 样本数据的经验分布函数图

8.1.4 参数估计

参数估计分为点估计和区间估计，利用 Matlab 进行参数估计可以分为两种方法，一种是根据估计理论找到估计的表达式，然后利用 8.1.1 节和 8.1.2 节中提到的指令计算出所需的分位点和统计量的值，代入到估计表达式中求出结果；另一种方法是利用 Matlab 提供的参数估计函数直接进行估计.

例 8.9 对某种混凝土的抗压强度进行抽样试验，得到样本值如下（单位：kg/cm^2）：

1939，1697，3030，2424，2020，2909，1815，2020，2310

试求总体均值 μ 与总体方差 σ^2 的矩估计值，并求样本方差 s^2.

解 根据矩估计的理论，总体均值 μ 的估计量为样本均值，而总体方差的估计量为样本的二阶中心距，求解指令与结果为

```
>> X=[1939, 1697, 3030, 2424, 2020, 2909, 1815, 2020, 2310]
X = 1939   1697   3030   2424   2020   2909   1815   2020   2310
>> muest=mean(X)
muest =2.2404e+03
>> sigma2est=moment(X,2)
sigma2est =1.9703e+05
>> s2=var(X)
s2 =2.2166e+05
```

例 8.10 已知某种白炽灯泡的使用寿命服从正态分布，其分布参数均未知. 在某个星期所生产的这种灯泡中随机抽取 10 只，测得其寿命（单位：h）为

1 067，919，1196，785，1126，936，918，1 156，920，948

(1)试用最大似然估计法估计这个星期生产的灯泡中能使用 1 300 h 以上的概率；

(2)在置信度为 0.95 的情况下，估计这批灯泡寿命均值和标准差的置信区间.

解 根据最大似然估计的理论可得，总体均值的估计量为样本均值，总体方差的估计量为样本二阶中心距，因此所求概率的为

```
>> X=[1067, 919, 1196, 785, 1126, 936, 918, 1156, 920, 948]
X =1067   919   1196   785   1126   936   918   1156   920   948
>> muest=mean(X)
muest =997.1000
>> sigmaest=sqrt(moment(X,2))
sigmaest =124.7970
>> P=1-normcdf(1300,muest,sigmaest)
```

P = 0.0076

根据正态总体的区间估计理论，总体方差未知情况下均值的置信区间为

$$\left(\overline{X} \pm t_{\frac{\alpha}{2}}(n-1)\frac{S}{\sqrt{n}}\right)$$

总体标准差的置信区间为

$$\left(\sqrt{\frac{(n-1)S^2}{\chi^2_{\frac{\alpha}{2}}(n-1)}},\sqrt{\frac{(n-1)S^2}{\chi^2_{1-\frac{\alpha}{2}}(n-1)}}\right)$$

求解过程和结果为

```
>> X=[1067, 919, 1196, 785, 1126, 936, 918, 1156, 920, 948];
>> xavg=mean(X);
>> t0025=tinv(0.975,9);
>> s=std(X);
>> mul=xavg-t0025 * s/sqrt(10)
mul =902.9965
>> muh=xavg+t0025 * s/sqrt(10)
muh = 1.0912e+03
>> chi20025=chi2inv(0.975,9);
>> chi20975=chi2inv(0.025,9);
>> sigmal=sqrt(9 * s^2/chi20025)
sigmal =90.4831
>> sigmah=sqrt(9 * s^2/chi20975)
sigmah =240.1546
```

总体均值的置信区间为(902.996 5,1.091 2e+3)，标准差的置信区间为(90.483 1,240.154 6).

除了以上两个例子中用到的结合估计理论和统计量计算指令的估计方法外，Matlab 还提供了通用的最大似然估计函数 mle，以及通过"分布名+fit"方式调用的指令.

mle 函数的使用非常灵活，常用的调用格式为

[phat,pci]=mle(data, 'dist', dist, 'alpha', alpha)

说明：data 代表样本数据向量；dist 用于指明对何种分布进行最大似然估计，取值包括：'beta' 'bernoulli' 'binomial' 'discreteuniform' or 'unid' 'exponential' 'gamma' 'geometric' 'lognormal' 'negativebinomial' or 'nbin' 'normal' 'poisson' 'rayleigh' 'uniform' 'weibull' 'wbl' 等，缺省状态下 dist 为正态分布；alpha 代表区间估计中的 α 值，缺省状态下 alpha 的取值为 0.05；返回值 phat 代表的是该分布的参数估计向量；返回值 pci 代表该分布的参数区间估计结果矩阵，该矩阵有两

行，pci 的每一列代表一个参数的区间估计下限和上限的值，其次序与 phat 的次序一致，该次序可以参考 8.1.1 节中有关概率分布计算的指令.

如果对二项分布进行估计，则调用格式为：

[phat,pci]=mle(X, 'dist', 'binomial', 'alpha', alpha, 'ntrials', n)

参数 n 用于指明二项分布的总试验次数.

利用"分布名+fit"形式的函数也可以进行点估计和区间估计，这些函数使用的也是最大似然估计方法，一般情况下，这些函数计算的结果和 mle 函数计算的结果是一致的，只有正态分布的结果稍有不同. 常用的"分布名+fit"的调用格式有以下几种，其中返回值"*HAT"均指相应的参数估计值，返回值"*CI"均指置信区间估计结果，X 均指样本数据向量，alpha 值可缺省，缺省状态下的 alpha 取值均为 0.05.

(1)二项分布的估计.

调用格式为[PHAT, PCI] = binofit(X,N, alpha)

(2)泊松分布的估计.

调用格式为[LAMBDAHAT, LAMBDACI] = poissfit(X, alpha)

(3)正态分布的估计.

调用格式为[MUHAT,SIGMAHAT,MUCI,SIGMACI] = normfit(X, alpha)

(4)β 分布的估计.

调用格式为[PHAT, PCI] = betafit(X,ALPHA)

(5)指数分布的估计.

调用格式为[PARMHAT,PARMCI] = expfit(X, alpha)

(6)均匀分布的估计.

调用格式为[AHAT,BHAT,ACI,BCI] = unifit(X, alpha)

(7)Γ 分布的估计.

调用格式为[PARMHAT,PARMCI] = gamfit(X, alpha)

(8)韦布尔分布的估计.

调用格式为[PARMHAT,PARMCI] = wblfit(X, alpha)

(9)对数正态分布的估计.

调用格式为[PARMHAT,PARMCI] = lognfit(X, alpha)

(10)负二项分布的估计.

调用格式为[PARMHAT, PARMCI] = nbinfit(X, alpha)

(11)瑞利分布的估计.

调用格式为[PHAT, PCI] = raylfit(X, alpha)

例 8.11 测得一批钢件 20 个样品的屈服点为(单位:t/cm^2)

4.98，　5.11，　5.20，　5.20，　5.11，　5.00，　5.61，　4.88，　5.27，　5.38
5.46，　5.27，　5.23，　4.96，　5.35，　5.15，　5.35，　4.77，　5.38，　5.54

设钢件屈服点服从正态分布，试求其均值 μ 和标准差 σ 的置信度为 0.95 的置信区间.

解　利用 mle 指令求解的程序和运行结果为

```
X=[4.98,5.11,5.20,5.20,5.11,5.00,5.61,4.88,5.27,5.38, …,
5.46,5.27,5.23,4.96,5.35,5.15,5.35,4.77,5.38,5.54];
[phat,pci]=mle(X,'dist','normal','alpha',0.05)
phat = 5.2100      0.2147
pci =
    5.1069      0.1675
    5.3131      0.3217
```

从运行结果可以看出，μ 的估计值为 5.2100，置信区间为(5.1069,5.3131)，σ 的估计值为 0.2147，置信区间为(0.1675,0.3217).

利用 normfit 指令求解的程序和运行结果为

```
X=[4.98,5.11,5.20,5.20,5.11,5.00,5.61,4.88,5.27,5.38, …,
5.46,5.27,5.23,4.96,5.35,5.15,5.35,4.77,5.38,5.54];
[MUHAT,SIGMAHAT,MUCI,SIGMACI] = normfit(X, 0.05)
MUHAT = 5.2100
SIGMAHAT = 0.2203
MUCI =
    5.1069
    5.3131
SIGMACI =
    0.1675
    0.3217
```

从运行结果中可以看出，normfit 指令和 mle 指令求解的 μ 的估计值、μ 的置信区间以及 σ 的置信区间是相同的，但是 σ 的估计值却不同，这是因为 mle 指令给出的 σ 的估计值是样本二阶中心距的平方根，这个结果与最大似然估计的理论结果是一致的，而 normfit 指令给出的 σ 的估计值是样本标准差.

例 8.12　已知下列数据来自于泊松分布的总体，求该总体参数 λ 的最大似然估计值和置信度为 0.9 的置信区间.

7　2　7　4　5　4　7　4　7　1

解　分别使用 mle 函数和 poissfit 函数进行计算，程序和结果如下：

```
X=[7,2,7,4,5,4,7,4,7,1];
[phat pci]=mle(X,'dist','poisson','alpha',0.05)
```

```
[lambdaest,lambdaci]=poissfit(X,0.05)
phat = 4.8000
pci =
    3.7200
    6.1054
lambdaest = 4.8000
lambdaci =
    3.7200
    6.1054
```

这两种指令的计算结果是一致的.

8.1.5 参数的假设检验

在参数的假设检验问题中,对于提出的假设 H_0,一方面可以根据检验统计量 T 的观测值 t 与临界值 c 比较大小的结果来决定是否拒绝 H_0,另一方面也可以通过检验的 p 值与显著水平 α 比较大小的结果来决定是否拒绝 H_0. 这两种方法在本质上没有差别,但是由于 p 值方法具有更多的优点和更大的灵活性,所以在实际的检验工作中,往往要给出检验的 p 值结果. 下面给出检验的 p 值的计算方法.

设一个检验问题的原假设为 H_0,检验统计量为 T,检验统计量的观测值为 t,检验的临界值为 c,H_0 的拒绝域为 W.

(1) 当 W 为 $W=\{T:T\geqslant c\}$ 的形式时,则 $p=P(T\geqslant t\mid H_0 \text{ is true})$

(2) 当 W 为 $W=\{T:T\leqslant c\}$ 的形式时,则 $p=P(T\leqslant t\mid H_0 \text{ is true})$

(3) 当 W 为 $W=\{T:T\leqslant c_1 \quad \text{or} \quad T\geqslant c_2\}$ 的形式时,如果 t 值偏小(偏左取值),则 $p=2P(T\leqslant t\mid H_0 \text{ is true})$;如果 t 值偏大(偏右取值),则 $p=2P(T\geqslant t\mid H_0 \text{ is true})$;

对于给定的显著水平 α,如果 $p>\alpha$,则接受原假设 H_0,并且 p 值比显著水平 α 大得越多,对原假设 H_0 接受意愿就越强,如果 $p\leqslant\alpha$,则拒绝原假设 H_0.

利用 Matlab 进行假设检验,可以根据检验理论,先计算出检验统计量的值和分位点的值,然后通过比较二者的大小来做出选择,对于正态总体,还可以直接使用 Matlab 提供的一些检验函数来进行检验. Matlab 提供的正态总体检验函数主要有以下几个:

(1)ztest,用于总体方差已知的均值检验,调用格式主要有:

H = ztest(X,M,SIGMA,ALPHA)

H = ztest(X,M,SIGMA,ALPHA,TAIL)

[H,P,CI,ZVAL] = ztest(X,M,SIGMA,ALPHA,TAIL)

说明:X 为样本数据向量;M 为待检验的均值数值;SIGMA 为总体标准差;

ALPHA 为显著水平，ALPHA 可以省略，缺省值为 0.05；TAIL 为检验尾数参数，是字符型参量，取值有'both''right'和'left'三种，'both'代表双侧检验，即备择假设为均值不等于 M，'right'代表右侧检验，即备择假设为均值大于 M，'left'代表左侧检验，即备择假设为均值大于 M，TAIL 参数可以省略，缺省状态为双侧检验；返回值 H 代表检验结果，H=0 代表接受原假设，H=1 代表拒绝原假设；P 代表检验的 p 值；CI 代表总体均值的置信区间；ZVAL 代表检验统计量的值.

(2)ttest，用于总体方差未知的均值检验(包括配对样本检验)，调用格式主要有：

```
H =ttest(X,M, ALPHA)
H =ttest(X,M, ALPHA,TAIL)
[H,P,CI,STATS] = ttest(X,M, ALPHA,TAIL)
H =ttest(X,Y, M, ALPHA)
H =ttest(X, Y, M, ALPHA,TAIL)
[H,P,CI,STATS] = ttest(X, Y, M, ALPHA,TAIL)
```

说明：ttest 的参数含义与 ztest 基本一致. M 可以省略，缺省状态为 M=0；同时带有 X，Y 的代表配对样本检验. 返回值 STATS 代表检验统计量及其自由度和标准差等信息.

(3)vartest，用于单个正态总体方差的检验，调用格式主要有：

```
H = vartest(X,V,ALPHA)
H = vartest(X,V,ALPHA,TAIL)
[H,P,CI,STATS] = vartest(X,V,ALPHA,TAIL)
```

说明：X，ALPHA 和 TAIL 的含义与 ztest 中的相同，ALPHA 和 TAIL 同样可以省略；V 代表待检验的方差值；返回值 STATS 代表检验统计量及其自由度等信息.

(4)vartest2，用于双正态总体方差比的检验，调用格式主要有：

```
H = vartest2(X,Y,ALPHA)
H = vartest2(X,Y,ALPHA,TAIL)
[H,P,CI,STATS] = vartest2(X,Y,ALPHA,TAIL)
```

说明：该检验的原假设是两个总体的方差相等；X，Y 分别代表两个总体的样本数据向量；ALPHA 和 TAIL 的含义与 ztest 中的相同，ALPHA 和 TAIL 同样可以省略，TAIL 取值为'right'代表右侧检验，即备择假设为 X 总体方差大于 Y 总体方差，'left'代表左侧检验，即备择假设为 X 总体方差小于 Y 总体方差. 返回值的含义与 ttest 相同.

(5)ttest2，用于双正态总体均值的检验，调用格式主要有：

```
H = ttest2(X,Y,ALPHA)
H = ttest2(X,Y,ALPHA,TAIL)
H = ttest2(X,Y,ALPHA,TAIL,VARTYPE)
[H,P,CI,STATS] = ttest2(X,Y,ALPHA,TAIL)
[H,P,CI,STATS] = ttest2(X,Y,ALPHA,TAIL,VARTYPE)
```

说明:该检验的原假设是两个总体的均值相等;X,Y 分别代表两个总体的样本数据向量;ALPHA 和 TAIL 的含义与 ztest 中的相同,ALPHA 和 TAIL 同样可以省略,TAIL 取值为'right'代表右侧检验,即备择假设为 X 总体均值大于 Y 总体均值,'left'代表左侧检验,即备择假设为 X 总体均值小于 Y 总体均值. VARTYPE 代表总体方差假设类型,该参数取值为字符型,取值有'equal'和'unequal'两种,前者代表等方差假设,后者代表异方差假设,VARTYPE 可以省略,缺省状态为等方差假设. 对于返回值 STATS 所包含的标准差,如果是等方差假设,则该标准差代表两个总体共同的标准差估计值,如果是异方差假设,则分别给出两个总体的标准差估计值.

例 8.13 某食品厂生产一种食品罐头,每罐食品的标准质量为 500g. 今从刚生产的一批罐头中随机抽取 10 罐,称得其质量为(单位:g)

495　510　505　498　503　492　502　512　497　506

假定罐头重量服从正态分布,问这批罐头的平均质量是否合乎标准? 能否认为这批罐头质量的方差为 40? 显著水平取 0.05.

解 这两个问题分别可以使用 ttest 和 vartest 来进行检验,检验程序和结果为

```
X=[495  510  505  498  503  492  502  512  497  506];
[H1,P1,CI1,STATS1] = ttest(X,500, 0.05,'both')
[H2,P2,CI2,STATS2] = vartest(X,40,0.05,'both')
H1 = 0
P1 = 0.3558
CI1 = 497.3517  506.6483
STATS1 =
    tstat: 0.9733
       df: 9
       sd: 6.4979
H2 = 0
P2 = 0.7849
CI2 = 19.9761  140.7204
STATS2 =
```

```
    chisqstat: 9.5000
           df: 9
```

从结果可以看出，H1 和 H2 均为 0，P1 和 P2 都远大于 0.05，因此比较认同这批罐头的平均质量符合标准，并且方差为 40.

实际上，也可以根据前面提到的检验 p 值计算方法的原理直接计算 P1 和 P2，程序如下：

```
X=[495   510   505   498   503   492   502   512   497   506];
avg=mean(X);
sd=std(X);
va=var(X);
n=length(X);
t1=abs((avg-500)*sqrt(n)/sd);
P1=2*(1-tcdf(t1,n-1));
t2=(n-1)*va/40;
p=min([chi2cdf(t2,n-1),1-chi2cdf(t2,n-1)]);
P2=2*p;
P1
P2
```

运行结果为

```
P1 = 0.3558
P2 = 0.7849
```

例 8.14　甲乙两台车床加工同一规格的零件，从加工的零件中各抽出若干件，测量其尺寸(单位:cm)为

甲：20.5　19.8　19.7　20.4　20.1　20.0　19.0　19.9

乙：19.7　20.8　20.5　19.8　19.4　20.6　19.2

假定两台车床加工的零件尺寸都服从正态分布. 问两台车床加工零件的平均尺寸有无显著差异？显著水平取 0.05.

解　此问题属于双正态总体均值检验，但总体方差是否相等未知，此时应该先用 vartest2 检验两总体方差是否相等，然后根据方差的检验结果再进行均值检验. 两总体方差的检验程序和结果为

```
X=[20.5   19.8   19.7   20.4   20.1   20.0   19.0   19.9];
Y=[19.7   20.8   20.5   19.8   19.4   20.6   19.2];
[H1,P1,CI1,STATS1] = vartest2(X,Y,0.05,'both')
H1 = 0
P1 = 0.4462
CI1 = 0.0958    2.7928
```

```
STATS1 =
    fstat: 0.5456
      df1: 7
      df2: 6
```

由 H1 和 P1 的值可以看出,两个总体的方差可以认为是相等的,接下来进行均值检验,指令和结果为

```
[H2,P2,CI2,STATS2] = ttest2(X,Y,0.05,'both','equal')
H2 = 0
P2 = 0.7954
CI2 = -0.6870      0.5370
STATS2 =
    tstat: -0.2647
       df: 13
       sd: 0.5474
```

从 H2 和 P2 的值可以看出,两台车床加工零件的平均尺寸无显著差异.

例 8.15 某盐业公司用机器包装食盐,按规定每袋标准质量为 1kg,标准差不得超过 0.02kg.某日开工后,为了检查机器工作是否正常,从装好的食盐中抽取 9 袋,称得其质量(单位:kg)为

0.994 1.014 1.020 0.950 1.030 0.968 0.976 1.048 0.982

假定食盐的袋装质量服从正态分布,问当日机器工作是否正常?显著水平为 0.05.

解 根据题目所问应设置原假设和备择假设为

$$H_0:\sigma^2\leqslant 0.02^2,\quad H_1:\sigma^2>0.02^2$$

检验程序和结果为

```
X=[0.994  1.014  1.020  0.950  1.030  0.968  0.976  1.048  0.982];
[H,P,CI,STATS] = vartest(X,0.02^2,0.05,'right')
H = 1
P = 0.0084
CI =
   1.0e-03           *
    0.5303          Inf
STATS =
    chisqstat: 20.5600
           df: 8
```

从 H 和 P 的值可以看出,应拒绝原假设,即认为当日机器工作不正常.

8.1.6　方差分析

Matlab 中提供的单因素方差分析函数为 anova1,对于每个水平下试验数据个数相同(即均衡试验)的情况,单因素方差分析的常用格式为

[P,ANOVATAB,STATS] = anova1(X)

其中 X 代表试验数据矩阵,X 的每一列代表同一个水平下的数据;返回值 P 代表方差分析中检验的 p 值;返回值 ANOVATAB 代表方差分析表;返回值 STATS 包含了每个水平下的数据个数、均值、误差平方和的自由度,以及模型标准差的估计值等信息.

对于每个水平下试验数据个数不同(即非均衡试验)的情况,单因素方差分析有两种常用的格式,一种格式为

[P,ANOVATAB,STATS] = anova1(X, GROUP)

其中,X 代表试验数据向量,X 是由每个水平的数据依次排列形成的;GROUP 代表 X 的分组情况,GROUP 是与 X 维数相同的向量,假设因素有两个水平,第一个水平试验次数为 5,第二个水平试验次数为 3,则 GROUP 为向量(1,1,1,1,1,2,2,2),前 5 个“1”表明 X 的前 5 个值为第一个水平的数据,后 3 个“2”表明 X 的后 3 个数据时第二个水平的数据;返回值的含义与前同.

另一种格式为

[P,ANOVATAB,STATS] = anova1(X)

其中,X 代表试验数据矩阵,X 的每一列代表同一个水平下的数据,矩阵的列数为因素的水平个数,而矩阵的行数为所有水平下数据个数的最大值,对于那些数据量不足 X 行数的水平下的数据,用“NaN”补齐即可;返回值的含义与前同.

无重复试验的双因素方差分析指令为 anova2,常用的调用格式为

[P,TABLE,STATS] = anova2(X)

其中,X 代表试验数据矩阵;返回值 P 代表方差分析中检验的 p 值向量,其第一分量为 X 的列所代表的因素的检验 p 值,第二分量为 X 的行所代表的因素的检验 p 值;返回值 TABLE 代表方差分析表;返回值 STATS 包含了模型标准差的估计值、列水平的均值向量、列数、行水平的均值向量、行数、是否有交互作用、交互总用的 p 值,以及误差平方和的自由度等信息.

有重复试验的双因素方差分析指令也是 anova2,常用的调用格式为

[P,TABLE,STATS] = anova2(X, REPS)

其中,X 代表试验数据矩阵,REPS 代表试验的重复次数,例如 A 因素有 2 个水平,B 因素有 3 个水平,每种水平搭配下的试验次数为 2,相应的试验数据在 X 中的存储方式如图 8.5 所示;返回值 P 代表方差分析中检验的 p 值向量,其第一分量为 X

的列所代表的因素的检验 p 值，第二分量为 X 的行所代表的因素的检验 p 值，第三分量为交互作用的检验 p 值；其他返回值的含义与无重复试验双因素方差分析指令的返回值含义相同.

$$\begin{array}{cc} A=1 & A=2 \end{array}$$
$$\begin{bmatrix} x_{111} & x_{121} \\ x_{112} & x_{122} \\ x_{211} & x_{221} \\ x_{212} & x_{222} \\ x_{311} & x_{321} \\ x_{312} & x_{322} \end{bmatrix} \begin{matrix} \left.\begin{matrix} \\ \\ \end{matrix}\right\} B=1 \\ \left.\begin{matrix} \\ \\ \end{matrix}\right\} B=2 \\ \left.\begin{matrix} \\ \\ \end{matrix}\right\} B=3 \end{matrix}$$

图 8.5　有重复试验方差分析的试验数据存储结构

下面分别举例说明 Matlab 中方差分析指令的用法.

例 8.16　3 台机器制造同一种产品，记录 5 天的产量见表 8.3.

表　8.3

机　器	产　量				
Ⅰ	138	144	135	149	143
Ⅱ	163	148	152	146	157
Ⅲ	155	144	159	147	153

试分析这 3 台机器的日产量有无显著差异？

解　这是一个均衡试验的方差分析问题，利用 anova 指令进行分析，过程和结果如下：

```
>> X=[138,163,155;144,148,144;135,152,159;149,146,147;143,157,153];
%X 中的每一列代表同一台机器的产量
>> [P,ANOVATAB,STATS] = anova1(X)
P = 0.0263
ANOVATAB =
    'Source'    'SS'         'df'    'MS'         'F'         'Prob>F'
    'Columns'   [380.9333]   [ 2]    [190.4667]   [5.0035]    [0.0263]
    'Error'     [456.8000]   [12]    [ 38.0667]   []          []
    'Total'     [837.7333]   [14]    []           []          []
STATS =
    gnames: [3x1 char]
         n: [5 5 5]
```

source：‘anova1’
means：[141.8000 153.2000 151.6000]
df：12
s：6.1698

从结果中可以看出，P 值介于 0.01 和 0.05 之间，说明 3 台机器的日产量有显著差异. ANOVATAB 列出了详细的方差分析的结果. STATS 中的 means 列出了每台机器的日产量均值，df 为误差平方和的自由度，s 为模型标准差的估计值. anova 指令运行后除了在命令窗口给出上面的结果之外，还会弹出图像窗口显示方差分析表和 box 图，分别如图 8.6 和图 8.7 所示. 图 8.6 所示的内容与 ANOVATAB 是一致的. 如图 8.7 所示也显示出产量差异是显著的.

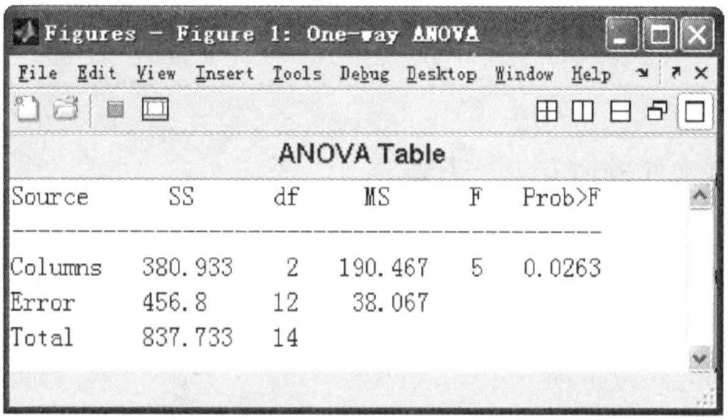

Source	SS	df	MS	F	Prob>F
Columns	380.933	2	190.467	5	0.0263
Error	456.8	12	38.067		
Total	837.733	14			

图 8.6　图像窗口显示的例 8.16 的方差分析表

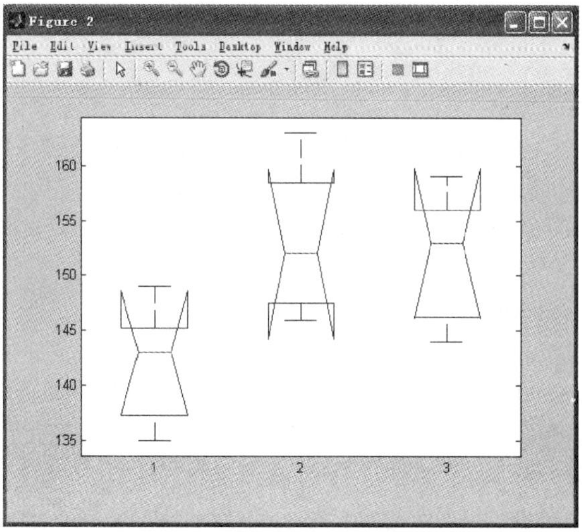

图 8.7　例 8.16 的 box 图

如果不想使方差分析指令的运行结果中包含图 8.6 和图 8.7 的内容,可以使用以下指令

[P,ANOVATAB,STATS] = anova1(X,[],'off')

例 8.17 某厂家用 4 种不同的配料方案制作灯丝,并用这些灯丝生产了 4 种灯泡,从每种灯泡中随机抽取了若干个,测得寿命数据如下(单位:h),见表 8.4.

表 8.4 单位:h

灯泡种类	使用寿命							
A1	1 600	1 610	1 650	1 680	1 700	1 720	1 800	
A2	1 580	1 640	1 640	1 700	1 750			
A3	1 460	1 550	1 600	1 620	1 640	1 660	1 740	1 820
A4	1 510	1 520	1 530	1 570	1 600	1 680		

试分析这 4 种灯泡的寿命有无显著差异.

解 这是一个非均衡试验的方差分析问题,下面分别使用两种方法来求解,一种是使用 GROUP 参数的方法,另一种是不使用 GROUP 参数的方法.

使用 GROUP 参数的求解过程和结果为

```
>>X=[1600,1610,1650,1680,1700,1720,1800,1580,1640,1640,1700,1750,1460,1550,1600,1620,1640,1660,1740,1820,1510,1520,1530,1570,1600,1680];
>> group=[ones(1,7),2*ones(1,5),3*ones(1,8),4*ones(1,6)];
>> [P,ANOVATAB,STATS] = anova1(X,group,'off')
P = 0.1229
ANOVATAB =
    'Source'   'SS'           'df'   'MS'           'F'       'Prob>F'
    'Groups'   [4.4361e+04]   [ 3]   [1.4787e+04]   [2.1494]  [0.1229]
    'Error'    [1.5135e+05]   [22]   [6.8796e+03]   []        []
    'Total'    [1.9571e+05]   [25]   []             []        []
STATS =
    gnames: {4x1 cell}
         n: [7 5 8 6]
    source: 'anova1'
     means: [1680 1662 1.6363e+03 1.5683e+03]
        df: 22
         s: 82.9433
```

不使用 GROUP 参数的求解过程和结果为

```
>>X=[1600,1580,1460,1510;1610,1640,1550,1520;1650,1640,1600,1530;1680,
1700,1620,1570;1700,1750,1640,1600;1720,NaN,1660,1680;1800,NaN,1740,NaN;NaN,
NaN,1820,NaN];
>> [P,ANOVATAB,STATS] = anova1(X,[],'off')
P = 0.1229
ANOVATAB =
    'Source'   'SS'           'df'   'MS'           'F'        'Prob>F'
    'Groups'   [4.4361e+04]   [ 3]   [1.4787e+04]   [2.1494]   [0.1229]
    'Error'    [1.5135e+05]   [22]   [6.8796e+03]   []         []
    'Total'    [1.9571e+05]   [25]   []             []         []
STATS =
    gnames: {4x1 cell}
         n: [7 5 8 6]
    source: 'anova1'
     means: [1680 1662 1.6363e+03 1.5683e+03]
        df: 22
         s: 82.9433
```

可以看到,这两种方法的结果是完全一致的,由于 P 值大于 0.1,因而认为这 4 种灯泡的寿命无显著差异.

例 8.18　在橡胶的生产过程中,选择 4 种不同的配料方案(因素 A)和 5 种不同的硫化时间(因素 B),测得产品的抗断强度见表 8.5.

表　8.5

	B1	B2	B3	B4	B5
A1	151	157	144	134	136
A2	144	162	128	138	132
A3	134	133	130	122	125
A4	131	126	124	126	121

试分析配料方案和硫化时间对抗断强度是否有显著影响.

解　这是一个双因素无重复试验方差分析问题,利用 anova2 指令进行分析,过程和结果如下

```
>>X=[151,144,134,131;157,162,133,126;144,128,130,124;134,138,
122,126;136,132,125,121];
%X 的列代表因素 A 的数据,行代表因素 B 的数据
```

```
>> [P,TABLE,STATS] = anova2(X)
P = 0.0011      0.0136
TABLE =
    'Source'     'SS'           'df'   'MS'         'F'         'Prob>F'
    'Columns'    [1.2438e+03]   [3]    [414.6000]   [10.5586]   [0.0011]
    'Rows'       [778.8000]     [4]    [194.7000]   [4.9584]    [0.0136]
    'Error'      [471.2000]     [12]   [39.2667]    []          []
    'Total'      [2.4938e+03]   [19]   []           []          []
STATS =
      source: 'anova2'
     sigmasq: 39.2667
    colmeans: [144.4000 140.8000 128.8000 125.6000]
        coln: 5
    rowmeans: [140 144.5000 131.5000 130 128.5000]
        rown: 4
       inter: 0
        pval: NaN
          df: 12
```

以图像方式显示的方差分析结果如图 8.8 所示.若不想显示该图像,可以使用以下指令

[P,TABLE,STATS] = anova2(X,1,'off')

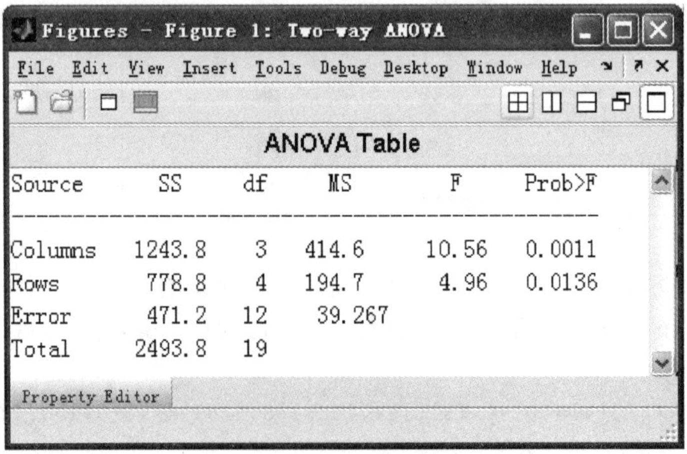

Source	SS	df	MS	F	Prob>F
Columns	1243.8	3	414.6	10.56	0.0011
Rows	778.8	4	194.7	4.96	0.0136
Error	471.2	12	39.267		
Total	2493.8	19			

图 8.8　例 8.18 的方差分析结果图

从以上结果可以看出，列数据（即因素 A）的 P 值为 0.001 1，小于 0.01，说明配料方案对抗断强度的影响是高度显著的；而行数据（即因素 B）的 P 值为 0.013 6，介于 0.01 到 0.05 之间，说明硫化时间对抗断强度的影响是显著的.

例 8.19 一种火箭使用了 4 种燃料（因素 A）和 3 种推进器（因素 B），做射程试验，每种燃料与每种推进器的组合做两次试验，获得的射程数据见表 8.6.

表 8.6

	B1		B2		B3	
A1	58.2	52.6	56.2	41.2	65.3	60.8
A2	49.1	42.8	54.1	50.5	51.6	48.4
A3	60.1	58.3	70.9	73.2	39.2	40.7
A4	75.8	71.5	58.2	51.0	48.7	41.4

试分析不同的燃料和不同的推进器以及它们之间的交互作用对火箭的射程是否有显著影响.

解 这是一个重复试验的双因素方差分析问题，利用 anova2 指令进行分析的过程和结果如下：

```
>>X=[58.2,49.1,60.1,75.8;52.6,42.8,58.3,71.5;56.2,54.1,70.9,58.2;41.2,50.5,73.2,51.0;65.3,51.6,39.2,48.7;60.8,48.4,40.7,41.4];
%X 的列代表因素 A 的数据，行代表因素 B 的数据，每两行是因素 B 的同一水平
>> [P,TABLE,STATS] = anova2(X,2,'off')
P = 0.0260    0.0035    0.0001
TABLE =
'Source'      'SS'           'df'   'MS'         'F'         'Prob>F'
'Columns'     [261.6750]     [3]    [87.2250]    [4.4174]    [0.0260]
'Rows'        [370.9808]     [2]    [185.4904]   [9.3939]    [0.0035]
'Interaction' [1.7687e+03]   [6]    [294.7821]   [14.9288]   [6.1511e-05]
'Error'       [236.9500]     [12]   [19.7458]    []          []
'Total'       [2.6383e+03]   [23]   []           []          []
STATS =
      source: 'anova2'
     sigmasq: 19.7458
    colmeans: [55.7167 49.4167 57.0667 57.7667]
        coln: 6
    rowmeans: [58.5500 56.9125 49.5125]
```

```
  rown: 8
 inter: 1
  pval: 6.1511e-05
    df: 12
```

从结果可以看出，列数据(即因素A)的p值为0.026 0，介于0.01到0.05之间，说明不同的燃料对火箭的射程的影响是显著的；行数据(因素B)的p值为0.003 5，小于0.01，说明不同的推进器对火箭的射程的影响是高度显著的；而交互作用的p值为0.001，小于0.01，说明燃料和推进器的交互作用是高度显著的.

8.1.7 回归分析

利用Matlab做回归分析，一方面可以根据回归分析的理论过程，利用统计量的计算指令和概率分布的计算指令来进行；另一方面可以直接利用Matlab中提供的回归分析指令进行. regress是Matlab提供的做回归分析的一个常用指令，用regress既可以做一元线性回归分析，也可以做多元线性回归分析，对样本数据进行适当的处理之后，也可以做可线性化的非线性回归分析.

regress比较常用的调用格式为

[B,BINT,R,RINT,STATS] = regress(Y,X,ALPHA)

说明：Y代表因变量的数据向量，该向量为列向量；X代表自变量矩阵，如果自变量个数为r，样本容量为n，当回归方程中包含常数项(截距项)的时候，X为$n\times(r+1)$维矩阵，此时X矩阵的第一列均为数字1，其余各列分别代表一个自变量的值，当回归方程中不包含常数项的时候，X为$n\times r$维矩阵，每一列为一个自变量的值；ALPHA用于确定残差的置信区间的置信度，参数ALPHA可省略，缺省值为0.05；返回值B为回归系数向量，如果回归方程包含常数项，B的第一个值即为常数项的值，其次是自变量的系数，次序与X对应，如果回归方程不包含常数项，则B中的值为每个自变量的系数，次序与X对应；返回值BINT为一个$(r+1)\times 2$维(有常数项情况下)或$r\times 2$维(无常数项情况下)的矩阵，是B中对应的回归系数的1－ALPHA置信度的置信区间；返回值R为一个$n\times 1$维的列向量，代表n组变量数据对应的残差；返回值RINT为$n\times 2$维的矩阵，代表n个残差的1－ALPHA置信度的置信区间；返回值STATS通常包含4个数值，用于评价回归效果的优劣，依次为判断系数R^2的值、回归方程显著性检验的统计量F的值、回归方程显著性检验的p值、回归模型的误差方差的估计值，需要注意的是，只有当回归方程里面包含常数项的时候，STATS里面才会包含F值和检验的p值，否则相应位置会用NaN代替.

在regress指令运行之后，常常会跟随一个rcoplot指令，rcoplot将绘制出残差图形，根据图形可以大致评价回归效果，rcoplot 指令的调用格式为：rcoplot(R，RINT)，其中的 R 和 RINT 参数为 regress 指令的输出内容.

例 8.20　某地区车祸次数 y(单位：千次)与汽车拥有量 x(单位：万辆)的 11 年统计数据见表 8.7.

表 8.7　车祸次数与汽车拥有量表

年度序号	汽车拥有量/万辆	车祸次数/千次	年度序号	汽车拥有量/万辆	车祸次数/千次
1	352	166	7	529	227
2	373	153	8	577	238
3	411	177	9	641	268
4	441	201	10	692	268
5	462	216	11	743	274
6	490	208			

假设车祸次数 y 与汽车拥有量 x 之间的关系为：$y=\beta_0+\beta_1 x$，求此回归方程.

解　利用 regress 指令进行求解的程序和结果为

```
x=[352373411441462490529577641692743]';
y=[166153177201216208227238268268274]';
X=[ones(length(x),1),x];
[B,BINT,R,RINT,STATS] = regress(y,X)
rcoplot(R,RINT)
B =
   55.8527
    0.3120
BINT =
   23.0712   88.6342
    0.2506    0.3734
R =
    0.3364
  -19.2149
   -7.0695
    7.5717
   16.0204
   -0.7145
    6.1189
```

```
  2.1447
 12.1791
 -3.7311
-13.6412
RINT =
-22.7953    23.4680
-37.2950    -1.1347
-30.9881    16.8492
-16.7413    31.8846
 -5.7896    37.8305
-26.2054    24.7763
-18.9682    31.2061
-23.0862    27.3756
-10.0894    34.4475
-26.4931    19.0310
-31.5901     4.3077
STATS =
  0.9362  132.0614    0.0000  124.9076
```

从运行结果可以看出，回归方程为 $y=55.8527+0.3120x$，判定系数为0.936 2，回归方程检验统计量F的值为132.061 4，由于回归方程显著性检验的p值为0，因此该回归方程是显著的，误差方差的估计值为124.907 6. 残差图如图8.9所示.

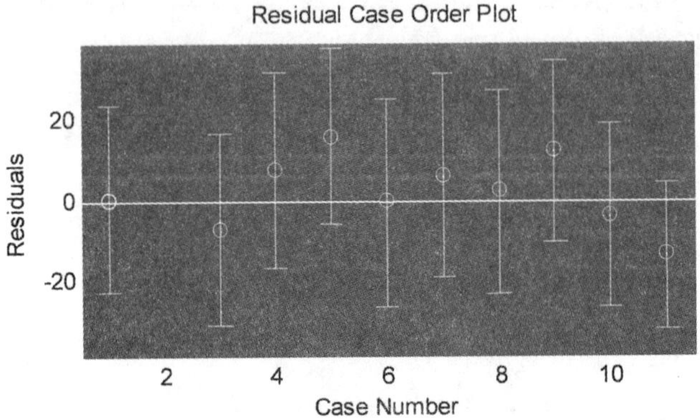

图8.9　残差图

从图8.9可以看出，除了第二组数据之外，其余的残差都分布在0附近，并且没有明显的规律性，说明回归效果比较好.

例8.21　在彩色显像中，由以往的经验知，形成染料的光学密度 y 与析出银

的光学密度 x 之间具有以下类型的关系

$$y=ae^{bx} \quad (b>0)$$

现对 y 和 x 做了 11 次观测，其数据见表 8.8.

表　8.8

序号	1	2	3	4	5	6	7	8	9	10	11
x	0.05	0.06	0.07	0.10	0.14	0.20	0.25	0.31	0.38	0.43	0.47
y	0.10	0.14	0.23	0.37	0.59	0.79	1.00	1.12	1.19	1.25	1.29

求该曲线回归方程.

解　这是一个可线性化的非线性回归问题，首先利用取对数的方式进行线性化，得

$$\ln y=\ln a+bx$$

然后对 $Y=\ln x$ 和 x 做线性回归分析，再通过逆变换得到所求的回归方程求解，程序为

```
x=[0.05,0.06,0.07,0.10,0.14,0.20,0.25,0.31,0.38,0.43,0.47]';
y=[0.10,0.14,0.23,0.37,0.59,0.79,1.00,1.12,1.19,1.25,1.29]';
X=[ones(length(x),1),x];
Y=log(y);
[B,BINT,R,RINT,STATS] = regress(Y,X)
a=exp(B(1))
b=B(2)
```

运行后的部分显示结果为

```
STATS =0.7706      30.2400      0.0004      0.2214
a =0.1661
b =5.2903
```

从运行结果可得回归方程为 $y=0.166\ 1e^{5.290\ 3x}$，从回归方程检验的 p 值为 0.000 4可以看出回归效果是显著的.

例 8.22　某种商品的需求量 y 与消费者的平均收入 x_1 以及商品价格 x_2 有关，现有 10 个地区的统计数据见表 8.9.

表　8.9

地区编号	1	2	3	4	5	6	7	8	9	10
x_1	1 000	600	1 200	500	300	400	1 300	1 100	1 300	300
x_2	5	7	6	6	8	7	5	4	3	9
y	100	75	80	70	50	65	90	100	110	60

根据经验，y 与 x_1 和 x_2 之间的关系可描述为

$$y=\beta_0+\beta_1 x_1+\beta_2 x_2$$

试求此回归方程.

解 这是一个多元线性回归问题，利用 regress 指令求解的程序为

```
x1=[1000,600,1200,500,300,400,1300,1100,1300,300]';
x2=[5,7,6,6,8,7,5,4,3,9]';
y=[100,75,80,70,50,65,90,100,110,60]';
X=[ones(length(x1),1),x1,x2];
[B,BINT,R,RINT,STATS] = regress(y,X)
```

运行后的部分显示结果为

```
B =
  111.6918
    0.0143
   -7.1882
STATS =
    0.8944    29.6533    0.0004    52.0311
```

由运行结果可知，回归方程为 $y=111.6919+0.0143x_1-7.1882x_2$，从回归方程检验的 p 值为 0.000 4 可以看出回归效果是显著的.

以上对 Matlab 中有关统计的一些指令和方法做了简要的介绍，事实上，Matlab提供的统计分析功能远不止于此，有兴趣的读者可以通过网络和一些相关的书籍获得更多这方面的知识，结合自己在学习和工作中遇到的问题，通过不断地练习和实践，可以很快提高应用 Matlab 进行统计分析的水平.

8.2 R 的统计分析功能

8.2.1 R 的一些基本知识

1. R 的下载与安装

R 软件完全是免费的，可以从 www. r－projec. org 下载到，也可以从一些镜像网站下载到，这些镜像网站称为 CRAN（The Comprehensive R Archive Network），例如中国大陆地区的 cran. csdb. cn，mirror. bjtu. edu. cn/cran/等都是 CRAN 镜像网站.

根据用户所使用的操作系统环境不同，R 软件提供了 Linux，MacOS X 和 Windows 三种版本，对于 Windows 用户来说，登陆 R 的下载网站之后，通过链接进入“Download R for Windows”，再进入“base”就可以看到安装程序的下载链接

了,2.15.0 版本的安装程序名称为 R－2.15.0－win.exe.R,软件的安装和其他 Windows 平台下的软件安装方法是完全类似的.安装完毕可以通过快捷方式运行 R 软件,2.15.0 版的 R 运行界面如图 8.10 所示.

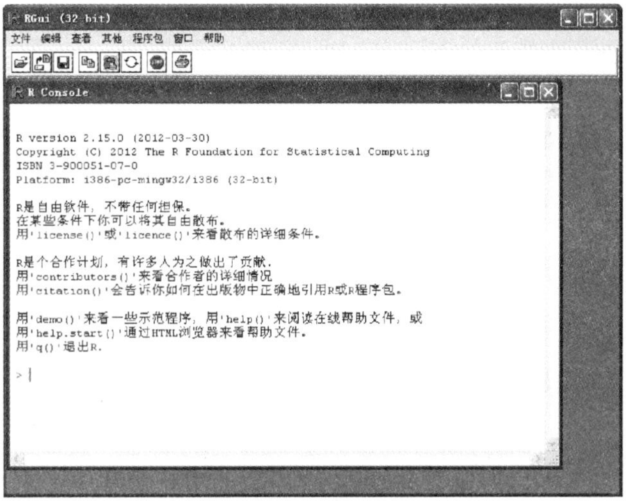

图 8.10　R 2.15.0 的运行界面

2. R 指令的基本使用方法

在 R Console(R 控制台)窗口中出现的"＞"代表命令行提示符,用户可以在命令行提示符之后直接运行 R 指令,也可以通过编写 R 脚本程序的方式来运行 R 指令.

在 R 的命令行提示符后面可以直接输入要计算的表达式,键入回车之后 R 便会给出计算结果,此时的 R 相当于一个计算器,例如:键入"25^2＋3 * exp(1.5)"并回车,R 的输出结果为:[1] 638.4451,"[]"中的数字代表输出结果的序号.

R 中的赋值符号为"＜－",例如将向量(2,5,1,3,4)赋值给 x 的指令为:x＜－c(2,5,1,3,4),从 1.4.0 版本以后,R 也支持使用"＝"作为赋值符号,"x＜－c(2,5,1,3,4)"与"x=c(2,5,1,3,4)"的效果是一样的,有些人提倡使用"＜－"是为了所写的程序能与 S 语言保持兼容,S 语言是一种比较著名的统计处理语言,R 相当于 S 语言的一个"方言版".

在命令行提示符后键入"? 指令名"或者"help(指令名)"并回车就可以获得有关指令的联系帮助信息.例如:键入"? mean"并回车,R 将以网页的方式显示有关 mean 指令的帮助信息.R 在安装的过程中会同时安装有关 R 使用的手册文档,包括"An Introduction to R""R Language Definition"等,这些手册可以通过 R 主界面的"帮助"菜单下的"手册"菜单项来调用查看,也可以在 R 的安装目录下的"\doc\manual"子目录中直接找到,需要注意的是,这些手册是 pdf 格式文件,需要

pdf 阅读器的支持才能查看.除此之外,R 主界面的"帮助"菜单下还提供了其他方式的帮助信息.

如果计算过程的指令比较多,或者计算过程的结构比较复杂,推荐读者采用编写指令脚本的方式来完成相关的计算.下面通过一个简单的实例来说明 R 脚本的用法.例如,已知样本数据如下:

35 40 40 42 37 45 43 37 44 42 41 39

计算这组样本的均值和标准差.

点击"文件"菜单下的"新建脚本程序"菜单项,在弹出的脚本编辑器窗口键入以下代码:

```
x=c(35,40,40,42,37,45,43,37,44,42,41,39)
# c()代表数组
avg=mean(x)
# mean 是求均值指令
sig=sd(x)
# sd 是求标准差的指令
avg
sig
```

这段脚本中的"#"是 R 的注释符号,"#"后面的内容是为了方便阅读脚本程序所写的说明.编写完脚本之后保存该脚本文件.在脚本编辑器窗口打开的状态下,点击"编辑"菜单下的"运行所有代码"菜单项,R 将运行当前脚本编辑器内输入的所有代码,输出结果会在 R 控制台窗口显示,上面的这段代码的运行结果为

```
> x=c(35,40,40,42,37,45,43,37,44,42,41,39)
> # c()代表数组
> avg=mean(x)
> # mean 是求均值指令
> sig=sd(x)
> # sd 是求标准差的指令
> avg
[1] 40.41667
> sig
[1] 3.028901
```

初学 R 的读者应该先仔细阅读"R for Beginners"等面向初学者的文档,R 的官方网站上提供了包括简体中文在内的多种语言的文档,这些文档可以帮助读者快速入门.本章将在后面的内容中对涉及的 R 指令加以简要说明,此处不作一一描述.

8.2.2　有关概率的计算

一、排列与组合

R 提供的排列与组合计算函数主要有 choose，factorial，combn 等. 这些函数的用法如下：

(1)choose 函数主要用于组合数的计算，调用格式为：choose(n，k)，其返回结果为组合数 C_n^k 的值. 例如，计算 C_{10}^3 的指令及运行结果为

```
> choose(10,3)
[1] 120
```

(2)factorial 函数主要用于计算阶乘，调用格式为：factorial(x) ，其返回结果为 x 的阶乘. 例如，计算 10！ 的指令及运行结果为

```
> factorial(10)
[1] 3628800
```

可以利用 factorial 函数将排列数 A_N^K 转化为 $\frac{N!}{(N-K)!}$ 来计算. 例如计算排列数 A_{10}^3 的指令和运行结果为

```
> factorial(10)/factorial(10－3)
[1] 720
```

(3)combn 函数主要用于列出组合结果，调用格式为：combn(x，m)，其中 x 代表所有元素的整体，用向量(数组)表示，m 代表从 x 中选取的元素个数，返回结果是类似矩阵的结构，每一列代表一种组合结果. 例如，从“1，2，3”三个数中任取两个数以及从“abc”中任选两个字母，运算指令和结果为

```
> combn(c(1,2,3),2)
     [,1] [,2] [,3]
[1,]    1    1    2
[2,]    2    3    3
> combn(c('a','b','c'),2)
     [,1] [,2] [,3]
[1,] "a"  "a"  "b"
[2,] "b"  "c"  "c"
```

例 8.23　一批油漆共有 50 桶，其中红色 20 桶、黑色 20 桶、蓝色 10 桶. 先从这批油漆中随机选取 20 桶，问恰好有 10 桶红漆、5 桶黑漆和 5 桶蓝漆的概率有多大？

解　$p=\frac{C_{20}^{10}C_{20}^{5}C_{10}^{5}}{C_{50}^{20}}$，利用 R 进行求解，指令和结果为

```
> p=choose(20,10) * choose(20,5) * choose(10,5)/choose(50,20)
> p
[1] 0.01531626
```

例 8.24 在一副 52 张的扑克牌中有放回地每次抽取一张，计算直到首次重复出现时抽取次数的期望.

解 设首次重复出现时抽取次数为 X，$\{X=k\}$ 意味着第 k 次抽取到的那张牌在前面的 $k-1$ 次的某一次被抽到过，其余的 $k-2$ 次是不重复的，因此

$$P(X=k)=\frac{C_{k-1}^1 C_{52}^1 (C_{51}^{k-2}(k-2)!\ )C_1^1}{(C_{52}^1)^k}=\frac{(k-1)(C_{51}^{k-2}(k-2)!\ )}{52^{k-1}},\quad k=2,3,\cdots,53$$

所求期望为

$$E(X)=\sum_{k=2}^{53} kP(X=k)=\sum_{k=2}^{53} k\frac{(k-1)(C_{51}^{k-2}(k-2)!\ )}{52^{k-1}}$$

利用 R 编写脚本程序进行计算，程序和运行结果为

```
EX=0
for (k in 2:53)
{
EX=EX+k * (k-1) * choose(51,k-2) * factorial(k-2)/(52^(k-1))
}
EX
> EX
[1] 9.71837
```

从运行结果可知所求的期望为 9.718 37.

二、概率分布函数

R 提供了 4 种有关概率分布的计算结构，分别用 d,p,q,r 表示，d 用于表示计算概率密度或分布律的值，p 用于表示计算分布函数的值，q 用于表示计算分位点的值，r 用于表示产生随机数. 有关概率分布计算的函数名称是由“计算类型＋分布名称”的结构形成的，例如，计算正态分布概率密度值的函数名称为 dnorm. R 中提供了正态分布、二项分布、指数分布、泊松分布等多种常见的各种分布的计算函数，下面分别加以介绍(各分布的密度函数或分布律表达式参见本章第一节的相关内容).

1. β 分布 $Be(\alpha,\beta)$

概率分布函数及其常用调用格式为：

dbeta(x,a, b)，用于计算 β 分布的密度函数值，x 可为单个数值，也可为向量，a 为参数 α 的值，b 为参数 β 的值，返回值类型与 x 类型相同；

pbeta(x,a, b)，用于计算 β 分布的分布函数值；

qbeta(p, a, b)，用于计算 β 分布的分位点的值，p 为概率值，可为单个数值，也可为向量，返回值与 p 的类型相同；

rbeta(n,a, b)，用于生成服从 β 分布的随机数，n 代表产生随机数的个数.

例如，对于服从 β 分布 $Be(1,2)$ 的随机变量 X，分别计算下列结果：密度函数值 $f(0.2)$、概率值 $P(0.1<X<0.4)$、上侧分位点 $x_{0.05}$（即 $P(X\geqslant x_{0.05})=0.05$）、产生 5 个该分布的随机数.

求解指令分别为

```
> dbeta(0.2,1,2)
> pbeta(0.4,1,2)-pbeta(0.1,1,2)
> qbeta(1-0.05,1,2)
> rbeta(5,1,2)
```

2. 二项分布 $B(n,p)$

概率分布函数及其常用调用格式为：

dbinom(x,n, p)，用于计算二项分布的分布律值，x 可为单个数值，也可为向量，n,p 为二项分布的参数，返回值类型与 x 类型相同；

pbinom(x,n, p)，用于计算二项分布的分布函数值；

qbinom(p,n, p)，用于计算二项分布的分位点，由于二项分布是离散型的，因而返回值为满足概率值大于等于指定概率值 p 的最小整数值；

rbinom(N, n, p)，用于产生服从二项分布的随机数，N 代表产生随机数的个数.

例如，对于服从二项分布 B(20,0.2)的随机变量 X，分别计算下列结果：概率值 $P(X=5)$、累积概率值 $P(X\leqslant 6)$、上侧分位点 $x_{0.05}$（即 $P(X\geqslant x_{0.05})=0.05$）、产生 5 个该分布的随机数.

求解指令分别为

```
> dbinom(5,20,0.2)
> pbinom(6,20,0.2)
> qbinom(1-0.05,20,0.2)
> rbinom(5,20,0.2)
```

3. χ^2 分布 $\chi^2(n)$

概率分布函数及其常用调用格式为：

dchisq(x, df)，用于计算 χ^2 分布的概率密度函数值，x 可为单个数值，也可为向量；df 为自由度参数；返回值类型与 x 类型相同；

pchisq(x, df)，用于计算 χ^2 分布的概率分布函数值；

qchisq(p, df)，用于计算 χ^2 分布的分位点；

rchisq(n, df),用于产生服从 χ^2 分布的随机数,n 代表产生随机数的个数.

例如,对于服从 χ^2 分布 $\chi^2(10)$ 的随机变量 X,分别计算下列结果:密度函数值 $f(3.5)$、累积概率值 $P(X\leqslant 4.6)$、上侧分位点 $x_{0.05}$(即 $P(X\geqslant x_{0.05})=0.05$)、产生 5 个该分布的随机数.

求解指令分别为

```
> dchisq(3.5,10)
> pchisq(4.6,10)
> qchisq(1-0.05,10)
> rchisq(5,10)
```

4. 指数分布 $E(\lambda)$

概率分布函数及其常用调用格式为:

dexp(x,lambda),用于计算指数分布的概率密度函数值,x 可为单个数值,也可为向量,lambda 为指数分布的参数,返回值类型与 x 类型相同;

pexp(x,lambda),用于计算指数分布的分布函数值;

qexp(p, lambda),用于计算指数分布的分位点;

rexp(n,lambda),用于产生服从指数分布的随机数,n 代表产生随机数的个数.

例如,对于服从指数分布 $E(2)$ 的随机变量 X,分别计算下列结果:密度函数值 $f(1.5)$、累积概率值 $P(X\leqslant 2.6)$、上侧分位点 $x_{0.05}$(即 $P(X\geqslant x_{0.05})=0.05$)、产生 5 个该分布的随机数.

求解指令分别为

```
> dexp(1.5,2)
> pexp(2.6,2)
> qexp(1-0.05,2)
> rexp(5,2)
```

5. F 分布 $F(n_1,n_2)$

概率分布函数及其常用调用格式为:

df(x, df1, df2),用于计算 F 分布的概率密度函数值,x 可为单个数值,也可为向量,df1 和 df2 为 F 分布的第一自由度和第二自由度参数;返回值类型与 x 类型相同;

pf(x, df1, df2),用于计算 F 分布的分布函数值;

qf(p, df1, df2),用于计算 F 分布的分位点;

rf(n, df1, df2),用于产生服从 F 分布的随机数,n 代表产生随机数的个数;

例如,对于服从 F 分布 $F(10,15)$ 的随机变量 X,分别计算下列结果:密度函数值 $f(4.2)$、累积概率值 $P(X\leqslant 3.3)$、上侧分位点 $x_{0.05}$(即 $P(X\geqslant x_{0.05})=0.05$)、产

生 5 个该分布的随机数.

求解指令分别为

```
> df(4.2,10,15)
> pf(3.3,10,15)
> qf(1-0.05,10,15)
> rf(5,10,15)
```

6. Γ 分布 $Ga(a,b)$

概率分布函数及其常用调用格式为：

dgamma(x,a, 1/b)，用于计算 Γ 分布的概率密度函数值，x 可为单个数值，也可为向量，a 和 b 为 Γ 分布的参数，注意分布参数 b 的使用格式，返回值类型与 x 类型相同；

pgamma(x,a, 1/b)，用于计算 Γ 分布的概率分布函数值；

qgamma(p,a, 1/b)，用于计算 Γ 分布的分位点；

rgamma(n,a, 1/b)，用于产生服从 Γ 分布的随机数，n 代表产生随机数的个数.

例如，对于服从 Γ 分布 $Ga(3,4)$ 的随机变量 X，分别计算下列结果：密度函数值 $f(2.7)$、累积概率值 $P(X\leqslant 3.3)$、上侧分位点 $x_{0.05}$（即 $P(X\geqslant x_{0.05})=0.05$）、产生 5 个该分布的随机数.

求解指令分别为

```
> dgamma(2.7,3,1/4)
> pgamma(3.3,3,1/4)
> qgamma(1-0.05,3,1/4)
> rgamma(5,3,1/4)
```

7. 几何分布 $Ge(p)$

概率分布函数及其常用调用格式为：

dgeom(x, prob)，用于计算几何分布的分布律的值，x 可为单个数值，也可为向量，prob 为几何分布的参数值，返回值类型与 x 类型相同；

pgeom(x, prob)，用于计算几何分布的分布函数值；

qgeom(p, prob)，用于计算几何分布的分位点，由于几何分布是离散型的，因而返回值为满足概率值大于等于指定概率值 p 的最小整数值；

rgeom(n, prob)，用于产生服从几何分布的随机数，n 代表产生随机数的个数.

例如，对于服从几何分布 $Ge(0.2)$ 的随机变量 X，分别计算下列结果：概率值 $P(X=4)$、累积概率值 $P(X\leqslant 5)$、上侧分位点 $x_{0.05}$（即 $P(X\geqslant x_{0.05})=0.05$）、产生 5 个该分布的随机数.

求解指令分别为

```
> dgeom(4,0.2)
> pgeom(5,0.2)
> qgeom(1-0.05,0.2)
> rgeom(5,0.2)
```

8. 超几何分布 $H(m, n, k)$

概率分布函数及其常用调用格式为：

dhyper(x, m, n, k)，用于计算超几何分布的分布律的值，x 可为单个数值，也可为向量，m，n，k 为超几何分布的分布参数，返回值类型与 x 类型相同；

phyper(x, m, n, k)，用于计算超几何分布的分布函数值；

qhyper(p, m, n, k)，用于计算超几何分布的分位点，由于超几何分布是离散型的，因而返回值为满足概率值大于等于指定概率值 p 的最小整数值；

rhyper(nn, m, n, k)，用于产生服从超几何分布的随机数，nn 代表产生随机数的个数.

例如，对于服从超几何分布 $H(20,80,30)$ 的随机变量 X，分别计算下列结果：概率值 $P(X=10)$、累积概率值 $P(X\leqslant 10)$、上侧分位点 $x_{0.05}$（即 $P(X\geqslant x_{0.05})=0.05$）、产生 5 个该分布的随机数.

求解指令分别为

```
> dhyper(10,20,80,30)
> phyper(10,20,80,30)
> qhyper(1-0.05,20,80,30)
> rhyper(5,20,80,30)
```

9. 正态分布（高斯分布）$N(\mu,\sigma^2)$

概率分布函数及其常用调用格式为：

dnorm(x, mean, sd)，用于计算正态分布的概率密度函数值，x 可为单个数值，也可为向量，mean 和 sd 分别为正态分布的均值参数和标准差参数，返回值类型与 x 类型相同；

pnorm(x, mean, sd)，用于计算正态分布的分布函数值；

qnorm(q, mean, sd)，用于计算正态分布的分位点；

rnorm(n, mean, sd)，用于产生服从正态分布的随机数，n 代表产生随机数的个数.

例如，对于服从正态分布 $N(1,3^2)$ 的随机变量 X，分别计算下列结果：密度函数值 $f(1.5)$、累积概率值 $P(X\leqslant 2.6)$、上侧分位点 $x_{0.05}$（即 $P(X\geqslant x_{0.05})=0.05$）、期望与方差、产生 5 个该分布的随机数.

求解指令分别为

```
> dnorm(1.5,1,3)
> pnorm(2.6,1,3)
> qnorm(1-0.05,1,3)
> rnorm(5,1,3)
```

10. 对数正态分布 $LN(\mu,\sigma^2)$

概率分布函数及其常用调用格式为：

dlnorm(x, mean, sd)，用于计算对数正态分布的概率密度函数值，x 可为单个数值，也可为向量，mean 和 sd 分别为对数正态分布的参数，返回值类型与 x 类型相同；

plnorm(x, mean, sd)，用于计算对数正态分布的分布函数值；

qlnorm(q, mean, sd)，用于计算对数正态分布的分位点；

rlnorm(n, mean, sd)，用于产生服从对数正态分布的随机数，n 代表产生随机数的个数.

例如，对于服从对数正态分布 $LN(1,3^2)$ 的随机变量 X，分别计算下列结果：密度函数值 $f(1.5)$、累积概率值 $P(X\leqslant 2.6)$、上侧分位点 $x_{0.05}$（即 $P(X\geqslant x_{0.05})=0.05$）、期望与方差、产生 5 个该分布的随机数.

求解指令分别为

```
> dlnorm(1.5,1,3)
> plnorm(2.6,1,3)
> qlnorm(1-0.05,1,3)
> rlnorm(5,1,3)
```

11. 负二项分布 $Nb(n,p)$

概率分布函数及其常用调用格式为：

dnbinom(x, n, p)，用于计算负二项分布的分布律值，x 可为单个数值，也可为向量，n，p 为负二项分布的参数；返回值类型与 x 类型相同；

pnbinom(x, n, p)，用于计算负二项分布的分布函数值；

qnbinom(p, n, p)，用于计算负二项分布的分位点，由于负二项分布是离散型的，因而返回值为满足概率值大于等于指定概率值 p 的最小整数值；

rnbinom(N, n, p)，用于产生服从负二项分布的随机数，N 代表产生随机数的个数.

例如，对于服从负二项分布 $Nb(5,0.3)$ 的随机变量 X，分别计算下列结果：概率值 $P(X=15)$、累积概率值 $P(X\leqslant 15)$、上侧分位点 $x_{0.05}$（即 $P(X\geqslant x_{0.05})=0.05$）、期望与方差、产生 5 个该分布的随机数.

求解指令分别为

```
> dnbinom(15,5,0.3)
```

```
> pnbinom(15,5,0.3)
> qnbinom(1-0.05,5,0.3)
> rnbinom(5,5,0.3)
```

12. 泊松分布 $P(\lambda)$

概率分布函数及其常用调用格式为：

dpois(x, lambda)，用于计算泊松分布的分布律的值，x 可为单个数值，也可为向量，lambda 为泊松分布的参数，返回值类型与 x 类型相同；

ppois(x, lambda)，用于计算泊松分布的分布函数值；

qpois(p, lambda)，用于计算泊松分布的分位点，由于泊松分布是离散型的，因而返回值为满足概率值大于等于指定概率值 p 的最小整数值；

rpois(n, lambda)，用于产生服从泊松分布的随机数，n 代表产生随机数的个数.

例如，对于服从泊松分布 $P(8)$ 的随机变量 X，分别计算下列结果：概率值 $P(X=7)$、累积概率值 $P(X\leqslant 10)$、上侧分位点 $x_{0.05}$（即 $P(X\geqslant x_{0.05})=0.05$）、期望与方差、产生 5 个该分布的随机数.

求解指令分别为

```
> dpois(7,8)
> ppois(10,8)
> qpois(1-0.05,8)
> rpois(5,8)
```

13. t 分布 $t(n)$

概率分布函数及其常用调用格式为：

dt(x, df)，用于计算 t 分布的概率密度函数值，x 可为单个数值，也可为向量，df 为 t 分布的自由度参数，返回值类型与 x 类型相同；

pt(x, df)，用于计算 t 分布的分布函数值；

qt(p, df)，用于计算 t 分布的分位点；

rt(n, df)，用于产生服从 t 分布的随机数，n 代表产生随机数的个数.

例如，对于服从 t 分布 $t(10)$ 的随机变量 X，分别计算下列结果：密度函数值 $f(2.5)$、累积概率值 $P(X\leqslant 2.5)$、上侧分位点 $x_{0.05}$（即 $P(X\geqslant x_{0.05})=0.05$）、期望与方差、产生 5 个该分布的随机数.

求解指令分别为

```
> dt(2.5,10)
> pt(2.5,10)
> qt(1-0.05,10)
> rt(5,10)
```

14. 连续型均匀分布 $U(a,b)$

概率分布函数及其常用调用格式为：

dunif(x,a, b),用于计算均匀分布的概率密度函数值,x 可为单个数值,也可为向量,a,b 分别为均匀分布的参数,返回值类型与 x 类型相同；

punif(x,a, b),用于计算均匀分布的分布函数值；

qunif(p,a, b),用于计算均匀分布的分位点；

runif(n,a, b),用于产生服从均匀分布的随机数,n 代表产生随机数的个数.

例如,对于服从连续型均匀分布 $U(1,6)$ 的随机变量 X,分别计算下列结果：密度函数值 $f(2.5)$、累积概率值 $P(X\leqslant 2.5)$、上侧分位点 $x_{0.05}$（即 $P(X\geqslant x_{0.05})=0.05$）、期望与方差、产生 5 个该分布的随机数.

求解指令分别为

```
> dunif(2.5,1,6)
> punif(2.5,1,6)
> qunif(1-0.05,1,6)
> runif(5,1,6)
```

除了以上介绍的这些分布之外,R 还提供了韦布尔分布（weibull）、柯西分布（cauchy）、威尔科克逊分布（wilcox）等多种概率分布函数,同时还可以利用函数的参数设置来获取非中心 F 分布、非中心卡方分布、非中心 t 分布等分布的计算方法.

例 8.25　调查资料表明,成年男子的身高 X 服从 $X\sim N(170,6^2)$（单位：cm）分布,公交车车门高度的设计要求成年男子在上车时,头顶与车门上沿相碰的概率不高于 0.01,问公交车车门至少应设计成多高？

解　设公交车车门高度为 h,根据题目要求应有 $P(X\geqslant h)\leqslant 0.01$,所以 h 为 $N(170,6^2)$ 的上侧 0.01 概率的分位点,利用 R 求解的指令和结果为

```
> qnorm(1-0.01,170,6)
[1] 183.9581
```

公交车的车门高度至少应为 183.96cm 才能满足要求.

例 8.26　设总体 X 服从正态分布 $N(\mu,\sigma^2)$,从中抽取容量为 10 的一组样本,S^2 为样本方差,求 $P(S^2\geqslant\sigma^2)$.

解　根据抽样定理可知,

$$\frac{(n-1)S^2}{\sigma^2}\sim\chi^2(n-1)$$

所以

$$P(S^2\geqslant\sigma^2)=P\left(\frac{9S^2}{\sigma^2}\geqslant 9\right)=P(\chi^2(9)\geqslant 9)=1-P(\chi^2(9)<9)$$

利用 R 求解的指令和结果为

```
> 1-pchisq(9,9)
[1] 0.4372742
```

例 8.27 在同一坐标系内画出 $F(6,10)$,$\chi^2(4)$,$N(5,1)$的密度曲线图.

解 利用 R 的脚本编辑器编写脚本程序并运行,程序如下

```
x=seq(from = 0, to = 10, by = 0.1)          #用 seq 产生横坐标数组
y1=df(x,6,10)                               #计算 F 分布的密度值数组
y2=dchisq(x,4)                              #计算 x^2 分布的密度值数组
y3=dnorm(x,5,1)                             #计算正态分布 N(5,1)的密度值数组
par(lwd=2)                                  #设置线宽为 2 磅
par(col='black')                            #设置以下内容的输出颜色为黑色
plot(x,y1,type='l')                         #画出 F 分布的密度曲线
text(x[10],y1[10],'F(6,10)')                #标示 F 密度曲线
par(col='blue')                             #设置以下内容的输出颜色为蓝色
lines(x,y2)                                 #画出 x^2 的密度曲线
text(x[10],y2[10],'chi2(4)')                #标示 x^2 的密度曲线
par(col='red')                              #设置以下内容的输出颜色为红色
lines(x,y3)                                 #画出正态分布的密度曲线
text(x[60],y3[60],'N(5,1)')                 #标示正态分布的密度曲线
```

需要说明的是,R 的绘图指令分为高级指令和低级指令,低级指令只能用在高级指令的后面,程序中的 plot 是高级指令,lines 和 text 都是低级指令,低级指令负责在高级指令的输出图形中添加所需要的图形. 只用 plot 指令无法将多条曲线画在一幅图中,因此需要 lines 指令的配合.

运行结果如图 8.11 所示.

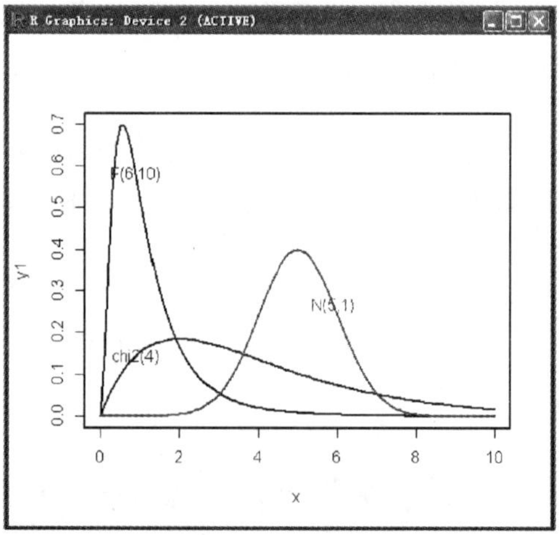

图 8.11 输出结果图

8.2.3　有关样本的计算

假设 $X_1,\cdots,X_n$ 是来自总体 X 的独立同分布样本，常用的有关样本的计算如下：

(1)样本均值，计算样本均值的指令为 mean，调用格式为 mean(x)，其中 x 代表样本向量.

(2)样本方差，计算样本方差的指令为 var，调用格式为 var(x)，其中 X 代表样本向量.

(3)样本标准差，计算样本标准差的指令为 sd，调用格式为 sd(x)，其中 x 代表样本向量或者样本矩阵.

(4)样本的 k 阶原点矩，R 中并未提供直接计算样本 k 阶原点矩的函数，可以通过 mean 指令来构造，调用方法为 mean(x^k).

(5)样本的 k 阶中心矩，R 中并未提供直接计算样本 k 阶原点矩的函数，可以通过 mean 指令来构造，调用方法为 mean((x－mean(x))^k).

(6)次序统计量的计算.

求最小次序统计量的指令为 min，调用格式为 min(x)，其中 x 代表样本向量.

求最大次序统计量的指令为 max，调用格式为 max(x).

R 中未提供直接计算极差的指令，可以利用 min 和 max 来构造，也可以使用 range 指令来构造，调用方法为：max(x)－min(x)或者 range(x)[2]－range(x)[1]. range 指令返回的是 x 向量的最小值和最大值形成的向量，第一分量为最小值，第二分量为最大值，range(x)[1]和 range(x)[2]分别代表调用 range(x)这个向量的第一个值和第二个值.

利用 sort 指令可以对样本值进行从小到大排序，调用格式为 sort(x).

计算中位数的指令为 median，调用格式为 median(x).

(7)样本相关系数，计算样本相关系数的指令为 cor，调用格式为：cor(x, y)，其中 x 和 y 分别代表样本向量.

(8)频数表，对于存储为向量的样本值 x，R 提供了 table 指令来统计每一个样本值的频数，调用格式为 table(x).

除了上述指令之外，R 还提供了计算百分位数的指令 quantile、样本向量的简单汇总指令 summary 等其他有关样本的计算指令，详细信息可以通过命令手册或联机帮助获得.

例 8.28　已知一组容量为 100 的样本数据如下：

82.3　　95.1　　108.7　　134.3　　137.5　　125.6　　118.4

119.2	64.1	79	86.2	104.4	127	114.5
47.6	64	124	110.5	130.6	89.6	105.4
98.9	99	82	114.4	141.8	120	150.3
121.1	57.9	113.8	64.1	78.6	68.2	102.7
51.2	86	104.5	101	173.2	76.7	78.6
110	122.3	84.4	110.3	56.7	123.9	100.6
130.7	90.8	145.6	138.7	108.8	109.1	84.2
83.8	141	121.4	101.6	80.9	131.7	95.9
113.6	41.1	102.8	95.5	112.1	124.2	113.4
50	68.7	148.3	97.9	103.1	161	92.9
160.3	138.8	106.9	161.2	102.2	110.6	98.2
74	86.4	82.2	73.2	104.8	67.9	109.2
134.6	89.2	90.7	96.2	131.6	79.2	110.5
129.2	86.6					

试计算该组样本的样本均值、样本方差、样本标准差、样本的 4 阶原点矩、样本的 3 阶中心矩、最小次序统计量、最大次序统计量、中位数、极差等统计量的值.

解 由于样本容量较大，直接在 R 中定义向量并不方便，因而首先将样本数据存储到名为 ex1.txt 的文本文档中，保存在 E 盘，利用 scan 指令将数据读入到向量 x 中，然后再利用上面介绍过的指令来计算相关的统计量.具体的过程如下：

```
x=scan("e:\\ex1.txt")          #scan 指令用于将存储于文本文档的数据读入到 x
avg=mean(x)                    #求样本均值
VAR=var(x)                     #计算样本方差
STD=sd(x)                      #计算样本标准差
A4=mean(x^4)                   #计算 4 阶原点矩
C3=mean((x-avg)^3)             #计算 3 阶中心矩
X1=min(x)                      #计算最小次序统计量
Xn=max(x)                      #计算最大次序统计量
R=max(x)-min(x)                #计算极差
M=median(x)                    #计算中位数
```

例 8.29 已知二维总体(X,Y)的样本见表 8.10,试计算样本相关系数.

表 8.10

X	15	9	15	14	7	0	12	9	7	14
Y	17	11	20	18	15	13	7	0	14	8

解　利用 cor 指令即可,结果如下:

```
> x=c(15,9,15,14,7,0,12,9,7,14)
> y=c(17,11,20,18,15,13,7,0,14,8)
> cor(x,y)
[1] 0.1952448
```

从结果可以看出,样本相关系数为 0.195 244 8.

8.2.4　散点图、频率直方图和经验分布函数图

在 R 中,可以利用 plot 指令画散点图,例如 X 和 Y 的数据见表 8.11.

表　8.11

X	1.5	1.2	1.7	1.4	1.8	1.3	1.3	1.5	1.7	1.3	1.5	1.5	1.6	1.4	1.6	1.5	1.4	1.4
Y	25	4	30	20	36	7	5	24	33	4	17	24	25	6	26	24	20	9

绘制 X,Y 散点图的指令为

```
> x=c(1.5,1.2,1.7,1.4,1.8,1.3,1.3,1.5,1.7,1.3,1.5,1.5,1.6,1.4,1.6,1.5,1.4,1.4)
> y=c(25,4,30,20,36,7,5,24,33,4,17,24,25,6,26,24,20,9)
> plot(x,y)
```

绘制出的散点图如图 8.12 所示.

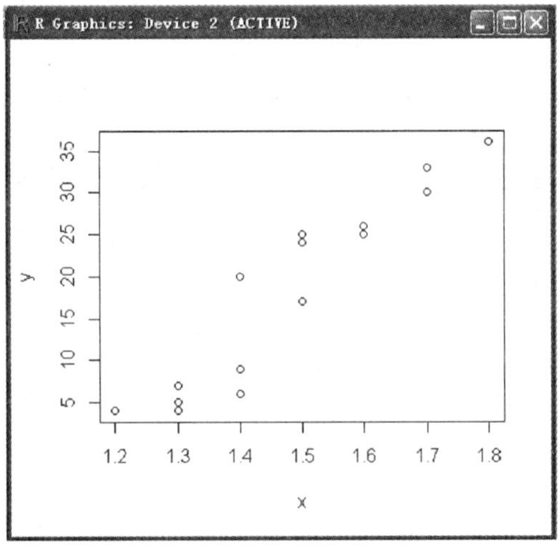

图 8.12　散点图绘制实例

对于给定的样本数据,可以用 table 指令统计每个样本值出现的频数,利用 hist 指令可以直接绘制频率直方图,将 ecdf 指令和 plot 指令结合起来便可以绘制

出经验分布函数图.例如,对下面给定的样本数据,统计样本值的频数,绘制频率直方图,并绘制经验分布函数图.

32	26	29	27	25	28	25	31	28	37
30	35	31	25	38	37	27	23	34	20
30	28	27	31	30	31	31	34	24	26
39	33	37	35	21	24	22	23	35	22
24	39	26	31	28	35	27	28	36	36

首先仿照例 8.28 的方式将样本数据读入到向量 x 中,统计频数的指令和结果为

```
> table(x)
x
20 21 22 23 24 25 26 27 28 29 30 31 32 33 34 35 36 37 38 39
1  1  2  2  3  3  3  4  5  1  3  6  1  1  2  4  2  3  1  2
```

上述结果中的第一行数据为样本值(无重复),第二行则为第一行相应样本值出现的频数.

绘制频率直方图的指令和为

hist(x,breaks=10,freq=FALSE,col='grey')

其中,x 为样本数据向量;breaks=10 表明分组数为 10 组,也可以用指定分段点的数组形式进行非等距分组,例如 breaks=c(20, 25,30,33, 38, 40),则表明起点为 20;中间的分段点为 25,30,33,38,终点为 40 为 freq=FALSE 表明绘制图形时的高度值为频率值,若为 TRUE,则高度值为频数值;col='grey'表明以灰色进行填充. hist 指令还有很多其他参数可供选择,详细用法可参见联机帮助. 用该指令绘制出的频率直方图如图 8.13 所示.

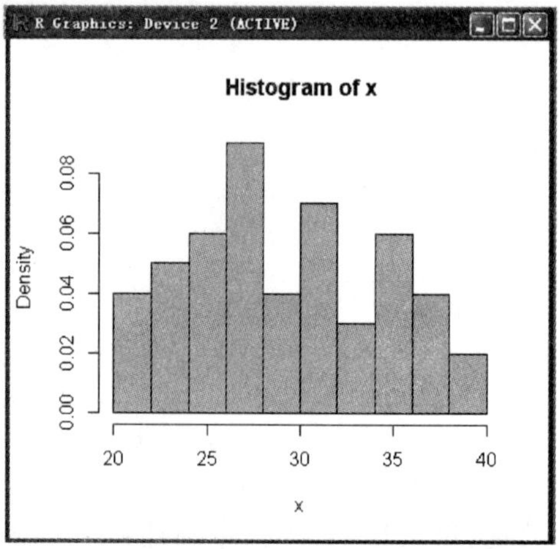

图 8.13　频率直方图绘制实例

绘制经验分布函数图的指令为

plot(ecdf(x),verticals=TRUE,do.p=FALSE)

其中,ecdf(x)是计算经验分布函数的指令;verticals=TRUE 表明画出每个阶梯的竖直线;do.p=FALSE 表明不画出每个阶梯最左侧的圆点.用该指令绘制出的经验分布函数图如图 8.14 所示.

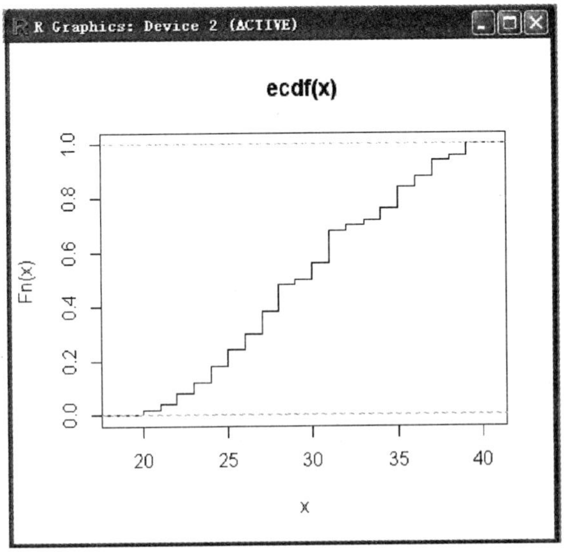

图 8.14　经验分布函数图绘制实例

8.2.5　参数估计

由于 R 并不直接提供具体的参数点估计函数,因而利用 R 进行参数的点估计通常要根据点估计理论,结合统计量的计算函数指令,自行编写程序进行计算.而利用 R 进行参数的区间估计,除了根据区间估计理论自行编写程序计算以外,某些情况下也可以通过检验函数来进行.下面结合一些实例来说明利用 R 进行参数估计的方法.

例 8.30　设总体 X 服从对数级数分布,其分布律为

$$P\{X=x\}=-\frac{p^x}{x\ln(1-p)},\quad x=1,2,\cdots$$

其中 $0<p<1$,来自该总体的样本如下:

12	21	17	22	15	25	25	13	21	23	15	21	11	28	15
26	12	27	14	20	20	27	13	21	11	18	20	29	19	12

试求参数 p 的矩估计.

解　首先根据据估计理论求出估计量的表达式

$$E(X)=\sum_{x=1}^{+\infty}xP\{X=x\}=-\frac{1}{\ln(1-p)}\frac{p}{1-p}$$

$$E(X^2)=\sum_{x=1}^{+\infty}x^2\cdot P\{X=x\}=-\frac{p}{\ln(1-p)}\frac{1}{(1-p)^2}$$

建立矩方程组$\begin{cases}a_1=A_1\\a_2=A_2\end{cases}$,即$\begin{cases}E(X)=A_1\\E(X^2)=A_2\end{cases}$,得

$$\begin{cases}-\dfrac{1}{\ln(1-p)}\dfrac{p}{1-p}=A_1\\-\dfrac{p}{\ln(1-p)}\dfrac{1}{(1-p)^2}=A_2\end{cases}$$

解得
$$p=1-\frac{A_1}{A_2}$$

所以 p 的矩估计为
$$\hat{p}=1-\frac{A_1}{A_2}$$

利用 R 进行求解的指令和结果为

```
> x=c(12,21,17,22,15,25,25,13,21,23,15,21,11,28,15,26,12,27,14,20,20,27,13,
21,11,18,20,29,19,12)
> A1=mean(x)
> A2=mean(x^2)
> pest=1-A1/A2
> pest
[1] 0.951617
```

即 p 的矩估计值为 0.951 617.

例 8.31　已知铁厂的铁水的含碳量(%)在正常情况下服从正态分布.现测得5炉铁水,其含碳量分别为 4.28,4.40,4.42,4.35,4.37,试求均值 μ 的置信度为 0.95 的置信区间.

解　对于正态分布总体,当总体方差(或标准差)未知时,其均值的 $1-\alpha$ 置信度的置信区间为$\left(\overline{X}\pm t_{\frac{\alpha}{2}}(n-1)\frac{S}{\sqrt{n}}\right)$.R 的求解程序和结果为

```
x=c(4.28,4.40,4.42,4.35,4.37)
n=length(x)
avg=mean(x)
s=sd(x)
t0025=qt(1-0.025,n-1)
mul=avg-t0025*s/sqrt(n)
```

```
muh=avg+t0025 * s/sqrt(n)
mul
muh
> mul
[1] 4.296789
> muh
[1] 4.431211
```

利用 t.test 指令求解的结果为

```
> t.test(x,conf.level = 0.95) # conf.level 代表置信度的取值
        One Sample t-test
data:  x
t = 180.2752, df = 4, p-value = 5.68e-09
alternative hypothesis: true mean is not equal to 0
95 percent confidence interval:
4.296789 4.431211
sample estimates:
mean of x
   4.364
```

与 t.test 类似的函数还有 var.test,binom.test 等.

8.2.6　参数的假设检验

在 R 中只提供了有关正态分布总体的 t.test,var.test 以及有关二项分布总体的 binom.test 等少数几个现成的参数检验函数,更多的参数检验问题需要根据参数检验理论,结合统计量和概率分布的计算指令自行编程解决.

t.test 函数用于解决单个正态总体的均值检验、双正态总体的均值差检验以及配对样本的均值差检验问题,检验单个正态总体均值的常用调用格式为:

t.test(x, alternative = c("two.sided""less""greater"), mu = 0, conf.level = 0.95)

其中,x 代表样本数据向量;alternative 代表备择假设的形式,取值为"two.sided""less""greater"三者中的一种,alternative 可缺省,缺省情况为双侧检验;mu 代表待检验的均值,mu 可缺省,缺省情况为 mu=0;conf.level 代表总体均值区间估计的置信水平,conf.level 可缺省,缺省值为 0.95;返回结果中包含检验的 p 值,根据 p 值与显著水平的大小关系可以做出检验决策.

检验双正态总体均值差的常用调用格式为

t.test(x, y, alternative = c("two.sided", "less", "greater"), mu = 0,

var. equal = FALSE, conf. level = 0.95)
其中,x,y 代表样本数据向量;alternative 代表备择假设的形式;mu 代表均值差,mu 可缺省,缺省情况为 mu=0;var. equal 代表两总体方差的假设,var. equal = FALSE 表示假设两总体的方差不相等,var. equal =TRUE 则代表两总体的方差相等,var. equal 可缺省,缺省状态为 FALSE;conf. level 代表总体均值差区间估计的置信水平,conf. level 可缺省,缺省值为 0.95.

配对样本的均值差检验常用的调用格式为

t. test(x, y, alternative = c("two. sided", "less", "greater"), mu = 0, paired = TRUE, var. equal = TRUE, conf. level = 0.95)
其中,paired = TRUE 表明两样本为配对样本,其余参数说明与前面相同.

var. test 函数用于解决两正态总体方差比的检验问题,其常用的调用格式为

var. test(x, y, ratio = 1, alternative = c("two. sided", "less", "greater"), conf. level = 0.95)
其中,x,y 代表样本数据向量;ratio 代表待检验的方差比数值,ratio 可缺省,缺省值为 ratio=1;alternative 代表备择假设的形式;conf. level 代表总体方差比区间估计的置信水平,conf. level 可缺省,缺省值为 0.95.

binom. test 用于解决二项分布总体的参数 p 的检验问题,常用的调用格式为

binom. test (x, n, p = 0.5, alternative = c("two. sided", "less", "greater"), conf. level = 0.95)
其中,x 代表样本数据,其值必须为非负整数值;n 为二项分布中的参数值;p 为待检验的二项分布参数值,p 可缺省,缺省状态为 p=0.5;conf. level 代表二项分布参数 p 的区间估计的置信水平,conf. level 可缺省,缺省值为 0.95.

除了以上几个函数以外,其他的参数检验问题需要根据检验理论编程计算.

例 8.32 某种电子元件,平均寿命不小于 1 000h 才算合格,现从一批这种元件中随机抽取 25 个,测得平均寿命为 985h,已知这种元件的寿命服从标准差为 100h 的正态分布,在显著水平为 0.05 的情况下判断这批产品是否合格.

解 根据题意提出假设 $H_0:\mu\geqslant 1000, H_1:\mu<1000$.

结合总体方差已知情况的正态总体均值检验理论,编写检验程序如下:

```
xavg=985
mu=1000
sigma=100
n=25
u=(xavg-mu) * sqrt(n)/sigma # 计算检验统计量的值
p=pnorm(u,0,1)
```

```
p
```

运行结果为

```
> p
[1] 0.2266274
```

由于检验的 p 值大于显著水平 0.05,因此接受原假设,认为这批产品合格.

例 8.33　某砖厂生产的砖,其抗拉强度服从正态分布,长期以来,砖的抗拉强度均值为 30,今改进了生产工艺,新生产了一批砖,从中随机选出 10 块做抗拉强度试验,测得抗拉强度值如下:

30.8　32.6　29.7　31.6　30.2　31.9　31.0　29.5　31.8　31.4

试问这批砖的抗拉强度均值较以往是否有显著提高? 显著水平取 0.05.

解　该问题属于总体方差未知的正态总体均值检验问题,根据题目所问提出假设为

$$H_0: \mu \leqslant 30, \quad H_1: \mu > 30$$

利用 t.test 函数计算即可,指令为

```
> x=c(30.8,32.6,29.7,31.6,30.2,31.9,31.0,29.5,31.8,31.4)
> t.test(x, alternative = "greater", mu = 30)
```

运行结果为

```
        One Sample t-test
data:  x
t = 3.2976, df = 9, p-value = 0.004633
alternative hypothesis: true mean is greater than 30
95 percent confidence interval:
30.46631        Inf
sample estimates:
mean of x
   31.05
```

从结果中可以看出检验统计量的值为 3.297 6,自由度为 9,检验的 p 值为 0.004 633,备择假设的形式为真正的均值大于 30,总体均值 95% 置信度的置信区间为(30.466 31,∞),样本均值为 31.05. 由于 p 值比显著水平小,因此拒绝原假设,认为这批新砖的抗拉强度有显著提高.

例 8.34　据以往经验,新生儿染色体异常率一般为 1%,某医院观察了当地 400 名新生儿,只有 1 例染色体异常,问该地区新生儿染色体异常是否低于一般水平? 显著水平取 0.05.

解　这是一个二项分布总体参数 p 的检验问题,根据题意提出假设为

$$H_0: p \geqslant 0.01, \quad H_1: p < 0.01$$

检验指令为

```
binom.test(1,400,p=0.01,alternative = "less")
```

运行结果为

```
        Exact binomial test
data:  1 and 400
number of successes = 1, number of trials = 400, p-value = 0.09048
alternative hypothesis: true probability of success is less than 0.01
95 percent confidence interval:
0.0000000 0.0118043
sample estimates:
probability of success
                0.0025
```

从运行结果可以看出，检验的 p 值为 0.094 08，比显著水平大，应接受原假设，即不能认为该地区新生儿染色体异常低于一般水平.

例 8.35 著名的 t 分布发现者戈塞特(Gosset)在 1908 年以笔名"Student"发表的一篇论文中曾经列举过这样一个例子：为了比较两种安眠药 A 和 B 的疗效，以 10 个失眠患者为实验对象，以 x 表示使用 A 后延长的睡眠时间，以 y 表示使用 B 后延长的睡眠时间. 每个患者各服用 A，B 两种药一次，其延长的睡眠时间见表 8.12.

表 8.12

患　者	1	2	3	4	5	6	7	8	9	10
x	1.9	0.8	1.1	0.1	−0.1	4.4	5.5	1.6	4.6	3.4
y	0.7	−1.6	−0.2	−1.2	−0.1	3.4	3.7	0.8	0	2.0

分析这两种安眠药的疗效是否有显著差异，显著水平取 0.01.

解 这是一个配对样本的均值差检验问题，检验指令为

```
> x=c(1.9,0.8,1.1,0.1,-0.1,4.4,5.5,1.6,4.6,3.4)
> y=c(0.7,-1.6,-0.2,-1.2,-0.1,3.4,3.7,0.8,0,2.0)
> t.test(x, y, paired = TRUE, var.equal = TRUE)
```

运行结果为

```
        Paired t-test
data:  x and y
t = 4.0621, df = 9, p-value = 0.002833
alternative hypothesis: true difference in means is not equal to 0
95 percent confidence interval:
```

```
0.7001142 2.4598858
sample estimates:
mean of the differences
                        1.58
```

从运行结果可以看出，检验的 p 值为 0.002 833，比显著水平小，所以认为这两种安眠药的疗效有显著差异.

8.2.7　方差分析

R 中使用 aov 指令来进行方差分析，在运行 aov 指令之后通常用 summary 指令来列出方差分析的具体结果.

aov 指令常用的调用格式：

aov(formula, data)

说明：formula 代表方差分析模型(单因素、双因素等)，声明待分析数据和待分析的因素；data 代表方差分析的样本数据，通常为数据框格式，数据框是 R 特有的一种数据类型，类似于矩阵，每一列代表一个变量的值，但是不同的列可以有不同的数据类型.

下面通过一些实例来说明 aov 指令的用法.

例 8.36　有 4 种产品，A1，A2，A3 代表国内厂家甲、乙、丙生产的产品，A4 代表国外同类产品，现在从各厂家分别抽取一些产品做磨损老化试验，得到变化率数据见表 8.13.

表　8.13

产品	变化率									
A1	20	18	19	17	15	16	13	18	22	17
A2	26	19	26	28	23	25				
A3	24	25	18	22	27	24				
A4	12	14								

试分析这四个厂家的产品变化率有无显著差异.

解　这是一个非均衡试验的单因素方差分析问题，求解程序为

```
x=c(20,18,19,17,15,16,13,18,22,17,26,19,26,28,23,25,24,25,18,22,27,24,12,14)
A=factor(c(rep(1,10),rep(2,6),rep(3,6),rep(4,2)))
data1=data.frame(x,A)
data1.aov=aov(x~A,data=data1)
summary(data1.aov)
```

程序中的 rep(1, 10)代表将数字“1”重复 10 次,后面的 rep 指令类似;factor 指令代表产生因子向量,以便标示哪些数据属于同一个因素水平;data. frame(x, A)表示用 x 和 A 生成数据框.

运行结果为

```
            Df    Sum      Sq Mean    Sq F value    Pr(>F)
A           3     346.0    115.33     14.66         2.79e-05 * * *
Residuals   20    157.3    7.87
---
Signif. codes: 0 ‘ * * * ’ 0.001 ‘ * * ’ 0.01 ‘ * ’ 0.05 ‘.’ 0.1 ‘ ’ 1
```

运行结果的上半部分与标准的方差分析表的结构是对应的,A 代表因素 A(组间),Residuals 代表残差(组内). 最后一行给出了显著性符号的含义,当检验的 p 值落入 0 到 0.001 之间的时候用“ * * * ”表示,代表极其显著,以此类推.

从运行结果可以看出检验的 p 值为 2.79e-05,远小于 0.001,因此 4 个厂家的产品的变化率有极其显著的差异.

例 8.37 在一个农业试验中,考虑 4 种不同的种子(因素 A)和 3 种不同的施肥方法(因素 B),得到产量的试验数据见表 8.14.

表 8.14

	B1	B2	B3
A1	325	292	316
A2	317	310	318
A3	310	320	318
A4	330	370	365

已知种子和施肥方法之间无交互作用,试分析不同的种子以及不同的施肥方法是否对产量有显著影响.

解 这是一个无重复试验的双因素方差分析问题,求解程序为

```
x=c(325, 292, 316, 317, 310, 318, 310, 320, 318, 330, 370, 365)
A=gl(4,3)
B=gl(3,1,12)
data2=data.frame(x,A,B)
data2.aov=aov(x~A+B,data=data2)
summary(data2.aov)
```

程序中的 gl(4,3)表示将 4 个水平依次产生 3 遍,结果为(1,1,1,2,2,2,3,3,3,4,4,4);gl(3,1,12)表示将 3 个水平重复地依次各产生一个,共产生 12 个,结果

为(1,2,3,1,2,3,1,2,3,1,2,3).

运行结果为

DfSum	Sq	Mean Sq	F value	Pr(>F)
A	3	3824	1274.8	5.2260.0413 *
B	2	163	81.3	0.3330.7291
Residuals	6	1463	243.9	

———

Signif. codes: 0 ‘ * * * ’ 0.001 ‘ * * ’ 0.01 ‘ * ’ 0.05 ‘.’ 0.1 ‘

运行结果分为两个部分,上半部分与标准的方差分析表是对应的,A 代表因素 A,B 代表因素 B,Residuals 代表残差;最后一行为显著性符号说明.

从运行结果看,因素 A(不同的种子)对产量的影响是显著的,而因素 B(不同的施肥方法)对产量几乎没有影响.

例 8.38　研究树种与地理位置对松树生长的影响,对 4 个地区的 3 种同龄松树直径进行测量,得到数据见表 8.15(单位:cm).

表　8.15

	B1	B2	B3	B4
A1	23 25 21 14 15	20 17 11 26 21	16 19 13 16 24	20 21 18 27 24
A2	28 30 19 17 22	26 24 21 25 26	19 18 19 20 25	26 26 28 29 23
A3	18 15 23 18 10	21 25 12 12 22	19 23 22 14 13	22 13 12 22 19

因素 A 代表 3 个不同的树种,因素 B 代表 4 个不同的地区,每种水平的组合测量了 5 棵树,试分析树种和地理位置对松树的生长是否有显著影响,是否存在交互作用.

解　这是一个有重复试验的双因素方差分析问题,求解程序为

```
x=c(23, 25, 21, 14, 15, 20, 17, 11, 26, 21,
        16, 19, 13, 16, 24, 20, 21, 18, 27, 24,
        28, 30, 19, 17, 22, 26, 24, 21, 25, 26,
        19, 18, 19, 20, 25, 26, 26, 28, 29, 23,
        18, 15, 23, 18, 10, 21, 25, 12, 12, 22,
        19, 23, 22, 14, 13, 22, 13, 12, 22, 19)
A=gl(3,20,60)
B=gl(4,5,60)
data3=data.frame(x,A,B)
data3.aov=aov(x~A+B+A:B,data=data3)
```

```
summary(data3.aov)
```

运行结果为

```
            Df      Sum Sq    Mean Sq    F value     Pr(>F)
A           2352.5176.27      8.959      0.000494 * * *
B           387.5   29.17     1.483      0.231077
A:B         671.7   11.96     0.608      0.722890
Residuals   48      944.4     19.68
---
Signif. codes: 0 ‘* * *’ 0.001 ‘* *’ 0.01 ‘*’ 0.05 ‘.’ 0.1 ‘
```

从运行结果可以看出，树种对松树的生长有极其显著的影响，而地理位置几乎没有影响，树种和地理位置之间也没有交互作用.

8.2.8 回归分析

lm 是 R 提供的回归分析函数之一，可以进行一元或多元线性回归分析，对样本数据经过变换之后也可用于处理可线性化的非线性回归问题.

lm 的常用调用格式：

lm(formula, data)

其中，formula 表示回归模型，用于声明哪些是自变量，哪些是因变量等；data 代表进行回归分析的样本数据，如果不使用数据框的格式存储数据，而是直接将数据存储于各个变量的样本数据向量中，data 可省略.

用 lm 指令进行回归分析之后，通常跟随 summary 指令来输出回归分析的结果.

例 8.39 根据相关的专业知识可知，合金的强度 y 和合金中的含碳量 x 有关，为了解他们之间的关系，从生产中收集了一批数据见表 8.16，试做回归分析.

表 8.16

序 号	含碳量 x/(%)	强度 y/MPa	序 号	含碳量 x/(%)	强度 y/MPa
1	0.10	42.0	7	0.16	49.0
2	0.11	43.5	8	0.17	53.0
3	0.12	45.0	9	0.18	50.0
4	0.13	45.5	10	0.20	55.0
5	0.14	45.0	11	0.21	55.0
6	0.15	47.5	12	0.23	60.0

解　首先利用 plot 指令绘制散点图，初步判断 x 与 y 之间的关系类型，绘图指令为

```
> x=c(0.10,0.11,0.12,0.13,0.14,0.15,0.16,0.17,0.18,0.20,0.21,0.23)
> y=c(42.0,43.5,45.0,45.5,45.0,47.5,49.0,53.0,50.0,55.0,55.0,60.0)
> plot(x,y)
```

绘制出的散点图如图 8.15 所示.

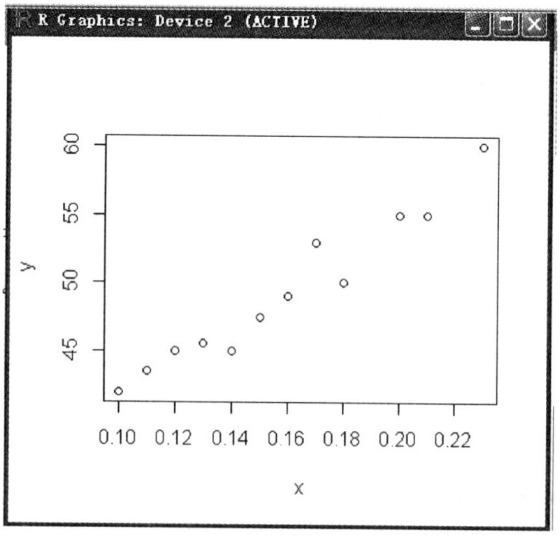

图 8.15　样本数据的散点图

从图 8.15 可以看出，含碳量和强度之间具有比较明显的线性关系，适合做一元线性回归分析，回归分析指令和输出结果为

```
> lm.sol=lm(y ~ x)
> summary(lm.sol)
Call:
lm(formula = y ~ x)
Residuals:
    Min       1Q   Median       3Q      Max
-2.0431  -0.7056   0.1694   0.6633   2.2653
Coefficients:
              Estimate   Std. Error   t value   Pr(>|t|)
(Intercept)   28.493     1.580        18.04     5.88e-09 ***
x             130.835    9.683        13.51     9.50e-08 ***
---
```

Signif. codes：0 ‘ * * * ’ 0.001 ‘ * * ’ 0.01 ‘ * ’ 0.05 ‘.’ 0.1 ‘ ’ 1

Residual standard error：1.319 on 10 degrees of freedom

Multiple R－squared：0.9481，　　Adjusted R－squared：0.9429

F－statistic：182.6 on 1 and 10 DF，　p－value：9.505e－08

输出结果的前两行显示的是回归模型结构，第 3～5 行显示的是关于残差的次序统计量信息，第 6～9 行是关于回归系数的信息，“－－－”下面的部分分别是显著性符号的含义解释、残差的标准误差的估计值和自由度、判定系数和修正的判定系数值、回归模型检验的 F 值及其自由度和检验的 p 值.

从输出结果可以看出，回归方程为 $y=28.493+130.835x$，回归方程的截距项和自变量的系数都是极其显著的；回归模型检验的 p 值为 9.505e－08，说明整个回归模型也是显著的.

例 8.40　某小组经过一段时间的试验之后，收集到的试验数据见表 8.17.

表　8.17

x	2	3	4	5	6	7	8	9
y	6.42	8.20	9.58	9.50	9.70	10.00	9.93	9.99
x	10	11	12	13	14	15	16	
y	10.49	10.59	10.60	10.80	10.60	10.90	10.76	

根据这批试验数据绘制的散点图如图 8.16 所示.

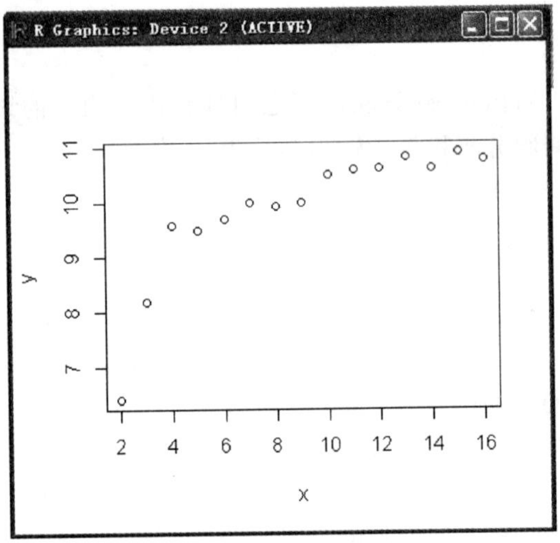

图 8.16　试验数据绘制的散点图

从图 8.16 可以看出，x 和 y 之间显然不是线性关系，小组成员经过讨论，提出了两种看法，一种是 $y=\dfrac{x}{ax+b}$ 结构，另一种是 $y=ae^{\frac{b}{x}}$ 结构，试分析哪种结构更合理.

解　对于 $y=\dfrac{x}{ax+b}$ 结构，两边取倒数可变为 $\dfrac{1}{y}=a+\dfrac{b}{x}$ 的线性关系形式，对此做回归分析，程序和运行结果为

```
x=c(2:16)
y=c(6.42,8.20,9.58,9.50,9.70,10.00,9.93,9.99,10.49,10.59,10.60,10.80,10.60,
10.90,10.76)
x1=1/x
y1=1/y
lm1=lm(y1~x1)
summary(lm1)
> summary(lm1)
Call:
lm(formula = y1 ~ x1)
Residuals:
       Min         1Q    Median        3Q       Max
-0.0107258 -0.0010661 0.0001952 0.0022146 0.0078475
Coefficients:
            Estimate  Std. Error  t value  Pr(>|t|)
(Intercept) 0.082304  0.001849    44.51    1.35e-15 ***
x1          0.131223  0.009368    14.01    3.20e-09 ***
---
Signif. codes: 0 '***' 0.001 '**' 0.01 '*' 0.05 '.' 0.1 ' ' 1
Residual standard error: 0.004257 on 13 degrees of freedom
Multiple R-squared: 0.9379,   Adjusted R-squared: 0.9331
F-statistic: 196.2 on 1 and 13 DF,  p-value: 3.201e-09
```

对于第二种结构 $y=ae^{\frac{b}{x}}$，两边取对数可变为 $\ln y=\ln a+\dfrac{b}{x}$ 的线性关系形式，由此做回归分析，程序和运行结果为

```
x=c(2:16)
y=c(6.42,8.20,9.58,9.50,9.70,10.00,9.93,9.99,10.49,10.59,10.60,10.80,10.60,
10.90,10.76)
x2=1/x
y2=log(y)
lm2=lm(y2~x2)
summary(lm2)
```

```
> summary(lm2)
Call:
lm(formula = y2 ~ x2)
Residuals:
      Min        1Q     Median        3Q       Max
-0.043031 -0.015065  0.003096  0.006110  0.079561
Coefficients:
            Estimate  Std. Error  t value  Pr(>|t|)
(Intercept) 2.45778   0.01259     195.22   < 2e-16 ***
x2          -1.11067  0.06379     -17.41   2.17e-10 ***
---
Signif. codes: 0 '***' 0.001 '**' 0.01 '*' 0.05 '.' 0.1 ' ' 1
Residual standard error: 0.02899 on 13 degrees of freedom
Multiple R-squared: 0.9589,    Adjusted R-squared: 0.9557
F-statistic: 303.2 on 1 and 13 DF,  p-value: 2.165e-10
```

对比两种结果可以发现,两种结构的回归效果都是非常显著的,但是第一种结构的F值为196.2,小于第二种结构的F值303.2,第一种结构的模型检验p值为3.201e-09,大于第二种结构的2.165e-10,说明第二种结构优于第一种结构.同时第一种结构的判断系数为0.937 9,小于第二种结构的判定系数0.958 9,这也说明第二种结构优于第一种结构.

综合以上分析,可以发现,第二种结构 $y=ae^{\frac{b}{x}}$ 对数据的拟合效果更好,通过逆变换可以得到第二种结构的回归方程为 $y=11.678\,86e^{-\frac{1.11067}{x}}$.

例 8.41 某组织在研究同一地区土壤所含的可给态磷的情况时,得到的数据见表8.18.

表 8.18

序号	x_1	x_2	x_3	y	序号	x_1	x_2	x_3	y
1	0.4	52.	158	64	10	12.6	58	112	51
2	0.4	23	163	60	11	10.9	37	111	76
3	3.1	19	37	71	12	23.1	46	114	96
4	0.6	34	157	61	13	23.1	50	134	77
5	4.7	24	59	54	14	21.6	44	73	93
6	1.7	65	123	77	15	23.1	56	168	95
7	9.4	44	46	81	16	1.9	36	143	54
8	10.1	31	117	93	17	26.8	58	202	168
9	11.6	29	173	93	18	29.9	51	124	99

x_1 为土壤中的有机磷浓度，x_2 为土壤中溶于碳酸钾溶液并受到溴化物水解的有机磷，x_3 为为土壤中溶于碳酸钾溶液但不溶于溴化物水解的有机磷，试做多元线性回归分析.

解　求解程序和运行结果为

```
x1=c(0.4,0.4,3.1,0.6,4.7,1.7,9.4,10.1,11.6,12.6,10.9,23.1,23.1,21.6,23.1,1.9,
26.8,29.9)
x2=c(52,23,19,34,24,65,44,31,29,58,37,46,50,44,56,36,58,51)
x3=c(158,163,37,157,59,123,46,117,173,112,111,114,134,73,168,143,202,124)
y=c(64,60,71,61,54,77,81,93,93,51,76,96,77,93,95,54,168,99)
lm=lm(y~x1+x2+x3)
summary(lm)
> summary(lm)
Call:
lm(formula = y ~ x1 + x2 + x3)
Residuals:
    Min       1Q   Median      3Q     Max
-28.349  -11.383  -2.659  12.095  48.807
Coefficients:
              Estimate   Std. Error   t value   Pr(>|t|)
(Intercept)  43.65007   18.05442     2.418     0.02984 *
x1            1.78534    0.53977     3.308     0.00518 * *
x2           -0.08329    0.42037    -0.198     0.84579
x3            0.16102    0.11158     1.443     0.17098
---
Signif. codes: 0 '* * *' 0.001 '* *' 0.01 '*' 0.05 '.' 0.1 ' ' 1
Residual standard error: 19.97 on 14 degrees of freedom
Multiple R-squared: 0.5493,    Adjusted R-squared: 0.4527
F-statistic: 5.688 on 3 and 14 DF,   p-value: 0.009227
```

从运行结果可得回归方程为

$$y=43.650\ 07+1.785\ 34x_1-0.083\ 29x_2+0.161\ 02x_3$$

回归模型的检验 p 值为 0.009 227，说明该回归模型整体是显著的. 而从截距项和各个变量系数的检验结果可以看出，截距项和 x_1 的系数是显著的，另外两个变量的系数是不显著的.

以上对 R 软件中有关统计的一些指令和方法做了简要的介绍. 作为知名的统

计分析软件,R 所能完成的工作远比这些更多,尤其是在多元统计分析方面,R 具有非常强大的功能,而且,在全世界大量的统计学家和志愿者的共同努力下,R 软件的功能正在得到快速完善和补充. 有兴趣的读者可以结合具体的统计分析问题,通过阅读资料和编写脚本程序等方式提高使用 R 软件的水平.

附 录

附表 1 标准正态分布表

$$\Phi(z)=\int_{-\infty}^{z}\frac{1}{\sqrt{2\pi}}e^{-\frac{x^2}{2}}\mathrm{d}x=P(Z\leqslant z)$$

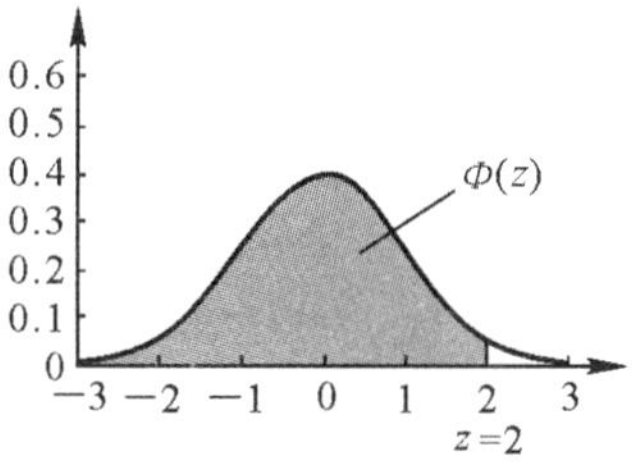

Excel 源程序：

```
Public Sub NormDisTable()
Range("A1:CA1000").Clear
N = 9
a = 0
j = 1
Range("A1") - "z"
Range("A1").Borders(xlEdgeBottom).LineStyle = 1
Range("A1").Borders(xlEdgeRight).LineStyle = 1
Range("A1").HorizontalAlignment = xlRight
For i = 0 To N
Range(Chr(Asc("A") + i + 1) & 1).Value = i
Range(Chr(Asc("A") + i + 1) & 1).Borders(xlEdgeBottom).LineStyle = 1
Next
While a <= 3 + 0.01
Range("A" & (j + 1)).Value = a
Range("A" & (j + 1)).Borders(xlEdgeRight).LineStyle = 1
For i = 0 To N
cnt = a + (i / 100)
Range(Chr(Asc("A") + i + 1) & (j + 1)).Value = Application.WorksheetFunction.NormDist(cnt, 0, 1, 1)
Next
a = a + 0.1
j = j + 1
Wend
End Sub
```

z	0	1	2	3	4	5	6	7	8	9
0	0. 5	0. 503989	0. 507978	0. 511966	0. 515953	0. 519939	0. 523922	0. 527903	0. 531881	0. 535856
0. 1	0. 539828	0. 543795	0. 547758	0. 551717	0. 55567	0. 559618	0. 563559	0. 567495	0. 571424	0. 575345
0. 2	0. 57926	0. 583166	0. 587064	0. 590954	0. 594835	0. 598706	0. 602568	0. 60642	0. 610261	0. 614092
0. 3	0. 617911	0. 62172	0. 625516	0. 6293	0. 633072	0. 636831	0. 640576	0. 644309	0. 648027	0. 651732
0. 4	0. 655422	0. 659097	0. 662757	0. 666402	0. 670031	0. 673645	0. 677242	0. 680822	0. 684386	0. 687933
0. 5	0. 691462	0. 694974	0. 698468	0. 701944	0. 705401	0. 70884	0. 71226	0. 715661	0. 719043	0. 722405
0. 6	0. 725747	0. 729069	0. 732371	0. 735653	0. 738914	0. 742154	0. 745373	0. 748571	0. 751748	0. 754903
0. 7	0. 758036	0. 761148	0. 764238	0. 767305	0. 77035	0. 773373	0. 776373	0. 77935	0. 782305	0. 785236
0. 8	0. 788145	0. 79103	0. 793892	0. 796731	0. 799546	0. 802337	0. 805105	0. 80785	0. 81057	0. 813267
0. 9	0. 81594	0. 818589	0. 821214	0. 823814	0. 826391	0. 828944	0. 831472	0. 833977	0. 836457	0. 838913
1	0. 841345	0. 843752	0. 846136	0. 848495	0. 85083	0. 853141	0. 855428	0. 85769	0. 859929	0. 862143
1. 1	0. 864334	0. 8665	0. 868643	0. 870762	0. 872857	0. 874928	0. 876976	0. 879	0. 881	0. 882977
1. 2	0. 88493	0. 886861	0. 888768	0. 890651	0. 892512	0. 89435	0. 896165	0. 897958	0. 899727	0. 901475
1. 3	0. 9032	0. 904902	0. 906582	0. 908241	0. 909877	0. 911492	0. 913085	0. 914657	0. 916207	0. 917736
1. 4	0. 919243	0. 92073	0. 922196	0. 923641	0. 925066	0. 926471	0. 927855	0. 929219	0. 930563	0. 931888

续表

z	0	1	2	3	4	5	6	7	8	9
1.5	0.933193	0.934478	0.935745	0.936992	0.93822	0.939429	0.94062	0.941792	0.942947	0.944083
1.6	0.945201	0.946301	0.947384	0.948449	0.949497	0.950529	0.951543	0.95254	0.953521	0.954486
1.7	0.955435	0.956367	0.957284	0.958185	0.95907	0.959941	0.960796	0.961636	0.962462	0.963273
1.8	0.96407	0.964852	0.96562	0.966375	0.967116	0.967843	0.968557	0.969258	0.969946	0.970621
1.9	0.971283	0.971933	0.972571	0.973197	0.97381	0.974412	0.975002	0.975581	0.976148	0.976705
2	0.97725	0.977784	0.978308	0.978822	0.979325	0.979818	0.980301	0.980774	0.981237	0.981691
2.1	0.982136	0.982571	0.982997	0.983414	0.983823	0.984222	0.984614	0.984997	0.985371	0.985738
2.2	0.986097	0.986447	0.986791	0.987126	0.987455	0.987776	0.988089	0.988396	0.988696	0.988989
2.3	0.989276	0.989556	0.98983	0.990097	0.990358	0.990613	0.990863	0.991106	0.991344	0.991576
2.4	0.991802	0.992024	0.99224	0.992451	0.992656	0.992857	0.993053	0.993244	0.993431	0.993613
2.5	0.99379	0.993963	0.994132	0.994297	0.994457	0.994614	0.994766	0.994915	0.99506	0.995201
2.6	0.995339	0.995473	0.995604	0.995731	0.995855	0.995975	0.996093	0.996207	0.996319	0.996427
2.7	0.996533	0.996636	0.996736	0.996833	0.996928	0.99702	0.99711	0.997197	0.997282	0.997365
2.8	0.997445	0.997523	0.997599	0.997673	0.997744	0.997814	0.997882	0.997948	0.998012	0.998074
2.9	0.998134	0.998193	0.99825	0.998305	0.998359	0.998411	0.998462	0.998511	0.998559	0.998605
3	0.99865	0.998694	0.998736	0.998777	0.998817	0.998856	0.998893	0.99893	0.998965	0.998999

附表2　t分布上分位表

$$P\{t(n) > t_{\alpha}(n)\} = \alpha$$

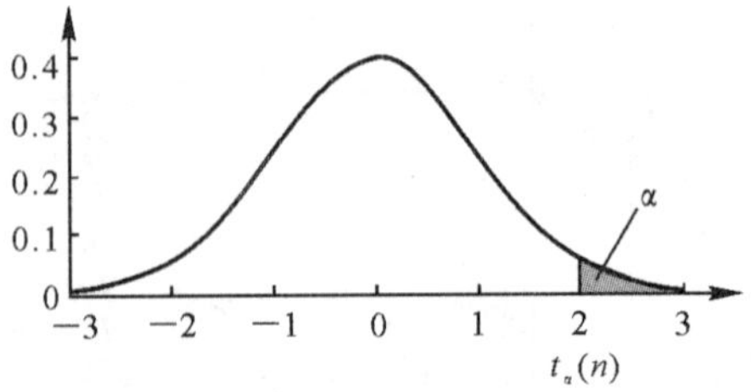

Excel 源程序：

```
Public Sub TDisTable()
Range(“A1:CA1000”). Clear
N = 45
Dim Arra
Arra = Array(0. 25, 0. 1, 0. 05, 0. 025, 0. 01, 0. 005)
Range(“A1”) = “n”
Range(“A1”). Borders(xlEdgeBottom). LineStyle = 1
Range(“A1”). Borders(xlEdgeRight). LineStyle = 1
Range(“A1”). HorizontalAlignment = xlRight
For j = 1 To 6
Range(Chr(Asc(“A”) + j) & 1). Value = “[” & Arra(j − 1) & “]”
Range(Chr(Asc(“A”) + j) & 1). Borders(xlEdgeBottom). LineStyle = 1
Next
For i = 1 To N
Range(“A” & (i + 1)). Value = i
Range(“A” & (i + 1)). Borders(xlEdgeRight). LineStyle = 1
For j = 1 To 6
Range(Chr(Asc(“A”) + j) & (i + 1)). Value = Application. WorksheetFunction. TInv(Arra(j − 1) * 2, i)
Next
Next
End Sub
```

n \ α	0.25	0.1	0.05	0.025	0.01	0.005
1	1	3.077684	6.313752	12.7062	31.82052	63.65674
2	0.816497	1.885618	2.919986	4.302653	6.964557	9.924843
3	0.764892	1.637744	2.353363	3.182446	4.540703	5.840909
4	0.740697	1.533206	2.131847	2.776445	3.746947	4.604095
5	0.726687	1.475884	2.015048	2.570582	3.36493	4.032143
6	0.717558	1.439756	1.94318	2.446912	3.142668	3.707428
7	0.711142	1.414924	1.894579	2.364624	2.997952	3.499483
8	0.706387	1.396815	1.859548	2.306004	2.896459	3.355387
9	0.702722	1.383029	1.833113	2.262157	2.821438	3.249836
10	0.699812	1.372184	1.812461	2.228139	2.763769	3.169273
11	0.697445	1.36343	1.795885	2.200985	2.718079	3.105807
12	0.695483	1.356217	1.782288	2.178813	2.680998	3.05454
13	0.693829	1.350171	1.770933	2.160369	2.650309	3.012276
14	0.692417	1.34503	1.76131	2.144787	2.624494	2.976843
15	0.691197	1.340606	1.75305	2.13145	2.60248	2.946713
16	0.690132	1.336757	1.745884	2.119905	2.583487	2.920782
17	0.689195	1.333379	1.739607	2.109816	2.566934	2.898231
18	0.688364	1.330391	1.734064	2.100922	2.55238	2.87844
19	0.687621	1.327728	1.729133	2.093024	2.539483	2.860935
20	0.686954	1.325341	1.724718	2.085963	2.527977	2.84534
21	0.686352	1.323188	1.720743	2.079614	2.517648	2.83136
22	0.685805	1.321237	1.717144	2.073873	2.508325	2.818756
23	0.685306	1.31946	1.713872	2.068658	2.499867	2.807336

n \ α	0.25	0.1	0.05	0.025	0.01	0.005
24	0.68485	1.317836	1.710882	2.063899	2.492159	2.796939
25	0.68443	1.316345	1.708141	2.059539	2.485107	2.787436
26	0.684043	1.314972	1.705618	2.055529	2.47863	2.778715
27	0.683685	1.313703	1.703288	2.05183	2.47266	2.770683
28	0.683353	1.312527	1.701131	2.048407	2.46714	2.763262
29	0.683044	1.311434	1.699127	2.04523	2.462021	2.756386
30	0.682756	1.310415	1.697261	2.042272	2.457262	2.749996
31	0.682486	1.309464	1.695519	2.039513	2.452824	2.744042
32	0.682234	1.308573	1.693889	2.036933	2.448678	2.738481
33	0.681997	1.307737	1.69236	2.034515	2.444794	2.733277
34	0.681774	1.306952	1.690924	2.032244	2.44115	2.728394
35	0.681564	1.306212	1.689572	2.030108	2.437723	2.723806
36	0.681366	1.305514	1.688298	2.028094	2.434494	2.719485
37	0.681178	1.304854	1.687094	2.026192	2.431447	2.715409
38	0.681001	1.30423	1.685954	2.024394	2.428568	2.711558
39	0.680833	1.303639	1.684875	2.022691	2.425841	2.707913
40	0.680673	1.303077	1.683851	2.021075	2.423257	2.704459
41	0.680521	1.302543	1.682878	2.019541	2.420803	2.701181
42	0.680376	1.302035	1.681952	2.018082	2.41847	2.698066
43	0.680238	1.301552	1.681071	2.016692	2.41625	2.695102
44	0.680107	1.30109	1.68023	2.015368	2.414134	2.692278
45	0.679981	1.300649	1.679427	2.014103	2.412116	2.689585

附表 3 χ^2 分布上分位表

$$P\{\chi^2(n) > \chi_\alpha^2(n)\} = \alpha$$

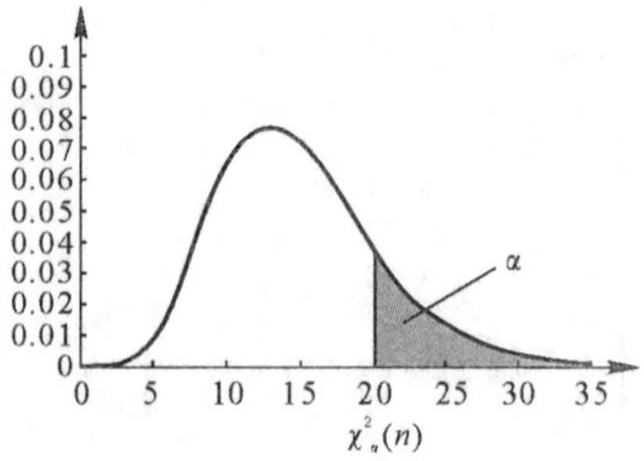

Excel 源程序：

```
Public Sub ChiTable()
Range("A1:CA1000").Clear()
N = 45()
Dim Arra()
Arra = Array(0.995, 0.99, 0.975, 0.95, 0.9, 0.75, 0.25, 0.1, 0.05, 0.025, 0.01, 0.005)()
Range("A1") = "n"()
Range("A1").Borders(xlEdgeBottom).LineStyle = 1()
Range("A1").Borders(xlEdgeRight).LineStyle = 1()
Range ("A1").HorizontalAlignment = xlRight()
For j = 1 To 12
Range(Chr(Asc("A") + j) & 1).Value = "[" & Arra(j - 1) & "]"()
Range(Chr(Asc("A") + j) & 1).Borders(xlEdgeBottom).LineStyle = 1()
Next()
For i = 1 To N()
Range("A" & (i + 1)).Value = i()
Range("A" & (i + 1)).Borders(xlEdgeRight).LineStyle = 1()
For j = 1 To 12()
Range(Chr(Asc("A") + j) & (i + 1)).Value = Application.WorksheetFunction.ChiInv(Arra(j - 1), i)()
Next()
Next()
End Sub()
```

n \ α	0.995	0.99	0.975	0.95	0.9	0.75	0.25	0.1	0.05	0.025	0.01	0.005
1	3.93E-05	0.000157	0.000982	0.003932	0.015791	0.101531	1.323305	2.705544	3.841459	5.023886	6.634897	7.879439
2	0.010025	0.020101	0.050636	0.102587	0.210721	0.575364	2.772589	4.60517	5.991465	7.377759	9.21034	10.59663
3	0.071722	0.114832	0.215795	0.351846	0.584374	1.212533	4.108344	6.251388	7.814728	9.348404	11.34487	12.83816
4	0.206989	0.297109	0.484419	0.710723	1.063623	1.922558	5.385269	7.77944	9.487729	11.14329	13.2767	14.86026
5	0.411742	0.554298	0.831212	1.145476	1.610308	2.674603	6.62568	9.236357	11.0705	12.8325	15.08627	16.7496
6	0.675727	0.87209	1.237344	1.635383	2.204131	3.454599	7.840804	10.64464	12.59159	14.44938	16.81189	18.54758
7	0.989256	1.239042	1.689869	2.16735	2.833107	4.254852	9.037147	12.01704	14.06714	16.01276	18.47531	20.27774
8	1.344413	1.646497	2.179731	2.732637	3.489539	5.070641	10.21885	13.36157	15.50731	17.53455	20.09024	21.95495
9	1.734933	2.087901	2.70039	3.325113	4.168159	5.898826	11.38875	14.68366	16.91898	19.02277	21.66599	23.58935
10	2.155856	2.558212	3.246973	3.940299	4.865182	6.737201	12.54886	15.98718	18.30704	20.48318	23.20925	25.18818
11	2.603222	3.053484	3.815748	4.574813	5.577785	7.584143	13.70069	17.27501	19.67514	21.92005	24.72497	26.75685
12	3.073824	3.570569	4.403789	5.226029	6.303796	8.438419	14.8454	18.54935	21.02607	23.33666	26.21697	28.29952
13	3.565035	4.106915	5.008751	5.891864	7.041505	9.299066	15.98391	19.81193	22.36203	24.7356	27.68825	29.81947
14	4.074675	4.660425	5.628726	6.570631	7.789534	10.16531	17.11693	21.06414	23.68479	26.11895	29.14124	31.31935
15	4.600916	5.229349	6.262138	7.260944	8.546756	11.03654	18.24509	22.30713	24.99579	27.48839	30.57791	32.80132
16	5.142205	5.812213	6.907664	7.961646	9.312236	11.91222	19.36886	23.54183	26.29623	28.84535	31.99993	34.26719
17	5.697217	6.40776	7.564186	8.67176	10.08519	12.79193	20.48868	24.76904	27.58711	30.19101	33.40866	35.71847

续 表

n \ α	0.995	0.99	0.975	0.95	0.9	0.75	0.25	0.1	0.05	0.025	0.01	0.005
18	6.264805	7.014911	8.230746	9.390455	10.86494	13.67529	21.60489	25.98942	28.8693	31.52638	34.80531	37.15645
19	6.843971	7.63273	8.906517	10.11701	11.65091	14.562	22.71781	27.20357	30.14353	32.85233	36.19087	38.58226
20	7.433844	8.260398	9.590778	10.85081	12.44261	15.45177	23.82769	28.41198	31.41043	34.16961	37.56623	39.99685
21	8.033653	8.897198	10.2829	11.59131	13.2396	16.34438	24.93478	29.61509	32.67057	35.47888	38.93217	41.40106
22	8.642716	9.542492	10.98232	12.33801	14.04149	17.23962	26.03927	30.81328	33.92444	36.78071	40.28936	42.79565
23	9.260425	10.19572	11.68855	13.09051	14.84796	18.1373	27.14134	32.0069	35.17246	38.07563	41.6384	44.18128
24	9.886234	10.85636	12.40115	13.84843	15.65868	19.03725	28.24115	33.19624	36.41503	39.36408	42.97982	45.55851
25	10.51965	11.52398	13.11972	14.61141	16.47341	19.93934	29.33885	34.38159	37.65248	40.64647	44.3141	46.92789
26	11.16024	12.19815	13.84391	15.37916	17.29189	20.84343	30.43457	35.56317	38.88514	41.92317	45.64168	48.28988
27	11.80759	12.8785	14.57338	16.1514	18.1139	21.74941	31.52841	36.74122	40.11327	43.19451	46.96294	49.64492
28	12.46134	13.56471	15.30786	16.92788	18.93924	22.65716	32.62049	37.91592	41.33714	44.46079	48.27824	50.99338
29	13.12115	14.25645	16.04707	17.70837	19.76774	23.56659	33.71091	39.08747	42.55697	45.72229	49.58788	52.33562
30	13.78672	14.95346	16.79077	18.49266	20.59923	24.47761	34.79974	40.25602	43.77297	46.97924	50.89218	53.67196
31	14.45777	15.65546	17.53874	19.28057	21.43356	25.39014	35.88708	41.42174	44.98534	48.23189	52.19139	55.0027
32	15.13403	16.36222	18.29076	20.07191	22.27059	26.30411	36.97298	42.58475	46.19426	49.48044	53.48577	56.32811
33	15.81527	17.07351	19.04666	20.86653	23.1102	27.21944	38.05753	43.74518	47.39988	50.72508	54.77554	57.64845

续表

n \ α	0.995	0.99	0.975	0.95	0.9	0.75	0.25	0.1	0.05	0.025	0.01	0.005
34	16.50127	17.78915	19.80625	21.66428	23.95225	28.13608	39.14078	44.90316	48.60237	51.966	56.06091	58.96393
35	17.19182	18.50893	20.56938	22.46502	24.79666	29.05396	40.22279	46.05879	49.80185	53.20335	57.34207	60.27477
36	17.88673	19.23268	21.33588	23.26861	25.6433	29.97304	41.30362	47.21217	50.99846	54.43729	58.61921	61.58118
37	18.58581	19.96023	22.10563	24.07494	26.49209	30.89326	42.38331	48.36341	52.19232	55.66797	59.8925	62.88334
38	19.28891	20.69144	22.87848	24.8839	27.34295	31.81457	43.46191	49.51258	53.38354	56.89552	61.16209	64.18141
39	19.99587	21.42616	23.65432	25.69539	28.19579	32.73693	44.53946	50.65977	54.57223	58.12006	62.42812	65.47557
40	20.70654	22.16426	24.43304	26.5093	29.05052	33.6603	45.61601	51.80506	55.75848	59.34171	63.69074	66.76596
41	21.42078	22.90561	25.21452	27.32555	29.90709	34.58464	46.6916	52.94851	56.94239	60.56057	64.95007	68.05273
42	22.13846	23.65009	25.99866	28.14405	30.76542	35.50991	47.76625	54.0902	58.12404	61.77676	66.20624	69.336
43	22.85947	24.3976	26.78537	28.96472	31.62545	36.43609	48.84001	55.23019	59.30351	62.99036	67.45935	70.6159
44	23.58369	25.14803	27.57457	29.78748	32.48713	37.36313	49.9129	56.36854	60.48089	64.20146	68.70951	71.89255
45	24.31101	25.90127	28.36615	30.61226	33.35038	38.29102	50.98495	57.5053	61.65623	65.41016	69.95683	73.16606

附表 4　F 分布上分位表

$$P\{F(n_1,n_2)>F_\alpha(n_1,n_2)\}=\alpha$$

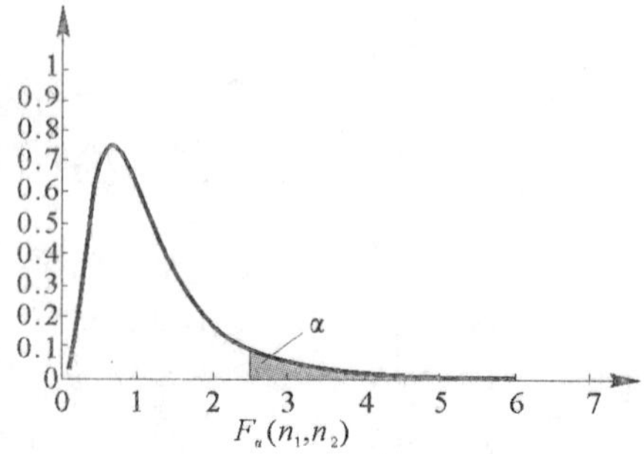

Excel 源程序：

```
Public Sub FDisTable()
N1 = 20
N2 = 20
Dim Arra
Arra = Array(0.1, 0.05, 0.975, 0.025, 0.01, 0.005, 0.001)
If (Worksheets.Count < 7) Then
For k = 1 To 7 - Worksheets.Count
Worksheets.Add after:=Sheets(Worksheets.Count)
Next
End If
For k = 1 To 7
Sheets(k).Range("A1:CA1000").Clear
Next
For k = 1 To 7
Sheets(k).Name = Arra(k - 1)
Sheets(k).Range("A1") = "行(1):列(2)"
Sheets(k).Range("A1").ColumnWidth = 12
Sheets(k).Range("A1").HorizontalAlignment = xlCenter
Sheets(k).Range("A1").Borders(xlEdgeRight).LineStyle = 1
Sheets(k).Range("A1").Borders(xlEdgeBottom).LineStyle = 1
For j = 1 To N2
Sheets(k).Range(Chr(Asc("A") + j) & 1).Value = ("[" & j) & "]"
Sheets(k).Range(Chr(Asc("A") + j) & 1).Borders(xlEdgeBottom).LineStyle = 1
Next
For i = 1 To N1
Sheets(k).Range("A" & (i + 1)).Value = [i]
Sheets(k).Range("A" & (i + 1)).Borders(xlEdgeRight).LineStyle = 1
For j = 1 To N2
Sheets(k).Range(Chr(Asc("A") + j) & (i + 1)).Value = Application.WorksheetFunction.FInv(Arra(k - 1), i, j)
Next
Next
Next
End Sub
```

$\alpha = 0.975$

n_1 \ n_2	1	2	3	4	5	6	7	8	9	10
1	0.001544	0.001251	0.001157	0.001112	0.001085	0.001067	0.001055	0.001045	0.001038	0.001032
2	0.02597	0.025641	0.025533	0.025479	0.025446	0.025425	0.02541	0.025398	0.025389	0.025382
3	0.057328	0.062328	0.06477	0.066221	0.067183	0.067867	0.068379	0.068776	0.069094	0.069353
4	0.081847	0.093905	0.100208	0.104118	0.106787	0.108727	0.110203	0.111364	0.1123	0.113073
5	0.09993	0.118573	0.128806	0.135357	0.139931	0.143314	0.14592	0.147991	0.149677	0.151077
6	0.113467	0.137744	0.151543	0.160587	0.167013	0.171828	0.175578	0.178583	0.181048	0.183106
7	0.123875	0.15287	0.169784	0.181074	0.189206	0.195366	0.200204	0.204109	0.20733	0.210035
8	0.132085	0.165031	0.184639	0.197917	0.207586	0.214975	0.220821	0.225568	0.229503	0.232822
9	0.13871	0.174987	0.196923	0.211951	0.222995	0.231496	0.238263	0.243786	0.248386	0.252279
10	0.14416	0.183271	0.207227	0.223797	0.236067	0.245572	0.253176	0.259411	0.264623	0.269049
11	0.148718	0.190263	0.215982	0.233914	0.24728	0.257689	0.266054	0.272939	0.278715	0.283634
12	0.152584	0.196237	0.223504	0.242647	0.256994	0.268219	0.277276	0.284756	0.291049	0.296423
13	0.155903	0.201399	0.230034	0.250257	0.265486	0.27745	0.287136	0.29516	0.301929	0.307724
14	0.158782	0.205901	0.235753	0.256943	0.272969	0.285603	0.295864	0.304387	0.311594	0.317777
15	0.161303	0.209861	0.240801	0.262862	0.27961	0.292855	0.303641	0.312623	0.320234	0.326776
16	0.163529	0.213371	0.245289	0.268138	0.285542	0.299345	0.310614	0.320018	0.328003	0.334878
17	0.165508	0.216503	0.249304	0.27287	0.290872	0.305186	0.316899	0.326694	0.335024	0.342209
18	0.167279	0.219314	0.252917	0.277135	0.295686	0.310471	0.322593	0.332749	0.3414	0.348873
19	0.168872	0.221851	0.256185	0.281001	0.300055	0.315274	0.327776	0.338266	0.347216	0.354957
20	0.170314	0.224152	0.259155	0.28452	0.304039	0.319658	0.332511	0.343313	0.352541	0.360533

续 表

n_1 \ n_2	11	12	13	14	15	16	17	18	19	20
1	0.001028	0.001024	0.001021	0.001018	0.001015	0.001013	0.001011	0.00101	0.001008	0.001007
2	0.025376	0.025371	0.025367	0.025364	0.025361	0.025358	0.025356	0.025353	0.025352	0.02535
3	0.069569	0.069752	0.069908	0.070044	0.070162	0.070267	0.070359	0.070442	0.070517	0.070585
4	0.11372	0.114271	0.114745	0.115157	0.11552	0.11584	0.116126	0.116382	0.116614	0.116823
5	0.152258	0.153267	0.154141	0.154904	0.155576	0.156173	0.156706	0.157186	0.15762	0.158014
6	0.184851	0.18635	0.187652	0.188793	0.189801	0.190699	0.191504	0.192229	0.192886	0.193483
7	0.212338	0.214324	0.216055	0.217576	0.218924	0.220128	0.221208	0.222184	0.22307	0.223877
8	0.235659	0.238114	0.240259	0.24215	0.24383	0.245333	0.246685	0.247908	0.249019	0.250034
9	0.255619	0.258517	0.261056	0.2633	0.265297	0.267087	0.2687	0.270162	0.271493	0.27271
10	0.272858	0.276171	0.279081	0.281658	0.283956	0.286019	0.287881	0.289571	0.291112	0.292522
11	0.287878	0.291578	0.294835	0.297724	0.300306	0.302627	0.304726	0.306632	0.308373	0.309967
12	0.30107	0.305131	0.308712	0.311895	0.314742	0.317307	0.319628	0.321739	0.323669	0.325439
13	0.312745	0.317141	0.321024	0.32448	0.327577	0.33037	0.332901	0.335206	0.337315	0.339251
14	0.323145	0.327852	0.332017	0.33573	0.339061	0.342068	0.344797	0.347285	0.349562	0.351656
15	0.332466	0.337464	0.341892	0.345844	0.349395	0.352604	0.355518	0.358178	0.360615	0.362858
16	0.340867	0.346135	0.350809	0.354985	0.358742	0.362141	0.36523	0.368053	0.370641	0.373024
17	0.348476	0.353997	0.3589	0.363288	0.367238	0.370814	0.374069	0.377045	0.379776	0.382292
18	0.3554	0.361157	0.366276	0.370861	0.374993	0.378737	0.382148	0.385269	0.388135	0.390777
19	0.361727	0.367705	0.373026	0.377796	0.3821	0.386003	0.389561	0.392818	0.395812	0.398574
20	0.367531	0.373716	0.379227	0.384172	0.388637	0.39269	0.396387	0.399773	0.402889	0.405764

$\alpha = 0.1$

n_1 \ n_2	1	2	3	4	5	6	7	8	9	10
1	405284.1	998.5003	167.0292	74.13729	47.18078	35.50749	29.24519	25.41476	22.85713	21.0396
2	499999.5	999	148.5	61.24555	37.12233	27	21.689	18.49365	16.38715	14.90536
3	540379.2	999.1666	141.1085	56.17719	33.20246	23.70331	18.77227	15.82949	13.9018	12.55275
4	562499.6	999.2499	137.1004	53.43583	31.08501	21.92354	17.19799	14.39158	12.56032	11.28275
5	576404.6	999.2999	134.58	51.71157	29.7524	20.80266	16.2058	13.48469	11.71367	10.48072
6	585937.1	999.3333	132.8475	50.52502	28.83436	20.02965	15.52084	12.85803	11.12813	9.925613
7	592873.3	999.3571	131.5829	49.65789	28.16265	19.46341	15.01856	12.39804	10.69795	9.517454
8	598144.2	999.3749	130.619	48.99619	27.64948	19.03033	14.63401	12.04554	10.368	9.20415
9	602284	999.3888	129.86	48.47451	27.24446	18.68818	14.3299	11.76653	10.10663	8.955774
10	605621	999.3999	129.2467	48.05259	26.91657	18.41092	14.08326	11.54006	9.894305	8.753866
11	608367.7	999.409	128.7408	47.70427	26.64563	18.18163	13.87911	11.35247	9.718314	8.586398
12	610667.8	999.4166	128.3165	47.4118	26.41797	17.98881	13.70732	11.19449	9.570005	8.445185
13	612622	999.423	127.9553	47.16275	26.22395	17.82437	13.56071	11.05958	9.443285	8.32446
14	614302.8	999.4285	127.6443	46.9481	26.05662	17.68246	13.43411	10.94303	9.333735	8.220037
15	615763.7	999.4333	127.3736	46.76117	25.91083	17.55874	13.32367	10.84129	9.238068	8.128803
16	617045.2	999.4374	127.1359	46.59693	25.78265	17.44991	13.22648	10.75171	9.153791	8.048395
17	618178.4	999.4411	126.9254	46.45146	25.66907	17.35343	13.14027	10.67222	9.078976	7.976984
18	619187.7	999.4444	126.7378	46.32173	25.56773	17.26731	13.06329	10.60121	9.012106	7.913132
19	620092.3	999.4473	126.5696	46.20532	25.47675	17.18996	12.99412	10.53737	8.951977	7.855695
20	620907.7	999.4499	126.4178	46.10026	25.39462	17.12011	12.93163	10.47968	8.897613	7.803747

续表

n_1 \ n_2	11	12	13	14	15	16	17	18	19	20
1	19.68679	18.64332	17.81542	17.14336	16.58742	16.1202	15.72223	15.37931	15.08084	14.81878
2	13.81155	12.97367	12.31273	11.77887	11.33915	10.97099	10.65844	10.38991	10.15681	9.952623
3	11.56113	10.8042	10.20894	9.729366	9.335254	9.005937	8.726852	8.487455	8.279932	8.09838
4	10.34612	9.632726	9.072738	8.62232	8.252684	7.944202	7.683062	7.459278	7.265461	7.096034
5	9.578375	8.892109	8.354088	7.921807	7.567392	7.271859	7.021866	6.807776	6.622465	6.460562
6	9.046622	8.378814	7.855728	7.435768	7.091684	6.804935	6.562497	6.354973	6.175422	6.018608
7	8.655348	8.000868	7.488555	7.077472	6.740825	6.460391	6.223383	6.020574	5.845153	5.691989
8	8.354786	7.710352	7.206147	6.80174	6.470677	6.194982	5.962041	5.762761	5.59043	5.439993
9	8.116347	7.479736	6.981836	6.582612	6.25588	5.983855	5.754062	5.557509	5.387563	5.239228
10	7.922391	7.292029	6.79916	6.404065	6.080778	5.811668	5.584371	5.389979	5.22192	5.075246
11	7.761419	7.136156	6.647384	6.255647	5.935158	5.668411	5.443135	5.250489	5.083953	4.938619
12	7.625607	7.004575	6.519199	6.130239	5.812061	5.547263	5.323651	5.132441	4.967155	4.822918
13	7.509437	6.891969	6.409447	6.022819	5.706577	5.443409	5.221187	5.031173	4.866928	4.723603
14	7.408904	6.794476	6.314384	5.929737	5.615137	5.35335	5.132302	4.943298	4.779929	4.63737
15	7.321029	6.70922	6.231219	5.848274	5.535082	5.274476	5.054431	4.866289	4.703665	4.561758
16	7.243548	6.634017	6.157832	5.776363	5.464389	5.204804	4.985624	4.798223	4.63624	4.494891
17	7.174708	6.567176	6.092582	5.712402	5.401492	5.142796	4.924368	4.737609	4.576181	4.435314
18	7.113133	6.507367	6.034176	5.655133	5.345157	5.087241	4.869472	4.683274	4.522329	4.381883
19	7.057723	6.453529	5.981584	5.603548	5.2944	5.037173	4.819984	4.63428	4.47376	4.33368
20	7.007593	6.404806	5.933974	5.556836	5.248425	4.991809	4.775135	4.589868	4.429722	4.289966

$\alpha = 0.05$

n_1 \ n_2	1	2	3	4	5	6	7	8	9	10
1	161.4476	18.51282	10.12796	7.708647	6.607891	5.987378	5.591448	5.317655	5.117355	4.964603
2	199.5	19	9.552094	6.944272	5.786135	5.143253	4.737414	4.45897	4.256495	4.102821
3	215.7073	19.16429	9.276628	6.591382	5.409451	4.757063	4.346831	4.066181	3.862548	3.708265
4	224.5832	19.24679	9.117182	6.388233	5.192168	4.533677	4.120312	3.837853	3.633089	3.47805
5	230.1619	19.29641	9.013455	6.256057	5.050329	4.387374	3.971523	3.687499	3.481659	3.325835
6	233.986	19.32953	8.940645	6.163132	4.950288	4.283866	3.865969	3.58058	3.373754	3.217175
7	236.7684	19.35322	8.886743	6.094211	4.875872	4.206658	3.787044	3.500464	3.292746	3.135465
8	238.8827	19.37099	8.845238	6.041044	4.81832	4.146804	3.725725	3.438101	3.229583	3.071658
9	240.5433	19.38483	8.8123	5.998779	4.772466	4.099016	3.676675	3.38813	3.178893	3.020383
10	241.8817	19.3959	8.785525	5.964371	4.735063	4.059963	3.636523	3.347163	3.13728	2.978237
11	242.9835	19.40496	8.763333	5.935813	4.703967	4.027442	3.603037	3.312951	3.102485	2.942957
12	243.906	19.41251	8.744641	5.911729	4.677704	3.999935	3.574676	3.283939	3.072947	2.912977
13	244.6898	19.4189	8.728681	5.891144	4.655225	3.976363	3.550343	3.259019	3.047549	2.887175
14	245.364	19.42438	8.714896	5.873346	4.635768	3.955934	3.529231	3.237378	3.025473	2.864728
15	245.9499	19.42914	8.70287	5.857805	4.618759	3.938058	3.51074	3.218406	3.006102	2.845017
16	246.4639	19.43329	8.692286	5.844117	4.603764	3.922283	3.494408	3.201634	2.988966	2.827566
17	246.9184	19.43696	8.6829	5.83197	4.590444	3.908259	3.479877	3.186701	2.973696	2.812007
18	247.3232	19.44022	8.674519	5.821116	4.578534	3.895709	3.466863	3.173317	2.960003	2.798045
19	247.6861	19.44314	8.66699	5.811359	4.56782	3.884412	3.45514	3.161254	2.947652	2.785445
20	248.0131	19.44577	8.66019	5.802542	4.558131	3.874189	3.444525	3.150324	2.936455	2.774016

续表

n_1 \ n_2	11	12	13	14	15	16	17	18	19	20
1	4.844336	4.747225	4.667193	4.60011	4.543077	4.493998	4.451322	4.413873	4.38075	4.351243
2	3.982298	3.885294	3.805565	3.738892	3.68232	3.633723	3.591531	3.554557	3.521893	3.492828
3	3.587434	3.490295	3.410534	3.343889	3.287382	3.238872	3.196777	3.159908	3.12735	3.098391
4	3.35669	3.259167	3.179117	3.11225	3.055568	3.006917	2.964708	2.927744	2.895107	2.866081
5	3.203874	3.105875	3.025438	2.958249	2.901295	2.852409	2.809996	2.772853	2.740058	2.71089
6	3.094613	2.99612	2.915269	2.847726	2.790465	2.741311	2.69866	2.661305	2.628318	2.598978
7	3.01233	2.913358	2.832098	2.764199	2.706627	2.657197	2.614299	2.576722	2.543534	2.514011
8	2.94799	2.848565	2.766913	2.698672	2.640797	2.591096	2.547955	2.510158	2.47677	2.447064
9	2.896223	2.796375	2.714356	2.645791	2.587626	2.537667	2.494291	2.456281	2.422699	2.392814
10	2.853625	2.753387	2.671024	2.602155	2.543719	2.493513	2.449916	2.411702	2.377934	2.347878
11	2.81793	2.717331	2.63465	2.565497	2.506806	2.456369	2.412561	2.374156	2.34021	2.309991
12	2.787569	2.686637	2.603661	2.534243	2.475313	2.42466	2.380654	2.342067	2.307954	2.277581
13	2.761417	2.660177	2.576927	2.507263	2.44811	2.397254	2.353063	2.314304	2.280034	2.249514
14	2.738648	2.637124	2.553619	2.483726	2.424364	2.373318	2.328952	2.290033	2.255614	2.224956
15	2.71864	2.616851	2.53311	2.463003	2.403447	2.352223	2.307693	2.268622	2.234063	2.203274
16	2.700914	2.598881	2.51492	2.444613	2.384875	2.333484	2.2888	2.249587	2.214895	2.183983
17	2.6851	2.582839	2.498672	2.428179	2.36827	2.316722	2.271893	2.232546	2.197729	2.166701
18	2.670901	2.568428	2.484069	2.413401	2.353332	2.301636	2.256671	2.217197	2.182263	2.151124
19	2.65808	2.555409	2.470871	2.400039	2.339819	2.287985	2.242891	2.203297	2.168252	2.137009
20	2.646445	2.543588	2.458882	2.387896	2.327535	2.27557	2.230354	2.190648	2.155497	2.124155

$\alpha = 0.025$

n_1 \ n_2	1	2	3	4	5	6	7	8	9	10
1	647.789	38.50633	17.44344	12.21786	10.00698	8.813101	8.072669	7.570882	7.209283	6.936728
2	799.5	39	16.04411	10.64911	8.433621	7.259856	6.54152	6.059467	5.714705	5.456396
3	864.163	39.16549	15.43918	9.979199	7.763589	6.598799	5.889819	5.415962	5.078119	4.825621
4	899.5833	39.24842	15.10098	9.60453	7.387886	6.227161	5.522594	5.052632	4.718078	4.468342
5	921.8479	39.29823	14.88482	9.364471	7.146382	5.987565	5.285237	4.817276	4.484411	4.236086
6	937.1111	39.33146	14.73472	9.197311	6.977702	5.819757	5.118597	4.651696	4.319722	4.072131
7	948.2169	39.35521	14.6244	9.074141	6.853076	5.69547	4.994909	4.528562	4.197047	3.949824
8	956.6562	39.37302	14.53989	8.97958	6.757172	5.599623	4.899341	4.43326	4.101956	3.854891
9	963.2846	39.38688	14.47308	8.904682	6.681054	5.523407	4.823217	4.357233	4.025994	3.778963
10	968.6274	39.39797	14.41894	8.843881	6.619154	5.461324	4.761116	4.295127	3.963865	3.716792
11	973.0252	39.40705	14.37418	8.793535	6.567819	5.409761	4.70947	4.243413	3.912074	3.664914
12	976.7079	39.41462	14.33655	8.751159	6.524549	5.366244	4.66583	4.199667	3.86822	3.620945
13	979.8368	39.42102	14.30448	8.714996	6.48758	5.32902	4.62846	4.16217	3.830596	3.583191
14	982.5278	39.4265	14.27682	8.683773	6.455625	5.296811	4.596094	4.129665	3.797952	3.55041
15	984.8668	39.43126	14.25271	8.656541	6.427728	5.268667	4.567787	4.101213	3.769357	3.521673
16	986.9187	39.43542	14.23152	8.632581	6.403161	5.24386	4.542818	4.076096	3.744097	3.496271
17	988.7331	39.4391	14.21274	8.611335	6.38136	5.22183	4.520627	4.053759	3.721617	3.473652
18	990.349	39.44236	14.19599	8.592368	6.361883	5.202135	4.500773	4.033762	3.701481	3.453379
19	991.7973	39.44528	14.18096	8.575331	6.344376	5.18442	4.482906	4.015754	3.683338	3.435104
20	993.1028	39.44791	14.16738	8.559943	6.328555	5.168401	4.46674	3.999453	3.666906	3.418544

续表

n_1 \ n_2	11	12	13	14	15	16	17	18	19	20
1	6.72413	6.553769	6.414254	6.297939	6.199501	6.115127	6.042013	5.978052	5.921631	5.871494
2	5.255889	5.095867	4.965266	4.856698	4.765048	4.686665	4.618874	4.559672	4.507528	4.461255
3	4.630025	4.474185	4.347178	4.241728	4.152804	4.076823	4.011163	3.953863	3.903428	3.858699
4	4.275072	4.121209	3.995898	3.891914	3.804271	3.729417	3.664754	3.608344	3.558706	3.514695
5	4.043998	3.891134	3.766674	3.663423	3.576415	3.502116	3.437944	3.381968	3.332718	3.289056
6	3.880651	3.728292	3.604256	3.501365	3.414665	3.340631	3.276689	3.220915	3.171844	3.12834
7	3.758638	3.606515	3.482669	3.379933	3.29336	3.219431	3.155577	3.099877	3.050868	3.007416
8	3.663819	3.511777	3.387987	3.285288	3.198738	3.124822	3.060973	3.005271	2.956257	2.912797
9	3.587899	3.435846	3.312032	3.2093	3.122712	3.048753	2.984859	2.929112	2.880052	2.836546
10	3.525672	3.373553	3.249668	3.146861	3.060197	2.986163	2.922195	2.866376	2.817245	2.773671
11	3.473699	3.321481	3.197496	3.09459	3.007828	2.933699	2.869639	2.813732	2.764517	2.720862
12	3.429613	3.277277	3.153175	3.050155	2.963282	2.889048	2.824886	2.768881	2.719574	2.675831
13	3.391728	3.239263	3.115036	3.011894	2.924904	2.850558	2.786289	2.730183	2.680778	2.636943
14	3.35881	3.206212	3.081854	2.978588	2.891479	2.817018	2.752641	2.696431	2.646928	2.603
15	3.329935	3.177201	3.052713	2.949321	2.862093	2.787518	2.723032	2.666719	2.617118	2.573096
16	3.304395	3.151527	3.02691	2.923394	2.836047	2.761359	2.696766	2.640351	2.590654	2.54654
17	3.281639	3.12864	3.003896	2.900258	2.812796	2.737998	2.6733	2.616786	2.566993	2.52279
18	3.261234	3.108106	2.983239	2.879483	2.791908	2.717003	2.652204	2.595592	2.545708	2.501417
19	3.24283	3.089577	2.964591	2.860722	2.773037	2.698029	2.63313	2.576425	2.526451	2.482075
20	3.226145	3.072773	2.947671	2.843691	2.755902	2.680793	2.615799	2.559003	2.508943	2.464484

$\alpha = 0.01$

n_1 \ n_2	1	2	3	4	5	6	7	8	9	10
1	4052.181	98.50251	34.11622	21.19769	16.25818	13.74502	12.24638	11.25862	10.56143	10.04429
2	4999.5	99	30.81652	18	13.27393	10.92477	9.546578	8.649111	8.021517	7.559432
3	5403.352	99.1662	29.4567	16.69437	12.05995	9.779538	8.451285	7.590992	6.991917	6.552313
4	5624.583	99.24937	28.7099	15.97702	11.39193	9.148301	7.846645	7.006077	6.422085	5.994339
5	5763.65	99.2993	28.23708	15.52186	10.96702	8.745895	7.460435	6.631825	6.056941	5.636326
6	5858.986	99.33259	27.91066	15.20686	10.67225	8.466125	7.191405	6.370681	5.80177	5.385811
7	5928.356	99.35637	27.6717	14.97576	10.45551	8.259995	6.992833	6.177624	5.612865	5.200121
8	5981.07	99.37421	27.48918	14.79889	10.28931	8.101651	6.840049	6.02887	5.467123	5.056693
9	6022.473	99.38809	27.34521	14.65913	10.15776	7.976121	6.718752	5.910619	5.351129	4.942421
10	6055.847	99.3992	27.22873	14.5459	10.05102	7.874119	6.620063	5.814294	5.256542	4.849147
11	6083.317	99.40828	27.13257	14.45228	9.962648	7.78957	6.538166	5.734275	5.17789	4.771518
12	6106.321	99.41585	27.05182	14.37359	9.888275	7.718333	6.469091	5.666719	5.111431	4.70587
13	6125.865	99.42226	26.98306	14.3065	9.824811	7.657483	6.410034	5.608911	5.054514	4.649605
14	6142.674	99.42775	26.9238	14.24863	9.770014	7.604897	6.358954	5.558871	5.00521	4.600833
15	6157.285	99.43251	26.87219	14.1982	9.722219	7.558994	6.314331	5.515125	4.962078	4.55814
16	6170.101	99.43668	26.82686	14.15386	9.680164	7.518574	6.27501	5.476551	4.924022	4.520448
17	6181.435	99.44035	26.78671	14.11457	9.642872	7.482706	6.240096	5.44228	4.890192	4.486923
18	6191.529	99.44362	26.75091	14.07951	9.609575	7.450663	6.208885	5.411627	4.859916	4.456907
19	6200.576	99.44654	26.71878	14.04803	9.579664	7.421861	6.180817	5.384045	4.832662	4.429872
20	6208.73	99.44917	26.68979	14.01961	9.552646	7.395832	6.155438	5.359095	4.807995	4.405395

续表

n_1 \ n_2	11	12	13	14	15	16	17	18	19	20
1	9.646034	9.330212	9.073806	8.861593	8.683117	8.530965	8.39974	8.28542	8.184947	8.095958
2	7.205713	6.926608	6.700965	6.514884	6.358873	6.226235	6.112114	6.012905	5.925879	5.848932
3	6.21673	5.952545	5.73938	5.563886	5.416965	5.292214	5.185	5.09189	5.010287	4.938193
4	5.6683	5.411951	5.20533	5.035378	4.89321	4.772578	4.668968	4.579036	4.500258	4.43069
5	5.316009	5.064343	4.861621	4.694964	4.555614	4.43742	4.335939	4.247882	4.170767	4.102685
6	5.06921	4.820574	4.620363	4.45582	4.318273	4.201634	4.101505	4.014637	3.938573	3.871427
7	4.886072	4.639502	4.440997	4.277882	4.141546	4.025947	3.926719	3.840639	3.765269	3.69874
8	4.744468	4.499365	4.302062	4.139946	4.004453	3.889572	3.790964	3.705422	3.630525	3.564412
9	4.63154	4.38751	4.191078	4.02968	3.894788	3.780415	3.682242	3.597074	3.522503	3.456676
10	4.539282	4.296054	4.100267	3.939396	3.80494	3.690931	3.593066	3.508162	3.433817	3.368186
11	4.462436	4.21982	4.024518	3.864039	3.729902	3.616157	3.518512	3.433793	3.359605	3.294108
12	4.397401	4.155258	3.960326	3.800141	3.66624	3.552687	3.455198	3.370608	3.296527	3.23112
13	4.341624	4.099851	3.905204	3.745241	3.611514	3.4981	3.400721	3.316219	3.242209	3.176859
14	4.293243	4.051762	3.857337	3.697541	3.563943	3.450628	3.353325	3.268881	3.194915	3.129597
15	4.250867	4.009619	3.815365	3.655697	3.522194	3.408947	3.311694	3.227286	3.153343	3.088041
16	4.213436	3.972374	3.778255	3.618682	3.485246	3.372046	3.274823	3.190433	3.116499	3.051198
17	4.180125	3.939214	3.745199	3.585697	3.452308	3.339137	3.24193	3.157545	3.083609	3.018299
18	4.150286	3.909496	3.715562	3.556113	3.422755	3.309599	3.212396	3.128006	3.054058	2.988733
19	4.1234	3.882708	3.688836	3.529424	3.396085	3.282934	3.185726	3.101323	3.027358	2.962011
20	4.099046	3.858433	3.664609	3.505222	3.371892	3.258737	3.161518	3.077097	3.003109	2.937735

$\alpha = 0.005$

n_1 \ n_2	1	2	3	4	5	6	7	8	9	10
1	16210.72	198.5013	55.55196	31.33277	22.78478	18.635	16.23556	14.6882	13.61361	12.82647
2	19999.5	199	49.79928	26.28427	18.31383	14.54411	12.40396	11.04241	10.10671	9.426999
3	21614.74	199.1664	47.46723	24.25912	16.52977	12.9166	10.88245	9.596475	8.717055	8.080747
4	22499.58	199.2497	46.19462	23.1545	15.55606	12.02753	10.05049	8.80513	7.955885	7.342806
5	23055.8	199.2996	45.39165	22.45643	14.93961	11.4637	9.522059	8.301799	7.471158	6.872367
6	23437.11	199.333	44.83847	21.97458	14.51326	11.07304	9.155336	7.951992	7.13385	6.544631
7	23714.57	199.3568	44.4341	21.62169	14.20045	10.78592	8.885389	7.694143	6.884908	6.302487
8	23925.41	199.3746	44.12557	21.35198	13.96096	10.56576	8.678115	7.495906	6.6933	6.115919
9	24091	199.3885	43.8824	21.13908	13.77165	10.39149	8.513823	7.338595	6.54109	5.96757
10	24224.49	199.3996	43.6858	20.96673	13.61818	10.25004	8.380326	7.210636	6.41716	5.846678
11	24334.36	199.4087	43.52356	20.82433	13.49124	10.1329	8.269664	7.104463	6.31424	5.7462
12	24426.37	199.4163	43.38739	20.70469	13.38447	10.03429	8.176413	7.014917	6.227367	5.661326
13	24504.54	199.4227	43.27147	20.60275	13.29342	9.950117	8.096746	6.938356	6.153038	5.588656
14	24571.77	199.4282	43.1716	20.51485	13.21484	9.877416	8.027887	6.872133	6.088701	5.525716
15	24630.21	199.4329	43.08466	20.43827	13.14633	9.813986	7.967767	6.814277	6.032458	5.470662
16	24681.47	199.4371	43.00829	20.37096	13.08607	9.758158	7.914817	6.76329	5.982864	5.422091
17	24726.8	199.4408	42.94067	20.31132	13.03266	9.708637	7.867824	6.718013	5.938802	5.378915
18	24767.17	199.444	42.88038	20.25813	12.98498	9.664412	7.825832	6.677534	5.899389	5.340278
19	24803.35	199.447	42.8263	20.21038	12.94216	9.624673	7.788082	6.641127	5.863924	5.305496
20	24835.97	199.4496	42.7775	20.16728	12.90349	9.588771	7.753961	6.608205	5.831841	5.274017

续表

n_1 \ n_2	11	12	13	14	15	16	17	18	19	20
1	12.22631	11.75423	11.37354	11.06025	10.79805	10.57546	10.38418	10.21809	10.07253	9.943935
2	8.91225	8.509627	8.186489	7.921642	7.700759	7.51382	7.353616	7.214834	7.093473	6.986465
3	7.600433	7.225764	6.925755	6.680353	6.476039	6.303385	6.155621	6.027768	5.916083	5.817702
4	6.880891	6.521139	6.233456	5.998407	5.802907	5.637845	5.496689	5.374637	5.268086	5.17428
5	6.421745	6.071132	5.790989	5.562261	5.372137	5.2117	5.074564	4.956038	4.852605	4.761574
6	6.101554	5.757031	5.481901	5.257368	5.070803	4.913423	4.778939	4.662737	4.561354	4.472147
7	5.864752	5.524527	5.252924	5.031335	4.847262	4.692016	4.559381	4.444793	4.344834	4.256889
8	5.68213	5.345068	5.076053	4.856615	4.674357	4.520663	4.389366	4.275945	4.177011	4.089973
9	5.536792	5.202135	4.935078	4.717264	4.53637	4.383836	4.253538	4.140985	4.04281	3.956443
10	5.418259	5.085476	4.81994	4.60338	4.423536	4.271892	4.142356	4.030462	3.932863	3.847002
11	5.319667	4.988377	4.724047	4.508476	4.329456	4.178506	4.049563	3.938179	3.841022	3.755549
12	5.236329	4.906249	4.64289	4.428112	4.249749	4.099351	3.970875	3.859891	3.76308	3.677907
13	5.164929	4.835844	4.573279	4.359146	4.181314	4.031359	3.903256	3.792589	3.69605	3.611113
14	5.103053	4.774796	4.512889	4.299287	4.121889	3.972293	3.844491	3.734079	3.637756	3.553004
15	5.0489	4.721341	4.459984	4.246824	4.069785	3.920483	3.792926	3.682718	3.586569	3.501964
16	5.001099	4.674133	4.413242	4.200452	4.023712	3.874654	3.747297	3.637255	3.541244	3.456756
17	4.958588	4.632131	4.371636	4.159159	3.98267	3.833814	3.706622	3.596716	3.500817	3.416421
18	4.920529	4.594512	4.334357	4.122148	3.945869	3.797183	3.670127	3.560332	3.464522	3.380199
19	4.886253	4.560619	4.300759	4.088778	3.91268	3.764136	3.637193	3.527488	3.43175	3.347485
20	4.85522	4.529922	4.270318	4.058534	3.882589	3.734165	3.607317	3.497685	3.402006	3.317786

$\alpha = 0.001$

n_1 \ n_2	1	2	3	4	5	6	7	8	9	10
1	405284.1	998.5003	167.0292	74.13729	47.18078	35.50749	29.24519	25.41476	22.85713	21.0396
2	499999.5	999	148.5	61.24555	37.12233	27	21.689	18.49365	16.38715	14.90536
3	540379.2	999.1666	141.1085	56.17719	33.20246	23.70331	18.77227	15.82949	13.9018	12.55275
4	562499.6	999.2499	137.1004	53.43583	31.08501	21.92354	17.19799	14.39158	12.56032	11.28275
5	576404.6	999.2999	134.58	51.71157	29.7524	20.80266	16.2058	13.48469	11.71367	10.48072
6	585937.1	999.3333	132.8475	50.52502	28.83436	20.02965	15.52084	12.85803	11.12813	9.925613
7	592873.3	999.3571	131.5829	49.65789	28.16265	19.46341	15.01856	12.39804	10.69795	9.517454
8	598144.2	999.3749	130.619	48.99619	27.64948	19.03033	14.63401	12.04554	10.368	9.20415
9	602284	999.3888	129.86	48.47451	27.24446	18.68818	14.3299	11.76653	10.10663	8.955774
10	605621	999.3999	129.2467	48.05259	26.91657	18.41092	14.08326	11.54006	9.894305	8.753866
11	608367.7	999.409	128.7408	47.70427	26.64563	18.18163	13.87911	11.35247	9.718314	8.586398
12	610667.8	999.4166	128.3165	47.4118	26.41797	17.98881	13.70732	11.19449	9.570005	8.445185
13	612622	999.423	127.9553	47.16275	26.22395	17.82437	13.56071	11.05958	9.443285	8.32446
14	614302.8	999.4285	127.6443	46.9481	26.05662	17.68246	13.43411	10.94303	9.333735	8.220037
15	615763.7	999.4333	127.3736	46.76117	25.91083	17.55874	13.32367	10.84129	9.238068	8.128803
16	617045.2	999.4374	127.1359	46.59693	25.78265	17.44991	13.22648	10.75171	9.153791	8.048395
17	618178.4	999.4411	126.9254	46.45146	25.66907	17.35343	13.14027	10.67222	9.078976	7.976984
18	619187.7	999.4444	126.7378	46.32173	25.56773	17.26731	13.06329	10.60121	9.012106	7.913132
19	620092.3	999.4473	126.5696	46.20532	25.47675	17.18996	12.99412	10.53737	8.951977	7.855695
20	620907.7	999.4499	126.4178	46.10026	25.39462	17.12011	12.93163	10.47968	8.897613	7.803747

续表

n_1 \ n_2	11	12	13	14	15	16	17	18	19	20
1	19.68679	18.64332	17.81542	17.14336	16.58742	16.1202	15.72223	15.37931	15.08084	14.81878
2	13.81155	12.97367	12.31273	11.77887	11.33915	10.97099	10.65844	10.38991	10.15681	9.952623
3	11.56113	10.8042	10.20894	9.729366	9.335254	9.005937	8.726852	8.487455	8.279932	8.09838
4	10.34612	9.632726	9.072738	8.62232	8.252684	7.944202	7.683062	7.459278	7.265461	7.096034
5	9.578375	8.892109	8.354088	7.921807	7.567392	7.271859	7.021866	6.807776	6.622465	6.460562
6	9.046622	8.378814	7.855728	7.435768	7.091684	6.804935	6.562497	6.354973	6.175422	6.018608
7	8.655348	8.000868	7.488555	7.077472	6.740825	6.460391	6.223383	6.020574	5.845153	5.691989
8	8.354786	7.710352	7.206147	6.80174	6.470677	6.194982	5.962041	5.762761	5.59043	5.439993
9	8.116347	7.479736	6.981836	6.582612	6.25588	5.983855	5.754062	5.557509	5.387563	5.239228
10	7.922391	7.292029	6.79916	6.404065	6.080778	5.811668	5.584371	5.389979	5.22192	5.075246
11	7.761419	7.136156	6.647384	6.255647	5.935158	5.668411	5.443135	5.250489	5.083953	4.938619
12	7.625607	7.004575	6.519199	6.130239	5.812061	5.547263	5.323651	5.132441	4.967155	4.822918
13	7.509437	6.891969	6.409447	6.022819	5.706577	5.443409	5.221187	5.031173	4.866928	4.723603
14	7.408904	6.794476	6.314384	5.929737	5.615137	5.35335	5.132302	4.943298	4.779929	4.63737
15	7.321029	6.70922	6.231219	5.848274	5.535082	5.274476	5.054431	4.866289	4.703665	4.561758
16	7.243548	6.634017	6.157832	5.776363	5.464389	5.204804	4.985624	4.798223	4.63624	4.494891
17	7.174708	6.567176	6.092582	5.712402	5.401492	5.142796	4.924368	4.737609	4.576181	4.435314
18	7.113133	6.507367	6.034176	5.655133	5.345157	5.087241	4.869472	4.683274	4.522329	4.381883
19	7.057723	6.453529	5.981584	5.603548	5.2944	5.037173	4.819984	4.63428	4.47376	4.33368
20	7.007593	6.404806	5.933974	5.556836	5.248425	4.991809	4.775135	4.589868	4.429722	4.289966

附表 5　单样本 $K-S$ 检验统计量临界值 D_n 表

n \ α	双侧检验的右尾概率			
	0.20	0.10	0.05	0.01
1	0.900	0.950	0.975	0.995
2	0.684	0.776	0.842	0.929
3	0.565	0.642	0.708	0.829
4	0.494	0.564	0.624	0.734
5	0.446	0.510	0.563	0.669
6	0.410	0.470	0.521	0.618
7	0.381	0.438	0.486	0.577
8	0.358	0.411	0.457	0.543
9	0.339	0.388	0.432	0.514
10	0.332	0.368	0.409	0.486
11	0.307	0.352	0.391	.0.468
12	0.295	0.338	0.375	0.450
13	0.284	0.325	0.361	0.433
14	0.274	0.314	0.349	0.418
15	0.266	0.304	0.338	0.404
16	0.260	0300	0.330	0.390
17	0.250	0.290	0.320	0.380
18	0.240	0.280	0.310	0.370
19	0.240	0.270	0.300.	0.360
20	0.230	0.260	0.290	0.350
25	0.210	0.240	0.270	0.320
30	0.190	0.220	0.240	0.29
35	0.0180	0.200	0.230	0.27
40	0.170	0.190	0.210	0.25
45	0.160	0.180	0.200	0.24
50	0.150	0.170	0.190	0.23
$n>50$ 的近似公式	$\frac{1.073}{\sqrt{n}}$	$\frac{1.224}{\sqrt{n}}$	$\frac{1.358}{\sqrt{n}}$	$\frac{1.628}{\sqrt{n}}$
n / α	0.10	0.05	0.25	0.005
	单侧检验的右尾概率			

习　题　3

1. $\hat{\theta}=2\overline{X}$；$\dfrac{\theta^2}{5n}$.　　2. $e^{\mu+\frac{1}{2}}$；$(-0.98,0.98)$；$(e^{-0.48},e^{1.48})$.

3. (420.351,429.743)；(38.557,178.746).

4. (−49.7，−10.3)；(0.118,1.192).　5. 略.

6. (1) 略；(2)221,566,23.79.

7. $F_8(x)=\begin{cases}2, x<276\\ 1/8, 276\leqslant x<305\\ 3/8, 305\leqslant x<458\\ 4/8, 458\leqslant x<512\\ 5/8, 512\leqslant x<623\\ 6/8, 623\leqslant x<685\\ 7/8, 685\leqslant x<736\\ 1, x\geqslant 736.\end{cases}$　　8. 0.6826；0.8426；0.90.

9. $1/\overline{X}$；$1/\overline{X}$.　　10. $0.025\leqslant P\{S_1^2\geqslant 2S_2^2\}\leqslant 0.05$.

11. 略，$b=1-a=\dfrac{n_1}{n_1+n_2}$.　　12. [8.252%,8.428%].

13. [0.2099,0.9213] 与[0.4581,0.9598].　　14. [7.536,20.064].

15. 13.94；[13.5169,14.3631].

习　题　4

1. $H_0:\mu=65, H_1:\mu\neq 65$.

2. (1) 供货商供应的土豆片质量合格，但是拒绝了原假设；(2) 供货商供应的土豆片质量不够 60g，却没有拒绝掉原假设；(3) 顾客们会将第二类错误看得比较严重，而供货商会将第一类错误看得比较严重.

3. (1)$z=\dfrac{\overline{X}-6}{s/\sqrt{n}}\sim N(0,1)$；(2) 拒绝规则：若 $z>z_\alpha=z_{0.05}=1.65$，则拒绝原假设；(3)$z=\dfrac{6.35-6}{1.19/\sqrt{100}}=2.94>z_\alpha=1.65$，因此拒绝原假设，即改进工艺后，前卫的平均强度有显著提高.

4. t-检验：双样本等方差假设，可以看出 $t=4.361597117>1.717144335$，因此拒绝原假设，也可以用 P 值来决策，由运算表格可以看出 α，因此拒绝原假设.

5. $H_0:\pi \leqslant 3\%, H_1:\pi > 3\%, p = 9/200 = 0.045$，检验统计量 $z = \dfrac{0.045-0.03}{\sqrt{\dfrac{0.045\times(1-0.045)}{200}}} = 1.023$，因此不拒绝原假设.

6. $H_0:\sigma^2 \leqslant 0.75^2$，$H_1:\sigma^2 > 0.75^2$

$$\chi^2 = \frac{(30-1)\times 2^2}{0.75^2} = 206.22 > \chi^2_{0.05}(29) = 42.557$$，因此拒绝原假设.

7. t-检验：成对双样本均值分析，$P(T \leqslant t)$ 单尾 $=0.108418773 > \alpha$，因此，不拒绝原假设.

8. 调用 Excel 命令，F-检验 双样本方差分析得 α，因此拒绝原假设.

9. (1)① 采用 t-检验：双样本等方差假设，得新肥料获得的平均产量显著地高于旧肥料；② 采用 t-检验：双样本异方差假设，得新肥料获得的平均产量显著地高于旧肥料.

(2) 两种肥料产量的方差没有显著差异.

习　题　5

1. $\chi^2_{0.01,4} = 13.28 > \chi^2_o = 12.376$，接受 H_0：车祸事故的频数与司机单程驾车的路程相互独立.

2. 方差分析 $F = 3.676135 >$ Fcrit $= 2.840\ 1$，因此拒绝原假设，即 3 个总体的均值不全相等，存在显著差异.

3. 方差分析 $F = 17.068\ 39 >$ Fcrit $= 3.885\ 294$，因此拒绝原假设，即 3 个企业生产的电池的平均寿命之间有无显著差异.

4. (1)

差异源	SS	df	MS	F	P - value	F - crit
组间	630	3	210	1.42	0.245946	3.354131
组内	3836	26	147.5			
总计	4466	29				

(2) 显著性水平 $\alpha = 0.05$，$F <$ Fcrit，因此 4 种方法组装的产品数量之间没有显著差异.

5. 通过方差分析得 $F_R = 18.10777 > F_\alpha = 3.490295$，所以拒绝原假设 H_0，说明品牌对销量有显著影响；$F_C = 2.100846 < F_\alpha = 3.259167$，不拒绝原假设 H_0，不能认为地区对销量有显著影响.

6. 行因素广告方案对销售量有显著影响，列因素广告媒体对销量没有显著影响，交互作用对销售量没有显著影响.

7.(1)(2) 略;(3) 见下表;

	SS	自由度	MS	统计量	临界值
组间	4.1333	2	2.066 7	0.469 7	3.89
组内	52.800	12	4.400 0		
总	56.933	14			

(4) 由于 $F_o=0.4697<F_{0.05}(2,12)=3.98$,接受 H_0:3 个商店的地点不同对每天的营业额没有显著的影响.

习　题　6

1.

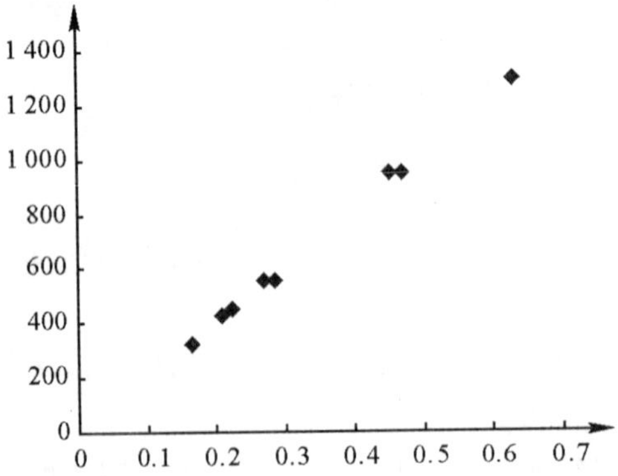

$r=0.999\ 145$

$t=59.180\ 5>t_{0.025}(6)=2.446\ 9$,拒绝 $H_0:\rho=0$.

2. $r=0.794\ 4$,$r_s=0.730\ 3$.

3. 回归方程:$y=21.049\ 8-0.581\ 2x$,该回归方程和各个参数均为显著的;$x_0=15$,$y_0=12.331\ 3$,置信区间(8.945 8,15.716 9).

4. (1)$\hat{\beta}_0=14.928\ 2$,$\hat{\beta}_1=0.314\ 9$,$\hat{\sigma}^2=5.266\ 1$,$y=14.928\ 2+0.314\ 9x$.

(2)β_0 不显著,β_1 显著.

(3)$R^2=0.849\ 3$,β_0 的置信区间为(0.245 3,29.611 2),β_1 的置信区间为(0.260 7,0.369 1).

5. $y=11.678\ 9e^{-\frac{1.110\ 7}{x}}$.

6. $y=89.882\ 7+0.019\ 3x_1-0.644\ 4x_2$.

7. 回归方程为 $y=98.814\ 3+0.218\ 2x-0.007\ 0x^2$;

从 Significant F 值可以看出,回归方程整体是显著的,但是 P-value 表明 x 的